LA
LITTÉRATURE RUSSE

DU MÊME AUTEUR

Histoire de l'Autriche-Hongrie, 3e édition, Hachette.
Russes et Slaves, 1 vol. in-12, Hachette.
Études Slaves, 1 vol., Leroux.
Nouvelles études Slaves, 2 vol. in-12, Leroux.
Contes Slaves, 1 vol. in-12, Leroux.
Chronique russe dite de Nestor, 1 vol. gr. in-8º, Leroux.
Esquisse sommaire de la Mythologie slave, in-8º, Leroux.
La Save, le Danube et le Balkan, 1 vol. in-18, Plon.
La Bulgarie, 1 vol. in-18, Cerf.
Grammaire Russe, 1 vol. in-18, Maisonneuve.
La Russie et l'Exposition de 1878, 1 vol. in-12, Delagrave.
Les Slaves au XIXe siècle, broch. in-8º, Cerf.

Il a été tiré à part, sur papier de Hollande, dix exemplaires numérotés de *la Littérature Russe*.

Ces exemplaires sont mis en vente au prix de 10 fr.

ÉVREUX, IMPRIMERIE DE CHARLES HÉRISSEY

LA LITTÉRATURE RUSSE

NOTICES ET EXTRAITS

DES PRINCIPAUX AUTEURS

DEPUIS LES ORIGINES JUSQU'A NOS JOURS

PAR

Louis LEGER

Professeur au Collège de France.

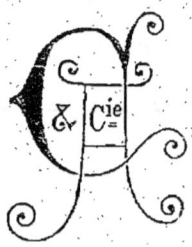

PARIS

ARMAND COLIN ET Cie, ÉDITEURS

5, RUE DE MÉZIÈRES, 5

Tous droits réservés.

AVANT-PROPOS

On sait quel intérêt s'attache depuis quelques années aux productions de la littérature russe. A vrai dire, cet intérêt ne s'est guère porté que sur le roman. On néglige les poètes, les historiens, les critiques, les auteurs dramatiques, les publicistes. On ignore les ancêtres qui les ont précédés et qui ont façonné le noble instrument dont ils se servent. Nous n'avons point encore d'histoire de la littérature russe, vraiment digne de ce nom; c'est une œuvre d'exécution difficile; car elle ne saurait aller sans une histoire de la société dont la littérature a été l'expression.

Il m'a semblé que le moment était venu, non pas de publier ce livre qui ne saurait s'improviser en un jour, mais de présenter au public dans une série d'extraits précédés de brèves notices les écrivains qui depuis bientôt dix siècles ont exprimé les idées et les passions du peuple russe, qui sont encore aujourd'hui classiques ou qui le seront demain sur les bords de la Moskova et de la Neva. Quelques-uns d'entre eux paraîtront sans doute un peu barbares, mais en les lisant avec soin on verra qu'ils nous apportent en somme d'intéressants témoignages sur la manière de vivre et de penser des Russes d'autrefois et qu'ils ne sont pas de trop indignes prédécesseurs des illustres épigones qui, après de longs siècles d'indifférence, ont fini par forcer l'attention rebelle de l'Occident.

I

Jusqu'au xviiiᵉ siècle, la littérature russe a eu pour organe, non pas l'idiome populaire, mais une langue savante, moitié morte, moitié vivante, le slavon. C'est en slavon que les prêtres prêchaient, que les moines compilaient les chroniques, que les princes promulguaient les lois, rédigeaient les traités, écrivaient au besoin des instructions comme celle de Vladimir Monomaque. Cette langue archaïque nous a conservé bien des trésors. Si le lecteur est surpris du noble et fier langage d'un Monomaque, il ne le sera pas moins peut-être de la rhétorique singulière de Daniel le prisonnier, des récits épiques qui abondent dans la chronique du prétendu Nestor, des voyages de l'hégoumène Daniel aux lieux saints, du lyrisme enflammé de la *Zadonstchina*, des renseignements si curieux que le *Domostroï* nous donne sur la famille et la société russe au xviᵉ siècle, du style épistolaire d'un Kourbsky et d'un Ivan, des vues profondes d'un Krijanitch. Renfermé dans les limites étroites de ce volume, je n'ai, à mon grand regret, pu faire qu'une part très restreinte à cette littérature primitive. Mais si les circonstances me permettent de donner un jour à ce recueil de plus larges développements, je tiens en réserve plus d'une page qui a naguère intéressé mes auditeurs du Collège de France, et qui certainement recevrait le même accueil du grand public. On se figure trop volontiers que la littérature slavonne russe du moyen âge ne présente qu'une série de traductions du grec byzantin. Elle est beaucoup plus riche qu'on ne croit en œuvres originales et l'on peut, en se donnant la peine de descendre sous ces couches profondes, y retrouver cette âme d'une nation que la curiosité moderne se plaît à rechercher dans les œuvres du passé. Lisez le voyage de l'hégoumène Daniel aux lieux saints et voyez l'intérêt qu'il porte à la terre russe tout entière, cette terre russe alors morcelée en vingt principautés diverses, dont les souverains sont le plus souvent en guerre les uns contre les autres. Vous constaterez ce même patriotisme instinctif dans les élans lyriques de la Zadonstchina qui célèbre les exploits communs, la gloire commune des contrées les plus éloignées, de la Lithuanie et de Riazan, de Moscou et de Novgorod. Pendant la période d'anarchie politique, la littérature et la religion constituent l'unité morale du monde russe; les annales écrites à Kiev sont recopiées à Kostroma; le *Domostroï* rédigé à Novgorod prend sa forme définitive à Moscou.

A diverses reprises la France et la Russie se sont disputé, elles se disputeront peut-être encore le protectorat des chrétiens d'Orient. N'est-ce pas un curieux spectacle de constater quelle cordialité préside à leurs premières relations sur un terrain, depuis objet de si graves litiges? En 1063, la reine douairière de France, Anne de Russie, veuve de Henri Ier, princesse née orthodoxe et devenue, Dieu sait comment, catholique, apposait en *caractères russes* sa signature sur un diplôme de l'abbaye de Saint-Crépin de Soissons[1]. En 1115, l'hégoumène Daniel se félicitait de l'accueil débonnaire qu'il avait trouvé en Palestine auprès du prince Bau-

---

1. Voir dans le volume intitulé *La Russie* (Paris, Larousse, 1891, p. 474) le fac-similé de ce document et le commentaire qui l'accompagne. Je recommande particulièrement ce volume, auquel je m'honore d'avoir collaboré. Il renferme d'importantes études de MM. Leroy-Beaulieu, Rambaud, de Vogüé, Vandal, etc.

douin. L'étude du moyen âge russe nous réserve plus d'une surprise analogue. Kourbsky est déjà au sens moderne du mot un véritable historien; dans sa correspondance avec Ivan le Terrible il déploie un singulier talent de pamphlétaire; et Ivan ne se montre pas indigne d'un si vaillant adversaire. Ce Louis XI russe manie la plume comme l'épée ou plutôt comme la hache. Un peu plus tard sous le règne d'Alexis Mikhaïlovitch, le prêtre Krijanitch, Croate d'origine, mais qu'il faut bien annexer à la littérature russe, fait entendre des accents vraiment prophétiques et expose en un style semi-barbare des idées qui ne devaient réellement être comprises qu'au XIXe siècle.

II

Jusqu'au XVIe siècle la littérature russe s'est surtout inspirée de Byzance : au XVIIe, l'influence latine commence à y pénétrer. Ce n'est pas, il est vrai, l'influence classique du génie de la Renaissance, c'est celle de la dialectique et de la scolastique médiévales importée par les Jésuites en Pologne, propagée par eux à Kiev et qui de là rayonne jusqu'à Moscou. Les productions de cette école n'ont pas plus d'intérêt aujourd'hui pour nous que leurs prototypes occidentaux. Elles sont prodigieusement ennuyeuses : c'est un service à leur rendre que de les passer sous silence.

Le XVIIIe siècle est vraiment pour la Russie ce qu'a été pour nous l'époque de la Renaissance; la Renaissance avait remis nos pères en rapport avec l'esprit classique de la Grèce et de Rome : le XVIIIe siècle mit la Russie en relations avec l'esprit de l'Occident et particulièrement avec le nôtre.

Eblouie de la perfection de nos œuvres, elle s'empressa de les imiter, mais son imitation est loin d'être toujours un esclavage : lorsque le satirique Kantemir par exemple se déchaîne « contre ceux qui blâment la science » il fait autre chose que de copier Horace ou Boileau et de mettre en vers un lieu commun. Il complète, il continue à sa façon l'œuvre civilisatrice de Pierre le Grand.

Pour célébrer un succès remporté sous Dantzig contre les Polonais et les Français, Trediakovsky n'imagine rien de mieux que de calquer l'ode de Boileau sur la prise de Namur, mais ce pédant malencontreux découvre en même temps les véritables lois de prosodie nationale. Lomonosov, Soumarokov appartiennent encore à cette école française que la critique contemporaine a flétrie du nom de pseudo-classique. Mais, de même que Pierre le Grand, à force d'être battu par les Suédois, apprenait d'eux à les vaincre, la littérature russe à force d'imiter la nôtre — et celle de l'Allemagne qui s'inspirait aussi de nous — apprend à se mesurer contre elle. Au XVIIe siècle, Krijanitch mettait en doute les vertus de la langue slave, déplorait sa rudesse. Moins d'un siècle plus tard, Lomonosov, de cette même main qui imitait nos odes ou nos pseudo-épopées, écrit la première grammaire sérieuse de la langue russe. Il l'ouvre par un véritable hymne en son honneur [1]. La princesse Dachkov en inaugurant les travaux de l'Académie russe ne tient pas un langage moins enthousiaste. Tout en écrivant sur le modèle des nôtres des tragédies auxquelles manquent, hélas! la haute allure de Corneille et l'harmonieux génie de Racine, Soumarokov proteste contre la tyrannie des influences étrangères. A dater du règne de Catherine II, c'est un déchaînement universel contre la gallomanie. Nous ne voyons dans Catherine que

---

1. Voir plus loin p. 90.

la correspondante de Voltaire, l'amie de Diderot; nous considérons volontiers son règne comme l'apogée du goût et de l'esprit français en Russie. Erreur! profonde erreur! Du jour où les Russes sont entrés en rapport avec l'Occident ils ont fort bien compris qu'ils en étaient séparés par le mystère de leur langue; ils ont senti le besoin d'un idiome international et ils ont adopté le français. Pour réussir à nous ressembler ils mettent à contribution nos artistes, nos ingénieurs, nos professeurs et nos modistes; mais entre eux, quand ils écrivent dans leur langue, ils se vengent de cette servitude par d'amères railleries : tels des enfants qui se moquent entre eux du maître dont ils sentent qu'ils ne sauraient se passer. De cette main auguste qui flatte Voltaire et caresse Diderot, Catherine écrit dans un fort bon russe, original et savoureux, des épigrammes ou des scènes de comédie contre les gallomanes.

Le comique Von Vizine, qui certes n'est pas tendre pour ses compatriotes, le brutal créateur du *Brigadier*, de *Madame Prostakova* et de *Skotinine*, se plaît à dépeindre sous les plus noires couleurs non seulement les Russes gallomanes, les aventuriers français qui vivent en Russie, mais aussi les Français de France. Lisez son voyage au Languedoc et à Paris : rien de moins flatteur pour notre amour-propre national. L'idéaliste Karamzine, qui visita notre pays peu de temps après l'auteur du *Mineur*, porte sur nous un jugement plus favorable; mais il préfère Shakespeare à Racine et il nous donne clairement à entendre que notre règne littéraire a assez duré. Ce qui peut d'ailleurs nous consoler des invectives de Von Vizine, c'est la façon dont il traite ses propres compatriotes, si malmenés d'ailleurs dans les journaux satiriques par des publicistes comme Novikov ou même Catherine II. Leur témoignage est confirmé par les Mémoires des contemporains.

Tous ces documents nous entretiennent surtout de la noblesse des villes ou de la noblesse rurale. Ils ne nous parlent guère du peuple russe lui-même, de ce moujik qui joue aujourd'hui un si grand rôle dans la littérature. Le premier publiciste qui ose défendre réellement ses intérêts et soulever la question du servage est encore un élève de l'école française, Radistchev. Il emprunte à Raynal et à Diderot leur style déclamatoire; mais il s'en sert pour exprimer des idées vraiment nationales, et la Russie salue en lui un généreux précurseur du xix° siècle.

La poésie dite pseudo-classique, inaugurée par Trediakovsky, continuée par Lomonosov atteint son point culminant dans les œuvres de Derjavine, mais on se tromperait fort à ne juger le chantre de Catherine II que par ses odes officielles. A côté d'elles figure toute une série de poésies légères inspirées par la muse indigène. Tel détail jeté en passant nous en dit plus qu'une page des Mémoires sur l'état social au milieu duquel vit le poète. Derjavine, lui aussi, éprouve le besoin de se révolter contre le goût français; il s'en prend même à notre cuisine; aux ragoûts et aux fricassées il prétend substituer la *Kacha* et le *Stchi* moscovites.

III

Si la Russie du xviii° siècle s'est surtout inspirée de la France, tout en en disant beaucoup de mal, elle n'a cependant pas ignoré d'autres modèles; elle imite aussi les Allemands : tel trait plaisant qui nous fait rire dans Von Vizine est tout simplement transposé d'après Ramler; telle fable de Khemnitzer est traduite ou imitée de Gellert. A dater du règne de Catherine II, on commence à se passionner pour les Anglais : Karamzine oppose avec enthousiasme le lyrisme violent, le réalisme farouche de Shakespeare à l'harmonieuse élégance de notre théâtre. Radistchev s'inspire de Raynal dans un ouvrage imité du *Voyage sentimental*. Bientôt Schiller et Goethe pénètrent en Russie. Joukovsky en traduisant avec un talent qui est presque du génie les principaux lyriques allemands ou anglais ouvre à ses compatriotes de nouveaux horizons. Sur le modèle de la ballade allemande, il crée la ballade russe qui fait entrer dans la poésie l'élément populaire. Karamzine raconte dans la *Pauvre Lise* une idylle rustique encadrée dans un paysage moscovite : en publiant son *Histoire de l'Empire Russe*, il révèle en quelque sorte la Russie à elle-même. Ce ouvrage est comme le portique triomphal du xixe siècle. Les exploits des armées russes, la guerre patriotique de 1812 achèvent d'éveiller l'âme nationale : la Russie a définitivement pris conscience d'elle-même.

Les *bylines* ou épopées populaires nous racontent l'histoire d'un héros légendaire, Ilia de Mourom.

« Dans la ville de Mourom, Ilia, fils de paysan, est resté assis trente années entières. Viennent à passer deux mendiants vagabonds. — Lève-toi, disent-ils, et va nous chercher à boire. Ilia se lève, il rapporte une tasse d'un *vedro* et demi et sert les mendiants.

— Eh bien, Ilia, lui demandent-ils, te sens-tu beaucoup de force ?

— Si un pilier s'élevait de la terre au ciel, si au pilier était attaché un anneau d'or, pour l'avoir je bouleverserais la terre russe. Je me sens une grande force.

Et les mendiants vagabonds lui disent :

— Tu seras, Ilia, un grand héros; va te battre, va lutter contre les héros. »

Cet Ilia si brusquement réveillé de sa longue indolence et prêt à lutter victorieusement contre tout venant, c'est vraiment le symbole de la littérature russe au xixe siècle. Le romantisme préparé par Karamzine et Joukovsky s'incarne définitivement dans Pouchkine. On l'a dit plus d'une fois : c'est le Byron de la Russie. Byron s'était arraché aux brumes du monde anglo-saxon et s'était inspiré de l'Espagne, de l'Italie, de l'Orient grec et musulman. L'Orient, Pouchkine le trouvait au sein même de la patrie russe, en Crimée, au Caucase, en Bessarabie. En même temps il ne dédaignait pas de puiser dans les légendes nationales, dans les contes que lui contait sa vieille bonne Arina Rodionovna. On sait combien sa carrière fut courte et combien elle fut féconde. S'il fut le Byron de la Russie, son contemporain, Batiouchkov en est l'André Chénier. Lermontov qui aurait pu continuer l'œuvre de Pouchkine et qui en était digne, fut tué brutalement dans un duel. Au moment même où la destinée prodigue à la Russie les plus brillants génies qui aient honoré sa littérature, elle semble prendre un malin plaisir à lui enlever d'une main ce qu'elle lui accorde de l'autre. Pouchkine, Lermontov périssent de la main d'un bretteur; Batiouchkov devient fou : Griboïedov, qui peut-être eût été un Molière, est assassiné à trente-quatre ans, Ryleev meurt sur l'échafaud.

Avec Pouchkine et Lermontov ont disparu les grands maîtres de la poésie russe : parmi leurs successeurs nul n'a prétendu les dépasser; nul n'a même eu la prétention de rivaliser avec eux. Mais si la poésie pâlit, le roman apparaît et il produit des maîtres que l'Europe latine ou germanique peut à bon droit envier à la Russie. Ils ne s'inspirent ni de la France, ni de l'Angleterre, ni de l'Allemagne. Ils interrogent l'âme de leur peuple : ils lui révèlent ses misères, ses grandeurs, ils lui expliquent ses besoins et ses inspirations;

ils lui chantent la grandiose mélancolie de ses paysages, ses forêts murmurantes, ses étangs glauques, ses steppes où les grandes herbes ondulent sous le vent du midi : ils découvrent dans le monde qui les entoure des sources d'inspiration inconnues des générations qui les ont précédés.

Gogol est le chef de l'école dite naturaliste : si ce titre convient à l'auteur des *Ames mortes* et du *Revisor*, peut-être s'applique-t-il avec moins de justesse au chantre de Taras Boulba, au conteur des *Soirées à la Ferme*. Sous sa plume la prose russe prend une souplesse, une grâce, une élégance, une couleur qui valent l'harmonie des plus beaux vers. Gogol étonna tout d'abord ses contemporains par la nouveauté des tableaux qu'il leur présentait; il fallut la critique d'un Biélinsky pour leur faire comprendre les mérites de la nouvelle école. Avec un talent non moins original, mais moins âpre et moins ironique, Tourguenev attendrit les âmes sur les misères du servage; ses touchants récits firent plus pour l'œuvre d'émancipation que n'auraient fait de longues déclamations humanitaires. Dans ces tableaux de la vie rurale il apportait un sentiment artistique qui ne se retrouve au même degré chez aucun de ses contemporains. « Depuis les Grecs, a dit M. Taine, aucun artiste n'a taillé un camée littéraire avec autant de relief, avec une aussi rigoureuse perfection de la forme. » Familier avec les pays étrangers, surtout avec le nôtre où il a longtemps vécu et où il a voulu mourir, il a été pendant de longues années comme l'ambassadeur littéraire de sa patrie en Occident. L'affabilité de son caractère et le prestige de son génie ont contribué à dissiper bien des préjugés.

Sa gloire en ces derniers temps a été quelque peu obscurcie par celle de Léon Tolstoï. Tourguenev ne s'est pas comme Tolstoï érigé en prophète; il n'a pas comme lui prétendu refaire l'homme à son image et corriger son siècle;

il n'a point produit d'épopée colossale comme *la Guerre et la Paix*. Tourguenev est un créateur moins puissant que Tolstoï. C'est un écrivain plus achevé. Tel de ses courts récits restera peut-être dans la mémoire des hommes quand le temps aura emporté tout ou partie de l'œuvre de son illustre rival. Tout a été dit chez nous sur Tolstoï. On a abusé du droit de le traduire, de le commenter, de l'admirer. J'aurais mauvaise grâce à insister. Ce serait, comme dit un proverbe russe, d'ailleurs renouvelé du latin, porter du bois dans la forêt.

Dostoevsky, le peintre de la souffrance humaine, a chanté les humiliés et les offensés, il a fait vibrer dans la littérature une corde nouvelle et déchirante, il s'est imposé à la curiosité du public plutôt qu'à sa sympathie. Son œuvre inspire au lecteur un sentiment angoisse et force parfois l'admiration.

A côté de ce glorieux triumvirat, Tourguenev, Dostoevsky, Tolstoï, pâlissent un peu les noms de leurs très distingués contemporains, Aksakov, Gontcharov, Pisemsky, Stchedrine, sans parler d'une foule d'autres talents inférieurs que des traductions très nombreuses, parfois un peu hâtives, ont dans ces derniers temps naturalisés chez nous.

La littérature, une fois consciente de son rôle, ne s'est pas bornée à étudier, à dépeindre le peuple russe dans le présent ; elle s'est passionnée pour son passé. Des rêveurs enthousiastes ont cherché dans son histoire un idéal : certains ont cru y découvrir une formule nouvelle, un type politique et religieux bien supérieur à ceux de notre Occident. Ainsi est née l'école slavophile ; elle n'a produit que des publicistes, des historiens ou des romanciers de second ordre ; mais elle a inspiré des poètes au souffle puissant, les Khomiakov, les Tioutchev. Ceux-là ne professent point le doctrine de l'art pour l'art. Ce sont des apôtres, des prophètes, parfois un peu fanatiques. Ils ont pour antithèse d'autres fanatiques, les publicistes révolutionnaires, les nihilistes qui, faute d'avoir suffisamment étudié les lois de l'histoire, les conditions normales de la croissance des peuples, rêvent d'introduire brutalement dans leur pays toutes les libertés que l'Occident a achetées par une longue série d'évolutions et d'épreuves. Entre ces deux catégories d'exaltés, il y a, grâce à Dieu, place pour les écrivains de l'école du bon sens.

On n'aurait qu'une idée incomplète de la littérature contemporaine si on négligeait les poètes. Pouchkine et Lermontov n'ont été ni dépassés, ni peut-être même égalés par leurs successeurs ; mais le génie amer de Nekrasov, l'idéalisme élégant et cosmopolite de Maïkov, la haute philosophie de Plestcheev, le lyrisme délicat de Fet et de Polonsky méritent de ne point être ignorés. Le drame historique a produit des œuvres fort honorables, mais dont aucune n'a révélé le rival de Shakespeare que la Russie attend encore. La comédie qui naguère mettait surtout en scène des gentilshommes ou des fonctionnaires, a trouvé une voie nouvelle avec Ostrovsky, le peintre des marchands et de la petite bourgeoisie moscovite. Malheureusement le charme essentiellement national de ces œuvres s'évanouit en grande partie dans une traduction ; elles réclament un commentaire perpétuel qui lasserait vite l'attention du lecteur étranger. Il faut absolument les lire dans le texte. Je serais heureux si les trop courts fragments que j'ai cités dans ce recueil pouvaient donner à quelques-uns de nos compatriotes l'idée d'aborder directement les originaux après avoir pénétré les mystères de la grammaire et du dictionnaire. Ils ne regretteront point leur peine s'ils réussissent à ce familiariser avec cette langue harmonieuse et souple, l'un des plus beaux idiomes qui aient résonné sur des lèvres humaines.

IV

Ce volume n'est pas le premier ouvrage de ce genre qui paraisse dans notre langue. Un certain nombre de publications analogues l'ont précédé [1]. Aucun d'entre eux ne donne une idée complète de la littérature russe dans son développement historique. Aucun ne cite les auteurs antérieurs au XVIIIe siècle. J'ai voulu rendre hommage à mes prédécesseurs en reproduisant quelques fragments de leurs traductions. Certaines sembleront peut-être un peu démodées. Il m'a paru curieux de montrer que nos pères s'étaient, eux aussi, intéressés à la littérature russe et de faire voir sous quelle forme elle les avait intéressés. J'ai aussi tenu à faire figurer dans ce recueil des genres littéraires qui ne sont plus guère en faveur aujourd'hui, mais qui ont eu leurs jours de gloire et qui les verront peut-être revenir. J'ai choisi de préférence les morceaux qui pouvaient nous éclairer sur le vie sociale et les mœurs des Russes, sur les aspirations

---

1. PAPARIGOPOULO et GALLET, *Choix des meilleurs morceaux de la littérature russe.* (Paris, chez Lefort, rue du Rempart-Saint-Honoré, à côté du cordonnier, au coin de la rue de la Loi. 1800.)

DUPRÉ DE SAINT MAURE, *Anthologie russe*, Paris, 1823. Dupré de Saint-Maure avoue dans sa préface qu'il ne savait pas le russe et qu'il s'est borné à mettre en bon français le mot à mot que lui fournissaient des Russes complaisants.

P. DE JULVÉCOURT, *La Balalayka* (Paris, 1837) renfermé des morceaux traduits des poètes russes contemporains, particulièrement de Pouchkine.

ELIM MESTCHERSKY. *Les Poètes Russes*, traduits en vers français, 2 vol. Paris, 184 .

TARDIF DE MELLO, *Histoire intellectuelle de l'empire de Russie* (Paris, 1854), donne des traductions en prose et en vers qui ne sont pas sans mérite et des notions sur l'*Histoire de la littérature russe*.

EUGÈNE DE PORRY, *Fleurs littéraires de la Russie.* (Traduction en vers et en prose d'auteurs du XIXe siècle. Paris, 1861.)

de leur patriotisme, même quand ce patriotisme était en lutte avec le nôtre. J'ai multiplié les textes qui nous apprennent ce qu'ils pensaient de nous, dussent ces textes n'être pas toujours agréables à notre amour-propre national. Ils sont plus curieux et ils perdent moins à être traduits que certains chefs-d'œuvre consacrés qui n'expriment que des idées générales.

Renfermé dans les limites que m'imposaient les proportions de ce volume, j'ai dû, non sans regret, sacrifier plus d'une page attrayante. J'ai fait relativement une part très restreinte aux auteurs qui sont depuis longtemps traduits en français et qu'on trouve sur les rayons de nos bibliothèques. J'en demande pardon non seulement aux lecteurs, mais aux écrivains que j'ai dû négliger et qui auraient peut-être le droit de s'en prendre à moi. Je m'excuse aussi de la brièveté des notices qui accompagnent ces extraits ; elles n'ont d'autre objet que de fournir quelques renseignements précis, de caractériser le talent des auteurs et le rôle qu'ils jouent dans l'histoire intellectuelle de leur pays. J'y ai ajouté quelques indications bibliographiques sur les travaux dont ils ont été l'objet et sur les principales traductions de leurs œuvres. Ces indications n'ont pas la prétention d'être complètes ; les traductions se sont tellement multipliées dans ces dernières années, que quelques-unes ont dû nécessairement m'échapper. Ce livre ne veut être ni une bibliographie ni une histoire détaillée de la littérature russe [1].

J'ai traduit moi-même la plus grande partie des extraits

---

[1]. Sur ces questions purement bibliographiques, consulter le *Catalogue de la section des Russica ou écrits sur la Russie en langues étrangères* publié à Saint-Pétersbourg en 1873 (2 vol. in-8°), la collection du *Journal de la librairie* ou le catalogue de Lorenz, et un ouvrage actuellement en cours de publication qui rendra certainement de sérieux services : *Bibliographie de la Russie*, par G.-A. Garnier (Paris Rouveyre).

qui figurent dans ce volume. Pour ceux que j'ai empruntés à des versions déjà existantes j'ai indiqué le nom du traducteur et de l'éditeur. Les bonnes traductions sont assez rares : certaines versions sont dues à des Français qui ne savaient pas très bien le russe, d'autres à des Russes qui ne savaient pas très bien le français. Ç'a été pour moi une bonne fortune de pouvoir emprunter quelques fragments à MM. de Vogué, Dupuy, Arvède Barine, Durand Gréville, Legrelle, Derély. Puisse ce modeste essai contribuer à faire mieux comprendre le génie de la Russie et à resserrer des relations fondées tout ensemble sur la sympathie instinctive et sur la communauté des intérêts politiques.

Paris, novembre 1892.

LA LITTÉRATURE RUSSE

PREMIÈRE PARTIE

DES ORIGINES A PIERRE LE GRAND

Le Métropolitain Hilarion.

(XIᵉ SIÈCLE)

La littérature primitive de la Russie a un caractère essentiellement religieux. En laissant de côté les traducteurs des livres sacrés qui n'ont d'intérêt que pour les nationaux, le premier écrivain original du moyen âge est le métropolitain Hilarion; il vivait au XIᵉ siècle et devint, en 1050, métropolitain de Kiev. L'éloge du prince Vladimir que nous donnons ici fait partie d'un discours sur l'*Ancien* et le *Nouveau Testament*. Saint Vladimir fut le premier prince régnant de Kiev qui embrassa le christianisme. Il est tout naturel que l'Église se soit empressée de rendre hommage à sa mémoire. La Chronique dite de Nestor[1] lui consacre, elle aussi, une véritable oraison funèbre. « C'est un nouveau Constantin qui s'est converti lui et les siens! Il était d'abord livré aux mauvaises passions. Il est mort dans la bonne religion; il a effacé ses péchés. C'est chose merveilleuse comme il a fait du bien à la Russie en la baptisant. Puisse donc le Seigneur te récompenser suivant ton cœur et exaucer toutes tes prières; puisse-t-il te donner le royaume des cieux que tu désirais, la couronne des justes, le refraîchissement et les joies du paradis! Puisse-t-il t'associer à Abraham et aux autres patriarches, suivant ce qu'a dit Salomon : quand un

---

1. Sous l'année 1015, p. 109 de notre traduction. Voir plus loin des extraits de cette chronique.

homme juste meurt, l'espérance n'est pas perdue. Les Russes se le rappellent quand ils songent à leur conversion; ils louent Dieu dans leurs prières, dans leurs psaumes, et célèbrent Dieu; peuple nouveau éclairé par l'Esprit Saint, ils espèrent dans le grand Dieu, dans notre Seigneur Jésus-Christ, qu'il donnera à chacun, suivant ses travaux, une joie ineffable. Puisse cette joie être le partage de tous les chrétiens! »

Éloge de saint Vladimir.

Les pays romains louent Pierre et Paul par qui ils ont cru en Jésus-Christ fils de Dieu. L'Asie, Éphèse et Pathmos louent Jean le Théologien; l'Inde loue Thomas, l'Égypte, Marc : tous les pays, toutes les villes, tous les peuples louent et glorifient quelque maître qui leur a enseigné la foi orthodoxe. Louons, nous aussi, suivant nos forces, de nos humbles louanges, notre maître et instituteur qui a fait des choses grandes et merveilleuses, le grand Khan[1] de notre pays, Vladimir, petit-fils du vieil Igor, fils du célèbre Sviatoslav, qui pendant son règne est devenu célèbre par sa vaillance et son courage dans beaucoup de pays, dont les victoires et la force sont mentionnées et célébrées encore aujourd'hui. Or, ce n'est pas dans une contrée misérable et inconnue qu'il a régné, mais dans la terre russe qui est fameuse et renommée jusqu'à toutes les extrémités de la terre...

Elle rend bon témoignage de ta piété, ô bienheureux prince, cette sainte Église de la sainte Mère de Dieu, Marie, que tu as construite sur la base de l'orthodoxie, où ton corps vaillant repose aujourd'hui attendant les trompettes de l'archange.

---

1. L'auteur songeant aux peuples mongols voisins de la Russie (Petchénègues, Polovtses et autres), donne au prince russe le titre de Khan. Ils portaient en réalité celui de *Kniaz* (prince).

Il rend bon et fidèle témoignage, ton fils Georges[1], que le Seigneur a fait l'héritier de ton pouvoir; il n'a pas détruit tes institutions, mais il les a confirmées; il ne les a point diminuées, mais il les a augmentées; il ne les a point gâtées, mais complétées; il a achevé ce que tu avais laissé inachevé, comme Salomon a achevé l'œuvre de David : il a construit une grande et sainte maison du Seigneur en l'honneur de la Sagesse divine[2] pour sanctifier ta ville; il a embelli cette maison de tous les ornements d'or, d'argent, de pierres précieuses, de vases sacrés; cette église est merveilleuse et célèbre dans tous les pays d'alentour, on n'en trouve aucune semblable dans tout le nord, de l'Orient à l'Occident; il a décoré ta ville de Kiev de magnificence comme d'une couronne; il a confié ton peuple et ta ville à la sainte, à la glorieuse Vierge, toujours prête à secourir les chrétiens; il lui a élevé une église sur la porte de la ville en l'honneur de la fête de l'Annonciation afin que le salut de l'Archange à la Vierge soit aussi sur cette ville. L'Archange a dit : « Je te salue, Marie, pleine de grâce, le Seigneur est avec toi. » Il dit à la ville : « Cité fidèle, le Seigneur est avec toi. »

Lève-toi de ta tombe, ô tête glorieuse, secoue ton sommeil. Tu n'es pas mort, mais endormi jusqu'au jour de la commune résurrection. Lève-toi : tu n'es pas mort car tu ne peux pas mourir, ayant cru en Dieu qui est la vie de l'Univers. Secoue ton sommeil, afin de voir de quel honneur le Seigneur t'a comblé, comme il a légué ton souvenir à tes fils. Lève-toi ! Vois ton

---

1. Nom chrétien du prince Iaroslav, fils de Vladimir et de Rognieda. Il régna à Kiev de 1024 à 1054. Une des filles de Iaroslav épousa le roi de France Henri Ier.

2. L'église de Sainte-Sophie, à Kiev.

fils Georges, vois le fruit de tes entrailles, ton bien-aimé, vois-le embellir le trône de ton pays, réjouis-toi, exulte. Vois ta pieuse belle-fille Irène, vois tes fils et tes petits-fils comme ils vivent, comme ils sont protégés par le Seigneur, comme ils suivent pieusement ta tradition, comme ils participent aux sacrements de la sainte Église, comme ils célèbrent le Christ, comme ils honorent son nom. Vois ta ville grande et splendide, vois tes églises florissantes, vois le christianisme se développer, vois ta ville illuminée par les nuages des saints, rayonnante, embaumée par l'encens, retentissante des louanges et des chants sacrés. Et après avoir vu tout cela, réjouis-toi et bénis le Dieu bon auteur de de tous ces biens.

Chronique dite de Nestor.

(XIIe SIÈCLE)

La chronique dite de Nestor est le document indigène le plus important pour l'histoire de la Russie depuis les origines jusqu'au commencement du XIIe siècle. On l'attribue, faussement d'ailleurs, à un moine nommé Nestor qui vivait au couvent des Cryptes de Kiev et qui a laissé quelques vies de Saints. On ignore en réalité qui en est l'auteur. Ce qu'il y a de certain, c'est qu'elle a été rédigée dans ce monastère par un moine anonyme. Les historiens russes l'appellent la chronique initiale ou fondamentale. L'auteur avait recueilli avec soin les récits des vieillards; il a, pendant quarante ans environ, été témoin d'une partie des faits qu'il raconte. Il intercale dans son récit des légendes des Saints, des extraits de chroniques et des documents byzantins. Nous ne donnons ici que deux fragments de la chronique et nous renvoyons le lecteur à la traduction française que nous avons publiée il y a quelques années[1]. Il est impossible de se faire une idée de la Russie primitive sans avoir lu en entier ce précieux document.

1. *Chronique dite de Nestor.* (Publication de l'Ecole des langues orientales, 1 vol. in-8°, Paris, 1884, librairie Leroux.)

Fragments de la chronique dite de Nestor.

Comment la princesse Olga vengea son mari Igor tué par les Drevlianes.

Cette année les compagnons du prince Igor lui dirent : « Les serviteurs de Svienald sont revêtus d'armes et de vêtements et nous, nous sommes nus ; viens prince avec nous imposer un tribut ; toi et moi nous en profiterons. » Igor les écouta, marcha contre les Drevlianes pour réclamer le tribut ; il exigea l'ancien tribut, l'obtint par la force, lui et son peuple, le prit et revint dans la ville. En revenant il réfléchit et dit à ses compagnons : « Portez le tribu à Kiev ; moi je retourne encore faire une expédition. Puis ayant renvoyé son armée, il revint avec une petite troupe, voulant encore plus de butin. Quand les Drevlianes apprirent qu'il revenait, ils délibérèrent avec leur prince Mal et dirent : « Si le loup prend l'habitude d'aller au bercail, il emportera l'une après l'autre les brebis à moins qu'on ne le tue ; il en est de même maintenant ; si nous ne le tuons pas, il nous vaincra tous. » Ils envoyèrent vers lui disant : « Pourquoi reviens-tu ? Nous t'avons payé tribut. » Igor ne les écouta pas. Alors les Drevlianes sortirent de la ville d'Iskorostène et tuèrent Igor et sa troupe, car elle était peu nombreuse. Et l'on ensevelit Igor ; sa tombe se voit encore aujourd'hui près d'Iskonostène, dans le pays des Drevlianes.

Or Olga était à Kiev avec son fils le jeune Sviatoslav et les Drevlianes dirent : « Nous avons tué le prince russe, donnons sa veuve en mariage à notre prince Mal, puis nous prendrons Sviatoslav et nous en ferons ce que nous voudrons. » Et les Drevlianes envoyèrent vingt hommes des plus vaillants en bateau vers Olga. ... Et on dit à Olga que les Drevlianes étaient arrivés et Olga les appela près d'elle et leur dit : « Dites-moi qui vous amène. » Les Drevlianes dirent : « Les Drevlianes nous ont envoyé disant : Nous avons tué ton mari, car il était comme un loup pillard et ravisseur ; mais nos princes sont bons, ils ont fait fleurir la terre des Drevlianes : épouse donc Mal notre prince. » Olga leur dit : « Ce que vous me dites m'est agréable ; je ne puis pas ressusciter mon mari ; mais je veux vous honorer demain en présence de mon peuple. Allez maintenant à votre bateau et faites les fiers. Et quand demain je vous enverrai chercher, alors dites : Nous n'irons point à pied, nous n'irons point à cheval ; mais qu'on nous porte dans notre bateau, et on vous portera dans votre bateau. » Et elle les envoya à leur bateau. Et Olga ordonna de creuser une fosse grande et profonde dans la cour du donjon, hors de la ville. Le lendemain Olga siégeant dans le donjon envoya chercher les ambassadeurs et leur dit : « Olga vous invite et veut vous rendre de grands honneurs. » Ils dirent : « Nous n'irons point à cheval, ni en voiture, ni à pied : portez-nous dans notre bateau. » Les gens de Kiev dirent : « Il nous faut obéir : notre prince a péri et notre princesse veut épouser votre prince. » Et on les porta dans le bateau, ils s'assirent enveloppés dans leurs grandes robes et pleins d'orgueil, et on les apporta au palais d'Olga. Après les avoir apportés, on les jeta dans la fosse avec leurs bateaux. Olga se pencha et leur dit : « Cet honneur est-il bon ? » Ils répondirent : « Pire que la mort d'Igor. » Et elle ordonna qu'on les enterrât vivants et on les enterra. Olga envoya alors chez les Drevlianes et leur dit : « Si vous me voulez réellement, envoyez-moi des hommes distingués afin que je puisse aller vers votre prince avec grand honneur, sinon les habitants de Kiev ne me laisseront pas partir. » Les Drevlianes entendant cela choisirent les hommes les meilleurs de leurs pays et les lui envoyèrent. Quand ils furent arrivés, Olga ordonna de préparer un bain disant : « Quand vous serez baignés vous viendrez me trouver. » On chauffa le bain et les Drevlianes entrèrent et se mirent à se laver. On ferma les portes derrière eux et Olga ordonna de mettre le feu au bain et ils furent tous brûlés. Et Olga envoya chez les Drevlianes, disant : « Voici que je vais aller chez vous : préparez beaucoup d'hydromel dans la ville où vous avez tué mon mari ; je veux pleurer sur sa tombe et faire une cérémonie funèbre en l'honneur de mon époux. » Ceux-ci ayant entendu ces paroles brassèrent une grande quantité d'hydromel. Olga suivie d'une petite escorte vint, s'avança sans appareil, vers la tombe de son mari, le pleura et ordonna à ses gens d'élever un grand tumulus, puis quand ils eurent fini de célébrer la fête, les Drevlianes s'assirent pour boire et Olga ordonna à ses gens de les servir. Les Drevlianes dirent à Olga : « Où sont nos compagnons que nous t'avons envoyés ? » Elle répondit : « Ils viennent avec moi, avec les officiers de mon mari. » Et quand les Drevlianes se furent enivrés, elle ordonna à ses gens de s'élancer contre eux et partit en prescrivant de les massacrer. Et ils en massacrèrent cinq mille et Olga retourna à Kiev et prépara son armée contre ce qui restait de Drevlianes.

Le puits merveilleux de Biélgorod.

Les Petchénègues vinrent assiéger la ville de Bielgorod. Ils bloquèrent la ville et il y eut une grande famine, il était impossible à Vladimir d'apporter du secours, car il n'avait pas d'armée et les Petchénègues étaient fort nombreux.

Les habitants se rassemblèrent et dirent : « Voici que nous allons mourir de faim et nous n'avons pas de secours du prince. Ne vaut-il pas mieux mourir tout de suite ? Rendons-nous aux Petchénègues, ils donneront la vie à quelques-uns d'entre nous ; ils tueront les autres ; mais d'un autre côté nous mourrions de faim. » Telle fut leur décision. Or, un certain vieillard qui n'était pas de l'assemblée, demanda ce qu'on avait décidé et le peuple lui dit que le lendemain on devait se rendre aux Petchénègues. Ayant appris cela, il envoya dire aux anciens de la ville : « J'ai appris que vous vouliez vous rendre aux Petchénègues. » Ils répondirent : « Le peuple ne peut pas supporter la famine. » Il leur dit : « Écoutez-moi, différez votre reddition de trois jours et faites ce que je vous prescrirai. » Ils consentirent volontiers à l'écouter. Et il leur dit : « Prenez chacun une mesure d'avoine, de blé ou de son. » Ils allèrent chercher ce qu'il avait dit. Il ordonna aux femmes de préparer le liquide avec lequel on fait du *kisel*[1] et il ordonna de creuser un puits et d'y mettre une cuve et de verser le liquide dans cette cuve. Ensuite il ordonna de chercher du miel et on lui apporta une corbeille de miel que l'on conservait dans l'office du

---

1. Sorte de soupe aigre.

prince : il le fit délayer dans de l'eau et le fit verser dans la cuve qui était au-dessus de ce puits. Le lendemain il envoya une députation aux Petchénègues : des gens de la ville allèrent les trouver et leur dirent : « Prenez-nous des otages et que dix des vôtres viennent dans notre ville pour voir ce qui s'y passe. » Les Petchénègues se réjouirent pensant qu'ils voulaient se rendre, prirent leurs otages et choisirent eux-mêmes les hommes les plus considérés et les envoyèrent à la ville afin qu'ils examinassent ce qui se passait. Et ils vinrent dans la ville et le peuple leur dit : « Pourquoi vous épuisez-vous contre nous? Croyez-vous nous vaincre? Quand même vous resteriez ici dix ans, que pouvez-vous nous faire? La terre nous fournit des vivres. Si vous ne le croyez pas, voyez-le de vos propres yeux. » Et ils les conduisirent au puits où se trouvait la cuve, et ils y puisèrent de la bouillie avec un seau, la versèrent dans des marmites et la firent cuire en leur présence. Puis après avoir fait du *kisel*, ils vinrent avec eux à l'autre puits, y puisèrent de l'hydromel et se mirent à manger : les Petchénègues mangèrent ensuite; ils s'étonnèrent et dirent : « Nos princes ne croiront pas cela s'ils ne goûtent pas eux-mêmes. » Le peuple, ayant tiré une jatte de bouillie et une jatte d'hydromel, les donna aux Petchénègues. Ceux-ci à leur retour dirent tout ce qui s'était passé et les princes Petchénègues prirent le kisel, le firent cuire et furent émerveillés. Ils reprirent leurs otages, rendirent ceux de la ville et retournèrent dans leur pays.

Vladimir Monomaque.
(1053-1125)

Vladimir Monomaque, né en 1053, fut grand prince de Kiev de 1113 à 1125. Sa vie tout entière se passa dans des expéditions soit contre les princes russes, soit contre les peuples païens, les Torks, les Polovtses. Au cours d'une de ces expéditions, il écrivit pour ses enfants l'Instruction à laquelle son nom est resté attaché. Ce qu'il y a d'original dans ce document, ce sont les détails que l'auteur nous fournit sur sa vie, sur son éducation, sur ses chasses, sur ses aventures. On en trouvera la traduction complète dans le volume cité plus haut (Chronique dite de Nestor, édition française, Paris, 1884, p. 239-262).

Instruction de Vladimir Monomaque.

... Ecoutez-moi et si vous n'acceptez pas tous mes conseils, acceptez-en au moins la moitié. Si Dieu attendrit vos cœurs, versez des larmes sur vos péchés, disant : « Comme tu as eu pitié de la pécheresse, du voleur et du publicain, aie aussi pitié de nous, pécheurs. » Faites cela dans l'église et en vous couchant. Ne manquez pas un seul soir si vous le pouvez de vous incliner jusqu'à terre au moins trois fois, si vous ne pouvez pas davantage... Car par ces adorations nocturnes et par ces chants l'homme est vainqueur du démon. Il rachète ainsi ses péchés de la journée. Et quand vous allez à cheval, si vous n'avez affaire à personne et si vous ne savez pas d'autre prière, répétez sans cesse en secret : « Seigneur, aie pitié, » car c'est la meilleure de toutes les prières. Et cela vaut mieux que de penser à de mauvaises choses. Par-dessus tout n'oubliez pas les pauvres, mais autant que vos moyens le permettent, nourrissez-les, donnez à l'orphelin, protégez le droit de la veuve et ne permettez pas aux puissants de perdre leur prochain.

Ne tuez aucun homme juste ou criminel.

... Quand vous racontez quelque chose de bien ou de mal, ne jurez pas par Dieu, ne vous signez point. Il n'en est nul besoin. Si vous baisez la croix pour faire un serment à votre frère ou à quelqu'un d'autre, sondez bien votre cœur pour voir si vous êtes disposé à tenir votre parole : alors baisez-la et ensuite prenez bien garde de perdre votre âme par une transgression. En ce qui concerne les évêques, les prêtres, les hégoumènes, recevez leur bénédiction avec amour, ne vous éloignez pas d'eux. Aimez-les suivant vos forces et tâchez d'obtenir qu'ils prient Dieu pour vous. Surtout n'ayez pas d'orgueil dans le cœur ni dans la pensée, mais dites : « Nous sommes mortels... Aujourd'hui nous vivons, demain nous sommes dans le tombeau : tout ce que tu nous as donné n'est pas nôtre, mais tien ; tu nous l'as confié pour peu de jours. » Ne cachez pas de trésors dans la terre ; c'est un grand péché. Honorez les anciens comme votre père et aimez les jeunes comme vos frères. Ne soyez pas négligents dans votre maison, mais voyez tout par vous-même ; ne comptez ni sur votre intendant ni sur votre serviteur, de peur que les hôtes qui vous visitent ne rient de votre maison ou de votre festin. A la guerre ne soyez pas négligents, ne vous fiez pas à vos généraux, ne vous abandonnez ni à l'ivresse, ni au manger, ni au dormir. Mettez vous-même les sentinelles, ne vous couchez le soir que quand vous les aurez placées tout autour de l'armée ; levez-vous de grand matin ; n'ôtez pas votre armure en hâte, sans avoir tout examiné ; car l'homme périt tout à coup. Evitez le mensonge, l'ivrognerie et la débauche, car c'est par là que périssent le corps et l'âme. Dans vos voyages, partout où vous passez à travers vos possessions, ne permettez pas à vos serviteurs, ni à ceux des autres de faire des dommages ni dans les villages, ni dans les champs pour qu'on ne vous maudisse pas. Partout où vous allez, où vous vous arrêtez, donnez à boire et à manger au mendiant. Surtout honorez l'hôte d'où qu'il vienne, pauvre, noble, ambassadeur ; si vous ne pouvez lui faire des présents, offrez-lui à boire et à manger. Car les voyageurs vous feront connaître en tous pays, pour bons ou pour mauvais. Visitez les malades, accompagnez les morts, car nous sommes tous mortels. Ne passez pas devant un homme sans le saluer et lui donner une bonne parole. Aimez vos femmes, mais ne leur laissez pas prendre de pouvoir sur vous. Enfin, ce qui est au-dessus de tout, ayez par-dessus tout la crainte de Dieu... Ce que vous savez de bon, ne l'oubliez pas et ce que vous ne savez pas, apprenez-le ; mon père tout en restant chez lui avait appris cinq langues ; cela fait honorer un homme dans les autres pays. Car la paresse est la mère de tous les vices, ce qu'on savait, on l'oublie, et ce qu'on ne savait pas, on ne l'apprend point. Quand on fait le bien, on ne doit négliger rien du bien, surtout en ce qui concerne l'Eglise. Que le soleil ne vous trouve pas au lit. Ainsi faisait feu mon père, ainsi font tous les gens vraiment bons...

... J'ai fait en tout quatre-vingt-trois voyages ; je ne mentionne même pas les petits ; j'ai conclu avec les Polovtses dix-neuf traités. J'ai délivré des fers les principaux princes des Polovtses...

Je me suis beaucoup fatigué dans mes chasses ; aux environs de Tchernigov, j'ai dans le courant d'une année tué non sans grands efforts jusqu'à cent taureaux sauvages... J'ai dans les forêts enlacé de mes mains jusqu'à dix ou vingt chevaux sauvages... Deux taureaux m'ont renversé avec leurs cornes, moi et mon cheval ; un cerf m'a frappé de ses cornes ; un élan m'a foulé aux pieds ; un autre m'a frappé de ses cornes. Un sanglier m'a arraché mon sabre du flanc, un ours m'a mordu le genou ; un animal furieux a sauté sur mes reins ; mais Dieu me préserva de tout mal ; je suis tombé souvent de cheval, je me suis brisé deux fois la tête, je me suis blessé les pieds et les mains dans ma jeunesse ; je n'épargnais pas ma vie et ne ménageais pas ma tête. Ce que j'aurais dû faire faire à mon serviteur, je le faisais moi-même, à la guerre, et à la chasse, la nuit et le jour, dans la chaleur et dans le froid, sans me donner de repos. Je ne me reposais ni sur les *posadniks* [1], ni sur les hérauts, je surveillais tout moi-même dans ma maison et dans les chasses, je mettais les chasseurs en ordre, je m'occupais de mes écuries, de mes faucons et des éperviers.

De même, je n'ai pas laissé offenser par les puissants le pauvre paysan et la veuve ; j'ai surveillé moi-même les rites de l'Eglise et le service divin. Ne me blâmez pas [de ce que je dis], mes enfants, ni quiconque lira ceci ; je ne me loue point de ma bravoure, mais je loue Dieu et je loue la miséricorde de celui qui m'a, misérable pécheur, protégé contre la mort pendant tant d'années, qui m'a créé actif, moi pauvre, pour toutes les œuvres humaines. En lisant cet écrit, rendez-vous propres à toutes les bonnes œuvres, louant Dieu et les Saints. Mes enfants, n'ayez pas peur de la mort, ni à la guerre,

---

1. Fonctionnaires municipaux.

ni à la chasse, mais faites œuvre virile selon que Dieu
le permettra. Si ni la guerre, ni la chasse, ni l'eau, ni
les chutes de cheval n'ont pu me faire de mal, personne
d'entre vous ne peut subir de dommage, ni perdre la
vie sans l'ordre de Dieu. Si la mort vient de Dieu, ni
père, ni mère, ni frère ne pourront l'empêcher. S'il est
bon de se protéger soi-même, la protection de Dieu est
meilleure que celle de l'homme...

L'hégoumène Daniel.
(XIIe SIÈCLE)

Daniel dit le pèlerin était hégoumène (abbé) d'un monastère dont on ignore le nom. Il alla en pèlerinage aux lieux saints, à l'époque où le prince Baudouin était roi de Jérusalem, c'est-à-dire dans les premières années du XIIe siècle. Le récit de ses voyages fut l'un des livres les plus populaires du moyen âge. Il a été traduit deux fois en français d'abord par M. Abraham de Noroy (Saint-Pétersbourg, 1864), ensuite dans le volume intitulé : *Itinéraires russes en Orient* (Genève, 1889).

Prologue.

Moi Daniel, indigne hégoumène russe, le plus infime
parmi les moines, mécontent de mes nombreux péchés
et de l'insuffisance de mes bonnes œuvres, je fus poussé
par l'idée, puis par le désir impatient de voir la sainte
cité de Jérusalem et la terre promise. Par la grâce de
Dieu, je parvins à la sainte cité de Jérusalem et vis
les saints lieux : je visitai toute la Galilée et tous les
saints lieux que le Christ notre Seigneur foula de ses
pieds et où il se manifesta par des miracles éclatants.
Et j'ai vu tout cela, de mes yeux de pécheur, et Dieu,

dans sa clémence, a daigné me montrer ce que ma pensée me faisait désirer depuis longtemps. Mes frères, mes pères, mes seigneurs, pardonnez-moi, à moi pécheur, et excusez mon ignorance et la simplicité du récit que je vais vous faire de la sainte cité de Jérusalem et du chemin qui conduit à ces saints lieux. Celui qui, dans son humilité, accomplit ce voyage en craignant Dieu ne péchera jamais contre la miséricorde divine; moi j'ai suivi ce saint chemin indignement, avec toutes sortes de paresses et de faiblesse, sans sobriété et m'adonnant à tous mes péchés, mais espérant que la clémence divine et vos prières me feront gagner auprès de Notre-Seigneur Jésus-Christ le pardon de mes péchés sans nombre, j'ai décrit tout ce que j'ai vu de mes propres yeux, afin de ne pas oublier ce que Dieu a daigné me montrer à moi indigne. Craignant l'exemple de ce serviteur paresseux qui enfouit le talent de son maître sans le rendre profitable, j'ai écrit ceci pour les fidèles, afin qu'en écoutant la description des lieux saints, ils aspirent à s'y transporter mentalement du fond de leurs âmes, et obtiennent de Dieu la même récompense que ceux qui les ont visités. Beaucoup de gens vertueux, sans quitter leurs maisons, en pratiquant le bien et en faisant l'aumône aux pauvres atteignent par là ces saints lieux et se rendent dignes d'une plus grande rémunération auprès de notre Dieu et Sauveur Jésus-Christ. D'autres, et moi tout le premier, parviennent aux lieux saints et à la sainte cité de Jérusalem et s'enorgueillissant dans leur esprit, comme s'ils avaient fait quelque chose de méritoire, perdent le fruit de leurs prières; d'autres encore, qui ont fait le pèlerinage de la sainte cité de Jérusalem reviennent sans avoir vu beaucoup de bonnes choses, pressés de rentrer chez eux, tandis que l'on ne peut accomplir promptement ce voyage, ni parcourir à la hâte tous les saints lieux de la cité et des environs.

La lumière céleste, comment elle descend sur le saint Sépulcre. — Rencontre de Daniel et du prince Baudouin.

Ceci est la description de la lumière sainte qui descend sur le saint Sépulcre, ainsi que le Seigneur daigna me la montrer, à moi son mauvais et indigne serviteur ; car j'ai véritablement vu, de mes propres yeux de pécheur, comment cette sainte lumière descend sur le tombeau vivifiant de Notre-Seigneur Jésus-Christ. Beaucoup de pèlerins racontent des détails peu véridiques à propos de la descente de cette sainte lumière : les uns disent que le Saint-Esprit descend sur le saint Sépulcre sous la forme d'une colombe; d'autres que c'est un éclair tombant du ciel qui allume les lampes au-dessus du sépulcre du Seigneur. Tout cela n'est pas vrai et n'est que mensonge, car on ne voit rien en ce moment, ni colombe, ni éclair; mais c'est la grâce divine qui descend invisible du ciel et allume les lampes [*du sépulcre de notre Seigneur*].

Et je ne dirai de ceci que la vérité, ainsi que je l'ai vue. Le vendredi saint après les vêpres, on essuie le saint Sépulcre et on lave toutes les lampes qui s'y trouvent. On y verse de l'huile pure, sans eau et les ayant pourvues de mèches, on n'y met pas le feu, mais on laisse les lampes sans les allumer; on appose les scellés sur le tombeau à la deuxième heure de la nuit. On éteint en même temps toutes les lampes et tous les cierges dans toutes les églises de Jérusalem.

Ce même vendredi, à la première heure du jour, moi méchant et indigne, je me présentai chez le prince Baudouin et le saluai jusqu'à terre. Me voyant, moi infime, il me fit approcher affectueusement de lui, et me dit : « Que veux-tu hégoumène russe? » Car il me connaissait déjà et m'aimait beaucoup en homme peu fier, d'une grande bonté et humilité. Je lui dis : « Mon prince et mon seigneur, je te supplie pour Dieu et pour les princes russes, permets-moi de placer aussi ma lampe sur le saint Sépulcre au nom de toute la terre russe. » Alors avec une bonté et une attention particulières, il m'accorda de placer ma lampe sur le sépulcre du Seigneur...

Ayant rempli ma lampe d'huile pure, je l'apportai au saint Sépulcre vers le soir et demandant le gardien je me fis annoncer à lui. Il m'ouvrit la sainte porte, m'ordonna d'ôter mes chaussures, et pieds nus, seul avec la lampe que je portais, il me fit entrer dans le saint Sépulcre et m'enjoignit de la poser sur le tombeau du Seigneur.

... Le lendemain à la sixième heure du jour du samedi saint, tout le monde s'assemble devant l'église de la sainte Résurrection; la foule remplit la place autour de l'église et du lieu du crucifiement. La presse devient terrible et l'angoisse si grande que beaucoup de personnes sont étouffées dans cette masse compacte qui se tient avec des cierges non allumés à la main, et attend que l'on ouvre les portes de l'église. Les prêtres seuls se trouvent à l'intérieur et tous, prêtres et foule, attendent l'arrivée du prince et de sa suite; quand les portes de l'église sont ouvertes la foule s'y précipite, se presse et se bouscule. Une grande partie de la foule se tient aussi dehors. Tout ce peuple dans l'église et au dehors ne fait que crier tout le temps : « Seigneur, aie pitié de nous. » Les fidèles versent des torrents de larmes ; même celui qui a un cœur de pierre ne saurait s'empêcher de pleurer : chacun en scrutant le fond de son âme se souvient alors de ses péchés et dit : « Mes péchés empêcheraient-ils la sainte lumière de descendre ? » Les fidèles se tiennent donc ainsi pleurant et le cœur serré, le prince Baudouin lui-même a une contenance contrite et grandement humiliée ; des torrents de larmes coulent de ses yeux ; sa suite qui l'entoure se tient aussi avec recueillement près de l'autel principal vis-à-vis du tombeau.

Le prince commanda à l'hégoumène de Saint-Sabbas de se placer avec ses moines et ses prêtres orthodoxes au-dessus du tombeau : quant à moi, infime, il m'ordonna de me mettre plus haut, au-dessus des portes du Saint-Sépulcre, en face du grand autel, de sorte que je pouvais voir à travers les portes du tombeau ; ces portes au nombre de trois étaient scellées du sceau royal. Les prêtres latins se tenaient devant le grand autel. A la huitième heure du jour, les prêtres orthodoxes qui se trouvaient au-dessus du saint Sépulcre avec tout le clergé, les moines et les ermites, commencèrent à chanter les vêpres ; de leur côté les Latins, devant le grand autel, se mirent à marmotter à leur manière. Pendant que tous chantaient ainsi, moi je me tenais à ma place, observant attentivement les portes du tombeau. Lorsqu'on commença la lecture des versets du samedi saint, l'évêque, suivi du diacre, sortit du grand autel pendant la première lecture et, s'approchant des portes du tombeau, regarda à travers le grillage dans l'intérieur; mais n'y voyant point de lumière il s'en retourna; à la sixième lecture, l'évêque revint à la porte du Saint-Sépulcre et n'y vit rien de nouveau. Alors tout le peuple s'écria avec des larmes : *Kyrie, eleison!* A la fin de la neuvième heure quand on commença à chanter le cantique *Cantabo Domino*, un petit nuage venant de l'orient s'arrêta soudain au-dessus de la coupole découverte de l'église et une petite pluie tomba sur le saint Sépulcre et nous mouilla ainsi que tous ceux qui se tenaient au-dessus du tombeau : ce fut alors que la sainte lumière illumina soudain le saint Sépulcre brillant d'un éclat effrayant et splendide. L'évêque suivi de quatre diacres ouvrit alors les portes du tombeau et y entra avec le cierge qu'il prit au prince Baudouin pour l'allumer le premier à cette sainte lumière; il vint ensuite le remettre aux mains du prince qui reprit sa place tout joyeux en tenant le cierge.

C'est au cierge du prince que nous allumâmes les nôtres; ils servirent à passer le feu dans l'église à tout le reste des assistants. Cette sainte lumière n'est pas semblable à la flamme ordinaire, mais elle brûle d'une façon merveilleuse et d'un éclat indescriptible et rouge comme le cinabre. Tout le peuple se tient donc avec les cierges allumés et répète à haute voix avec une joie et une allégresse profonde. « Seigneur, aie pitié de nous. » L'homme ne peut éprouver de joie pareille à celle dont tout chrétien est envahi en ce moment à la vue de la sainte lumière de Dieu; celui qui n'a pas assisté à l'allégresse ne peut tenir pour vrai le récit de tout ce que j'ai vu : il n'y a que les hommes sages et croyants qui ajoutent pleinement foi à la vérité de ce récit et écoutent avec ravissement les détails concernant les saints lieux.

Epilogue.

Ayant encore salué la tombe du Seigneur et le gardien et pris ma lampe remplie d'huile sainte, je sortis plein de joie du saint Sépulcre, enrichi par la grâce divine, portant en main un don du saint lieu et un témoignage du saint Sépulcre de Notre-Seigneur. Je m'en allai en me réjouissant comme si je portais des trésors de richesse et rentrai dans ma cellule plein d'une grande allégresse. Et Dieu et le saint Sépulcre me sont témoins que dans ces saints lieux je n'ai pas oublié les noms des princes russes, des princesses, de leurs enfants, des évêques, hégoumènes, boïars, de mes enfants spirituels et de tous les chrétiens ; je m'en suis partout souvenu ; je priais d'abord pour tous les princes et puis pour mes propres péchés. Grâce soit rendue à la bonté de Dieu qui m'a permis à moi, indigne, d'inscrire les noms des princes russes dans le monastère de Saint-Sabbas où l'on prie actuellement pour eux pendant les offices, ainsi que pour leurs femmes et leurs enfants. J'ai célébré cinquante messes pour les princes russes et tous les chrétiens et quarante messes pour les morts.

Que la bénédiction de Dieu, du saint Sépulcre et de tous les saints lieux soient avec ceux qui liront ce récit avec foi et amour ! Qu'ils obtiennent de Dieu la même récompense que ceux qui ont fait le pèlerinage de ces saints lieux. Bienheureux ceux qui ayant vu croient ! Trois fois bienheureux ceux qui croient n'ayant pas vu !

C'est par la foi qu'Abraham gagna la Terre Promise. Car en vérité la foi égale les bonnes œuvres. Au nom de Dieu, mes frères et Seigneurs! n'accusez pas mon ignorance ni ma simplicité : en considération du saint Sépulcre de Notre-Seigneur et de tous ces saints lieux, ne blâmez pas ce récit. Que celui qui le lira avec amour reçoive sa récompense de Jésus-Christ, notre Dieu et Sauveur! et que le Dieu de la paix soit avec vous tous jusqu'à la fin des siècles. Amen.

(*Itinéraires russes en Orient*, Genève, 1889.)

Le dit de la bataille d'Igor.

(ÉPOQUE INCERTAINE)

Le *Dit de la bataille d'Igor*, appelé improprement chant d'Igor, est une sorte de poème en prose qui raconte une expédition malheureuse des princes russes contre les Polovtses (1184). L'un d'entre eux, Igor, fut fait prisonnier et réussit à s'échapper. Le narrateur déplore les querelles des princes russes. On a beaucoup disserté sur le caractère de ce morceau, on discute encore aujourd'hui. Il aurait été découvert à la fin du siècle dernier, en 1795, dans un *Sbornik* ou recueil de pièces diverses acheté à un moine d'Iaroslavl par un gentilhomme lettré, le comte Mousine Pouchkine. Mousine Pouchkine le publia en 1800; le manuscrit qu'il avait conservé chez lui périt en 1812 dans l'incendie de Moscou. C'est là une perte irréparable; car seul l'examen paléographique du manuscrit aurait donné la preuve absolue de son authenticité. Malgré l'enthousiasme avec lequel le Récit d'Igor a été accueilli, en Russie, malgré les innombrables traductions en vers qu'il a inspirées aux poètes russes, cette authenticité demande encore aujourd'hui à être examinée sérieusement. C'est là une question qu'il est peut-être difficile de soulever aujourd'hui tant le *Dit de la bataille d'Igor* paraît avoir pénétré dans la littérature nationale. On y reviendra quelque jour. Si le manuscrit n'a pas été fabriqué vers la fin du XVIIIe siècle sous l'influence des poèmes ossianiques, il est en tout cas certain qu'il n'est pas contemporain des événements qu'il a la prétention de célébrer. Ces événements sont relatifs au XIIe siècle;

or d'après M. Kolosov, la langue du document ne permet pas de le considérer comme antérieur au xive ou xve siècle. Qu'il soit du xviiie ou du xve siècle, il ne doit être considéré ni comme un poème, ni comme un produit de la littérature populaire, mais comme une œuvre de rhéteur, une production de cabinet.

Ceux qui tiennent absolument pour l'authenticité de ce morceau répètent volontiers le mot de Pouchkine : « Tous nos poètes du xviiie siècle n'avaient pas ensemble assez de poésie pour comprendre, à plus forte raison pour imaginer deux lignes du chant d'Igor. » Mais s'il y a eu un fabricateur, ce n'était pas un poète, mais un érudit, un savant de cabinet, versé tout ensemble dans la littérature du moyen âge et dans la poésie populaire. On a présenté le même argument pour soutenir l'authenticité des poèmes tchèques connus sous le nom de manuscrit de Kralove Dvor[1]; et cette authenticité, malgré les efforts désespérés de ses défenseurs, est aujourd'hui terriblement ébranlée. Pouchkine, d'ailleurs, reste en fait de critique une autorité contestable ; il croyait s'y connaître en littérature slave parce qu'il avait traduit des chants serbes d'après une fabrication de Mérimée. Ce ne sont pas là des titres devant lesquels le pédantisme moderne soit tenu de s'incliner.

Le *Dit de la bataille d'Igor* a été traduit plusieurs fois en français, soit tout entier, soit par fragments. La première traduction a été donnée par Eichhoff dans son *Histoire de la langue et de la littérature des Slaves* (Paris, 1849), la seconde par Mickiewicz (*Les Slaves*, cours professé au Collège de France, t. Ier, Paris, 1849), la troisième par M. Rambaud dans son bel ouvrage sur la *Russie épique* (Paris, 1876), la quatrième par M. de Barghon Fort-Rion (Paris, 1878). Ces diverses traductions sont loin d'être d'accord entre elles. Le texte du récit n'est pas encore aujourd'hui sérieusement établi. En ce moment même, un savant russe publie sur ce texte de dix pages un commentaire qui n'aura pas moins de cinq volumes. On peut admirer l'allure générale du morceau ; mais quand il s'agit de comprendre le détail, c'est une autre affaire. Chacun établit le texte comme il l'entend et y trouve les beautés qu'il désire. Les plus prudents se contentent de laisser en blanc certains passages ; les plus audacieux proposent leurs conjectures et Dieu sait si ces conjectures diffèrent entre elles. Je ne citerai que deux exemples. Que faisait le poète Boïan quand il voulait chanter un poème ? Suivant les uns, *il s'élançait par la pensée dans les bois*. Suivant les autres, *il s'élançait comme une souris sur un arbre*. Voilà deux textes entre lesquels l'admiration hésite singulièrement. Au couplet suivant, une phrase peu intelligible

---

1. Je les ai traduits autrefois dans le volume intitulé : *Chants héroïques et Chansons populaires des Slaves de Bohême* (Paris, 1866).

peut vouloir dire à volonté : *Le désir endormit l'intelligence du prince* ou *la gloire saisit l'ami du prince.*

Quoi qu'il en soit, le *Dit de la Bataille d'Igor* occupe une place d'honneur dans toutes les anthologies russes et dans toutes les histoires littéraires. On ne pouvait l'omettre dans ce recueil. Les fragments suivants sont empruntés à la traduction de M. Rambaud. (*La Russie épique.* Paris, Maisonneuve, 1876.)

Le Dit de la bataille d'Igor.
Combat des Russes contre les Polovtses.

Le lendemain de grand matin, une aurore sanglante annonça le jour ; de sombres nuées s'élèvent de la mer et s'efforcent d'obscurcir les quatre soleils [1]. Au sein des nuées étincellent les foudres bleuâtres, gronde le tonnerre formidable : du grand Don les flèches pleuvent comme une averse ; ici on rompt les lances, là s'émoussent les sabres sur les casques polovtses, à la rivière Kaïala, près du grand Don [2].

O terre de Russie, tu as disparu derrière les hauteurs [3]. Les vents, ces petits-fils de Stribog [4], des rivages de la mer soufflent les flèches sur les braves compagnons d'Igor, la terre mugit, les rivières se troublent ; une vapeur de rosée couvre la plaine ; les étendards parlent ; les Polovtses accourent et du Don et de la mer de tous côtés : les bataillons russes reculent ; les fils du Diable cernent la plaine de leurs clameurs,

---

1. C'est-à-dire, d'après M. Rambaud, les quatre princes qui commandent l'expédition. M. de Barghon traduit : « Les nuages deviennent tellement épais qu'ils pourraient éclipser les feux de quatre soleils. »

2. M. de Barghon traduit : « La pluie ruisselle par torrents versée par le Don terrible. »

3. Eichhoff et M. de Barghon traduisent : « O Russes, vous n'êtes plus à Selomian. » Ils ignorent d'ailleurs absolument où peut se trouver Selomian.

4. Stribog, dieu du vent dans la mythologie russe.

tandis que les braves Russes se font une enceinte de leurs boucliers vermeils. Et toi, Vsevolod, impétueux aurochs, debout à l'arrière-garde, tu harcèles les guerriers ennemis de tes flèches, tu fais retentir sur leurs casques ton glaive d'acier bruni.

Partout où tu bondis, sauvage taureau, partout où étincelle ton casque d'or, la terre se couvre de têtes païennes des Polovtses : sous ton sabre d'acier éclatent leurs casques avares[1] sous tes coups, ô Vsevolod, impétueux aurochs.

Que lui importent les blessures, frères ? Il a oublié la splendeur princière et la vie et sa ville de Tchernigov, et le trône d'or de son père, et les caresses de sa femme, la gracieuse fille de Gleb, et toute une existence de bonheur...

De l'aurore jusqu'au soir, du soir jusqu'au lever du jour volent les flèches d'acier, retentissent les sabres sur les casques, éclatent les lames de fer bruni, au milieu d'une campagne inconnue, au cœur de la terre des Polovtses. La noire terre sous les fers des chevaux est ensemencée d'ossements et de cette semence lèvera pour la terre russe l'affliction.

Quel est ce bruit, quelle est cette rumeur qui s'élève le matin avant l'aurore ? Ce sont les guerriers d'Igor qu'il ramène au combat, il lui faisait peine d'abandonner son frère chéri Vsevolod. On se bat depuis un jour, on se bat depuis deux jours ; le troisième jour, sur le midi, les étendards d'Igor tombèrent et de nouveau les deux frères furent séparés sur les bords de la rapide Kaïala. Le vin sanglant est épuisé, les

---

1. C'est-à-dire païens. Les Avares avaient autrefois ravagé la Russie et y avaient laissé de terribles souvenirs.

braves Russes ont achevé le festin; ils ont désaltéré leurs bons amis les Polovtses; et maintenant ils sont morts pour la terre russe. L'herbe de la plaine se courbe plaintive; l'arbre s'incline douloureusement vers la terre.

Plainte de la princesse Iaroslavna sur le désastre de son époux Igor.

La voix de la Iaroslavna se fait entendre : on dirait la plainte du coucou; elle gémit au lever de l'aurore.

Je volerai comme un coucou tout le long du Dounaï[1], je tremperai mes manches de castor dans la rivière de la Kaïala, je laverai les blessures de mon prince, blessures sanglantes sur son corps formidable.

La Iaroslavna, au matin, se lamente sur la muraille de Poutivl[2].

O vent, vent terrible! pourquoi, Seigneur, souffler si fort? Pourquoi sur tes ailes légères porter les flèches du Khan sur les guerriers de mon héros? N'est-ce pas assez pour toi de souffler là-haut dans les nuées, de bercer les vaisseaux sur la mer bleue? Pourquoi, Seigneur, renverser ma joie sur l'herbe de la steppe?

La Iaroslavna, au matin, se lamente sur la muraille de Poutivl.

O Dnieper glorieux, tu te frayes un chemin parmi les montagnes de pierre de la terre polovtse. Tu as bercé sur tes flots les barques de Sviatoslov qui cinglaient

---

1. Le Danube, ou plutôt, ainsi que le fait remarquer M. Rambaud, un fleuve poétique quelconque dont il est inutile de rechercher la position.
2. Ville de la Russie méridionale, aujourd'hui chef-lieu de district du gouvernement de Koursk.

contre les guerriers de Kobak [1]. Conduis, Seigneur, mon époux vers moi ; je ne lui enverrai plus le matin mes larmes par la mer.

La Iaroslavna, au matin, se lamente sur la muraille de Poutivl.

Soleil brillant, trois fois brillant ; tu nous réchauffes tous. Pourquoi, Seigneur, darder tes rayons brûlants sur les guerriers de mon époux ? Pourquoi dans le désert sans eau dessécher leurs arcs dans leurs mains ? pourquoi appesantir par les tourments de la soif le carquois sur leurs épaules ?

La fuite du prince Igor, prisonnier des Polovtses.

Vers minuit, la mer s'émeut ; des tourbillons marins s'élèvent parmi des brouillards ; au prince Igor Dieu montre le chemin hors de la terre des Polovtses, vers la terre de Russie, vers le trône d'or de son père. L'aurore du soir s'est éteinte ; Igor dort-il ? non il veille, il mesure par la pensée le champ qui sépare le grand Don du petit Donets. A minuit son coursier est prêt. Orlour siffle sur l'autre côté de la rivière.

Il avertit le prince Igor : « Ne reste pas là, prince Igor. » La terre bruit, l'herbe murmure, les sentinelles des Polovtses se rapprochent. Mais déjà il a bondi, hermine dans les roseaux ; blanche sarcelle, il saute à l'eau, il s'élance vers son coursier rapide ; plus loin il en descend, loup aux pas légers, il court aux prairies du Donets, vole, faucon, sous le brouillard, tuant les cygnes et les oies sauvages pour son déjeuner, son

---

1. Khan des Polovtses.

dîner et son souper. Si le prince Igor vole comme le faucon, Orlour court sur sa trace comme un loup; leurs pieds font tomber la rosée des herbes de la steppe; car leurs chevaux rapides sont épuisés.....

Mais, écoutez, ce ne sont pas des pies qui jacassent : c'est Gzak et Kontchak qui chevauchent à la poursuite d'Igor. On n'entend pas croasser les corbeaux, les choucas font silence, les pies ne jacassent pas ; seuls, les pics grimpant aux rameaux noueux indiquent par leurs cris le chemin de la rivière et les rossignols par leurs chansons joyeuses annoncent le jour.

Gzak dit à Kontchak : « Puisque le faucon s'est envolé vers son nid, perçons le fauconneau de nos flèches d'or [1]. » Et Kontchak répond à Gzak : « Puisque le faucon s'est envolé vers son nid, enlaçons le fauconneau dans les bras d'une belle jeune fille. » Mais Gzak répond : « Si nous l'enlaçons dans les bras d'une belle jeune fille, nous ne garderons ni le fauconneau, ni la jeune fille. Et alors leurs petits viendront nous attaquer un jour dans les champs paternels. »

Comme a dit Boïan [2], il est pénible à la tête d'être sans épaules et malheur aussi aux épaules sans la tête. Malheur à la terre de Russie sans Igor. Mais le soleil brille dans les cieux, Igor dans la terre russe. Les jeunes filles chantent sur le Dounaï : leurs voix sont portées sur les flots de la mer jusqu'à Kiev.

Igor arrive à Boritchev, à l'église de la sainte Mère de Dieu. Le pays se réjouit, les villes sont joyeuses. On chante des chansons en l'honneur des princes aînés, puis des jeunes. On chante la gloire d'Igor Sviatosla-

---

1. Le fils d'Igor resté prisonnier.
2. Ancien poète, personnage légendaire comme Orphée ou Linus.

vitch, de l'impétueux aurochs Vsevolod, de Vladimir le fauconneau, le fils d'Igor. Santé aux princes, à leur droujina[1], qui combat pour le peuple chrétien contre les païens. Gloire aux princes, amen à leur droujina.

(Traduction de M. Rambaud, *La Russie Épique*, Paris, Maisonneuve, 1876.)

Daniel le prisonnier.

(XIIᵉ ou XIIIᵉ SIÈCLE)

Un des textes les plus curieux de la littérature russe au moyen âge, c'est le morceau connu sous le nom d'*Epître de Daniel le prisonnier*. Ce Daniel était un gentilhomme qui, tombé en disgrâce auprès de son prince, fut envoyé en exil sur les bords d'un lac lointain. Pour occuper ses loisirs et sans doute aussi dans l'espoir d'adoucir sa disgrâce, il composa cette supplique qui rappelle par plus d'un côté les *Elégies Pontiques* ou les *Tristes* d'Ovide. Comme le poète exilé, il joue sur sa douleur, il se livre aux plus basses adulations. Ce morceau atteste d'ailleurs une culture littéraire qu'on ne s'attendait guère à trouver sous les frimas de la Russie, vers la moitié du XIIᵉ ou du XIIIᵉ siècle. On ignore la date exacte où l'épître fut composée. Ce n'est pas ici le lieu de la discuter.

Supplique de Daniel le prisonnier.

(FRAGMENT)

Seigneur prince, souviens-toi de moi dans ta principauté ; moi, ton esclave, fils de ton esclave, je vois tous les hommes réchauffés par le soleil de ta grâce ; moi

---

1. *Droujina*. Ce mot vient de *Droug*, ami, compagnon. Il désigne dans la Russie kiévienne l'ensemble des boïars ou hommes libres qui servent volontairement le prince en vertu d'un contrat débattu. Ils le servent en vue de s'associer à ses expéditions et de partager les bénéfices. Ils se réservent le droit de passer au service d'un autre prince s'ils y trouvent des avantages plus considérables.

seul, je marche dans les ténèbres, écarté de la lumière de tes yeux comme une herbe qui croît à l'ombre d'une muraille, sur laquelle le soleil ne brille pas et la pluie ne tombe pas. Donc, Seigneur, prête l'oreille aux paroles de mes lèvres et délivre-moi de tous mes soucis.

Seigneur prince, tous s'abreuvent de l'abondance de ta maison ; moi seul ai soif de ta grâce comme un cerf d'une source limpide[1]. Je suis comme un arbre planté au bord de la route et tous les passants coupent mes branches[2]. Je suis un objet d'injures pour tout le monde parce que je ne suis pas entouré comme d'un fort rempart de la terreur que ton nom inspire.

Seigneur prince, l'homme riche est connu partout, même dans une ville étrangère et l'homme pauvre, même dans sa ville, marche sans être vu. L'homme riche parle, tous se taisent et portent aux nues ses discours ; le pauvre parle, tous crient après lui : car ceux dont les vêtements sont brillants, ceux-là voient leur langage accueilli avec honneur. Or, toi, seigneur prince, ne regarde pas mon extérieur, mais contemple mon intérieur ; je suis pauvrement vêtu, c'est vrai, j'ai la taille jeune, mais l'esprit vieux ; j'ai su planer par la pensée comme l'aigle dans les airs.

Seigneur prince, montre-moi ton regard et ton noble visage : tes lèvres versent de l'hydromel ; tes messages sont comme un paradis rempli de fruits ; tes mains

---

1. Ceci est un souvenir du psaume XLIII, verset 1 : « Comme un cerf brame après des eaux courantes, ainsi mon âme soupire après toi, ô Dieu ! » Le psautier était une des lectures favorites des Russes au moyen âge.

2. Curieuse coïncidence avec le distique bien connu d'Ovide :

Nux ego juncta viæ quum sim sine crimine vitæ
A populo saxis præter eunte petor.

sont pleines de l'or de Tharsis[1]; tes joues sont comme un vase d'aromates; ta bouche est comme lis blanc qui exhale un parfum, celui de ta grâce; ton aspect est exquis, comme celui du Liban; tes yeux sont comme une source d'eau vive; ton sein est comme une meule de froment qui nourrit beaucoup de personnes. Ta tête est plus haute que la mienne.

Seigneur prince, je ne suis pas né dans Athènes; je n'ai pas étudié chez les philosophes; mais j'ai butiné dans les livres, comme une abeille sur les fleurs; j'y ai recueilli la douceur de l'éloquence, j'y puise la sagesse, comme on puise l'eau de mer dans une outre. Prince, ne m'abandonne pas comme mon père et ma mère m'ont abandonné, mais reçois-moi dans ta grâce. Seigneur prince, l'aigle est le roi des oiseaux, l'esturgeon est le roi des poissons, le lion est le roi des quadrupèdes et tu es le roi de Péreiaslavl[2]. Le lion rugit, qui n'a peur? Et toi, prince, quand tu parles, qui ne tremble? De même qu'un serpent est redoutable par ses sifflements, de même, prince, tu es redoutable par la force de tes armes; l'or est la parure des femmes et toi, prince, tu es la parure de ton peuple[3].

---

1. Réminiscence du *Cantique des Cantiques*, IV : « Tes lèvres distillent des rayons de miel. » V : « Tes joues sont comme un parterre de plantes aromatiques et comme des vases d'odeurs; tes lèvres sont comme du muguet... » VII : « Ton nombril est comme une tasse ronde toute comble de breuvage; ton ventre est comme un tas de blé entouré de muguet, etc... » (Traduction Osterwald.)

2. Ville de Russie.

3. L'un des manuscrits de ce morceau bizarre se termine par cette phrase qui rappelle l'une des formulettes les plus connues de la littérature russe : « J'ai écrit cette épître dans la prison du lac Blanc, je l'ai scellé à la cire, je l'ai fait tomber dans le lac, un poisson l'a avalé; le poisson a été pris par un pêcheur et apporté au prince, on l'a ouvert; le prince a lu la lettre et a ordonné d'affranchir Daniel d'une cruelle captivité. »

La Zadonstchina.

(XIVᵉ SIÈCLE)

(Victoire de Koulikovo remportée sur les Tatares par Dmitri-Donskoi, 1380.)

La Zadonstchina (récit ou dit d'outre-Don) est un récit en prose, tour à tour lyrique et épique, qui ressemble singulièrement au *Dit de la bataille d'Igor*. On la considère volontiers comme une imitation de ce morceau célèbre. Il y aurait peut-être lieu de retourner l'hypothèse et de se demander si le chantre d'Igor ne s'est pas, au contraire, inspiré de la Zadonstchina. On ignore quel est l'auteur de la Zadonstchina; elle abuse moins de la couleur locale que le *Dit de la bataille d'Igor* et elle s'inspire tour à tour de l'écriture sainte et des procédés en usage dans la poésie populaire. On ne s'étonnera point du lyrisme de l'écrivain si l'on songe à l'importance du succès remporté à Koulikovo par le prince Dmitri-Douskoi : c'était la première fois que les Tatares, maîtres de la Russie depuis un siècle et demi, étaient sérieusement vaincus par les armes russes.

Transportons-nous, frères, dans les pays du Nord, dans le lot de Japhet, fils de Noé, de qui est issue la glorieuse Russie. Là, montons sur la colline de Kiev, contemplons la plaine du Dniéper et toute la terre russe et de là les contrées d'Orient, le lot de Sem, de qui sont issus les Tatares païens et les Musulmans. Ceux-ci, autrefois sur la rivière Kaïala, ont vaincu la race de Japhet [1]. Depuis ce moment la terre russe est triste..., elle s'est couverte de douleur et de deuil; pleurant, évoquant le souvenir de ses enfants. Les princes, les boïars, les vaillants ont abandonné leurs maisons, leurs richesses, leurs femmes, leurs enfants,

---

1. Les Russes.

leurs troupeaux. Comblés d'honneur et de gloire en ce monde ils ont sacrifié leurs têtes pour la terre russe et la foi chrétienne.

Rassemblons-nous, frères et amis, fils de la Russie ; groupons les paroles avec les paroles ; réjouissons la terre russe ; jetons le deuil sur les pays d'Orient, sur le lot de Sem[1], célébrons la défaite du païen Mamaï[2], la gloire du grand prince Dmitri Ivanovitch et de son frère Vladimir Andreevitch... Rappelons les temps des premières années ; louons le poète Boian, habile joueur de rebec dans Kiev ; car ce Boian, en posant ses doigts sur les cordes vivantes, chantait la gloire des princes russes, de Rurik, d'Igor Rurikovitch, de Sviatoslav, de Iaropolk, de Vladimir Sviatoslavitch, il les célébrait par des chants par des paroles ardentes et harmonieuses. Et moi je célébrerai par des chants et des paroles musicales le seigneur Dmitri Ivanovitch et son frère le prince Vladimir Andreevitch, parce qu'ils mirent leur vaillance au service de la terre russe et de la foi chrétienne. Car le grand prince Dmitri Ivanovitch et son frère le prince Vladimir Andreevitch aiguisèrent leurs cœurs par la bravoure, se dressèrent dans leur bravoure, se souvenant de leur aïeul le prince Vladimir de Kiev, tsar de la Russie[3].

Alouette légère, joie des beaux jours, va-t'en sous les nuages bleus, contemple la forte cité de Moscou, chante la gloire au grand prince Dmitri Ivanovitch et

---

1. Les Tatares sont considérés comme appartenant à la race de Sem, par opposition aux Russes, qui sont de la race de Japhet.

2. Mamaï, prince des Tatares, vaincu à Koulikovo. Après sa défaite il s'enfuit à Caffa, où il fut tué par les Génois.

3. Tsar est pris ici au sens poétique : roi, souverain. Le titre n'a été employé officiellement en Russie qu'à dater du XVIe siècle.

à son frère Vladimir Andreevitch. Car ils se sont élancés comme des faucons de la terre russe sur le champ des Polovtses (Tatares). Les chevaux hennissent sur la Moskva. Les tambours battent dans Kolomna, les trompettes résonnent. Les drapeaux flottent merveilleusement près du grand Don. Les étendards frémissent. Les cloches du beffroi sonnent dans Novgorod la Grande, les hommes de Novgorod se tiennent devant sainte Sophie en disant ces tristes paroles : « Frères, nous n'arriverons plus à temps pour secourir le grand prince Dmitri Ivanovitch. »

Alors des aigles se précipitèrent de tous les pays du Nord ; mais ce n'étaient pas des aigles qui volaient, c'étaient les posadniks[1] qui venaient de Novgorod la Grande avec sept mille hommes de troupe, vers le grand prince Dmitri Ivanovitch et son frère Vladimir Andreevitch. Tous les princes russes se sont réunis pour secourir le grand prince Dmitri Ivanovitch en lui disant: « Seigneur grand prince ! Déjà les Tatares païens s'avancent sur nos champs et nous enlèvent notre patrimoine. Ils sont établis entre le Don et le Dniéper sur la rivière Metcha. Et nous, seigneur, allons au delà du Don, fleuve rapide, accomplir des merveilles pour notre pays, des exploits que racontent les vieillards et dont les jeunes se souviennent. » Alors le grand prince Dmitri Ivanovitch dit à ses frères, aux princes russes : « Mes frères chéris, princes russes, nous sommes la lignée du grand prince Ivan Danilovitch[2], jusqu'ici, frères, personne ne nous a fait affront, ni le faucon, ni le vautour, ni le gerfaut, ni ce chien de païen Mamaï. »

1. Magistrats municipaux.
2. Ivan Danilovitch, dit Kalita, prince de Moscou (1328-1340).

Oiseau rossignol, ah! si tu pouvais chanter ces deux frères, ces deux fils d'Olgerd, André de Polotsk, Dmitri de Briansk. Ils ont été mis au monde sur un bouclier aux bataillons d'avant-garde, ils ont été enveloppés de langes aux sons des trompettes, bercés sous les casques, nourris à la pointe de la lance, abreuvés à la pointe de l'épée dans la terre lithuanienne...

Déjà de grands vents se sont élevés de la mer, ils ont amené une lourde neige à l'embouchure du Dniéper sur la terre russe; de la nuée sont sortis des nuages sanglants et de ces nuages des éclairs bleuâtres. Il y aura grand choc et grand fracas entre le Don et le Dniéper : les cadavres humains vont tomber sur le champ de bataille de Koulikovo; la rivière Nepriadva sera teinte de sang. Les telègues[1] ont grincé entre le Don et le Dnieper. Les païens marchent contre la terre russe. Les ours gris hurlent : ils veulent envahir la terre russe. Or ce n'étaient pas des loups gris : ce sont des Tatares païens qui sont venus, ils hurlent, ils veulent passer, ils veulent prendre toute la terre russe. Les oies ont crié, les cygnes ont agité leurs ailes. Car le païen de Mamaï a amené ses troupes contre la Russie...

Déjà le bruit résonne, le tonnerre tonne dès le matin, avant l'aurore. Ce n'est pas le bruit qui résonne, ni le tonnerre qui tonne : c'est le prince Vladimir Andreevitch qui met son armée en mouvement; il conduit ses bataillons d'avant-garde vers le Don rapide, en disant : « Seigneur prince Dmitri, ne faiblis pas. Déjà, seigneur, les Tatares païens avancent contre nos champs et enlèvent nos guerriers... » Alors, le grand prince Dmitri

---

1. Sorte de voitures.

Ivanovitch s'élance sur son étrier d'or, s'assied sur son cheval rapide, saisit sa lance de la main droite, adresse une prière à Dieu et à sa très pure mère. Le soleil brille clair à l'Orient et lui indique son chemin. Les saints Boris et Glieb prient pour leurs parents[1].

Alors les faucons et les gerfauts, les vautours du lac Blanc franchirent vivement le Don et s'élancèrent sur les oies et les cygnes. On entend résonner les lances d'acier, les sabres trempés, les haches légères, les boucliers de Moscou, les casques d'Allemagne, les cotes de mailles des musulmans. Alors les champs furent ensemencés d'ossements, inondés de sang; les cris de douleur éclatèrent; ils retentirent jusqu'aux déserts d'outre-Volga, jusqu'aux Portes de Fer, jusqu'à Rome, jusque chez les Tchérémisses, les Polonais, jusqu'à Oustioug, jusque chez les païens Tatares, au delà de la mer tumultueuse.

Sur ce champ, des nuages violents se rencontrèrent; de leur sein jaillissaient des éclairs, tonnaient d'effroyables tonnerres; alors les vaillants russes se rencontrèrent avec les païens tatares, pour venger leur grand affront : les armures dorées étincelaient, les princes russes faisaient résonner leurs épées d'acier sur les casques d'acier. Et on se battit du soir jusqu'au matin, le samedi de la nativité de la Vierge Marie. C'est alors que le vieillard aurait eu plaisir à se rajeunir...

Alors sur la terre russe s'étendit la joie, l'allégresse; la gloire russe se répandit par toute la terre; et sur les païens tatares, les méchants musulmans, s'abattit la

---

[1]. Saints nationaux de la Russie au moyen âge. Leur mort est racontée par la chronique de Nestor.

honte et la misère... Le grand prince, par sa vaillance, vainquit l'armée du païen Mamaï pour défendre la terre russe et la foi chrétienne. Les païens déposèrent leurs armes sur la terre et inclinèrent leurs têtes sous les sabres russes ; leurs trompettes ne sonnent plus, leurs voix se sont tues. Et le païen Mamaï quitta son armée, hurlant comme un loup gris et s'enfuit dans la ville de Caffa [1]...

Ainsi, le Seigneur eut pitié des princes russes, du grand prince Dmitri Ivanovitch, de son frère, le prince Vladimir Andreevitch, entre le Don et le Dniéper. Le grand prince Dmitri Ivanovitch s'arrêta avec son frère et les autres chefs sur le champ de bataille de Koulikovo. Frères, c'était une chose terrible et lamentable de contempler les cadavres couchés sur les rives du grand Don : pendant trois jours ses eaux roulèrent du sang. Et le grand prince dit : « Comptez, frères, combien il vous manque de voiévodes et combien de guerriers. » Et Michel Alexandrovitch, boïar de Moscou, se leva et répondit : « Seigneur prince, il nous manque quarante boïars de Moscou, douze princes de Bieloozero, trente posadniks de Novgorod, huit boïars de Souzdal, quarante boïars de Serpoukhov, trente seigneurs lithuaniens, douze boïars de Pereïaslav, vingt-cinq boïars de Kostroma, trente-cinq boïars de Vladimir, quarante boïars de Mourom, soixante-dix boïars de Riazan, trente-quatre boïars de Rostov, vingt-trois boïars de Zvenigorod, quinze boïars d'Ouglitch ; et l'impie Mamaï a massacré deux cent cinquante-trois mille des nôtres. Gloire à toi, Seigneur, qui as eu pitié de nous. » Et le grand prince Dmitri

---

1. Ville située sur la Mer Noire. C'est aujourd'hui Feodosia.

Ivanovitch dit : « Frères boïars et princes, et vous fils de boïars : voilà l'endroit qui nous a été destiné entre le Don et le Dnieper, sur le champ de bataille de Koulikovo, près de la rivière Nepriadva; vous avez exposé de bon cœur votre vie pour les saintes églises, pour la terre russe, pour la foi chrétienne. Adieu et bénissez-moi. A vous tous une couronne est assurée dans l'avenir. Et maintenant, mon frère, prince Vladimir Andreevitch, allons-nous-en dans notre pays d'au delà des forêts, dans l'illustre ville de Moscou et vivons désormais dans notre principauté. Nous avons acquis de l'honneur et un nom glorieux! Gloire soit à Dieu! »

Le Domostroï.

(XVe-XVIe SIÈCLE)

Le *Domostroï*[1] ou Ménagier russe est tout ensemble un manuel de morale religieuse et civique, un traité de civilité puérile et honnête, un guide de la bonne ménagère, un résumé d'économie rurale et de jardinage, une cuisinière bourgeoise. La rédaction de ce curieux ouvrage paraît remonter au commencement du XVIe siècle, peut-être à la fin du XVe. Le texte que l'on peut considérer comme définitif a eu pour compilateur un personnage considérable, le prêtre Sylvestre qui fut précepteur d'Ivan IV surnommé le Terrible. Le *Domostroï* semble avoir été rédigé primitivement à Novgorod la Grande. Ce fut Sylvestre qui eut l'honneur de l'acclimater dans la Russie moscovite. C'est un ouvrage fort curieux par les renseignements qu'il fournit sur l'état de la société russe au XVIe siècle[2].

---

1. *Dom*, maison; *stroit*, établir, organiser.

2. Voir l'étude que nous lui avons consacré dans le volume *Russes et Slaves* (Paris, 1890).

Les devoirs du chef de famille.

Si la femme ne vit pas conformément aux conseils de son époux et si elle ne fait pas tout ce qui a été prescrit dans ce livre, si elle ne le sait pas et ne l'enseigne pas à ses serviteurs, il convient au mari de lui faire des observations, de lui inspirer de la crainte, de la récompenser ensuite en insistant sur ses conseils avec amour[1]. L'homme ne doit point se mettre en colère contre la femme, ni la femme contre l'homme. Ils doivent toujours vivre dans l'amour et la pureté du cœur. Pour ce qui concerne les serviteurs, suivant leur faute, il faut les instruire, les reprendre et leur donner des coups, et, après les avoir punis, leur montrer de la bonté ; la maîtresse doit intervenir pour ses serviteurs avec réflexion. Et si la femme, le fils ou la fille ne font pas attention aux paroles ou aux instructions du père de famille, ne les écoutent point, ne les craignent pas, s'ils ne font pas ce que le mari, le père ou la mère ordonnent, il faut les frapper avec le fouet en cachette,

---

1. La littérature populaire est très dure pour la femme russe, ainsi que l'attestent les proverbes suivants :

Elle a les cheveux longs et la raison courte. — Qui lâche la bride à sa femme ne voit pas de bien. — Femme sans crainte est pire qu'une chèvre. — Aime la femme comme ton âme, secoue-la comme un poirier. — Bats ta femme avant de dîner et de nouveau avant de souper. — Ta femme n'est pas un vase, elle ne se cassera pas (si tu la frappes). — De notre côté n'attendez rien de bon. — La femme et le démon, c'est tout un. — Qui croit sa femme ne vivra pas trois jours. — Le chien est plus intelligent que la femme, il n'aboie pas contre son maître. — Devant la femme, Satan n'est qu'un petit innocent. — La femme est deux fois chère : quand elle entre dans la maison et quand on l'emporte (morte de la maison). — La poule n'est pas un oiseau, la femme n'est pas un homme (c'est-à-dire un être humain). — Avant d'aller à la guerre, fais une prière ; avant d'aller sur mer, fais deux prières ; avant de te marier, fais trois prières.

et non pas devant les gens, et, après les avoir instruits leur pardonner, et tout cela sans qu'il y ait colère de part ou d'autre.

Or, pour quelque faute que ce soit, il ne faut pas frapper sur l'oreille ou sur le visage, ni avec le poing sur la poitrine, ni à coup de pied, ni frapper avec un bâton, ni avec un instrument de fer ou de bois. Si quelqu'un par colère ou mécontentement frappe ainsi, il en résulte de grands inconvénients : la cécité, la surdité, les luxations des jambes, des bras ou des doigts, les maux de tête ou de dents, et parfois les enfants sont blessés dans le sein de leur mère. Mais il faut, pour punir, frapper avec un fouet ; cela est raisonnable et cela fait mal, cela est terrible et bon pour la santé. S'il y a eu quelque grande faute, de la désobéissance, de la négligence, il faut soulever le vêtement, tenir le coupable par les mains et frapper du fouet en raison de la faute, et, après avoir frappé, ajouter quelques bonnes paroles. Surtout qu'il n'y ait point de colère, que les gens n'entendent rien, et qu'il n'y ait pas de plainte après tout cela.

Il faut donner des coups à ses enfants : celui qui les élève bien aura une paisible vieillesse. Ne faiblis pas en battant ton fils. Si tu le frappes avec un bâton, il n'en mourra pas... il n'en sera que plus sain. Car en frappant son corps, tu sauves son âme de la perdition. Si tu aimes ton fils, donne-lui des coups ; tu t'en réjouiras plus tard... Ne ris pas avec lui, ne joue pas avec lui, car si tu es faible dans les petites choses, tu souffriras dans les grandes. Ne lui donne pas de liberté dans sa jeunesse, mais brise-lui les entrailles (le cœur) tandis qu'il grandit, s'il n'obéit pas, sinon tu auras de l'ennui, de la douleur, du dommage dans ta maison, des pertes dans tes biens, du blâme de la part de tes voisins, des railleries de la part de tes ennemis.

Comment les serviteurs doivent faire les commissions.

Si tu envoies quelque part ton serviteur et si tu lui ordonnes de dire ou de faire quelque chose, ou d'acheter quelque objet, reprends-t'y à deux fois et demande-lui : « Que t'ai-je dit? Qu'as-tu à faire ou à acheter ? » Et s'il te répète tout ce que tu lui as prescrit, alors tout va bien. Il faut envoyer la boisson à mesure pleine, le plat entier. Comme cela on ne pourra te tromper. Envoie les marchandises après les avoir comptées ou pesées, l'argent après l'avoir compté. Ce qu'il y a de mieux, c'est de sceller l'envoi.

Le serviteur envoyé chez des gens de bonne condition doit d'abord frapper tout doucement à la porte. Si quelqu'un dans la cour lui demande : « Pour quelle affaire viens-tu ? » il ne doit pas le dire, mais répondre : « Ce n'est pas chez toi que je suis envoyé. Celui vers qui je suis envoyé, c'est à lui que je dois parler. » Et dans l'antichambre, devant la chambre ou devant la cellule, le serviteur doit essuyer ses pieds crottés, se moucher, tousser d'avance et faire sa prière (à haute voix). Si on ne lui a point répondu : *Amen*, il doit la faire une seconde et une troisième fois. Si on ne donne pas de réponse, il faut encore frapper doucement. Après être entré, il faut s'incliner devant les saintes images et faire sa commission ; pendant ce temps-là on ne doit ni mettre ses doigts dans son nez, ni tousser, ni se moucher, ni renifler, ni cracher; si cela est absolument nécessaire, que l'envoyé se retire un peu à l'écart. Il doit se tenir d'une façon convenable, ne point regarder de côté, exécuter la commission qu'on lui a donnée, ne parler de rien autre chose et rentrer promptement chez lui.

Comment il faut soigner les malades.

Si Dieu envoie à quelqu'un une maladie ou quelque douleur, il faut la soigner par la grâce de Dieu, par les larmes et les prières, par le jeûne et l'aumône, par la véritable pénitence. Il faut remercier le Seigneur, lui demander pardon, et faire acte de vraie charité envers chacun. Il faut inviter nos pasteurs spirituels à prier Dieu, célébrer des offices, consacrer de l'eau avec la croix et les saintes reliques et les images thaumaturges et se faire oindre d'huile sainte : faire des vœux dans les endroits miraculeux et saints, prier avec une conscience pure. Car la guérison des maux les plus divers ne peut venir que de Dieu. Il faut donc s'éloigner de tous les péchés, n'en plus commettre à l'avenir et accomplir les pénitences imposées. Ainsi on est purifié du péché, ainsi est guérie la maladie spirituelle et corporelle...

Celui qui ne trouvera pas de soulagement à ses maux, c'est celui qui, sans peur et indolent, n'a pas la crainte de Dieu et ne fait pas la volonté de Dieu, celui qui n'observe pas la loi chrétienne et la tradition des Pères sur l'Église de Dieu et le chant ecclésiastique, les règles de la cellule, et la prière, qui ne se préoccupe pas de rendre gloire à Dieu, celui qui mange et boit sans tempérance et au moment qui n'est pas convenable, celui qui n'observe pas la loi le mercredi, le vendredi, les jours de fête, le grand carême, celui de la Vierge, celui qui commet des œuvres abominables, qui se livre à l'impureté, qui tient des propos indécents, celui qui saute, qui joue des instruments à corde, du tambourin, de la trompette, du chalumeau, qui entretient des faucons ou des chiens de chasse, qui fait des courses de chevaux, qui se livre à des plaisirs démoniaques à toute espèce d'abominations et d'impuretés, celui qui pratique en outre des enchantements, des sortilèges, les nœuds magiques[1], l'astrologie, le jeu de dés, les almanachs, le *Livre des six ailes*, les *Hachettes*, les *Flèches du tonnerre* [2], et tous autres artifices du démon...

Le prince André Kourbsky.
(1528-1588)

André Mikhaïlovitch Kourbsky, de la famille des princes d'Iaroslav, naquit vers 1528 et mourut vers 1588. Il se distingua par sa vaillance au service du tsar Ivan IV, prit part au siège de Kazan et aux guerres contre la Livonie. Après avoir servi fidèlement Ivan, il le quitta quand ce prince, atteint d'une sorte de folie furieuse, commença la longue série de cruautés et de persécutions qui lui a valu dans l'histoire le surnom de Terrible. Il entra au service du roi de Pologne Sigismond-Auguste, épousa une polonaise et combattit dans les rangs des ennemis de son ancien maître. Son histoire du règne d'Ivan est peut-être dans la littérature russe le premier ouvrage qui mérite le titre d'histoire. L'auteur y abandonne complètement les procédés et le style des anciens annalistes. C'est une œuvre intéressante, originale, dont le style est malheureusement défiguré par quelques polonismes. La correspondance avec Ivan le Terrible nous révèle dans son auteur un pamphlétaire incisif et vigoureux.

---

1. Qu'on portait sur soi pour se préserver de certaines maladies.
2. Ouvrages de sorcellerie.

La prise de Kazan[1] par Ivan le Terrible.

Nous arrivâmes près de la ville de Kazan : sa situation est très forte. A l'orient, elle est baignée par la rivière Kazan, à l'occident par la rivière Boulak qui est marécageuse et infranchissable. Elle coule sous la ville même et va se jeter sous une tour d'angle dans la rivière Kazan ; elle sort du lac Kaban, lac fort vaste qui s'étend jusqu'à une demi-verste de la ville. Quand on a passé cette rivière difficile, on trouve entre le lac et la ville une montagne fort escarpée et peu accessible. Un fossé partant de cette rivière entoure la ville ; il va jusqu'au petit lac appelé Païen qui confine à la rivière Kazan, et après la rivière Kazan, il s'élève une montagne si escarpée qu'on a peine à en voir le sommet ; sur elle se dresse la forteresse, le palais du tsar c'est-à-dire du Khan, les mosquées fort élevées construites en pierre où on enterrait les souverains tatares ; il y en a cinq, autant qu'il m'en souvient.

Lors donc que l'on commença le siège de cette ville musulmane, l'armée chrétienne reçut l'ordre de s'avancer en trois corps et de passer la rivière Boulak ; le premier corps passa après avoir jeté un pont ; il était composé de soldats d'élite au nombre de huit mille et commandé par deux chefs, le prince Georges Pronsky et le prince Fedor Lvov, tous deux jeunes et très vaillants : ils eurent à marcher directement contre cette montagne escarpée... entre la ville et le lac Kazan, à deux portées de flèche des portes du fort. Un autre

---

1. Sur la ville actuelle de Kazan, voir nos *Etudes slaves* (Paris, 1875). Cette ville capitale du Khan des Tatares fut prise par Ivan le Terrible en 1552.

corps très nombreux commença à passer la rivière sur le pont, mais le tsar de Kazan fit sortir de la ville environ cinq mille hommes de cavalerie et dix mille hommes d'infanterie ; ils attaquèrent le premier corps, les Tatares à cheval avec des lances, les fantassins avec des flèches. Ils frappèrent au centre de l'armée chrétienne qui était à mi-chemin de la montagne ; ils la coupèrent en deux ; mais les chefs rétablirent la bataille. Car déjà avec plus de deux mille hommes, ils étaient arrivés au haut de la montagne. Ils luttèrent vigoureusement et il y eut un grand massacre. Puis d'autres chefs arrivèrent avec nos fantassins armés de mousquets et ils repoussèrent les musulmans, fantassins ou cavaliers ; ils les poursuivirent en les frappant jusqu'aux portes de la ville et ils en prirent une dizaine. Pendant ce temps-là la ville fit donner son artillerie du haut de ses murs ; elle tirait sur l'armée chrétienne, mais par la grâce de Dieu personne ne fut blessé. Ce même jour nous entourâmes la ville et la forteresse musulmane et nous occupâmes tous les chemins qui y conduisaient, de sorte que personne ne pouvait plus entrer ou sortir.

Si j'écrivais en ordre tout ce qui se produisit chaque jour devant la place, cela ferait un livre tout entier. Ce qui est particulièrement digne d'être rappelé, c'est qu'ils faisaient des sortilèges contre l'armée chrétienne ; ils amenèrent ainsi une grande pluie. Dès le début du siège, à l'heure du lever du soleil, paraissaient au sommet des remparts, tantôt des vieillards, tantôt des vieilles femmes. Ils chantaient des paroles sataniques, ils agitaient leurs vêtements du côté de notre armée, ils tournaient d'une façon indécente. Alors le vent s'élevait, des nuages se formaient, même si le jour s'était levé serein. Il se produisait une telle pluie qu'elle changeait les endroits les plus secs en marécage et les remplissait d'eau, et cela se produisait seulement sur notre armée et point à côté; donc cela n'arrivait pas par la nature de l'air. Quand on vit cela, on conseilla au tsar d'envoyer à Moscou chercher du bois de la croix du Sauveur, qui est conservé auprès de la couronne tsarienne. Et quand fut apportée la croix qui renferme un fragment du bois salutaire sur lequel Notre Seigneur Jésus-Christ a souffert pour les hommes, alors les prêtres firent une procession solennelle avec les cérémonies chrétiennes, et suivant l'usage ecclésiastique ils bénirent l'eau; et grâce à la vertu de la croix vivifiante, les sortilèges païens disparurent aussitôt et on n'en entendit plus parler.

Or donc, au bout de sept semaines, on nous ordonna de nous préparer à l'assaut pour le lendemain au lever de l'aurore; le signal était le suivant : on devait faire sauter un rempart avec de la poudre, car on avait fait une mine et on avait mis quarante-huit tonneaux de poudre sous le rempart. On envoyait à l'assaut la moitié de l'infanterie; un tiers de toute l'armée ou un peu plus devait rester dans la plaine pour garder le tsar. Donc, suivant les ordres donnés, nous nous préparâmes le matin environ deux heures avant l'aurore. Je fus envoyé vers la porte inférieure au-dessus de la rivière Kazan et j'avais avec moi douze mille hommes de troupes. Des quatre côtés de la ville on établit des hommes forts et vaillants, quelques-uns à la tête de détachements considérables. Or le tsar de Kazan et ses sénateurs étaient informés de cela et s'étaient préparés contre nous, comme nous contre eux.

Or, avant le lever du soleil, la mine éclata; l'armée

chrétienne s'élança de tous côtés contre la ville et le château suivant l'ordre du tsar. Que chacun témoigne pour soi ; moi je dirai en peu de mots la vérité sur ce que j'ai vu et fait alors. Je disposai mes douze mille hommes sous le commandement de leurs chefs, nous courûmes aux remparts et à cette grande tour qui s'élevait au-dessus de la porte. Tant que nous fûmes un peu loin des murs, on ne tira sur nous ni un coup de fusil, ni un coup de flèche ; mais lorsque nous approchâmes, alors on fit feu sur nous des murs et des tours ; alors les flèches tombèrent aussi épaisses que la pluie ; alors tombèrent des pierres, si nombreuses, que l'air en était obscurci. Nous arrivâmes près des murs avec beaucoup de peine et de misère et alors ils commencèrent à lancer sur nous des matières bouillantes et des poutres entières. Cependant le secours de Dieu nous vint. Il nous donna le courage et l'audace pour nous défendre contre la mort. Avec un cœur vaillant, avec joie on lutta contre les musulmans pour la chrétienté orthodoxe, en une demi-heure, à coups de flèches et de mousqueterie, on les chassa des créneaux. Les canons de nos ouvrags nous vinrent en aide, tirant sur les ennemis, car ils se tenaient encore sur cette grande tour et sur les remparts...

Le premier, mon frère monta sur le rempart avec une échelle et d'autres guerriers vaillants derrière lui ; combattant d'estoc et de taille contre les musulmans, ils pénétrèrent par les grandes fenêtres de la tour et descendirent vers la porte de la ville, les musulmans s'enfuirent, abandonnèrent les remparts et coururent vers la grande montagne, au château de leur tsar ; il était très fort, flanqué de palais et de mosquées en pierres et entouré de hautes palissades. Nous courûmes après eux vers le palais du tsar, bien qu'alourdis par nos armures ; beaucoup d'hommes vaillants étaient blessés et il en restait fort peu pour lutter contre eux. Ceux des nôtres qui étaient restés en dehors de la ville voyant que nous y sommes déjà, que les Tatares ont quitté les remparts, s'élancèrent dans la ville ; ceux qui faisaient les blessés se relevèrent, ceux qui faisaient les morts ressuscitèrent. Alors de tous les côtés du camp, les cuisiniers, les soldats restés pour garder les chevaux, les marchands, tous s'élancèrent dans la ville, non pour combattre, mais pour piller. Car en vérité elle était pleine de riche butin, d'or, d'argent, de pierres précieuses, de fourrures et de toutes sortes de richesses[1].

Lettre à Ivan le Terrible[2].

Au tsar glorifié par Dieu et qui s'était montré le brillant défenseur de l'orthodoxie et qui maintenant, pour

---

1. La prise de Kazan est un des événements les plus considérables de l'histoire de Russie. La poésie populaire l'a souvent célébré. M. Rambaud dans son livre sur la *Russie épique* a traduit un fragment des *bylines* sur la prise de Kazan :

« Le tsar ouvrit la sape sous la rivière Kazanka ; il poussa la mine sous la ville de Kazan ; il entassa des tonneaux, des tonneaux de chêne avec de la poudre à canon, noire, violente ; il alluma la mèche de cire vierge. Les Tatares de Kazan étaient debout sur leurs murs, ils lui montraient leurs derrières : « Tiens, « seigneur tsar, voilà comme tu prendras Kazan ! » Le cœur du tsar s'irrita, il ordonna de châtier et de pendre ses canonniers.

« Des hommes sages sortirent du rang, des hommes sages et raisonnables. « O toi, seigneur tsar Ivan Vasilievitch, n'ordonne pas, seigneur, de nous faire « pendre et châtier, ordonne-nous de dire un mot : la mèche se consume vite à « l'air libre, mais dans un souterrain la mèche brûle lentement. » Le tsar n'eut pas le temps de prononcer un mot que la ville de Kazan commença à crouler, à tomber, à sauter de tous côtés, à jeter dans la rivière tous les Tatares de Kazan. Et maintenant notre seigneur se réjouit, notre seigneur ordonne de récompenser ses canonniers ; à chaque canonnier cinquante roubles, et à l'un d'eux cinq cents roubles. Pourquoi cinq cents ? Parce qu'il est venu près du tsar, venu en face du tsar et lui a tenu le discours... »

2. Ecrite de Lithuanie après la défection de Kourbsky. On verra plus loin la réponse d'Ivan.

nos péchés, en est devenu l'adversaire. Que les intelligents comprennent que chez toi la conscience est corrompue comme chez personne, même dans les pays païens...

Pourquoi, ô tsar, as-tu tué les forts dans Israël, pourquoi as-tu livré à des morts diverses les chefs que Dieu t'avait donnés, pourquoi as-tu versé leur sang victorieux et saint dans les temples de Dieu et dans les fêtes tsariennes? Pourquoi as-tu rougi de leur sang martyr les seuils des églises? Pourquoi contre tes serviteurs dociles qui risquaient leur vie pour toi, as-tu imaginé des tourments inouïs, des persécutions, des supplices, accusant les orthodoxes de trahisons, de sortilèges, d'autres actions infâmes, et t'efforçant avec tant de zèle, de changer la lumière en obscurité et de donner au doux le nom d'amer? En quoi étaient-ils coupables devant toi, ô tsar? N'ont-ils point, par leur vaillance, renversé d'orgueilleux empires et ne t'ont-ils pas soumis ceux dont nos pères étaient naguère les esclaves[1]? Grâce à leurs talents, Dieu ne t'a-t-il pas donné les solides places fortes des Allemands[2]? Et toi, tu nous as récompensés, misérables, par notre perte à tous. Te considères-tu donc, ô tsar, comme immortel? Ou bien, abusé par une hérésie insensée, t'imagines-tu que tu ne te présenteras pas au tribunal du chef divin Jésus, qui jugera équitablement tout l'univers et particulièrement les cruels tourmenteurs? C'est lui, assis sur le trône des chérubins, qui est juge entre toi et moi.

Quels maux, quelles persécutions n'ai-je pas eu à supporter de toi? A quelles misères, à quelles attaques

---

1. Les Tatares.
2. Les villes de la Livonie, Narva, Neuhausen, Dorpat, etc.

ne m'as-tu pas soumis ? Quelles méchantes calomnies n'as-tu pas répandues ? Toutes les misères que tu m'as causées, je ne puis, en raison de leur nombre, les rappeler aujourd'hui ; je suis encore accablé de la douleur de mon âme. Je dirai tout, en un mot ; je suis dépouillé de tout et par tes persécutions je suis chassé de la terre de Dieu. Je ne t'ai point sollicité en paroles menteuses, je ne t'ai point invoqué avec des sanglots et des larmes ; je n'ai réclamé de toi aucune faveur avec le concours des membres de l'Église, et tu m'as rendu le mal pour le bien, tu as payé mon dévouement et mon amour d'une haine irréconciliable. Mon sang répandu pour toi, comme de l'eau, crie contre toi vers le Seigneur. Dieu voit les cœurs ; j'ai médité avec soin dans mon âme ; j'ai invoqué le témoignage de ma conscience. J'ai tout recherché, tout examiné avec soin ; je ne sais pas, je ne vois pas en quoi j'ai pu pécher devant toi ; j'ai marché sans cesse à la tête de ton armée et je ne t'ai apporté aucune honte ; je ne t'ai valu que de brillantes victoires pour ta gloire, avec l'aide de l'ange du Seigneur ; je n'ai jamais fait fuir tes troupes devant l'ennemi, mais j'ai remporté sur lui de fameuses victoires. Et cela pas seulement une année, mais deux et même beaucoup d'années. J'ai travaillé à la sueur de mon front, j'ai beaucoup souffert, et j'ai toujours défendu ma patrie ; mes parents m'ont vu rarement ; je n'ai point fréquenté ma femme ; j'ai toujours été en expédition dans les villes lointaines, contre tes ennemis ; j'ai souffert beaucoup de fatigues et de maladies. J'en atteste le Seigneur Jésus. J'ai, plus que personne, été couvert de blessures par les mains des barbares et mon corps a été brisé par les maux, pour toi, ô tsar. Et tout cela est pour toi comme s'il n'était pas ; tu ne me montres que de la fureur, de la haine plus ardente qu'un fer rouge. J'aurais voulu énumérer tous les exploits guerriers que j'ai accomplis pour ta gloire par la force du Christ, mais je n'ai pas tout dit : Dieu en sait plus que l'homme. Il donne une récompense pour tous ces exploits et non seulement pour eux et même pour un verre d'eau fraîche ; tu sais bien cela, j'en suis certain. Eh bien ! ô tsar, sache encore ceci : tu ne verras plus mon visage jusqu'au jour de la glorieuse venue du Christ. Ne pense pas que je me tairai ; non, jusqu'à ma mort je crierai sans cesse avec larmes, vers l'auguste Trinité ; je crois en elle, j'invoque à mon secours la mère du prince des chérubins, mon espérance et ma patronne, la reine mère de Dieu et tous les saints élus de Dieu.

Tsar, n'imagine pas en ta vanité que nous, les innocents massacrés, emprisonnés ou bannis par toi, nous avons déjà péri ; ne te réjouis pas, enorgueilli d'une vaine victoire. Ceux que tu as tués, debout devant le trône du Seigneur, lui demandent vengeance contre toi ; ceux que tu as emprisonnés et bannis sans droit de leur patrie, crient nuit et jour contre toi vers Dieu. Tu peux te vanter dans ton orgueil, de ta puissance dans ce monde transitoire et fugitif ; tu peux inventer contre les chrétiens des instruments de torture, tu peux insulter et fouler aux pieds l'homme, image des anges et trouver de l'approbation chez tes flatteurs et tes parasites, chez tes boïars débauchés qui perdent ton corps et ton âme ; cette lettre, arrosée de mes larmes, sera mise avec moi dans mon tombeau lorsque je me rendrai au jugement de mon Dieu, Jésus-Christ. *Amen.*

Ivan le Terrible.
(1530-1584)

Le tsar Ivan le Terrible est surtout célèbre par sa cruauté. Comme notre Louis XI, avec lequel il a plus d'un trait de ressemblance, ce fut un grand politique. Il n'est pas moins remarquable comme écrivain : on en jugera par sa réponse au prince Kourbsky. Ivan n'est pas toujours de bonne foi, mais il écrit d'un style nerveux; il manie l'ironie en maître. Il figure à bon droit dans toutes les histoires et dans toutes les anthologies de la littérature russe.

Réponse à la lettre du prince André Kourbsky.

Notre Dieu la Trinité qui existait avant les siècles des siècles et qui existe aujourd'hui, Père, Fils et Saint-Esprit, n'a ni commencement, ni fin ; nous vivons par lui, nous nous mourons en lui, c'est par lui que les empereurs règnent et que les forts écrivent la loi. Par son Verbe, fils unique de Dieu, Jésus-Christ notre Seigneur, ont été donnés l'étendard victorieux et la croix glorieuse toujours invincibles, d'abord au pieux empereur Constantin, puis à tous les empereurs orthodoxes protecteurs de l'orthodoxie et à tous les serviteurs divins du Verbe de Dieu. Comme ils accomplissaient partout la parole divine, ils ont parcouru toute la terre comme des aigles de telle sorte que l'étincelle de la piété est arrivée jusqu'à l'empire russe. L'autocratie, par la volonté de Dieu, a commencé avec le grand prince, Vladimir[1], qui a éclairé toute la terre russe par le saint

---

1. Ceci est faux : les princes russes au camp de Vladimir sont dans la dépendance de leur *droujina* et leur autorité est bien loin d'être absolue. Voir la *Chronique dite de Nestor*.

baptême, et avec le grand tsar[1] Vladimir Monomaque qui reçut des Grecs les plus grands honneurs et par le vaillant grand prince Alexandre Nevsky qui remporta des victoires sur les impies enfants d'Agar[2], puis l'autocratie passa au vengeur des injures, à notre aïeul le grand prince Ivan[3], le rassembleur de la terre russe[4], à notre père de bienheureuse mémoire le grand prince Vasili et de lui est arrivée à nous humble porteur du sceptre de l'empire russe. Or nous louons Dieu de la grande grâce qu'il nous a faite en ne permettant pas à notre droite de se rougir dans le sang de notre race. Car je n'ai enlevé le tsarat à personne, mais je l'ai reçu par la volonté de Dieu et la bénédiction de mes ancêtres : nous sommes nés dans la royauté, nous y avons grandi, nous y sommes parvenus ; nous avons reçu notre bien et non pris celui d'autrui. Qu'on connaisse donc une manifestation de cette orthodoxie orthodoxe, vraiment chrétienne, notre réponse chrétienne et humble à celui qui était autrefois un véritable chrétien orthodoxe, un boïar de nos États, notre conseiller et notre général, qui est aujourd'hui un criminel devant la croix glorieuse et vivifiante, un ennemi de la chrétienté, un serviteur des ennemis du Christ, un déserteur du divin culte des images ; un violateur de toutes les lois saintes, un destructeur des saints temples, un contempteur qui souille les vases, les images sacrés, au prince André Mikhaï-

---

1. Les anciennes chroniques ne désignent Vladimir Monomaque que sous le titre de prince.

2. Les Païens, c'est-à-dire les Tatares, les Suédois.

3. Ivan Kalita, qui régna de 1328 à 1340.

4. Ivan le Grand, dit le Rassembleur de la Terre russe. Il régna de 1462 à 1505 ; il libéra définitivement la Russie du joug tatare et réunit à la grande principauté de Moscou les principautés de Tver, Rostov, Iaroslavl et la Russie occidentale jusqu'à la Soja.

lovitch Kourbsky qui a voulu devenir par traîtrise prince d'Iaroslavl.

Pourquoi, prince, si tu te considères comme pieux, as-tu perdu ta propre âme ? Que donneras-tu pour elle au jour du jugement terrible ? Quand même tu aurais acquis le monde entier, la mort te saisira cependant à la fin. Pourquoi as-tu vendu ton âme pour ton corps ? Serait-ce que tu as eu peur de la mort à l'instigation de tes démons et sur les paroles menteuses de tes puissants amis et conseillers ?

Pourquoi n'as-tu pas eu honte devant ton esclave Vaska Schibanov[1], qui a conservé son honneur devant le tsar et devant tout le peuple ? Il était au seuil de la mort et il ne t'a pas renié, mais il a fait ton éloge et il s'est montré prêt à subir pour toi toutes les morts.

Mais toi, tu n'as pas montré cette fidélité ; pour un seul mot de colère, tu as perdu non seulement ton âme, mais encore les âmes de tous tes parents ; car Dieu les avait donnés comme esclaves à notre aïeul le grand prince ; ils lui ont donné leur âme, ils l'ont servi jusqu'à la mort et ils vous ont ordonné à vous leurs enfants de servir chez les enfants et les petits-enfants de notre aïeul. Et toi, tu as oublié tout cela comme un chien, d'une façon traîtresse tu as violé ton serment, tu t'es réuni aux ennemis de la chrétienté et en outre, sans réfléchir à ton infamie, tu nous dis de telles abominations...

Nous n'avons jamais versé de sang dans les églises.

---

1. Ce boïar, partisan de Kourbsky, fut chargé par lui de porter un message à Ivan le Terrible ; il subit d'effroyables tortures sans trahir le maître qui l'avait envoyé. Le tsar appuya sur son pied la pointe d'un bâton ferré et l'enfonça de toutes ses forces. Schibanov, malgré la douleur, continua la lecture du message qu'il apportait.

En ce qui concerne leur seuil, autant que nos forces et notre intelligence le permettent, et que nos sujets veulent nous y aider, les églises de Dieu resplendissent de divers ornements, et non pas seulement leur seuil et leur pavé, mais aussi leurs vestibules dont les embellissements peuvent être vus de tous les étrangers. Nous n'avons souillé leur seuil du sang de personne et en ce moment il n'y a point chez nous de martyr pour la foi. Nous n'avons causé à personne de tortures, ou de persécutions ou de maux divers : tu fais peut-être allusion à des traîtres et à des magiciens: partout de tels chiens sont livrés aux supplices[1].

Il a plu à Dieu de rappeler du royaume de la terre au royaume des cieux la pieuse tsarine Hélène notre mère ; avec mon frère Georges qui aujourd'hui repose en Dieu, nous restâmes orphelins et n'attendant d'appui de personne, nous mîmes notre espérance dans la grâce de la très sainte Mère de Dieu, dans les prières de tous les saints et la bénédiction de nos parents. A l'époque où je n'avais pas encore huit années d'existence, nos sujets commencèrent à agir suivant leur fantaisie ; car il n'y avait aucun pouvoir dans l'État, et nous leurs maîtres, ils ne daignaient pas nous donner un appui volontaire, mais ils cherchaient pour eux la richesse et la gloire, ils se jetaient les uns sur les autres. Que n'imaginaient-ils pas? Que de boïars, que d'amis de notre père, que de voévodes ils ont tués!... On nous éleva mon frère et moi comme des étrangers ou comme des pauvres. Quelles privations n'ai-je pas subies dans mes vêtements, dans ma nourriture ; nous manquions de tout: nous n'avions de rien à suffisance et comme

---

1. Ces *chiens* étaient fort nombreux, paraît-il, sous le règne d'Ivan le Terrible.

il convient au jeune âge. Je ne rappellerai qu'un détail ; un jour nous jouions ; le prince Ivan Vasilievitch Schouïsky était assis sur un banc ; il appuyait son coude sur le lit de notre père et y posa même le pied ; il se conduisait avec nous, non comme un père, mais comme un despote, comme avec des serfs. Qui peut supporter une pareille présomption ? Je suis hors d'état d'énumérer tous les maux que j'ai soufferts dans ma jeunesse. Souvent je dînais en retard et pas à ma faim. Et que me restait-il du trésor de mon père ? Tout avait été enlevé d'une façon malhonnête sous prétexte de solder les enfants boïars ; en réalité, ils avaient tout pris pour eux. Ils prenaient tout le trésor de notre père et de notre aïeul, et ils s'en faisaient fondre des vases d'or et d'argent et ils écrivaient dessus les noms de leurs parents, comme si tout cela faisait partie de leur héritage... Ils enlevèrent tout. Ensuite ils s'attaquèrent aux villes et aux villages, ils torturèrent les habitants de la façon la plus effoyable, ils leurs infligèrent toutes sortes de maux et pillèrent sans miséricorde les biens des habitants.

Quand nous arrivâmes à l'âge de quinze ans, inspiré par le Seigneur, nous souhaitâmes d'établir nous-même notre autorité tsarienne, et avec l'aide du Dieu toutpuissant nous nous mîmes à l'œuvre sans rencontrer de troubles, ni de résistance. Mais alors, à cause de nos péchés, par la volonté du Seigneur il arriva qu'un incendie brûla la ville capitale de Moscou. Nos traîtres, ces boïars que tu appelles des martyrs et dont je ne veux pas rappeler le nom, profitèrent d'une circonstance favorable à leur ignoble trahison, ils racontèrent à la sotte populace que la mère de notre mère, la princesse Anna Glinsky ainsi que ses enfants et ses gens savaient extraire les cœurs des hommes, qu'elle avait brûlé Moscou par une sorcellerie. Elle ajouta que nous savions tout cela : la foule ignorante à l'instigation de ces traîtres se mit à crier, comme les Juifs contre notre seigneur, s'empara de notre boïar, le prince Georges Vasilievitch, l'entraîna d'une façon barbare dans l'église de l'Assomption et tua cet innocent en face du siège métropolitain. On souilla de sang le pavé de l'église ; on tira son corps par la grand'porte de l'église, on l'exposa sur la place publique comme celui d'un condamné. Tout le monde connaît ce meurtre. Nous vivions au village de Vorobievo ; ces traîtres excitèrent le peuple à nous tuer aussi sous prétexte que nous cachions chez nous la mère du prince Georges Glinsky et son frère ; c'étaient de ces bruits mensongers comme ceux, ô chien, que tu fais courir contre nous. Comment ne pas rire de pareilles sottises ? Pourquoi brûlerions-nous nous-mêmes notre royaume ?

Tu dis dans ta stupidité que ton sang a été répandu pour nous par des mains étrangères, qu'il crie contre nous au Seigneur : cela est risible en vérité. Il a été répandu par l'un et il crie vers l'autre. S'il est vrai que ton sang a été répandu par les mains des ennemis, tu n'as fait qu'accomplir ton devoir envers la patrie : si tu ne l'as pas accompli, tu n'es pas un chrétien, mais un barbare. Nous n'avons rien à voir là dedans. Ce qui crie bien plus haut vers le Seigneur, c'est notre sang versé par vous-même : ce n'est pas par des blessures, par des gouttes de sang, c'est par ma sueur et l'immensité de mon labeur que j'ai été pour vous accablé au delà de mes forces. Par suite de votre malice, de vos injures, j'ai versé beaucoup de larmes au lieu de sang et plus encore de soupirs et de gémissements.

Tu veux déposer ta lettre dans ta tombe, cela prouve que tu as complètement renoncé au christianisme. Le Seigneur a ordonné de ne pas s'opposer au mal : et toi tu renonces, même à ce qui est habituel aux ignorants, au pardon suprême. Tu ne mérites même pas qu'on prie pour toi après ta mort.

Grégoire Kotochikine.

(XVIIe SIÈCLE)

Grégoire Kotochikine vivait au XVIIe siècle. Il servit au prikaze (ou département) des ambassadeurs, c'est-à-dire des affaires étrangères. Il fut chargé de diverses missions. Tombé en disgrâce, il se réfugia en Suède et embrassa le luthéranisme. Il finit mal : ayant tué son propriétaire, il fut condamné à mort et exécuté. Pendant son exil, il eut l'heureuse idée d'écrire un ouvrage sur son pays; il y décrit la vie des souverains et de leurs familles, il exposa la situation politique et économique de la Moscovie. Ayant longtemps vécu hors de son pays, Kotochikine avait des termes de comparaison qui manquaient en général à ses compatriotes. Son livre est fort curieux pour l'histoire de la société russe à la veille des réformes de Pierre le Grand. C'est le complément du *Domostroï*. Il ferme en quelque sorte la période du moyen âge qui, en Russie, se prolonge jusqu'à la fin du XVIIe siècle.

La civilité des festins au XVIIe siècle.

Les jours où il y a des fêtes du Seigneur ou les jours de fête des personnes, de naissance ou de baptême, les Russes festinent les uns chez les autres.

Leurs mets sont simples, sans assaisonnement, sans baies, sans sucre, sans poivre, sans gingembre, peu salées et sans vinaigre. Quand on se met à table, on n'apporte qu'un seul plat, puis ensuite on apporte les autres plats de la cuisine. Ils sont tenus par les gens;

dans ceux qui ont peu de vinaigre, de sel ou de poivre on en ajoute sur la table, et il y a jusqu'à cinquante ou cent plats différents.

Or voici quelle est la coutume. Avant le dîner, les maîtres de la maison invitent leurs femmes à venir saluer les hôtes. Elles viennent, s'établissent à la place d'honneur dans la salle où l'on doit dîner ; les hôtes se tiennent à la porte et leurs femmes font aux hôtes le petit salut ; les hôtes s'inclinent jusqu'à terre ; puis le maître salue les hôtes jusqu'à terre et invite les hôtes à embrasser sa femme : sur leur prière, il l'embrasse le premier, puis les hôtes l'un après l'autre saluent les femmes jusqu'à terre ; ils viennent les embrasser, puis en se retirant ils saluent encore jusqu'à terre : la femme leur rend un petit salut. Puis la femme du maître de maison offre à chaque hôte un verre d'eau-de-vie double ou triple, aromatisée. Le maître alors salue chaque hôte jusqu'à terre en le priant de boire le vin qu'offre sa femme ; après les avoir invités, il ordonne à sa femme de boire la première, puis il boit lui-même et on apporte aux hôtes et les hôtes avant de boire et après avoir bu s'inclinent encore jusqu'à terre. Celui qui ne boit pas d'eau-de-vie, on lui offre à la place une coupe de vin grec, de vin du Rhin ou d'un autre breuvage ; quand on a fini de boire, la femme du maître rentre dans ses appartements et va retrouver les boïarines, femmes des hôtes.

Or les femmes ne dînent jamais avec les hommes excepté aux repas de noce, et lorsque des parents se réunissent et qu'il n'y a pas d'étrangers. Dans ces repas, les hôtes à chaque plat boivent un verre d'eau-de-vie, de vin doux, de vin du Rhin, de bière aromatisée ou simple et divers hydromels. Lorsqu'on apporte les gâteaux ronds, devant ce gâteau marchent les brus, ou les filles à marier, ou les femmes de quelques parents : les hôtes vont à la porte, saluent les femmes ; les maris de ces femmes se lèvent et invitent les hôtes à embrasser leurs femmes et à boire de l'eau-de-vie en leur honneur. Les hôtes embrassent les femmes et après avoir bu le vin, ils se remettent à table et les femmes retournent à l'appartement d'où elles sont venues. Quant aux filles qui ne sont pas à marier, ils ne les présentent pas aux hôtes, ils ne les montrent à personne : elles vivent dans des appartements particuliers et éloignés. Le repas fini, le maître et les hôtes se réjouissent et boivent à la santé les uns des autres ; puis les convives rentrent chez eux. De la même manière les boïarines dînent et boivent entre elles suivant leur rang dans un appartement particulier et pas un homme n'assiste à leur festin.

Georges Krijanitch.

(XVIIe SIÈCLE)

Georges Krijanitch n'est pas, à proprement parler, un écrivain russe. Il est né en Croatie vers le commencement du XVIIe siècle. Il a reçu son éducation première en Occident, il a été prêtre catholique. De bonne heure, il s'est intéressé à la destinée des Slaves, ses congénères, et notamment de la Russie. Sous le règne d'Alexis Mikhaïlovitch, il est venu s'établir en Russie pour s'y livrer à des études de philologie slave et aussi évidemment avec la secrète pensée de jouer un rôle politique. Il rêvait la reconstitution des nationalités slaves sous l'égide de la Russie. C'est peut-être le premier écrivain panslaviste. Pour éclairer les Russes sur leurs intérêts et ceux de leur race, il écrivit, dans une langue bizarre, mélange singulier de russe et de slavon, un traité *de la Politique* qui renferme de curieuses appréciations et des idées originales. Je me contente d'en donner ici quelques extraits et je renvoie à l'essai que j'ai publié autrefois sur Krijanitch[1].

La destinée des Slaves.

Des peuples autrefois célèbres, les Égyptiens, les Hébreux, les Grecs, sont aujourd'hui retombés dans la barbarie ; d'autres, naguère grossiers et sauvages, les Français, les Allemands, les Italiens, sont arrivés à une haute civilisation. Personne n'a le droit de dire qu'à nous, Slaves, la voie des sciences est fermée par un arrêt du Ciel, que nous n'avons pas le droit ou le devoir de progresser dans la culture. Les autres peuples se sont instruits les uns par les autres, lentement, non pas en un jour ni en une année ; nous aussi, nous pouvons nous instruire si nous en avons la volonté et la persévérance[2]. Le temps est venu de commencer. Dieu, dans sa miséricorde, a élevé en Russie un royaume slave plein de gloire, de force et de grandeur, tel qu'il n'y en eut jamais dans le passé de notre race. Mais pour s'instruire il faut d'abord se connaître soi-même. Si nos anciens monarques avaient su la force de leur peuple, ils auraient pu accomplir des miracles. »

---

1. *Nouvelles études slaves*. Paris, 1880.
2. Au XIXe siècle, le poète tchèque Kollar a, dans un sonnet célèbre, exprimé la même pensée :

« Pourquoi nos cœurs frissonneraient-ils ? Pourquoi se plongeraient-ils dans le deuil ? Parce que nous avons trouvé devant nous un désert qu'aucune charrue n'a encore déchiré ?

« Je ne veux pas d'une victoire qui tombe du ciel sans effort, je préfère la misère, le chaos, l'obscurité, pour faire jaillir la lumière là où régnait jadis le néant.

« Sans doute, d'autres suivent un chemin plus aplani ; nous nous traînons péniblement, lourdement derrière eux.

« En revanche, nous sommes un peuple plus jeune ; nous savons ce que les autres ont fait, mais personne ne peut encore deviner ce que nous serons un jour au livre de l'humanité. »

Voir sur Kollar notre volume *Russes et Slaves*, p. 277-346.

Dans un curieux chapitre, l'auteur expose sous la forme dramatique du dialogue les misères de la race slave et la douleur que lui inspire son état d'infériorité morale vis-à-vis des autres nations de l'Europe. Les deux interlocuteurs qu'il met en scène s'appellent l'un Boris, l'autre Hervoï. Boris, c'est le Russe, Hervoï, c'est le Slave du midi.

« J'ai souvent médité, frère Hervoï, dit Boris, sur la situation déplorable de notre race slave et des six peuples qui la composent, des Russes, des Polonais, des Tchèques, des Bulgares, des Serbes et des Croates. Je considère comme nous sommes devenus un objet de risée pour les autres nations; les unes nous offensent cruellement, les autres nous méprisent; d'autres nous exploitent et dévorent nos biens sous nos yeux et, ce qu'il y a de plus cruel, elles nous insultent, nous haïssent, nous appellent barbares et nous rangent plutôt parmi les animaux que parmi les hommes.

Hervoï explique à son compatriote les raisons de cette infériorité :

« La première, dit-il, est notre mépris pour les arts; la seconde notre passion pour les étrangers; nous souffrons qu'ils règnent sur nous, qu'ils nous trompent par toute espèce d'artifices, qu'ils fassent de nous tout ce qu'ils veulent. Voilà pourquoi ils nous appellent barbares.

« Bien loin de nous corriger, nous nous enorgueillissons devant les peuples orientaux, les Tatares et les Kalmouks, qui nous semblent sauvages et grossiers; mais nous oublions que nous sommes des barbares par rapport aux Occidentaux. Nous servons d'intermédiaires entre l'Orient et l'Occident. Comparés aux Européens, nous avons de nombreux défauts, une langue inférieure, une lourde intelligence, la paresse, l'ivrognerie. Nous n'avons point cet orgueil qui fait qu'on rougirait d'obéir à des étrangers; nous ne savons pas nous gouverner nous-mêmes. Il n'y a pas au monde de royaume aussi anarchique que celle des Polonais, pas de tyrannie aussi absolue que celui de l'empire russe. Nous nous mêlons sans cesse dans les querelles des autres nations; nous sommes divisés les uns contre les autres; nous accordons une confiance excessive aux étrangers. Ils nous séduisent par leurs belles paroles et leur élégance. Ils nous trompent, nous hébètent et finalement nous ruinent. Aucun peuple sous le soleil n'a été aussi insulté, aussi injurié que les Slaves par les Allemands. Et quelles mesures prenons-nous pour nous défendre? Est-il un pays où les étrangers trouvent la moitié des honneurs et des profits qu'ils rencontrent chez les Russes et les Polonais? D'où viennent les famines, les révoltes, les misères de ce peuple, sinon d'une exploitation continuelle? Les sueurs et les larmes du peuple russe engraissent les Allemands, officiers ou négociants, les marchands grecs et les brigands de Crimée. Seule entre toutes, notre nation a cette étrange destinée de supporter et d'expier la folie du monde entier... Mais ce sont surtout les Allemands qui apportent du mal à la Russie et à la Pologne. Ici des Allemands vagabonds, pour figurer dans les parades militaires, reçoivent des sommes considérables au détriment des nationaux. Ils apportent quelques maigres présents au tsar ou aux boïars; et en revanche, ils rançonnent la terre russe. Dans les pays polonais et la Lithuanie, les Juifs ont pris à ferme les cabarets et les moulins. Jugez de ce que peut être en ces contrées la vie du paysan. »

Les Allemands et les Slaves.

Les Allemands ont mené leurs affaires de telle sorte que jamais un souverain étranger ne les a gouvernés. Peu à peu ils ont soumis à leur pouvoir tous les royaumes de l'Europe, les uns par la ruse, les autres par la force. Là même où on croit qu'ils ne règnent pas, ils sont les maîtres. Sous prétexte de prendre du service, d'exercer le commerce ou quelque industrie, ils envahissent maint pays. Ils enlèvent aux indigènes les profits qui leur reviendraient et les traitent comme du bétail. Mais en vérité le peuple qui volontairement se soumet à des étrangers se réduit à l'état du troupeau qui ne choisit pas le pasteur parmi ses membres. Il y a moins de honte à être vaincu par les armes qu'à se laisser persuader par des discours menteurs; les corps sont domptés, mais les intelligences restent libres. La soumission volontaire les émousse et les abêtit. Ainsi les Slaves du Danube, les Croates, les Serbes, les Bulgares, réduits par la force à supporter le joug des Allemands ou des Turcs, ont moins à rougir que les Polonais qui vont chercher des rois chez les Hongrois, les Lithuaniens, les Français. Quant aux Allemands, ils envahissent nos pays sous prétexte d'y apporter les arts de la paix ou de la guerre. Ils viennent s'établir chez nous avec leurs femmes; mais ils ne trouvent plus le chemin du retour. C'est ainsi qu'ils nous ont chassés de la Moravie, de la Poméranie, de la Silésie, de la Prusse. En Bohême, il ne reste que peu de Slaves dans les villes; en Pologne, elles sont complètement germanisées. Une fois installés dans un endroit, les Allemands s'y multiplient et y supplantent les véritables habitants.

La Russie et les Slaves.

Après la chute de l'empire romain, Dieu suscita diverses nations, les Goths, les Vandales, les Hérules, les Lombards et nous autres Slaves. Il les lança comme des sauterelles sur cet empire. En ce temps-là, nos aïeux passèrent le Danube et occupèrent la Bulgarie, la Serbie et la Croatie. Mais à cause de leurs péchés, de leur anarchie et de leurs discordes, ils ont perdu le terrain qu'ils avaient conquis et ils sont tombés sous le joug des étrangers. Une autre partie des Slaves s'est établie sur les bords de la mer Baltique, dans la Poméranie, la Pologne, la Silésie, la Bohême et la Moravie. Mais à cause de leurs querelles et de leurs alliances avec les Allemands, ils sont tombés dans un honteux servage; ils se sont germanisés de telle sorte qu'ils ne sont aujourd'hui ni Slaves ni Allemands. En outre, les Allemands nous ont chassés des villes de Livonie, de Prusse et de Poméranie, et de tous les rivages de cette mer naguère slave, aujourd'hui allemande. Les peuples du Danube ont déjà perdu leur langue : il n'y a plus de souverain slave qu'en Russie. C'est donc toi, ô grand tsar, qui dois veiller sur les peuples slaves, et, comme un bon père, prendre soin de tes enfants dispersés. Aie pitié de ceux qui se sont laissé tromper, et, comme le père de l'Évangile, ramène-les à la raison. Beaucoup d'entre eux sont comme enivrés par un breuvage magique; dans leur aveuglement, ils ne sentent même pas les injures que leur font les étrangers : ils ne connaissent point leur honte, ils s'y plaisent au contraire. Toi seul, ô tsar, as été donné de Dieu pour venir au secours des Slaves du Danube, des Polonais, des Tchèques, pour leur faire comprendre l'oppression et l'humiliation qui les accablent; toi seul peux leur apprendre à venger leur nation, à secouer le joug allemand qui pèse sur eux. Les Slaves du Danube ne peuvent rien par eux-mêmes; il leur faut une force extérieure pour qu'ils puissent se remettre sur pied et compter encore dans le nombre des nations. Si tu ne peux pas, ô tsar, dans les temps actuels, leur venir en aide et remettre leur royaume en son premier état, tu peux du moins épurer la langue slave dans les livres et par de sages publications ouvrir les yeux de ces infortunés[1].

---

1. Krijanitch dit ailleurs :

« O tsar, tu tiens en main la verge de Moïse : tu peux accomplir des miracles; tu peux mériter les bénédictions éternelles de la race slave. Chez les Romains, on appelait les bons souverains les pères de la patrie : le nom même du monarque chez les Slaves (Gospodar) indique qu'il doit être pour ses peuples un vrai père de famille. »

4.

DEUXIÈME PARTIE

LE DIX-HUITIÈME SIÈCLE

Le prince Antioche Kantemir.
(1708-1744)

Le prince Antioche Kantemir est probablement le premier écrivain russe dont les œuvres aient été traduites à l'étranger. On publia à Londres, en 1749, une édition française de ses *Satires* avec l'*histoire de sa vie*, et ce recueil eut l'année suivante une seconde édition. On le rencontre fréquemment dans les bibliothèques publiques. L'auteur n'était pas russe d'origine, il appartenait à une famille moldave qui a joué un rôle considérable dans l'histoire de l'Europe orientale. Né en 1708 à Constantinople, il fit ses études à Moscou et à Pétersbourg, et le russe devint pour lui une seconde langue maternelle. Nommé ministre de Russie à Londres et à Paris, il se lia avec la plupart des beaux esprits de cette capitale, notamment avec Maupertuis, Montesquieu, l'abbé Guasco, etc. Dans ses satires, il imite Horace et Boileau, mais il s'attaque à la société russe de son temps. Elles renferment, malgré les nombreuses imitations qu'on y découvre, des morceaux d'une véritable originalité. Kantemir est avec Trediakovsky l'un des premiers auteurs qui aient introduit le goût français dans la littérature russe. Ce goût va dominer pendant tout le xviiie siècle. Vers la fin de cette période, les littératures anglaise et allemande commenceront à faire sentir leur influence. La Russie ne s'inspirera réellement d'elle-même qu'au xixe siècle.

A mon esprit, contre les ennemis de la science.

Esprit trop jeune, fruit de trop courtes études, tranquillise-toi, ne me force point à prendre la plume. Ne peut-on sans écrire passer des jours qui s'envolent, et faut-il être auteur pour acquérir de la gloire ? Beaucoup de chemins faciles conduisent en ce siècle à l'honneur ; les pieds hardis y marchent sans broncher. Le plus glissant de tous est celui que nous ont ouvert les neuf sœurs aux pieds nus. Beaucoup y ont consumé leurs forces avant d'atteindre le but.

Il faut prodiguer la sueur et sa fatigue. Et après tant de travaux, on vous fuit comme la peste, on vous raille, on vous dédaigne. Un savant toujours courbé sur sa table, les yeux écarquillés sur ses livres, n'acquerra jamais de somptueux palais ni de jardin orné de marbres ; il n'ajoutera pas une brebis au troupeau paternel [1].

« Les schismes et les hérésies ont été enfantés par la science, plus un homme a étudié, plus il divague. Celui qui dépérit sur les livres tombe dans l'athéisme. » Ainsi grogne et soupire Criton, son chapelet à la main, et il nous prie, le saint homme, avec les larmes aux yeux, de réfléchir sérieusement sur les maux infinis que la science a déjà causés parmi nos enfants qui jusqu'ici paisibles et soumis marchaient sur les pas de leurs aïeux et exacts au service divin, écoutaient avec crainte ce qu'ils n'entendaient pas. Aujourd'hui, au scandale de l'Église, ils se sont mis à lire la Bible, ils l'interprètent, veulent savoir la raison de tout et n'ont plus une foi aveugle pour leurs pasteurs ; ils ont abandonné les louables coutumes, ils ont cessé de boire du kvas [2]. On ne les forcerait pas le bâton à la main à

---

1. On tenait encore ce langage du temps de Catherine II. Voir ce que dit M*me* Prostakov dans le *Mineur* de Von Vizine (acte IV, scène 1).

2. *Kvas*, dit le traducteur, est le nom russe d'une boisson dont voici la préparation. On laisse aigrir de la farine dans de l'eau. On la fait bouillir ensuite.

manger des viandes salées. Ils ne mettent plus de cierges devant les saintes images, ils n'observent plus les jeûnes. Ils s'imaginent que l'autorité temporelle est mal placée entre les mains des ministres sacrés. Ils chuchotent qu'il ne convient point à ceux qui ont renoncé au siècle de rechercher la possession des biens terrestres.

Sylvain accuse les sciences d'un autre désordre. Elles produiront, dit-il, la famine. Nous vivions autrefois, sans savoir le latin dans une plus grande abondance. Au temps de notre ignorance nous moissonnions plus de blé. Qu'un discours soit sans force, sans ordre, sans liaisons, qu'importe chez un gentilhomme. La logique, l'ordre dans les paroles, c'est l'affaire des vilains.

Il faut avoir perdu l'esprit pour employer son temps à examiner la nature ou les facultés de l'âme, pour se fatiguer et transpirer des journées entières afin de connaître le système du monde, les métamorphoses ou l'origine des choses. C'est comme si vous vouliez planter des pois sur une muraille. Toutes ces belles connaissances augmenteront-elles ma vie d'une journée, ou mon coffre d'une obole? Saurai-je par cela ce que mon commis ou mon intendant me vole tous les ans, comment accroître l'eau de mon étang ou les fûts de mes distilleries? Il n'est pas plus sage celui qui plein d'inquiétude enfume ses yeux auprès d'un fourneau pour étudier les qualités des métaux[1]. Nous n'en sommes pourtant plus à l'ABC. On peut sans tout cela connaître

---

Il faut changer cette eau de trois jours en trois jours; pendant quelque temps; on la tire ensuite au clair. On met dedans de la menthe et quelques herbes odoriférantes et on en boit.

1. L'art de la métallurgie était très en honneur dans la Russie du xviiie siècle. Lomonosov l'avait étudié en Allemagne. Le publiciste Tatistchev fut ingénieur des mines.

la différence de l'or, de l'argent, du cuivre. La connaissance des plantes ou des maladies, tout cela sottise. Sentez-vous quelques douleurs à la tête, le médecin cherche les symptômes... au bras, c'est le sang qui est cause de tout si vous voulez l'en croire. Si nous sommes faibles, c'est que le sang coule trop lentement ; s'il coule trop vite, c'est la fièvre, déclare-t-il hardiment. Cependant aucun médecin n'a jamais vu l'intérieur d'un corps vivant. A débiter ces fables il attire dans sa bourse le meilleur de la nôtre.

A quoi bon calculer le cours des astres et sans rime ni raison veiller la nuit entière pour observer une tache, se priver de repos par curiosité pour savoir si c'est le soleil qui se remue ou si c'est nous avec la terre? Dans le *Livre d'heures* on peut lire pour chaque mois la date et l'heure du lever du soleil [1].

Faut-il avoir étudié Euclide pour partager la terre par arpents? L'unique science que Sylvain déclare nécessaire, c'est celle qui apprend à augmenter le revenu, à diminuer la dépense. Travailler sur ce qui n'enfle pas aussitôt la bourse, Sylvain appelle cela une folie très nuisible à la société.

Le rubicond Lucas m'empestant de son haleine vineuse me crie : « La science détruit les rapports des hommes. Dieu nous a créés pour la vie sociale ; ce n'est pas pour notre seul avantage que nous avons reçu le don de l'intelligence. Or, de quelle utilité suis-je pour les autres si je m'enferme dans un grenier, si je me prive des vivants pour étudier les morts, si l'encre, la plume, le sable et le papier sont toute ma compagnie? Nous devons passer notre vie dans la joie, dans les festins ;

---

1. Le *Livre d'heures* était, comme nos paroissiens accompagné d'un almanach.

elle n'est pas longue ; à quoi bon l'abréger, se fatiguer sur un livre et se gâter les yeux ? Ne vaut-il pas mieux passer le verre en main les jours et les nuits ?

Le vin est un don de Dieu ; il est plein d'allégresse ; il réunit les hommes, il inspire leurs conversations. Il les réjouit, il enlève les pénibles pensées, il allège la pauvreté, il donne de la hardiesse aux timides. On verra plutôt les fleuves rapides remonter vers leurs sources, les siècles écoulés revenir de nouveau, on verra plutôt les moines se contenter de poisson sec en carême, avant de me voir quitter mon verre et prendre un livre. »

Médor se plaint de ce qu'on use trop de papier, à écrire, à imprimer des livres : il craint qu'on ne manque un jour de papillotes [1]. Il troquerait volontiers tout Sénèque pour une livre de bonne poudre. Auprès d'Egor [2], Virgile ne vaut pas deux kopeks. Rex [3] mérite bien plus de louanges que Cicéron.

Voilà une partie des discours qui chaque jour résonnent à mon oreille, voilà pourquoi je te conseille, ô mon esprit, d'être plus muet qu'un poisson.

A défaut de profit, c'est la gloire qui excite au labeur : sans elle l'esprit languit. Mais si au lieu de la gloire on n'a à récolter que des insultes, c'est pire que pour un ivrogne d'être privé de vin.

Je sais, mon esprit, ce que tu peux me répondre hardiment : il est difficile pour un vicieux de louer la vertu ; le petit-maître, l'avare, le bigot, doivent flétrir

---

1. Cf. le Chrysale de Molière :
   Et hors un gros Plutarque à mettre mes rabats.
2. Tailleur renommé du temps.
3. Célèbre cordonnier.

la science; leurs discours malveillants ne sont pas la règle des gens sages; on peut les mépriser.

Ton jugement est exquis, parfait; il en devrait être ainsi. Mais de notre temps les discours des sots gouvernent les sages. Et d'ailleurs les sciences ont bien d'autres ennemis que ceux que je t'ai signalés, en abrégeant, ou plutôt que j'aurai pu te signaler. Les gardiens sacrés des portes du ciel, ceux à qui Thémis a confié ses balances d'or aiment peu, en général, les ornements de l'esprit.

Veux-tu être évêque? Habille-toi d'une robe noire; mets par-dessus, avec orgueil, un manteau bigarré, suspends à ton col une chaîne d'or, couvre ta tête d'un bonnet, laisse flotter ta barbe sur ton ventre, fais porter devant toi, en pompe, le bâton pastoral, étale-toi au fond d'un carrosse pompeux et distribue des bénédictions à droite et à gauche. A ces marques chacun te reconnaîtra pour un archipasteur et t'appellera respectueusement : Mon Père. Mais la science? Quel avantage l'Eglise en retirera-t-elle? Tel prélat en travaillant à ses sermons négligera un titre et laissera diminuer les revenus qui assurent les meilleurs droits de l'Eglise et sa gloire.

Veux-tu être juge? Mets une perruque bien bouclée; insulte celui qui présente une requête les mains vides, méprise d'un cœur dur les larmes des pauvres, dors sur ton fauteuil tandis que le greffier lit le procès-verbal. Si quelqu'un prétend te rappeler les lois civiles, la loi naturelle ou les droits populaires, crache-lui à la figure, dis-lui qu'il radote en prétendant imposer aux juges une charge si intolérable; c'est l'affaire des sous-diacres de grimper sur des monceaux de papier : il suffit au juge de savoir signer la sentence, il n'est pas arrivé jusqu'à nous ce temps où la sagesse présidait à tout, où elle distribuait à tous des couronnes où elle conduisait aux plus hautes dignités. L'orgueil, la paresse, la richesse, ont vaincu la sagesse. L'ignorance est assise d'un rang au-dessus de la science. Elle s'enorgueillit sous la mitre, elle marche en habits brodés, elle juge derrière le tapis rouge du tribunal[1], elle conduit hardiment les bataillons. La science est misérable, revêtue de haillons, chassée avec injures de presque toutes les maisons; on ne veut pas la connaître, on fuit sa société comme les navigateurs maltraités par les tempêtes fuient le service de la mer. Tous crient : Nous ne voyons pas quel peut être le fruit de la science ; la tête des savants est pleine, mais leurs mains sont vides.

Celui qui sait mêler les cartes, distinguer le goût des différents vins, qui danse, qui joue trois airs de flûte, qui sait assortir avec goût les couleurs de son habit, celui-là, même dans ses jeunes années, regarde les charges les plus hautes comme une bien mince récompense. Il se croit digne d'être mis au nombre des sept sages.

Hélas! il n'y a point de justice dans ce monde, s'écrie un jeune clerc. Je sais par cœur le *Livre d'Heures*, je lis couramment les psaumes et les épîtres. Je lis, sans broncher, saint Chrysostome, quoique je n'y entende rien et je ne suis pas encore évêque. Le soldat qui sait déjà signer son nom murmure de n'être pas colonel; le greffier se plaint de ne pas encore siéger derrière le tapis rouge[2], alors qu'il sait écrire avec net-

---

1. La table du tribunal était recouverte d'un tapis rouge.
2. Comme juge au tribunal. (Voir la note précédente.)

teté un protocole. Ce noble, qui compte sept boïars parmi ses ancêtres et deux mille maisons de paysans sur ses terres, croit qu'on lui fait injure de le laisser vieillir dans l'obscurité, encore qu'il ne sache ni lire, ni écrire.

Quand tu entends de telles paroles, quand tu vois de tels exemples, sache te taire mon esprit, ne t'afflige point de l'obscurité. Il mène une vie tranquille, dût-elle lui sembler pénible, celui qui reste silencieux dans son coin. Si la souveraine sagesse t'a doué de quelques connaissances, jouis en dans le secret, médite en toi-même les avantages de la science, ne cherche point à les expliquer ; au lieu des louanges que tu attends, tu ne recueillerais que des blâmes malveillants.

(Traduction de 1749.)

Le petit-maître.

... Déjà le coq a chanté. L'aurore a paru, les rayons du soleil dorent le sommet des montagnes ; à cette heure autrefois on voyait vos ancêtres marcher à la tête des armées et vous Eugène, mollement étendu sous de riches couvertures, l'esprit et le corps enterré sous la plume, vous dormez d'un sommeil profond et non interrompu, jusqu'à ce que l'astre du jour ait parcouru la moitié de sa carrière. Alors rassasié de sommeil vous ouvrez les yeux ; vous vous étendez en bâillant ; il n'est pas encore l'heure de sortir du lit. Vous y attendez tranquillement le breuvage que les Indes ou la Chine vous envoient. Sitôt sorti du lit, vous vous présentez devant votre miroir ; là, avec des soins et des peines infinies, vous faites comme les femmes, jeter un peignoir sur vos épaules : vous arrangez vos cheveux, vous observez que l'un ne dépasse pas l'autre, qu'ils soient tous en bel ordre. Vous en relevez avec gravité une partie sur votre front, pour lui donner plus de grâce ; une autre partie agréablement frisée en boucles accompagne vos joues et laisse vos oreilles à découvert. Les autres rejetés sur le derrière de la tête s'enferment dans une bourse élégante. Alors vos semblables admirent votre adresse et se récrient sur votre bon goût. Flatté de leurs louanges, vous cherchez encore votre miroir ; nouveau Narcisse vous devenez idolâtre de vous-même. On vous chausse : votre valet prend une peine infinie à faire entrer vos pieds dans des escarpins si serrés qu'il en sue à grosses gouttes. Vous frappez le parquet à coups redoublés comme si vous vouliez l'enfoncer : on emploie tous les jours pour rendre vos souliers glissants de gros morceaux de craie. Que gagnez-vous à tenir ainsi vos pieds à la gêne ? Des cors qui vous causent de vives douleurs. Une fois chaussé, vous passez un habit qui vaut tout un domaine. Romulus ne prit pas plus de peine pour fonder Rome que vous pour choisir la couleur, le drap, pour le faire tailler à la mode. Il faut penser mûrement à la saison, au lieu, à l'âge ; prendre garde que la couleur soit assortie à l'âge et à l'air du visage, que le vert ne choque point à votre honte un œil délicat, qu'en été le velours ne charge point, que le taffetas ne se produise point hardiment, pendant les frimas, en un mot observer scrupuleusement toutes les lois qu'il a plu à nos petits-maîtres d'établir. Le prêtre le plus consommé dans la connaissance de nos rites ne sait pas mieux quelle cloche il doit faire tinter, combien de volées il doit faire sonner à chaque solennité que le courtisan à la mode ne sait les étoffes et les couleurs qui conviennent aux lieux et aux saisons.

Quel fruit, quel avantage avez-vous retirés des voyages que vous avez faits dans les pays étrangers avec tant de dépenses et de fatigues? Vous avez consumé une partie de vos biens pour apprendre que les plis de l'habit ne doivent pas être trop abattus, mais soutenus au dedans par un dur bougran. Vous avez reconnu qu'ils doivent être amples et proportionnés à la taille, vous n'ignorez plus la forme de la manche, la hauteur des poches, l'endroit de la hanche où il faut poser le bouton. Vous savez que l'habit doit s'arrondir avec grâce sur la poitrine et vous êtes instruit de la doublure qui convient en été, en automne, au printemps, en hiver. Rex[1] serait embarrassé de décider comme vous s'il faut préférer l'or ou l'argent pour le galon[2].

(2e satire, traduction de 1749.)

Basile Trediakovsky.

(1703-1769)

Vasili Kirilovitch Trediakovsky est surtout célèbre par le ridicule qui s'attache à son poème de la Télémachide. C'est le Chapelain de la littérature russe. Dans les jeux de société, Catherine II faisait apprendre par cœur des vers de Trediakovsky et c'était une terrible pénitence. Il a cependant rendu à la littérature russe des services signalés. Il a le premier découvert les lois de la prosodie nationale; traducteur de Boileau et de Rollin, il a beau-

---

1. Fameux tailleur du temps. (Voyez plus haut.)
2. Le petit-maître à la française est un des personnages sur lequel s'est le plus exercée la verve des auteurs comiques ou satiriques au xviiie siècle. Catherine l'a persiflé sous le nom de Firlioufiouchkov dans sa comédie la *Fête de Mme Vortchalkine*. (Voir plus loin.)

coup contribué à introduire l'influence française dans son pays. Les deux morceaux qu'on lira plus loin ont leur intérêt. L'un nous fait connaître la triste condition des littérateurs russes dans la première moitié du xviii° siècle. L'autre célèbre la prise de Dantzig où, pour la première fois, dans les temps modernes, des soldats français eurent à lutter contre les armées russes. D'ailleurs, pour chanter le triomphe de ses compatriotes et la défaite des Polonais et des Français réunis, Trediakovsky n'a rien imaginé de mieux que d'imiter l'ode de Boileau sur la prise de Namur. La comparaison des deux morceaux peut fournir le sujet d'une étude assez piquante.

Ode sur la reddition de Dantzig [1].

Quelle ivresse excite ma voix à chanter? Chœurs du Parnasse n'est-ce pas vous que mon esprit découvre? J'entends les sons harmonieux de vos lyres; je vois les danses enchanteresses de vos divinités; l'enthousiasme élève mon âme. O peuples! écoutez tous; vents bruyants! apaisez-vous; mes vers vont célébrer Anne.

Pindare et après lui Horace, par leurs chants sublimes, se sont élevés comme des aigles rapides jusqu'aux astres lumineux. Si les miens pouvaient égaler mon zèle ardent pour Anne, Orphée de Thrace et Amphion le Thébain en seraient ravis [2].

---

1. En 1733, la mort d'Auguste II avait laissé vacant le trône de Pologne. Le candidat de la France était Stanislas Leszczinski. L'armée russe fut envoyée en Pologne pour s'opposer à son élection. Stanislas se réfugia à Dantzig; il y fut assiégé par le maréchal Munich. La France n'envoya à son secours que deux mille hommes commandés par le comte de Plélo et Lamothe de la Peyrouse. Dantzig fut pris par les Russes; Plelo fut tué, Lamothe fait prisonnier; Stanislas s'enfuit déguisé en paysan. C'est cette victoire que célèbre Trediakovsky.

2. C'est le début de l'ode de Boileau sur la prise de Namur :

    Quelle docte et sainte ivresse
    Aujourd'hui me fait la loi?
    Chastes nymphes du Permesse,
    N'est-ce pas vous que je voi?

Par les sons doux de ma lyre, je chante la fête qui célèbre l'humiliation des ennemis, en exaltant nos triomphes. O combien nos succès belliqueux ont accru notre bonheur! que ces succès sont puissants! la joie qui remplit nos cœurs est au-dessus de toute mesure et surpasse tout exemple.

Est-ce Neptune lui-même qui a construit ces murs [1]? ne sont-ils pas sur le bord de la mer? ne peuvent-ils pas être comparés avec ceux de Troie, lorsqu'ils s'opposent à l'entrée de la nombreuse armée russe? ne donne-t-on pas le nom de Scamandre à la Vistule? ne prend-on pas pour l'Ida le mont Stoltzenberg?

Ce n'est pas Troie, la mère des fables, là, il n'y a pas seulement un Achille. Mais chaque combattant est un Hercule. Quelle puissance lance des foudres? n'est-ce pas Minerve avec son carquois éclatant? c'est sans doute elle-même; sa figure est celle d'une déesse, sous

> Accourez, troupe savante;
> Des sons que ma lyre enfante
> Ces arbres sont réjouis.
> Marquez-en bien la cadence,
> Et vous, vents, faites silence :
> Je vais parler de Louis.
>
> Dans ses chansons immortelles,
> Comme un aigle audacieux,
> Pindare, étendant ses ailes,
> Fuit loin des vulgaires yeux.
> Mais, ô ma fidèle lyre!
> Si, dans l'ardeur qui m'inspire,
> Tu peux suivre mes transports,
> Les chênes des monts de Thrace
> N'ont rien ouï que n'efface
> La douceur de tes accords.

1.
> Est-ce Apollon et Neptune
> Qui, sur ces rocs sourcilleux,
> Ont compagnons de fortune,
> Bâti ces murs orgueilleux?
>   (BOILEAU.)

l'égide redoutable; c'est Anne, l'ornement des souveraines.

Une seule phalange russe aurait suffi pour assiéger la ville ennemie de Dantzig. Chacun de nos guerriers est prêt à verser son sang avec bravoure, et à couronner ses exploits sous les auspices d'Anne; chacun est fort par elle; Anne est leur espoir le plus ferme, sa bonté les rend fidèles et sincères.

O soleil de l'Europe et de l'Asie! ô souveraine de la Russie! ce bonheur est ton ouvrage. L'amour que tu prodigues à tes sujets et les bienfaits de ton règne t'ont mérité l'admiration de l'univers. Le monde entier t'offre un tribut de gloire, en voyant combien tu t'es rendue célèbre par tes bontés, toujours florissantes.

Que vois-je? mon œil ne se trompe-t-il point? un enfant veut s'opposer à Hercule, en fronçant ses sourcils derrière ses remparts, et au delà de son fleuve; c'est Dantzig qui, dans ses projets insensés, et enivré de son orgueil, veut se mesurer avec notre puissante souveraine. Dans son aveuglement, il ne voit pas les abîmes sous ses pieds, et les maux destructeurs qui le menacent.

Il reçoit dans ses murs Stanislas, qui cherche deux fois une couronne, et espère se défendre jusqu'à la fin par le secours de Neptune : redoutant la foudre des Russes, il implore l'appui d'un peuple éloigné, habitant les bords de la Seine; celui-ci donne le signal de la fuite au bruit des tambours, près des eaux de Vechselmünde [1].

Dantzig s'enorgueillit de ses nombreuses phalanges et de la grande quantité de canons que renferment ses

---

1. C'est à Vechselmünde que le comte de Lamothe dut capituler.

murs, il les dirige contre les Russes : il appelle Stanislas; il lui étale ses richesses et son abondance, il veut enfin inspirer du courage à ses guerriers lâches, qui n'attendent que le moment favorable de sauver leur vie par la fuite.

Ah! Dantzig, qu'oses-tu? rappelle ta raison, rentre en toi-même; tu cours à ta ruine. Pourquoi t'arrêter? tu hésites; soumets-toi. D'où te vient cette audace? Tu ne trembles pas devant Anne! vois, des nations entières se soumettent à son pouvoir sans résistance. La Chine pour ne pas lui payer de tribut [1], se prosterne deux fois devant elle.

Nulle part on n'a vu son égale en bonté; aucune puissance ne peut lui être comparée pour l'observance religieuse des traités : son épée, couronnée du rameau d'olivier, n'est redoutable que dans les combats. Abandonne, Dantzig, abandonne tes projets pernicieux; les Alcides sont prêts à s'élancer sur toi; ils réservent à tes habitants des désastres sans nombre. Tu entends le courroux d'Anne, sauve-toi.

Tu es étroitement pressé par des milliers d'athlètes, des coups de foudres sont lancés contre toi; tu vas être écrasé; tes remparts sont sans défense; la terre ouvre des gouffres sous tes pas; tes édifices voient disperser leurs débris, et tes murs tombent en poussière.

Quand toutes les puissances de la terre se déclareraient en ta faveur, Dantzig, quand tous les éléments te défendraient; quand tous les braves viendraient des extrémités des différentes parties du monde verser

---

1. Allusion aux ambassades des Chinois qui seraient venus conjurer l'impératrice de ne pas les regarder comme tributaires.

leur sang pour toi, rien ne pourra arrêter les maux qui vont t'assaillir, ni te soustraire au pouvoir d'Anne.

Vous, nations ennemies, considérez la bravoure des guerriers russes ; le feu ni les eaux ne peuvent arrêter leur marche : ils offrent avec ardeur leur poitrine à l'ennemi. Avec quel empressement ils montent à l'assaut! comme ils oublient leur vie ! la foudre en tonnant ne peut leur inspirer la crainte ; ils escaladent les murs aussi gaiement que s'ils volaient aux fêtes ; à travers les ténèbres et la fumée, on les voit contempler la mort d'un front intrépide et serein.

Ceux qui sont enfermés dans l'enceinte de la ville infortunée, sont glacés d'effroi : tout tombe ; tout est dévoré par le feu. Les assiégeants sont sur le haut des remparts ; les magistrats voyant de la tour leur dernière retraite, qu'ils ne peuvent fonder leur espoir ni sur les forces qui leur arrivent des contrées éloignées, ni sur la présence de Stanislas réfugié dans leurs murs, s'écrient, dans leur désespoir : Le sort nous menace de notre ruine totale.

Ce que j'ai prédit va s'accomplir ; Dantzig commence à s'ébranler, ceux qui voulaient combattre, ne pensent maintenant qu'à se rendre, qu'à se soustraire à la fureur des armes, aux foudres qui éclatent sur leurs têtes, et à tous les maux qui se réunissent sur les villes assiégées ; chacun crie, ne pouvant plus supporter les coups de la guerre : il est temps d'ouvrir les portes à l'armée d'Anne.

Leur vœu fut rempli ; le signal de la reddition parut : Dantzig se prosterna. Notre chef, content du succès, fit cesser le feu, et les maux finirent au même instant. La gloire prit son vol rapide et proclama ces mots dans l'univers : Anne est heureuse, Anne est invincible,

5.

Anne est exaltée de tous : elle est la gloire et l'honneur de la société !

Lyre ! suspends tes chants, je ne puis dignement célébrer Anne et ses sublimes bienfaits. Je ferai seulement son éloge en disant : Qu'elle est aimée de Dieu même et qu'il la protège. C'est par lui qu'elle remporte des victoires ; qui osera lui résister ? Que son siècle soit long[1] !

(Traduction de Pappadopoulo et Gallet, *Choix des meilleurs morceaux de la littérature russe*, Paris, 1800.)

Le poète bâtonné.

A l'occasion d'une fête donnée par l'impératrice Anna Ivanovna, pendant l'hiver 1740, Volynsky, ministre du cabinet impérial, avait ordonné à Trediakovsky d'écrire des vers de circonstance. La lettre suivante, écrite par le poète à cette occasion, jette un jour curieux sur la condition des gens de lettre à cette époque.

Le 4 février 1741, le soir, vers 6 ou 7 heures, le cadet Krinitsyne vint chez moi et m'ordonna de me rendre immédiatement au cabinet de Sa Majesté Impériale. Cette annonce me remplit de terreur, d'autant plus qu'il était tard ; cependant je répondis que je venais immédiatement. Je ceignis mon épée, mis ma pelisse et je partis tout de suite sans chercher à m'excuser, et je partis avec lui en fiacre, et je partis dans une grande inquiétude. Bientôt je m'aperçus que le cadet ne me conduisait pas au cabinet de Sa Majesté et je pris la liberté de lui demander poliment où il me conduisait ; il me répondit qu'il me conduisait non pas au cabinet, mais au palais d'ivoire, et cela par ordre de Son Excel-

---

1. Cette conclusion est certainement meilleure que celle de l'ode de Boileau, qui se termine par une épigramme à l'adresse de « l'auteur de Saint-Paulin ».

lence le ministre du cabinet, Artemii Pétrovitch Volynsky et cela pourquoi, il ne le savait pas. Ayant entendu cela, je me réjouis, et je dis au cadet qu'il avait mal agi avec moi en me disant que nous allions au cabinet de Sa Majesté.

Je le traitai d'enfant, de blanc-bec (maltchik), d'homme qui connaît peu le monde. Car une telle annonce suffisait pour priver un homme de la vie ou tout au moins le faire tomber en syncope : le cabinet, lui dis-je, est quelque chose de grand et de grave. Il me pria de l'excuser ; cependant il se fâcha de ce que je l'avais appelé *maltchik*, et menaça de se plaindre à Son Excellence A. P. Volynsky, ce dont je le menaçai moi-même.

Or quand nous arrivâmes au palais d'ivoire, le cadet entra le premier, moi derrière lui dans la salle où l'on répétait la mascarade. Je commençai à me plaindre à Son Excellence contre ledit cadet de ce qu'il m'avait fait venir d'une telle façon qui m'avait jeté dans une grande terreur et un grand tremblement. Mais Son Excellence, sans écouter jusqu'au bout ma plainte, commença à me battre lui-même devant tout le monde si impitoyablement sur les deux joues, m'accablant de toutes sortes d'injures : il me rendit sourde l'oreille droite, il me pocha l'œil gauche ; il daigna renouveler ce traitement trois ou quatre fois. Ce que voyant, le cadet prit courage et se mit à se plaindre à Son Excellence de ce que je l'avais injurié et insulté en route. Alors Son Excellence ordonna à ce cadet de me battre sur les deux joues publiquement. Une heure environ après, Son Excellence m'ordonna de prendre congé d'elle et je fus mandé chez l'architecte, le colonel Eropkine qui me remit une courte note contenant la matière sur laquelle je devais composer des vers de circonstance pour la mascarade. Je retournai chez moi et, après avoir réfléchi sur l'affront et les coups immérités, je résolus d'aller le lendemain tomber aux pieds de S. A. sérénissime le duc de Biron et de me plaindre contre Son Excellence. Dans cette intention, je me rendis au logis de Son Altesse et j'attendis le moment de tomber à ses pieds. Mais malheureusement, au même moment, survint Son Excellence A. P. Volynsky, et il me demanda en m'injuriant pourquoi j'étais là. Je ne répondis rien; il se mit à me souffleter, me poussa dehors par les épaules et me remit à un sergent; il lui ordonna de me mener à la Commission et de me mettre sous bonne garde, ce qui fut fait.

Peu de temps après, Son Excellence arriva elle-même à la Commission et me fit comparaître devant elle. Alors, m'accablant de toutes espèces d'injures, elle me fit enlever mon épée avec violence, arracher mes vêtements, jeter par terre et battre à coups de bâton sur mon dos nu d'une façon si cruelle et si impitoyable, que d'après ce qu'on m'a raconté depuis, on me donna soixante-dix coups; puis elle ordonna de cesser de me battre, me fit relever et, m'injuriant, me demanda je ne sais quoi; étant sans connaissance, je ne sais ce que je lui répondis. Alors, Son Excellence ordonna de nouveau de me jeter à terre et de me battre avec le même bâton. On m'en donna cette fois trente coups; je tombai tout à fait sans connaissance. Il ordonna de me relever, de m'habiller, fit recoudre je ne sais par qui ma chemise déchirée, puis il me laissa au poste; j'y passai la nuit à apprendre par cœur les vers — je n'avais pourtant pas le cœur aux vers — que je devais réciter dans la salle du divertissement. Le mercredi soir je fus amené, revêtu d'un déguisement et d'un masque, dans la salle des divertissements, où il me fut ordonné de déclamer mes vers. Après les avoir dits et après la fin du divertissement masqué, je fus ramené sous bonne garde à la Commission, où je passai la nuit du jeudi ; le jeudi matin à 10 heures, je fus appelé dans la maison de Son Excellence. Amené devant lui, je fus très fortement réprimandé, puis il me déclara qu'il ne voulait pas se séparer de moi sans m'avoir encore battu ; je le priai avec beaucoup de larmes d'avoir pitié de ma personne qui était déjà fortement endommagée, mais je n'inclinai pas son cœur à la miséricorde ; il me fit aussitôt mener dans le vestibule et ordonna au caporal de garde de me donner encore dix coups, ce qui fut fait. Puis il me fit rendre mon épée et me fit mettre en liberté et me renvoya avec de terribles menaces [1].

---

1. L'incident n'en resta pas là ; le président de l'Académie dont Trediakovsky était membre prit fait et cause pour le poète outragé. Il fit soigner le poète, mais il n'aurait peut-être pas obtenu satisfaction si Volynsky lui-même n'avait pas eu le malheur de tomber en disgrâce auprès de Biron. Biron adressait une plainte à l'impératrice, il se plaignait d'avoir été injurié par lui. Il y rappelait entre autre que Volynsky récemment n'avait pas eu honte de porter des coups à un certain secrétaire de l'Académie, Trédiakovsky, dans son propre palais ducal : c'était un manque de respect pour la souveraine, une offense pour le duc, et on en avait déjà connaissance dans les cours étrangères.

Ainsi le hasard venait au secours du malheureux poète ; il reprit courage et au mois de juin 1740, il adressa une requête à l'impératrice. Sur ces entrefaites, Volynsky était tombé en disgrâce auprès de Biron ; il fut accusé de toutes sortes de crimes, mis à la torture et exécuté avec Eropkine et Khroustchov. Le poète était cruellement vengé. Au mois de novembre, une décision du Sénat lui alloua en outre, à titre d'indemnité pour l'affront et les mauvais traitements, une somme de trois cent soixante roubles à prendre sur les biens du persécuteur décédé. Trediakovsky avait d'ailleurs un tempérament assez philosophique.

« Par mes vers, dit-il, je guéris les souffrances de mon âme. Celui qui est malade du corps, les médecins le soignent, à moins qu'avec leurs médicaments ils ne le précipitent dans la tombe. Mais celui dont l'âme est malade, celui-là doit demander du secours à Socrate en laissant Hippocrate de côté. Aujourd'hui, le philosophe semble à beaucoup de gens un être singulier et bien peu rendent honneur à la sagesse. Ceux qui souffrent, je les guéris par la poésie. »

Lomonosov.

(1711-1765)

Fils d'un pêcheur des bords de la mer Blanche, Michel Vasilievitch Lomonosov est le véritable créateur de la littérature russe moderne : il perfectionna la versification dont Trediakovsky avait deviné les principes, écrivit la première grammaire de la langue russe populaire. Génie souple et laborieux, il fut tour à tour physicien, ingénieur des mines, chimiste, professeur de littérature et poète. Il prit pour modèle les classiques français, écrivit comme eux des tragédies, des odes et un essai de poème épique. Il traça aux littérateurs russes la voie dans laquelle ils devaient se maintenir jusqu'à l'avènement du romantisme. La Russie lui a élevé de nos jours un monument sur l'une des places publiques d'Arkhangelsk. Il l'a bien mérité. Il a été pour sa patrie en littérature ce que Pierre le Grand fut pour elle en politique. Les genres de poésie que Lomonosov a cultivés sont aujourd'hui terriblement démodés. Les morceaux que nous offrons ici n'en sont pas moins intéressants à étudier; ils ont frayé la voie à Derjavine et à Pouchkine.

Le matin.

MÉDITATION SUR LA GRANDEUR DE DIEU

Le soleil brille et sa lumière
En flots s'épandant sur la terre,
De Dieu raconte la splendeur !
Ébloui par un tel mirage,
A genoux devant son ouvrage,
Il me semble en être l'auteur.

Mais quand l'homme aurait la puissance
De s'élever par son essence

Jusqu'à cet astre, œuvre de Dieu ;
Succombant sous son vol sublime,
Il ne verrait dans cet abîme,
Rouler qu'un océan de feu.

Là, point de rive, point de plages :
Embrasant le torrent des âges,
Le feu s'échappe en tourbillons ;
Inextinguible est l'incendie ;
Tout y meurt, tout s'y liquéfie ;
La pluie y bout à gros bouillons.

Mais cette masse de lumière,
De feu, de brûlante poussière
N'est qu'un éclair auprès de toi !
Par toi, cette lampe formée,
Grand Dieu ! tu ne l'as allumée
Que pour nous indiquer ta loi.

Du sein de la nuit sont sorties
Et les forêts et les prairies,
Et les montagnes et les mers :
D'un mot tu créas la nature,
Tu voulus que la créature
Te nommât roi de l'univers !

L'astre du jour, l'astre de vie
Eclaire la superficie
De corps dont il n'est point l'auteur ;
Mais toi, grand Dieu, ton œil pénètre
Jusque dans l'âme de tout être,
Pour y répandre le bonheur.

Dieu de lumière et de sagesse,
Daigne protéger ma faiblesse,
Au sein de mon obscurité !
Enseigne-moi ce qu'il faut faire,
Pour te louer et pour te plaire,
Arbitre de l'immensité !

(Traduction de Tardif de Mello, *Histoire intellectuelle de l'Empire de Russie*; Paris, 1854.)

Le soir.

MÉDITATION SUR LA GRANDEUR DE DIEU

Déjà l'ombre sur les campagnes
S'étend, et couvre les montagnes ;
Déjà nous est ravi le jour.
Belle de mille et de mille étoiles,
Resplendissante dans ses voiles,
La nuit règne dans son séjour.

Ainsi qu'un pauvre grain de sable,
Ainsi qu'un éclair périssable,
Qu'un brin de paille au feu jeté,
Englouti dans ce gouffre immense
En vain j'admire, en vain je pense,
Je me perds dans l'éternité.

Regardez, nous disent les sages,
Tous ces mondes, tous ces rouages,
Ces soleils, ces peuples divers ;
Sans nombre, sans fin, sans histoire,
Ils roulent pour chanter la gloire
De celui qui fit l'univers.

Mais quoi ! le pôle se colore
Des rayons brillants de l'aurore,
L'Orient est donc sans réveil ?
Est-ce qu'il meurt ou qu'il se passe ?
Un brûlant océan de glace
Est donc le trône du soleil [1] ?

Vous, au regard vif et rapide,
Vous, que le moindre rayon guide,
Pour lire au fond du firmament ;
Vous qui sur rien n'avez de doute,
Qui des astres suivez la route,
Dites pourquoi, dites comment ?

D'où naît cet horizon de flamme
Qui dans la nuit surprend notre âme ?
Sans nuages pourquoi l'éclair ?
Profond savant, cherche, étudie ;
Dis-nous pourquoi cet incendie,
Vapeur glacée en plein hiver ?

Dis-nous comment il se peut faire
Qu'un rayon brise l'atmosphère,
Comme le feu sort du volcan,
Comme il vomit le bitume,
Comment la mer bondit, écume,
Et le calme de l'Océan ?

Mais déjà ton savoir hésite ;
Quand tu franchirais la limite

---

1. Allusion au phénomène de l'aurore boréale.

Qui des cieux défend la hauteur,
Près de toi, tout peut te confondre ;
Au lieu de chercher à répondre,
Tombe aux pieds de ton Créateur.

(Traduction de Tardif de Mello.)

La langue russe.

Dominatrice d'un grand nombre de langues, la langue russe, non seulement par l'étendue des espaces où elle règne, mais aussi par sa propre expansion et par sa richesse, est grande devant toutes celles de l'Europe. Cela semblera invraisemblable aux étrangers et à quelques Russes indigènes qui ont appliqué plus de soin à l'étude des langues étrangères qu'à celle de la leur. Mais celui-là sera d'accord avec moi qui, sans être prévenu par des idées préconçues, s'appliquera à bien la comprendre et bien la pénétrer. Charles-Quint, empereur des Romains, avait coutume de dire qu'il faut parler espagnol avec Dieu, français avec ses amis, allemand avec ses ennemis, italien avec les femmes. Mais s'il avait connu la langue russe, il aurait certainement ajouté qu'on peut la parler avec tous. Car il aurait trouvé en elle la majesté de l'espagnol, la vivacité du français, la force de l'allemand, la délicatesse de l'italien et en outre la richesse, la concision pittoresque du grec et du latin. La vigoureuse éloquence de Cicéron, la gravité grandiose de Virgile, l'agréable élégance d'Ovide ne perdent rien dans la langue russe. Les plus délicates conceptions de la philosophie, les qualités et les métamorphoses les plus variées de la nature, les phénomènes du monde moral trouvent dans notre langue des mots pour les exprimer.

(Préface de la grammaire russe.)

Epigramme contre Soumarokov.

Soumarokov. — Êtes-vous allé au Parnasse ?
Lomonosov. — Oui, et je ne vous y ai pas vu.

Début d'un poème sur Pierre le Grand.

Je chante le plus sage héros de la Russie, celui qui fonda de nouvelles villes, forma de brillantes et nombreuses armées, et créa des flottes formidables ; celui qui, dès sa tendre jeunesse, fut en butte aux factions, passa à travers tous les périls, releva sa patrie, apaisa les ennemis du dedans et maîtrisa ceux du dehors par la force de son bras ; celui qui, par sa prévoyance, démasqua les hypocrites, et, au milieu des guerres sanglantes, planta parmi nous l'arbre des sciences ; qui, par ses exploits enfin, étonna à la fois, l'univers et l'envie.

C'est toi que j'invoque, ô sagesse infinie ! répands sur moi ta lumière : le cœur plein de sincérité et l'âme enflammée de zèle, je veux, dans le transport où se trouve mon esprit, annoncer à l'univers comment il sut supporter des travaux qui semblaient au-dessus des forces humaines et inconnus parmi nous dans les siècles passés : je veux montrer combien de périls lui fit supporter son amour pour la patrie ; je veux que tout le genre humain, et tous les souverains, en voyant son exemple, et en considérant ses hauts faits, sachent ce que c'est qu'un monarque, un véritable père, un fondateur, un navigateur, un héros sur la terre et sur l'onde. Je veux ainsi faire rappeler désormais au peuple russe, combien, ô ciel ! tu fus bienfaisant pour lui. Eclaire ma raison, Pierre me fournira des faits, et la bonté éclatante de sa magnanime fille[1] m'encouragera.

(Traduction Pappadopoulo et Gallet, *Choix des meilleurs morceaux de la littérature russe.*)

Ode sur l'anniversaire de l'avènement de l'impératrice Elisabeth (25 novembre 1752).

Le soleil de la Russie a dissipé à son lever l'ombre de la nuit épaisse et lugubre qui la couvrait. — Heureuses contrées, habitées par un peuple fidèle, embellissez-vous, en rappelant ces heureux moments, et montrez une ardeur nouvelle ; et vous, champs et montagnes, exaltez, par vos acclamations répétées, le sublime bienfait des cieux.

Si nous te comparons si souvent, ô grande Souveraine ! à l'astre qui donne la lumière, ce n'est pas que nous n'ayons d'autres titres à te donner : mais sitôt que nous voulons te chanter, nous découvrons en toi une nouvelle splendeur et une nouvelle source de bontés. Dès l'instant que nos yeux et nos pensées s'élèvent vers toi, nous voyons dans ta personne l'image de l'astre du jour, et nous te voyons comme lui répandre les effets de ta bienfaisance.

Quand le Très-Haut créa, dans sa sagesse, le roi de la lumière, il lui prescrivit différents cours. Après avoir éclairé l'Europe, il se porte vers l'Ethiopie. Du Sud, il retourne sur ses pas ; et tantôt en couvrant ce

---

1. L'impératrice Elisabeth.

globe de ses feux, il porte en son sein la chaleur, et tantôt, en y laissant régner la nuit, qui fournit la rosée abondante, il vivifie alternativement les deux moitiés de notre globe.

Tu fais paraître sur Moscou toute la clarté du midi radieux, en dirigeant ta course vers cette cité, lorsque tu quittes les eaux fameuses de la Baltique pour te porter vers l'Orient. Tu te présentes alors comme l'aurore pour les peuples les plus éloignés, et ceux dont tu t'écartes et que tu prives de ton aspect, jouissent en ce moment même de ta rosée bienfaisante; tu donnes tour à tour, et à tous, le repos et le bonheur.

Sur ta route que tu parcours avec la rapidité de l'aigle, de quelque côté que tu portes tes regards, soit dans les champs, soit dans les villes, tu rencontres des yeux fixés vers toi : tu es l'objet de tous les entretiens et de toutes les pensées, et tu vois tous les travaux s'enfanter pour toi. L'enfant demande alors aux auteurs de sa vie, si celle qu'il contemple n'est pas la mère de tout le monde?

Le vieillard, courbé par le poids de l'âge, tâche de redresser son dos pour t'envisager; et ses yeux affaiblis retrouvent dans les tiens la lumière. L'âge encore privé de la parole quitte à son tour le sein chéri pour contempler ta divine image, et ce qu'il ne peut exprimer par l'organe de sa langue, il le trace par son sourire, en te suivant des yeux dans ton chemin.

Dans le centre de l'empire héréditaire, au sein de l'antique cité où tes aïeux élevèrent leur trône, au milieu du bruit tonnant, signe de l'éternelle gloire, quel peuple, au milieu duquel s'élève l'aimable et douce paix, s'élance en foule à ta rencontre? Joyeux de ton arrivée, les sommets des monts Riphées[1] s'élèvent plus haut. La Dvina, le Dnieper et le Volga suspendent leur cours pour contempler ta splendeur.

Et vous ondes fortunées qui arrosez les rives fertiles où s'élève Moscou, dansez, faites éclater votre joie, bientôt vous allez jouir de l'aspect de votre déesse. Les nymphes de la Néva, cette nouvelle Hippocrène, étant privées de sa vue, vont la suivre ici de leurs chœurs.

Dans leurs chants glorieux, elles annonceront à l'univers par quels prodiges étonnants elle étendit la ville de Pierre[2], elles dévoileront comment, en voyant sa présence, la mer, dont elle entr'ouvrit les barrières, se mit en mouvement, et ajouta le bruit de ses flots aux foudroyants éclats de l'airain bruyant qui annonçait l'allégresse publique, et célébrait ce grand événement.

Pendant cette surprenante acclamation des foudres terribles, qui montrent les feux au milieu des ondes, la grande Elisabeth, terminant l'ouvrage de Pierre, ordonne à l'abîme des eaux de se séparer et d'entrer dans les terres. Les masses énormes, à la voix de cette nouvelle Pallas, se meuvent et ouvrent le sein des rivages aux flots de l'abîme[3].

O siècle plein de prodiges! ô faits incompréhensibles! des fleuves, rompant les bornes de la nature, coulent de la mer sur le continent. Les vaisseaux y entrent; les flots sourcilleux s'en éloignent, et le terrible océan gémit sous leur poids. Race humaine, vois si aucun siècle t'a offert un si étonnant exemple!

Vois, en contemplant ces sublimes travaux, ce que

---

1. L'Oural.
2. Saint-Pétersbourg.
3. Les travaux dont parle ici le poète sont ceux du canal de Cronstadt.

peut le Russe, et ce que la gloire de Pierre, qui renaît dans sa fille, peut exécuter. En vain la nature a voulu nous cacher l'entrée de la route qui mène de l'Orient à l'Occident : je vois, de mes yeux intellectuels, un nouveau Colomb s'y élancer, au milieu des glaces qui lui servent de barrières, et, dans son ardeur, affronter le sort et les éléments.

La fortune d'Elisabeth commande à ces éléments : elle guide les vaisseaux dans leur chemin et prévient tous les dangers auxquels ils sont exposés. Ni les tempêtes excitées par les frimas, ni les vagues qui se forment sous les monts de glaces, rien ne peut l'arrêter : sa main puissante et libérale soutient l'effort des voyageurs et leur donne des forces indomptables.

O vous ! héroïnes de la Russie, qui siégez parmi les astres, auprès de la divinité, depuis que vous avez quitté la demeure terrestre, vous qui vous êtes immortalisées par les plus hauts faits, contemplez du séjour divin que vous habitez, l'état florissant où la fille de Pierre a mis cet Empire !...

(Traduction de Pappadapoulo et Galiet.)

Ode à l'impératrice Elisabeth.

Délices des princes et des empires, aimable tranquillité, félicité des hameaux, gardienne des cités, que tu es utile et belle ! Autour de toi les fleurs se colorent et les épis jaunissent dans les guérets. Chargés de trésors, les navires osent te suivre sur les mers, et tu sèmes, d'une main libérale, tes richesses sur la terre.

Eteignez-vous, foudres guerriers, et cessez d'effrayer la terre. Ici, dans le sein de la paix, Elisabeth veut étendre l'empire des sciences. Vents impétueux, gardez-vous de mugir, et murmurez avec douceur le récit de nos temps heureux. Univers, écoute en silence : une lyre exaltée veut célébrer les plus grands noms.

Toujours admirable dans ses œuvres, le Créateur avait arrêté de manifester de nos jours sa puissance. Il envoie en Russie un homme tel que les siècles n'en ont jamais produit[1]. A travers tous les obstacles, ce héros élève sa tête couronnée par la victoire, et transporte avec lui jusqu'aux cieux la Russie terrassée par l'ignorance.

Dans les plaines ensanglantées, Mars s'effraie de voir son épée entre les mains de Pierre, et Neptune tressaille à l'aspect de notre pavillon. Soudain fortifiée de remparts, entourée de palais, la Néva doute et s'écrie : Ai-je donc perdu le souvenir, ou me suis-je écartée de la route que j'ai toujours suivie[2] ?

Alors, à travers les montagnes, les fleuves et les mers, les sciences divines étendent les bras vers la Russie, et s'adressant à son héros : Nous sommes prêtes à cultiver, à faire naître dans ton Empire les fruits les plus doux de l'esprit. Le monarque les appelle : déjà la Russie s'attend à jouir de leurs utiles travaux.

Mais, ô destin cruel! ce héros digne de l'immortalité, la cause de notre bonheur, et maintenant l'objet de nos cruels regrets, nous est arraché par le sort envieux, et nous plonge dans une profonde douleur. Attentifs à nos gémissements, les coteaux du Parnasse résonnent, et les Muses en pleurs conduisent aux portes des cieux cet esprit de lumière.

1. Pierre le Grand.
2. Fondation de Saint-Pétersbourg.

Dans leur juste douleur, elles s'arrêtent dans leur carrière, et ne veulent plus regarder que sa tombe et ses exploits. Mais la sage Catherine, notre seule consolation après la mort de son époux, leur tend une main généreuse. Ah! si ses jours eussent été prolongés, depuis longtemps la Seine, orgueilleuse de ses talents, le céderait à la Néva [1].

Mais, au sein d'un si grand deuil, de quel éclat nouveau brille le Parnasse? Oh! qu'on y fait résonner agréablement les plus douces cordes de la lyre! Des chœurs mélodieux couvrent tous les coteaux, et leurs concerts sont répétés dans les vallons. L'auguste fille de Pierre [2] surpasse la générosité de ses aïeux, elle multiplie le bonheur des Muses, elle ouvre la porte à la félicité.

Il est digne de grands éloges, le guerrier qui peut égaler le nombre de ses victoires à celui de ses combats, et qui passe sa vie dans les camps. Mais les soldats qu'il commande ont toujours part à ses succès : le bruit affreux des armes couvre la voix sonore de la Renommée, et le son de sa trompette se confond avec les plaintifs gémissements des vaincus.

Ta gloire appartient à toi seule, illustre souveraine. Oh! comme ton vaste Empire te rend grâces. Lève les yeux sur les monts altiers, promène tes regards sur les vastes plaines qu'arrosent le Volga, l'Obi et le Borysthène : les trésors qu'elles recèlent seront découverts par les sciences que tu rends florissantes.

Quand e Très-Haut a soumis à ton heureuse puis-

---

1. Comparez le fameux vers de Voltaire :
    C'est du Nord aujourd'hui que nous vient la lumière.
2. Elisabeth.

LITTÉRATURE RUSSE. 6

sance de si vastes régions, il a mis au jour des trésors tels que ceux dont l'Inde s'enorgueillit. Mais la Russie demande des mains formées par les arts : seuls ils purifient les filons dorés ; et les rochers mêmes sentent le pouvoir des sciences que tu daignes accueillir.

En vain des neiges éternelles couvrent ces plages du Nord [1], où Borée agite tes étendards de ses ailes glacées : au milieu des rochers de glace, Dieu s'annonce par des merveilles. Là, semblable au Nil, la Léna nourrit les nations de ses eaux pures et rapides ; et, perdant enfin ses rivages, elle égale l'étendue des mers.

Oh ! combien de prodiges inconnus aux mortels opère la Nature dans ces lieux ombragés de forêts épaisses, qui servent aux animaux de remparts impénétrables : où dans la profondeur des ombres rafraîchissantes, le cri de l'homme n'a jamais dispersé les troupes d'élans qui bondissent en paix dans les pâturages ; où jamais le chasseur n'a lancé sa flèche ; où chantent des oiseaux que le bûcheron n'effraya jamais du bruit de sa cognée !

Ce vaste champ va servir de carrière aux Muses. Quelle rétribution pouvons-nous offrir à ta magnanimité ? Nous élèverons ton nom jusqu'aux Cieux, et nous consacrerons d'éternels monuments à ta générosité, dans ces régions où le soleil commence son cours ; où le fleuve Amour serpente entre des rives parées de verdure, porte ses eaux chez les Mandjours, et désire rentrer encore sous ta domination.

Voilà que l'espérance abaisse devant nous les barrières des ténébreuses destinées. La sagesse posera son

---

1. La Sibérie.

temple dans des contrées où la justice et les lois étaient inconnues. Devant elle l'ignorance pâlit. Je vois blanchir les humides sillons tracés par tes vaisseaux; et la mer se plaît à leur céder. Tes navigateurs volent, à travers les flots, annoncer tes vertus à de nouveaux peuples.

Là, semé d'îles innombrables, l'Océan se divise en mille fleuves paisibles, et le corbeau, revêtu de l'azur des Cieux, efface les brillantes couleurs du paon. Là, volent des nuages d'oiseaux divers, qui, par la richesse de leur plumage, effacent les riantes livrées du printemps. Nourris dans des bocages parfumés, nageant sur des ondes délicieuses, ils n'ont jamais connu les rigoureux hivers.

Vois Minerve frapper de sa lance le sommet des Riphées[1]. L'or et l'argent jaillissent, et couleront encore pour ta dernière postérité. Pluton, dans ses abîmes entr'ouverts, se trouble et frémit de voir livrés aux mains des Russes ses précieux trésors, ensevelis par la nature dans le sein des montagnes. L'astre éclatant du jour le force à détourner ses regards ténébreux.

O vous qu'attend la patrie, vous qui devez naître dans son sein, vous qu'elle désire voir ressembler à ces mortels éclairés qu'elle appelle des contrées étrangères[2]; que vos temps seront heureux! Ne craignez point. Osez montrer, par vos efforts, que la Russie peut enfanter ses Platons et nourrir le génie pénétrant de Newtons nouveaux.

(Traduction de Lévèque, *Histoire de Russie*, Paris, 1772.)

1. Les mines de l'Oural.
2. L'Académie des sciences de Pétersbourg fut au début presque entièrement constituée par des membres étrangers, allemands pour la plupart.

Alexandre Soumarokov.
(1718-1777)

Alexandre Petrovitch Soumarokov est le premier russe qui ait réellement exercé la profession d'homme de lettres. Kantemir était diplomate, Trediakovsky, professeur et traducteur à gages, Lomonosov, ingénieur des mines et fabricant de mosaïques, Soumarokov vécut du théâtre. Il fut le directeur de la première scène russe ouverte à Pétersbourg en 1756, il y fit jouer de nombreuses tragédies dans le goût français et des comédies d'ailleurs sans grande valeur ; il rédigea une revue, *l'Abeille laborieuse*, et fut l'un des premiers publicistes de la Russie. Il écrivit des satires, des fables, des épigrammes qui ne sont pas sans mérite. Il fut en rapport avec Voltaire et le *Mercure galant* mentionna le succès d'une de ses tragédies. Il a eu en notre langue l'honneur de plusieurs traductions. (*Théâtre tragique d'Alexandre Soumarokov*, traduit du russe par Manuel-Léonard Pappadopoulo, 2 volumes, Paris, Renouard, 1801, et *Choix des meilleurs morceaux de la littérature russe*, traduits en français par L. Pappadopoulo et Gallet, Paris, 1800.)

Le poète et le censeur.

L'Académie de Saint-Pétersbourg avait été chargée de la censure des œuvres dramatiques de Soumarokov. Mais le poète avait mauvais caractère et rendait la vie fort dure à ses censeurs. On en jugera par le fragment de lettre suivant :

On a ordonné à l'Académie d'examiner mes œuvres, par prudence, de peur que je publie quelque chose de contraire aux convenances — je suis pourtant chrétien et homme d'honneur — et on a confié l'examen au professeur Popov. Pendant cinq mois j'ai toléré que ce Popov, en dépit de ses instructions, touche à mon style et mette des coups de crayon sur mes manuscrits. J'ai plus d'une fois été retardé par lui, car il est toujours ivre. La plupart du temps, non seulement il n'examine pas mes manuscrits, mais il est même hors d'état de parler. J'ai renoncé à lui envoyer mes œuvres après dîner parce que l'après-midi il est toujours ivre-mort et se tient à peine sur ses jambes. Pour éviter les incidents fâcheux, je me suis efforcé de lui envoyer mes lettres le matin ; parfois, — rarement il est vrai, — j'ai réussi à obtenir une décision et encore à chaque rencontre j'ai eu à subir quelque querelle de lui ou de son eau-de-vie. L'autre jour, pour ne pas le trouver ivre, j'ai envoyé chez lui à cinq heures du matin ; mais déjà, avant le jour, il était hors d'état de parler clairement et même de se tenir sur les pieds. Il mettait des coups de crayon et écrivait toute espèce de sottises, sans rime ni raison, sans même comprendre ce qu'il disait...

Je suis allé chez lui et j'ai trouvé mon censeur dans le même état où l'on trouve, pendant le carnaval, les ivrognes qui se roulent dans la rue. Il m'a dit qu'on l'avait chargé de m'instruire et de me reprendre, or cela n'est pas dans ses instructions ; il y est dit clairement qu'il ne doit pas toucher à mon style. Il n'est pas possible que je reçoive des leçons d'un homme aussi ignorant, même ne fût-il pas ivrogne. Je n'ai jamais souffert d'affront plus violent. Et si tous les ivrognes ont le droit de nous injurier, il n'est pas possible de vivre. Je prie donc Messieurs de la Chancellerie de m'assigner, non pas pour le style, un censeur qui ne soit pas un ivrogne. Car l'ivrognerie du professeur Popov met obstacle à la publication de mon ouvrage [1]...

---

1. L'Académie eut égard à cette requête de Soumarokov et lui donna un autre censeur.

6.

Considérations sur la Comédie larmoyante.

Le mot *public*, comme dit quelque part M. de Voltaire, ne signifie pas toute la société, mais une petite partie de celle-là; c'est-à-dire qu'il comprend les hommes instruits, ayant du goût. Si j'écrivais une dissertation sur le goût, je l'aurais expliqué; mais ici il ne s'agit pas de cela. On sait qu'à Paris il n'y a pas peu d'ignorants, comme partout, car l'univers en fourmille. Le mot *peuple* appartient aux conditions inférieures, et non pas le mot *bas-peuple;* celui-ci est l'apanage des galériens et d'autres gens couverts de mépris, et non pas des artisans et des cultivateurs. Parmi nous on donne ce nom à tous ceux qui ne sont pas nobles. *Noble!* quel titre important! Un curé sage, qui nous prêche la grandeur de l'Etre-Suprême, en un mot, le théologien, le naturaliste, l'astronome, l'orateur, le peintre, le sculpteur, l'architecte, etc., selon cette sotte définition, appartiennent au bas-peuple. O orgueil insupportable des nobles, digne de mépris et de ridicule! Ceux qui composent le vrai bas-peuple sont les ignorants, quoiqu'ils possèdent de grands titres et des rangs; quand ils auraient les richesses de Crésus, quand ils tireraient leur origine de Jupiter et de Junon, qui n'ont jamais existé, du fils de Philippe le Conquérant ou le destructeur de l'univers, de Jules-César, qui éleva la gloire romaine, ou pour mieux dire qui la détruisit. Le mot public, là où il y a beaucoup d'hommes instruits, ne signifie rien.

Louis XIV procura au Parnasse de sa patrie un siècle d'or; mais le goût disparut après sa mort; ce ne fut pas cependant entièrement, car nous en voyons les restes dans M. de Voltaire et dans d'autres écrivains français. On écrit des tragédies et des comédies en France; mais on n'y voit plus, ni des Racine, ni des Molière. Depuis peu on y a introduit un nouveau et insipide genre, c'est celui des comédies larmoyantes : malgré cette introduction, on ne pourra pas arracher les semences du goût qu'ont semées les Racine et les Molière. Chez nous, il n'existe presque point encore de principes de l'art dramatique; ainsi un aussi détestable goût, et surtout dans le siècle de Catherine, ne nous appartient pas. Pour empêcher qu'il ne s'introduise en Russie, j'ai écrit à M. de Voltaire, et je lui ai demandé son avis sur ces drames. Mais pendant que je prenais ces mesures, ils se sont glissés à Moscou, n'osant pas sans doute paraître à Pétersbourg; ils y ont été reçus avec acclamations et applaudissements publics. Quelque détestable que fût la traduction d'*Eugénie*[1], et quelle que fût l'insolence de l'actrice, qui représente une bacchante sous le nom d'Eugénie, le traducteur de ce drame, qui est un certain commis, est porté aux nues, ce qui fait l'éloge des spectateurs et celui de leur goût. Un commis s'est érigé en juge au Parnasse, et le régulateur du goût public de Moscou! Sans doute nous verrons bientôt la fin du monde. Mais est-ce que Moscou aura plus de confiance aux décisions d'un commis qu'à celles de M. de Voltaire et aux miennes? Est-ce que le goût de Moscou se rapprocherait de celui de ce commis? Il est aussi impertinent, de la part de ce dernier, d'adresser des éloges au goût des petits princes et petits seigneurs de Moscou, qu'il le serait

---

1. Drame de Beaumarchais. On sait qu'il fut arrangé en allemand par Gœthe sous le nom de *Clavijo*.

de celle des laquais, quand même ce serait ceux de la cour, de vouloir défigurer mes chansons, les faire imprimer et vendre sans mon consentement; ou contre le vœu de l'auteur encore vivant, d'altérer ses drames, et cela pour gagner de l'argent. Ce commis est aussi impertinent que le sont ceux qui venant voir *Sémire*[1], et se mettant auprès de l'orchestre, croient que, quand on a payé pour entrer au spectacle, on peut se battre dans le parterre à coups de poing, et raconter à haute voix dans les loges l'histoire de sa semaine, et croquer enfin des noisettes[2]. On peut croquer des noisettes chez soi, y publier des nouvelles insignifiantes, et non dans les théâtres; car sans doute de pareils nouvellistes ont assez de temps pour cela. Beaucoup d'habitants de Moscou, des deux sexes, ne se rendent pas au spectacle pour entendre de sottes nouvelles, ni pour croquer des noisettes, et cela ne peut procurer aucune satisfaction, ni aux spectateurs, ni aux hommes sensés, ni aux acteurs, ni à l'auteur qui travaille pour le plaisir du public. Les services qu'il lui rend sont dignes de récompense, et non de punition. Vous, voyageurs, qui avez été à Paris et à Londres, répondez-moi, y croque-t-on des noisettes pendant la représentation d'un drame? et, au plus fort de l'action, donne-t-on des coups de fouet aux cochers ivres qui se querellent, et trouble-t-on ainsi le parterre, les loges et le théâtre?

Quoi qu'il en soit, je regrette de n'avoir pas la copie de la lettre que j'ai écrite à M. de Voltaire, étant malade quand le prince Koslovsky, qui partait pour se rendre auprès de lui, vint la prendre. Je lui remis mon

---

1. Tragédie de Soumarokov.
2. Croquer des noisettes est en effet un des divertissements favoris du peuple russe.

original, sans même le faire mettre au net. Je joins ici la réponse de cet auteur célèbre, et par conséquent de ce connaisseur distingué, où il résout quelques-unes de mes questions, et où il donne particulièrement son opinion sur ce qui concerne la détestable comédie larmoyante. Si quelqu'un ne veut pas se rendre au témoignage de M. de Voltaire, ni au mien, alors j'applaudirai à son goût, comme je le ferais à celui de l'homme qui prendrait du café mêlé avec de l'ail. La différence entre Thalie et Melpomène est telle que celle qui est entre le jour et la nuit, entre le chaud et le froid, entre les spectateurs intelligents d'un drame et les fous. Ce n'est pas par la quantité de voix, mais par la qualité des choses qu'on apprécie, et la qualité a son principe dans la vérité. Les ignorants ne peuvent pas affaiblir l'éloge mérité, et leurs louanges ne sont pas un éloge.

(Traduction Pappadopoulo et Gallet.)

Scène de la Tragédie de Dimitri[1].

XÉNIE

L'homme dont le front est ceint du diadème est heureux dans ce monde, lorsqu'il n'empiète pas sur la liberté de nos âmes ; il se rend grand par les bienfaits qu'il répand dans la société ; embellissant par la douceur la dignité du monarque, il fait naître des jours fortunés pour ses sujets ; les seuls malfaiteurs le redoutent.

---

1. Dmitri l'Imposteur, plus connu dans l'histoire sous le nom de faux Dmitri, aventurier qui régna de 1604 à 1606. Établi sur le trône avec l'appui des Polonais, il était soupçonné de vouloir établir la religion romaine dans la Russie orthodoxe. Dans le drame de Soumarokov, Dmitri est amoureux de Xénie et veut l'arracher à Georges son fiancé.

GEORGES

O triste Kremlin, tu vois maintenant que la vertu a quitté le trône. Moscou est plongé dans un mortel abattement. La félicité s'éloigne de ses murs; les jours les plus sereins semblent pour lui plus sombres que la plus épaisse nuit : les charmants bosquets de ses environs sont couverts des ténèbres. Quand on entend dans la ville les sons, signes des fêtes, il semble qu'ils répètent ses gémissements, et qu'ils nous annoncent la destruction de notre église, dont le pape la menace. O Dieu! détournez le malheur des Russes. Déjà la nouvelle se répand, parmi le peuple, que Clément[1] a promis une récompense dans le ciel à ceux qui fomentent les troubles, aux ennemis de la ville de nos ancêtres, et qu'il leur pardonne d'avance tous leurs forfaits. Ainsi Moscou souffrira, comme souffre le Nouveau-Monde. Là, ses disciples odieux ont inondé la terre de sang; ils ont exterminé ses habitants, et ceux qui restent sont réduits à la misère au sein de leur patrie. Là, ses prêtres précipitent ces innocents dans les flammes, tenant d'une main la croix, et de l'autre l'épée fumante de sang. Tout ce que ces peuples ont éprouvé dans leur fatale destinée, ô Russie! le pape te le réserve aujourd'hui.

XÉNIE

Tous les efforts cruels de Dimitri, de Clément et de l'enfer ne t'effaceront pas de mon cœur. O Ciel! arrête l'effet de la puissance papale, et mets un terme aux

---

1. Le pape Clément VIII.

tourments insupportables de Xénie : fais que la Russie relève sa tête et que je devienne l'épouse de mon amant. Montre-nous sur le trône un monarque dévoué à la vérité, et non pas à une volonté impie. Mais la vérité s'est évanouie, les lois d'un tyran sont fondées sur ce qu'il désire. Les rois justes, en travaillant à leur gloire, établissent des institutions pour le bonheur de leurs sujets : un roi doit être ici-bas l'image de Dieu... Frappe-moi, anéantis-moi, tsar cruel ! Mégère t'a vomi du Tartare, le Caucase t'a donné le jour, l'Hircanie fut ta nourrice... L'hérétique arrachera des tombeaux les corps des hommes saints pour les insulter, tandis que leurs noms seront éternellement pleurés par la Russie : les maisons de Dieu seront désertes. O peuple ! arrache la couronne à l'auteur de ces maux inouïs : hâte-toi, brise le spectre dans ses mains barbares ; délivre-toi de la plus horrible tyrannie, et orne du diadème la tête de l'homme vertueux.

Plaidoyer en faveur de la langue russe.

La belle langue russe va sans cesse s'altérant sous l'influence des vocables étrangers et les étrangers n'ont qu'un souci, c'est de nous empêcher nous, les Muses russes, de prospérer dans notre art; ils veulent qu'on les considère comme des savants et les fils de la Russie, comme des ignorants... Ils dressent toute espèce d'obstacle contre les auteurs russes; il est presque impossible à ces auteurs de publier leurs travaux. Car il revient horriblement cher d'imprimer des livres sur l'avis conforme d'étrangers mal disposés. Ils agissent ainsi pour diminuer le nombre des auteurs en Russie, pour obliger les Russes à étudier les langues étrangères et à oublier la leur, à en ignorer les beautés, à la dédaigner, comme ils les dédaignent eux-mêmes. Certaines têtes sans cervelle leur obéissent.

Les étrangers ne pensent qu'à leur intérêt et à leur haine pour le Parnasse russe. Ils n'ont jamais songé à créer une réunion savante et littéraire dans laquelle des écrivains de talent s'occuperaient de la pureté de la langue russe au perfectionnement de l'éloquence russe. Cependant ces assemblées sont absolument nécessaires; sans elles, les sciences ne peuvent fleurir complètement dans aucun état. Nulle part dans leur propre patrie les écrivains ne dépendent des étrangers, surtout d'étrangers ignorants : les temples des Muses sont confiés à la garde des fils de la patrie [1].

Fable.
CONTRE CEUX QUI CORROMPENT LA LANGUE NATIONALE

Certain chien pénétra dans une forêt dormante ; il visita des pays étrangers. A force de vivre dans le pays des loups et des ours, il se mit à considérer ses concitoyens comme des ignorants. Il n'aboyait plus en chien mais grognait comme les ours et hurlait comme les loups. Quand il fut de retour auprès des chiens, il crut devoir embellir sa langue maternelle à tort et à travers : il mêlait à ses aboiements des grognements d'ours, des hurlements de loup ; il parlait aux chiens un langage inintelligible. Les chiens lui dirent :

---

[1] Le vœu de Soumarokov fut exaucé en 1783. A cette époque, Catherine II créa l'Académie russe, qui avait un caractère purement national et qui était exclusivement réservé aux écrivains russes.

« Nous n'avons pas besoin de ta nouvelle musique ; elle gâte notre langue. »

Et ils se mirent à le mordre et à le rosser.

Or voici l'épitaphe que j'ai lue sur sa tombe :

« Ne méprise jamais ta langue maternelle ; n'y introduis rien d'étranger ; mais pare-toi de ta propre parure. »

Épigrammes.

Danseur tu es riche : professeur tu es pauvre. C'est tout naturel : la tête est moins estimée que les jambes.

Pourquoi me tenir debout devant les hommes comme devant des dieux, même si on l'ordonne ?

La fatigue des jambes rapporte-t-elle quelque profit à la société ? Je travaille de la tête et non pas des jambes.

Épitaphe d'un concussionnaire.

Ici gît un commis qui connaissait son affaire : ce qui était droit il le tordait ; ce qui était tord il le redressait. Il travailla ainsi jusqu'à la dernière heure. Au lit de mort il demandait encore une provision [1].

Les avantages de la science.

Un navire fit naufrage : le salut était difficile, un

---

[1]. La rapacité des fonctionnaires russes était proverbiale. Voir la comédie de Kapnist : la *Chicane*, les *Ames mortes* de Gogol, le *Revisor* du même auteur, etc... Le mot *vziatki*, qui désigne l'argent dépensé pour corrompre un fonctionnaire, revient constamment sous la plume des moralistes et des satiriques. Soumarokov lui-même a dit, dans la satire intitulée : *Instruction à mon fils :*
  Donne toi-même des *vziatki* et prends-en à ton tour.

vent terrible soufflait, un vent pire que le bourreau. Deux passagers cependant s'échappèrent : un savant, un riche. Le savant trouva de quoi vivre ; le riche tomba dans la misère ; la science de l'un était dans sa tête, les richesses de l'autre... dans la mer [1]...

Catherine II.

(1729-1796)

On sait que Catherine II n'était pas d'origine russe, on sait aussi qu'elle a beaucoup écrit en français. Ce qu'on ignore généralement c'est qu'elle a écrit en russe une foule d'œuvres intéressantes, d'une langue savoureuse et pittoresque, des écrits pédagogiques pour l'éducation de ses petits-fils les grands-ducs Alexandre et Constantin, des comédies, des articles dans les revues de l'époque, etc. Quelques-uns de ses écrits ont été traduits en français : le *Czarevitz Chlore*, conte moral (Berlin, 1782), *O temps, O mœurs*, comédie, par Leclère (Paris, 1826) et plus récemment par M. Legrelle (Gand, 1888) ; cette édition tirée à un petit nombre d'exemplaires, n'a malheureusement pas été mise dans le commerce. Elle est précédée d'une préface fort intéressante. Nous lui empruntons les extraits suivants.

La Dévote.

NÉPOUSTOV

J'ai entendu dire que ta maîtresse affectait beaucoup de dévotion, mais je n'ai guère entendu parler de ses vertus.

MAVRA

A dire vrai, moi non plus, je ne peux pas en parler

---

[1] On connaît la fable de La Fontaine : *les Avantages de la science*.

beaucoup. Elle prêche fort souvent à tous ses gens le jeûne et l'abstinence, particulièrement quand elle leur distribue, selon la règle, leurs provisions pour le mois. Mais jamais elle ne se laisse plus absorber par ses prières que lorsque des créanciers, pénétrant jusqu'à elle, lui demandent le paiement des marchandises qu'elle a prises à crédit. Une fois elle m'a jeté un livre de prières et frappée si violemment à la tête que, pendant près d'une semaine, il m'a fallu rester couchée. Et pourquoi? Uniquement parce que j'étais venu à l'heure des vêpres lui annoncer qu'un marchand se présentait pour réclamer l'argent qu'elle lui avait emprunté à six pour cent et qu'elle avait prêté à raison de seize. « Maudite impie, me cria-t-elle, est-ce là le moment? Es-tu venue, comme Satan, pour me tenter avec les vanités terrestres, alors que toutes mes pensées sont absorbées par le repentir et bien éloignées de toute préoccupation mondaine? » Après avoir crié cela avec une grande colère, elle m'a lancé le livre sur les tempes. Voyez j'en porte encore la marque; mais j'ai collé une petite mouche dessus. Il n'y a aucun moyen de s'arranger avec elle; c'est une personne tout à fait étrange; parfois elle ne veut pas qu'on lui parle, et parfois elle-même bavarde dans l'église sans fin ni trêve. Elle dit que c'est péché de condamner le prochain, mais elle-même juge tout le monde, déblatère contre tout le monde. Ce sont surtout les jeunes dames qu'elle ne peut pas souffrir; il lui semble qu'elles n'agissent pas toujours comme elles devraient le faire, à son avis...

Elle observe avec rigueur les jours de fête; elle va tous les jours à la messe; elle met sans cesse un cierge devant les images saintes; elle ne mange pas de viande quand c'est jeûne ; elle porte des vêtements de laine..... oh ! ne croyez pas que ce soit par avarice... et elle abhorre tous ceux qui ne suivent pas ses règles de conduite. Elle ne peut souffrir les habitudes et le luxe de ce temps-ci. Ce qu'elle aime, ce qu'elle vante, c'est le passé, l'époque où elle n'avait que quinze ans. Cinquante printemps et plus ont passé depuis, grâce à Dieu !

Elle se lève le matin à six heures, et, suivant la vieille et excellente habitude, elle descend de son lit pieds nus ; une fois descendue, elle arrange la lampe devant les images ; puis elle lit les prières du matin et l'akathiste [1] ; puis elle peigne son chat, lui retire ses puces et chante le verset : *Heureux qui aime aussi les bêtes !* Tout en chantant, elle daigne aussi nous gratifier, qui, d'un soufflet, qui, d'un coup de canne, qui, d'injures et de malédictions. Puis commencent les matines, pendant lesquelles, tantôt elle gronde le maître d'hôtel, tantôt elle marmotte ses prières, tantôt elle envoie ceux qui ont commis une faute la veille à l'écurie pour y recevoir les étrivières, tantôt elle donne l'encens au pope ; tantôt elle se querelle avec sa petite-fille, parce qu'elle est jeune, tantôt elle multiplie ses génuflexions d'après le chapelet, tantôt elle compte les fiancés pour voir grâce à qui elle pourrait se débarrasser de sa petite-fille sans dot ; tantôt...

Nous en sommes restés aux matines, après lesquelles elle lit certaines prières spéciales contre les tentations violentes.

NÉPOUSTOV

Comment ? Elle craint les tentations ! Elle fait des

---

[1]. Prière qu'on doit réciter sans s'asseoir un instant.

prières contre les tentations! Mais elle a bien déjà soixante-dix ans!

MAVRA

Cela n'y fait rien lorsqu'elle lit ces prières-là, personne, excepté son chat, n'ose plus entrer dans l'oratoire où elle est. Quand elle a fini ses prières contre la concupiscence, elle entre dans le magasin où elle enlève la poussière et nettoie les objets qu'elle a en nantissement ; elle examine ses titres et ses lettres de gage, compte son argent et le verse d'un sac dans un autre. Alors, hormis Dieu, comme elle dit, personne ne peut être témoin de ce qu'elle fait ; mais, pour moi, il me semble que c'est le diable seul qui est avec elle! Ensuite elle s'habille ; c'est-à-dire qu'elle met des bas à ses pieds et une pelisse sur son corps de pécheresse, puis s'en va à la messe. Elle entend dans différentes églises les premières et les dernières messes, deux ou trois, et fait chanter autant d'actions de grâce. Dans les églises elle donne des rendez-vous à de vieilles femmes qui lui ressemblent, leur raconte ceci ou cela, et en recueille diverses nouvelles, soit d'ici, soit de Pétersbourg ; en un mot, des commérages de toutes les maisons, qu'elle arrange, qu'elle allonge, qu'elle embellit d'une manière décente pour aller, après dîner, et après s'être habituellement reposée une heure sur son canapé, les colporter de maison en maison, en prenant tout le monde pour auditeur, qu'on veuille ou qu'on ne veuille pas l'écouter. Ensuite, soit chemin faisant dans quelque église, soit chez elle, elle dit ses vêpres, après lesquelles les amies qu'elle reçoit se rassemblent auprès d'elle et lui apportent encore d'autres nouvelles.

(*O Temps!* traduction de M. Legrelle.)

La Superstitieuse.

TCHOUDIKHINA[1] (*courant*), CHRISTINE (*derrière elle*).

TCHOUDIKHINA

Ah! je suis perdue!... Je vais mourir, je vais mourir!... Ah! je meurs déjà, c'est à peine si je vis encore... c'est à peine si je respire... Je n'en puis plus... (*Elle se jette près des coulisses dans un fauteuil.*)

CHRISTINE

Qu'est-ce qui vous est donc arrivé?

TCHOUDIKHINA

Cette maudite Mavra m'a fait mourir avec ses histoires. Juge un peu, je t'en prie, mon trésor. J'étais assise, en train de tirer les cartes, quand, au moment même où j'avais le roi de pique et la reine de trèfle étalés devant moi, et que je m'en réjouissais, elle est venue me dire que j'étais assise juste à l'endroit... Ah! j'en suis toute malade!... juste à l'endroit où un homme était mort il y a trente ans!

CHRISTINE

Est-ce que vous avez peur de cela?

TCHOUDIKHINA

Comment ne pas en avoir peur! On voit bien que tu

---

1. La personne qui voit partout des miracles (tchoudo).

es toute jeune et que tu ne connais pas encore le monde! Je suis pour sûr ensorcelée, ma chérie; de méchantes gens m'ont jeté un sort quand j'étais petite; j'ai peur de tout! Comment ne pas avoir peur? Voilà (*montrant son ventre*) où le sortilège gît encore maintenant.

CHRISTINE

Ainsi c'est du ventre que vous souffrez?

TCHOUDIKHINA

J'ai, mon cher trésor, un brochet dans le ventre. C'est ma belle-mère qui l'y a mis, pendant que je dormais, dans mon enfance. Elle était sorcière et ne m'aimait pas. Elle m'a mis aussi un chien dans le dos, et quand ils se battent là, je ressens..., oui, j'entends très distinctement les coups de queue que le brochet donne au chien, qui à son tour montre ses crocs et aboie. Ah! j'éprouve alors d'horribles souffrances! Oh! Oh! J'ai peur... Je me meurs... Je me meurs pour de bon... (*Christine aperçoit deux petits nœuds faits au bout du fichu que Tchoudikhina porte à son cou.*)

CHRISTINE

Pourquoi sont faits ces petits nœuds, ma bonne dame?

TCHOUDIKHINA

Eh! ma chère, ce n'est rien. Dans l'un il y a du sel du jeudi saint, et, dans l'autre, de l'encens contre les maléfices. (*Elle tire à ce moment son mouchoir de sa poche et il en tombe deux petites racines attachées en croix avec des cheveux.*)

CHRISTINE (*les ramassant*).

Mais ceci, qu'est-ce?

TCHOUDIKHINA

Ce sont des petites racines, mon trésor, sur lesquelles on a dit des paroles magiques. Je les porte partout, afin de me faire aimer.

SCÈNE II

LES PRÉCÉDENTES, MAVRA

MAVRA (*à Tchoudikhina*).

Qu'est-ce que vous avez, madame, à gémir de la sorte?

TCHOUDIKHINA

Misérable! C'est toi qui m'as fait mourir avec tes histoires.

MAVRA

Pouvais-je m'imaginer que vous vous effrayeriez d'un mot qui ne signifie rien?

TCHOUDIKHINA

Hélas! Je mourrai infailliblement cette année-ci (*elle pleure*), infailliblement! Ce n'est pas pour rien qu'avant-hier une de mes poules a chanté comme un coq. Pour tout dire, j'avais donné ordre de lui faire faire la culbute, de l'endroit où elle était perchée, jusqu'au seuil, afin de savoir si c'était sa tête ou sa queue qu'il fallait couper. Le sort tomba sur la tête, et, quand on me l'eût dit, je la fis couper. Quoique ce fût une bonne couveuse, qu'elle aille à tous les diables! On a sa vie plus chère que tout le reste. Il ne m'en faut pas moins mourir... bien que je ne sois pas encore si âgée... et qu'il y ait des gens qui vivent... et qui s'amusent... et qui devraient être morts depuis longtemps! Hélas! Hélas[1]!

(O Temps! traduction de M. Legrelle.)

Le Petit-Maître.

FIRLIOUFIOUCHKOV

Ne suis-je pas en retard? Mme Vortchaline est sans doute déjà à table.

PRASCOVIE

Pas encore, on va s'y mettre tout à l'heure.

---

1. Notre compatriote Ducret de Passenans, qui avait vécu longtemps en Russie, a tracé lui aussi le portrait de la superstitieuse. Ce portrait prouve que Catherine en nous présentant Mme Tchoudikine n'a guère exagéré :

« Mme Delinov était la femme la plus singulière et la plus originale que j'aie jamais connue. Elle était née avec de l'esprit et ne manquait pas de connaissances, mais elle adoptait avec une extrême facilité tous les préjugés de sa nation. La première fois que je la vis, j'eus le malheur de lui déplaire sans qu'il ait pu me venir en tête que j'avais fait une faute que beaucoup de gens en Russie ne savent pas pardonner.

« Madame se plaignait de sa santé; je m'avisai de lui dire que la fraîcheur de son teint donnait un démenti à ses paroles. Elle fit une grimace horrible, se mit à cracher à diverses reprises, et s'évada du salon en donnant les marques les moins équivoques de son mécontentement et de son indignation. On m'avertit, mais trop tard, que rien ne détruit la santé comme les remarques que l'on peut faire sur celle dont on jouit. Mme Delinov avait pour maxime de ne jamais se mettre en route le lundi, et si au moment de son départ elle rencontrait un prêtre ou des moutons, elle ne manquait pas de rentrer chez elle, parce que cela porte malheur. Elle ne recevait et ne donnait jamais pour présent ni ciseaux,

FIRLIOUFIOUCHKOV

Quelle maison ! C'est un vrai trésor ! On n'y est jamais en retard. Comme je l'aime, *ma foi*[1], comme je l'aime. A quelque moment qu'on arrive, il est toujours temps.

PRASCOVIE

Mais où êtes-vous resté si longtemps ?

FIRLIOUFIOUCHKOV

Belle demande ! où je suis resté. *A ma toilette*, ma chère, *à ma toilette.* Comment pourrais-je être autre part ? Hier après souper j'ai passé toute la nuit à jouer aux cartes. J'ai été *me coucher* à six heures *après minuit*. Je me suis levé aujourd'hui à une heure. Et maintenant j'ai une telle migraine, j'ai si mal au nez que je ne saurais le dire. N'y a-t-il pas ici un flacon d'eau de senteur ? Je crains... de tomber de faiblesse. Soutiens-moi.

---

ni couteaux et si on lui présentait une épingle, elle ne s'en servait pas sans avoir auparavant fait une petite piqûre au doigt de la personne qui la lui offrait.

« Un domestique, qui, en servant la table, aurait eu l'imprudence de renverser une salière ou de placer en croix une fourchette et un couteau, payait bien cher cette imprudence. Au moment de se mettre à table, elle n'oubliait jamais de compter le nombre des convives et s'il s'en trouvait le nombre fatal de treize, elle faisait enlever un couvert ou mettre un quatorzième pour la première personne qui arriverait, fût-ce même l'enfant d'un domestique. Elle paya cher ce sot et malheureux préjugé. Se trouvant à dîner chez un protecteur de sa famille où les convives étaient au nombre de douze, elle se mit à table sans crainte, mais à l'arrivée d'un treizième, elle voulut se lever ; le protecteur la retint d'autorité. « Vous le voulez, Monsieur, répondit-elle avec véhémence ; eh « bien, vous verrez que j'en serai la victime. »

« Quelques mois après le funeste dîner, elle tomba malade, et son imagination, frappée des terreurs d'une mort qu'elle regardait comme inévitable, ne contribua pas peu à réaliser l'effet de ses prédictions. »

(Dúcret de Passenans. *La Russie et l'esclavage*. Paris, 1822.)

1. Les mots en italique sont en français dans l'original.

PRASCOVIE

Ne voulez-vous point vous asseoir sur une chaise? En voici une.

FIRLIOUFIOUCHKOV

Une chaise, dans mon état de faiblesse. Ah! donne-moi au moins un fauteuil.

PRASCOVIE

Vous préféreriez j'imagine un canapé ou un lit.

FIRLIOUFIOUCHKOV

Ce ne serait pas mal. Comment la maîtresse de maison n'a-t-elle pas honte de n'avoir pas dans chaque pièce au moins une *chaise longue?* On ne peut même pas s'évanouir convenablement ici. Ah! mon Dieu! quel temps et quelles gens!

ANTIPE

A quoi bon s'évanouir? Êtes-vous malade?

PRASCOVIE

Est-ce que votre voiture s'est renversée?

ANTIPE

Alors vous auriez mieux fait de venir à cheval.

FIRLIOUFIOUCHKOV.

Moi monter à cheval! Je ne puis soutenir cette idée! Je suis tout à fait affligé, abasourdi quand je vois quelqu'un à cheval. Comment les gens peuvent-ils *hasarder*

leur vie en la confiant à un animal? *Cela est ignoble.*
En ce qui me concerne, je ne passe jamais un pont en
voiture; par prudence, je le traverse à pied.

PRASCOVIE

Je m'étonne que par le temps qu'il fait vous n'ayez
pas peur même de l'air; votre teint pourrait se hâler.

FIRLIOUFIOUCHKOV

Cela arrive avec notre affreux climat; mais je me
frotte la nuit d'une pommade française et je préviens le
mal. Ah! ah! ah! tu es une fille... Ah! ah! ah! intelligente et comme tu es mise! *fi donc!...* Ah! ah! ah! Par
cette saison ne pas porter de la *Batavia*[1], mais seulement un léger *croisé*. Ah! ah! ah! Mais tu vas geler ma
chère. Peut-on supporter?...

PRASCOVIE

Qu'y a-t-il de si risible? Ce qu'on me donne, je le
porte. Nous ne sommes pas des nobles nous autres;
personne ne nous vend à crédit; les marchands savent
que nous n'avons pas le moyen de payer. Nous ne
sommes pas comme vous autres les riches.

FIRLIOUFIOUCHKOV

Ah! ma chère que tu es sotte! Tu t'imagines que je
paye quand j'ai pris quelque chose à crédit chez les
marchands. Jamais, *mon cœur*, jamais je n'ai eu l'intention de payer. Pourvu que je sois bien mis cela me
suffit, et je n'ai nul souci de ces imbéciles qui par sot-

---

1. Etoffe de soie et coton fabriquée à Java.

tise me font crédit. Il leur sufit de me porter les articles trois fois plus cher. D'ailleurs dans ma famille, on n'a pas l'habitude de payer ses dettes, je suis en cela l'exemple louable de mon père ; il n'a jamais payé ni rien ni à personne et il est mort endetté. A dire la vérité, beaucoup de gens *méprisables* ont fait courir le bruit que nous sommes dans les dettes *jusqu'aux oreilles*; et ils nous menaçaient de la justice, mais cela n'est pas bien terrible. Tout le monde sait ce que c'est que la justice : je m'inquiète fort peu de cette fadaise, et je sais au besoin comment me tirer d'affaire avec elle. J'ai à mon service des gaillards qui ne m'abandonnent pas dans l'embarras; ils ont déjà repoussé plus d'une saisie.

ANTIPE

Et vous assistiez à l'affaire?

FIRLIOUFIOUCHKOV

Allons donc ! Vais-je *m'encanailler* avec des drôles et risquer ma vie? Merci, je regardais de loin du haut du balcon[1].

(*La fête de Mme Vortchalkine*, comédie en cinq actes.)

---

[1]. La littérature russe du xviii° siècle s'est plu à persifler ce type du petit-maître à la française. On a déjà vu plus haut des extraits de la satire de Kantemir. Dans une des revues auxquelles elle collaborait, Catherine trace le portrait d'un jeune homme « qui passe ses journées à se peigner et à se repeigner ; tantôt à rassembler ses cheveux en haut, tantôt à les laisser tomber en bas, tantôt à les faire pendre sur son front, tantôt à les ramener derrière les oreilles. Ces jours-ci, il s'est mis à prendre en dégoût sa langue maternelle, et pendant quatre jours nous n'avons entendu que des mots et des syllabes estropiés. Nous ne savions pas ce qui lui était arrivé. Enfin nous avons appris qu'il était allé à la Comédie-Française. » Dans un autre passage, Catherine invite les écrivains : 1° à penser en russe; 2° à remplacer les mots étrangers par des mots russes et à ne rien emprunter aux idiomes étrangers.

Extrait du Journal de ma Cousine, pour la première semaine du mois de juillet 1783.

La première page contient les noms des personnes auxquelles elle a l'intention de rendre visite, puis des boutiquiers ou colporteurs qui vendent des objets de modes. On lit ensuite :

Mardi. — Je me suis levée à une heure de l'après-midi.

N. B. — Je me suis levée si tôt parce que je m'étais couchée de bonne heure, à trois heures après minuit.

N. B. — Mon mari est dans son appartement ; chez nous, comme à Paris, chacun vit de son côté.

— Le perruquier m'a si bien coiffée aujourd'hui que j'ai été obligée de me rajuster pendant plus d'une heure pour pouvoir me montrer en société. J'ai dîné à cinq heures.

— Pétersbourg est ennuyeux l'été : il fait également clair le jour et la nuit ; je suis obligée de rester les rideaux fermés ; il n'est pas convenable de voir la lumière du jour.

— Je suis allée à la comédie ; je voulais voir K...

— Je soupçonne qu'il est en coquetterie avec A...

Il n'était pas au parc.

— J'ai appris par hasard qu'il a joué toute la journée chez Z...

A... était mal mise aujourd'hui, elle a l'air d'une demoiselle ; le soir à souper ils ont voulu, je crois, me faire mourir avec leurs côtelettes.

Mercredi. — Rien ne me réussit aujourd'hui. En me levant j'ai posé le pied gauche à terre et cette nuit j'avais rêvé d'un chat.

— Je suis allée aujourd'hui au bazar faire des emplettes ; mais je n'ai rien trouvé à mon goût et ce que j'ai trouvé on n'a pas voulu me le donner à crédit.

N. B. — Je suis absolument obligée de me dire malade ces jours-ci ; mon mari ne me donne point d'argent et mon bon ami ne devine point que ma bourse est vide.

— K... est allé à la chasse aux canards ; je le verrai peut-être hors de la ville. Je ne sais pas pourquoi je cours partout après lui ; c'est un bel homme, mais à dire vrai, il est sot. Je suis allée chez M... Elle est terriblement ennuyeuse, elle ne parle que des enfants et de leur éducation.

Jeudi. — J'aime le jeudi plus que les autres jours ; je ne sais pas pourquoi. J'ai dû aller chez F..., mais il fallait faire attention à ne pas rencontrer d'enterrements sur mon chemin. C'est vraiment ridicule. Le tailleur, le cordonnier, le colporteur sont venus aujourd'hui présenter leurs notes. J'ai fait dire que je n'étais pas à la maison.

N. B. — Voici trois jours que je ne vois pas K... Je suis rentrée à la maison peu joyeuse.

Vendredi. — Aujourd'hui, après la comédie, je suis allée au bal. M... est amoureux de S... Quelle grotesque figure et il met son chapeau sur le nez !

Z... s'est fait faire la cour par G... Il est léger, et elle donc !

Samedi. — J'ai eu des hôtes à la maison. Il n'est pas venu, j'avais fait toilette pour lui et j'avais grondé toutes mes servantes ; pas une n'avait su m'arranger.

N. B. — On dit que P... a descendu par la fenêtre, un billet attaché à un fil et que F... qui passait par là, a détaché le billet.

S... a quitté son père en sautant par-dessus la clôture et N... a quitté son mari.

Dimanche. — B... est arrivée à moitié de l'office ; quand elle est entrée, tout le monde s'est retourné.

N. B. — Désormais il faudra tâcher d'arriver plus tard qu'elle.

(Extrait de la revue *l'Interlocuteur*.)

Le major Danilov.
(XVIIIe SIÈCLE)

Michel Vasilievitch Danilov, major d'artillerie, né en 1722, mort dans les dernières années du XVIIIe siècle, a écrit des *Mémoires*. Ils sont particulièrement intéressants pour l'étude de la société russe sous le règne des impératrices Anne (1730-1740) et Élisabeth (1741-1762). Les comédies de Von Vizine, dont on verra plus loin des fragments, n'ont guère fait que transporter au théâtre certains types dont Danilov nous a tracé le portrait peu flatté. La veuve Matrena Petrovna est considérée comme ayant servi de prototype à la Prostakova du *Mineur*.

L'éducation à la campagne.

Matrena Petrovna entretenait chez elle son neveu et futur héritier, Epichkov ; elle pria donc mon père de m'envoyer chez elle pour commencer mon éducation et tenir compagnie à son neveu. Elle l'aimait et le gâtait beaucoup. Aussi on ne nous forçait jamais d'étudier ; cependant malgré la liberté qu'on nous laissait, bien qu'on ne nous punît jamais, j'achevai bientôt d'apprendre à lire dans les deux seuls livres qu'on nous donnât, le *Livre d'heures* et le *Psautier*. La veuve était très dévote. Il se passait rarement un jour qu'on ne célébrât un office chez elle, tantôt avec le concours du pope, tantôt avec celui d'un simple domestique. J'étais

employé à lire les prières ; le neveu favori ne savait pas
encore lire, il était très jaloux de moi et dans son dépit
il s'approchait de la table sur laquelle je lisais les
psaumes et appuyait ses pieds chaussés de souliers
sur les miens ; il me faisait tellement mal que j'en pleurais. La veuve voyait bien ces mauvais tours de son
neveu ; mais elle se contentait de dire tout doucement
et comme malgré elle : « Assez joué, Vaniouchka, » et
elle feignait de ne pas voir que ces prétendus jeux m'ar-
rachaient des larmes. Elle ne savait pas écrire ; mais
chaque jour elle ouvrait un grand livre sur la table et
lisait à ses gens l'office de la Vierge. Elle aimait beaucoup à manger du *stchi*[1] avec du mouton ; mais si loin
que remontent mes souvenirs, je ne l'ai jamais vue passer un jour sans quereller ses serviteurs ; dès qu'elle se
mettait à table pour déguster son stchi favori, on
amenait dans la pièce où nous dînions, la cuisinière
qui l'avait apprêté, on la couchait par terre et on la
fouettait impitoyablement de verges ; on fouettait la
cuisinière et la cuisinière criait jusqu'à ce que la veuve
eût fini de savourer son stchi. C'était là une habitude
régulière ; évidemment les coups lui excitaient l'appé-
tit. La veuve était si obèse que la largeur de son corps
ne le cédait guère à sa hauteur.

Un jour, nous nous promenions avec le neveu et un
jeune serviteur qui nous apprenait à lire, en s'instrui-
sant lui-même ; le neveu héritier nous mena dans un
verger de pommiers et se mit à abattre des pommes
sans avoir demandé la permission à sa tante. On alla
raconter à la tante cet exploit de son neveu. Elle nous
fit appeler tous trois devant elle pour juger notre crime.

---

1. Sorte de soupe aux choux.

Pour corriger son neveu, elle éclata en fureur et ordonna de prendre notre innocent serviteur et maître, de l'attacher sur un chevalet et on le fouetta sans pitié pendant fort longtemps en lui répétant : « N'abats pas les pommes. » Puis ce fut mon tour ; on m'attacha sur le chevalet, on me donna trois coups sur le dos ; cependant ni le maître ni moi n'avions touché aux pommiers. Le neveu était tout tremblant, il pensait que son tour allait arriver ; mais il en fut quitte pour la peur. La veuve se contenta de lui faire une réprimande. « Il est mal, lui dit-elle, il n'est pas convenable, monsieur, d'abattre des pommes sans ma permission. » Puis elle l'embrassa en disant : « Je pensais bien que tu aurais peur en voyant fouetter tes camarades. N'aie pas peur mon chéri. Je ne te fouetterai jamais. »

Un an après mon départ de chez la veuve, des brigands envahirent sa maison pendant la nuit, tuèrent sa chienne favorite, lui cassèrent à elle-même les dents avec une crosse de fusil. Puis, ils prirent des effets, des tonneaux de vin et d'eau-de-vie et quittèrent en hâte le village. On rassembla les voisins ; on se mit à la poursuite des brigands ; ils laissèrent tomber sur la route un tonneau de vin pour enivrer ceux qui les poursuivaient : les traqueurs burent le vin pour se donner du courage à poursuivre les brigands ; grâce à cette ruse les brigands les laissèrent en arrière et réussirent à se cacher.

Une révolte de paysans.

Pendant mon séjour à Dankovo un propriétaire adressa, à la chancellerie du voévode[1], une supplique

---

1. Gouverneur.

contre ses paysans qui lui refusaient obéissance : le voévode rassembla tout ce qu'il pouvait avoir de disponible en soldats et courriers avec des lances et des fusils et envoya un fonctionnaire chargé de convoquer les rebelles à la chancellerie pour y être punis; mais les rebelles s'étaient préparés à recevoir ces visiteurs non invités : ils s'étaient armés de pierres, de gourdins, de pieux pour se défendre. L'un d'entre eux qui était le chef et l'organisateur du complot leur avait déclaré qu'il savait charmer les balles et en préserver non seulement sa personne, mais encore celle de tous les conjurés. Ses compagnons pleins de confiance dans leur chef et dans ses sortilèges s'élancèrent avec leurs femmes et leurs enfants contre les soldats : ceux-ci étaient peu nombreux pour lutter contre une foule considérable et armée ; ils choisirent dans le village un point favorable pour ne pas être enveloppés par les rebelles qui s'élançaient intrépidement contre eux, précédés de leur chef et sorcier. C'était un homme jeune, de grande et belle taille. Je l'ai vu quand on apporta son corps à la chancellerie. Les rebelles s'approchèrent donc, lançant des pierres et des bûches comme grêle, sans relâche, avec des cris et des injures et avec ces projectiles ils blessèrent beaucoup de gens de la ville.

Cependant les soldats se mirent à tirer : l'un d'entre eux visa si juste le chef magicien qu'il n'eut pas le temps de prononcer ses paroles magiques et tomba mort. Les révoltés voyant leur chef tué se mirent à trembler, à fuir et à se cacher comme ils pouvaient ; les soldats profitèrent de leur succès, poursuivirent les fugitifs et en prirent autant qu'ils pouvaient. Ils les emmenèrent à la chancellerie du voévode à Dankovo pour les punir. Il y avait trois chariots de morts, dont le chef et vingt prisonniers blessés ou non. J'assistai à l'interrogatoire des rebelles : les paysans étaient tous jeunes et bien portants... Ils répondaient aux questions avec une allure sauvage [1].

Le prince Stchérbatov.
(1733-1790)

Le prince Michel Mikhaïlovitch Stcherbatov, né en 1733, mort en 1791, est l'un des créateurs de l'histoire russe et l'un des premiers publicistes du XVIIIe siècle. Il prit une part importante aux débats de la grande commission convoquée en 1767 par Catherine pour réformer les lois russes et doter l'Empire d'une législation uniforme. Ces débats n'aboutirent pas ; mais ils n'en sont pas moins intéressants ; ils nous offrent les premiers spécimens de ce que l'on pourrait appeler l'éloquence parlementaire, si ce mot pouvait convenir à la Russie. Défenseur intrépide des privilèges de la noblesse, Stcherbatov n'était pas assez en avance sur son siècle pour comprendre la honte du servage et la nécessité de le supprimer. Il osa cependant protester contre quelques-uns des abus de cette institution. C'est pour lui un titre d'honneur devant la postérité. Nous joignons à son discours sur les abus du servage, celui de son collègue Michel Tochkovitch. Radistchev, dont on lira plus loin les fragments, est le premier russe qui ait osé s'attaquer au principe même du servage.

Défense de la noblesse russe.

Dans une séance de la grande commission, un député avait contesté les origines de la noblesse russe, et dénoncé l'égoïsme de cette caste qui refusait d'ouvrir ses rangs aux nouveaux anoblis. Stcherbatov répondit en ces termes :

Le député Jacques Kozelsky a dit que toutes les anciennes familles nobles de la Russie descendent de

---

[1]. Danilov était né en 1722 ; l'épisode dont il est ici question paraît se rapporter à l'année 1735.

familles viles et que maintenant ces antiques nobles dans leur orgueil ne veulent point admettre dans leurs rangs les personnes qui en sont dignes. Je m'étonne beaucoup de voir M. le député reprocher une basse origine à d'antiques familles russes : non seulement la Russie mais la terre tout entière peut attester le contraire. Pour réfuter ces paroles qu'il me suffise de signaler les faits historiques. Parmi les nobles russes, les uns tirent leur origine du grand prince Rurik et par suite du grand prince Vladimir. D'autres immigrés en Russie tirent leur origine de têtes couronnées. Beaucoup de familles, si elles ne remontent point à des personnes princières descendent de gens illustres qui sont venu servir les grands princes russes ; elles comptent quelques siècles d'antiquité, elles se sont illustrées chez nous par de grands services rendus à la patrie. Comment la Russie rassemblée aujourd'hui dans la personne de ses députés peut-elle entendre reprocher une origine ignoble à des familles qui, dans le cours ininterrompu de nombreux siècles, lui ont prêté leurs services? Comment pourrait-elle oublier le sang répandu de ces hommes généreux? Chère patrie, atteste avec moi les services rendus pour tes fils fidèles, par les nobles des antiques familles ! Soyez mes témoins, lieux où nous sommes rassemblés pour notre bien par la volonté de notre souveraine, mère de la patrie ! N'avez-vous pas été au pouvoir de mains rapaces? Vous, temples du Seigneur, n'avez-vous pas été souillés par les ennemis de notre religion[1]? Qui dans tes désastres ô Russie, t'a prêté sa main et son secours? Tes fidèles fils, les anciens nobles russes. Ils ont tout laissé, ils

---

1. Les Tatares.

ont sacrifié leur vie; ils t'ont affranchie du joug de l'étranger : ils t'ont rendu ta liberté première. Je crois voir encore couler le sang de ces hommes généreux; je le vois rappeler à leurs descendants qu'ils doivent agir de même et sacrifier leur vie à la patrie comme ont fait leurs ancêtres. Voilà le droit primordial en vertu duquel les anciennes familles demandent que personne ne soit égalé à elles sans l'autorisation du pouvoir souverain. Mais elles n'entendent pas fermer par orgueil les portes à la valeur; elles veulent que ceux qui souhaitent notre confraternité se distinguent par une vertu qui leur mérite l'honneur d'être investis par le monarque lui-même du titre nobiliaire.

Discours sur la condition des serfs, prononcé dans une séance de la Grande Commission.

... Tournons nos regards sur l'humanité et nous aurons honte à la seule pensée que l'homme, notre égal par la nature, puisse être comparé aux bestiaux et, comme eux, vendu isolément. L'antiquité n'était point éclairée par la pure morale; nous frémissons en nous rappelant qu'en ce temps-là on vendait les gens sur le marché comme des bestiaux. Si un esclave souffrait quelque dommage, on prenait en considération, non pas ses souffrances, mais la perte subie par son maître et la loi obligeait à une indemnité. Nous sommes des hommes, et les paysans qui nous sont soumis sont nos semblables. La diversité des circonstances nous a faits leurs maîtres; mais nous ne devons pas oublier que ce sont des créatures comme nous. C'est là un principe incontestable : or, est-il conforme à ce principe que le maître, uniquement par esprit de lucre, arrache un homme ou une femme à ses parents, à sa famille, à sa maison, et le vend comme une pièce de bétail? Quel cœur ne serait touché en voyant couler les larmes du misérable vendu, contraint d'abandonner le lieu de sa naissance, ceux qui l'ont engendré, élevé, avec lesquels il était accoutumé de vivre, et qui maintenant ne sait même pas quelle sera sa condition future? Qui n'aurait pitié des gémissements, des larmes, de la douleur de ceux qui restent? A cette seule pensée, tout mon sang s'agite, et je ne doute pas que l'honorable Commission ne s'empresse d'introduire dans la loi la défense de vendre les serfs isolément, sans la terre qu'ils cultivent.

Même sujet. — Discours du député des régiments de hussards de Bakhmout et de Samara, Michel Tochkovitch.

Beaucoup de députés des villes, dans les opinions qu'ils ont exprimées, demandent qu'il leur soit permis d'acheter des serfs pour le travail des fabriques ou pour d'autres services relatifs au commerce. La Russie est un État européen[1], mais, vu son climat, ses coutumes ont été autrefois différentes de celles des autres États

---

1. « La Russie est une puissance européenne, dit Catherine dans sa célèbre *Instruction pour la commission chargée de dresser le projet d'un nouveau code de lois*. En voici la preuve : Les changements que Pierre le Grand entreprit en Russie eurent un succès d'autant plus heureux que les mœurs d'alors ne s'accordaient aucunement avec le climat et y avaient été apportées par le mélange de différentes nations et par les conquêtes de plusieurs provinces étrangères. Pierre Ier, introduisant des mœurs et des coutumes européennes chez un peuple d'Europe, trouva des facilités qu'il n'attendait pas lui-même... » L'instruction avait été distribuée à tous les députés et l'impératrice les avait invités à s'en inspirer.

européens. Plus tard, grâce aux soins et aux labeurs infatigables de l'empereur Pierre le Grand, elle est arrivée à une complète civilisation ; elle a surpassé par sa gloire tous les États européens, elle rayonne grâce aux bienfaits de la foi orthodoxe. Dans les temps anciens, le peuple russe a été, par l'ordre du souverain, asservi aux propriétaires. Or, par suite de cet asservissement, les enfants ont été séparés de leurs pères, privés de leur famille et vendus par tout l'empire, là où ils trouvaient des acheteurs. Combien cela n'est-il pas douloureux pour les parents ! Combien cela fait-il couler de larmes amères ! Dans toute l'Europe il n'y a nulle part de lois qui permettent de vendre des âmes chrétiennes en les arrachant à leur famille. J'ose donc proposer à l'honorable assemblée mon très humble avis : Ne convient-il pas, après examen préalable, de supprimer ces ventes qui n'ont lieu nulle part, ni en Europe, ni en Asie ?

Il me semble que cela ne peut faire aucun mal aux nobles ; si quelqu'un d'entre eux désire vendre ses paysans, qu'il vende la terre avec les gens qui la cultivent, avec les villages et les hameaux ainsi que cela se fait en Europe. Je livre cette opinion au jugement de MM. les députés.

Adrien Gribovsky.

(XVIIIe SIÈCLE)

Adrien Moisevitch Gribovsky naquit en 1766 dans la petite Russie. Il entra dans l'administration ; puis il servit sous les ordres de Potemkine et de Zoubov, l'un des favoris de Catherine II. Enfin, en 1795, il devint secrétaire de l'impératrice elle-même. Il tomba en disgrâce sous le règne de Paul Ier. Ses mémoires sur le règne de Catherine sont précieux. Ils peuvent servir de commentaire à la *Felitsa* de Derjavine, au *Malheur d'avoir de l'esprit*, de Griboiedov. Toute cette littérature des mémoires russes beaucoup plus nombreux qu'on ne l'imagine, est encore aujourd'hui complètement inconnue en occident.

Les audiences et la vie intime de Catherine II.

... Après avoir reçu le grand maître de la police, l'Impératrice admettait les secrétaires d'État à lui présenter leurs rapports. Ils étaient appelés individuellement. Je comptais parmi eux. En entrant dans sa chambre, voici le cérémonial que j'observais ; je faisais à la souveraine un profond salut ; elle y répondait en inclinant la tête, puis avec un sourire elle me tendait la main ; je la prenais, je la baisais et je la sentais qui serrait la mienne. Puis elle me disait : « Asseyez-vous. » Je m'installais sur une chaise en face de la sienne, je posais sur la table les papiers que j'avais apportés et je commençais à lire. Vers onze heures arrivaient le prince Bezborodko ou d'autres fonctionnaires, parfois aussi le feld-maréchal comte Souvarov Rymniksky, le vainqueur de la Pologne qui résidait alors à Pétersbourg. En entrant dans la chambre il se prosternait d'abord trois fois jusqu'à terre devant l'image de la Vierge de Kazan qui était dans le coin à droite de la porte ; puis se tournant vers la souveraine il la saluait jusqu'à terre ; l'impératrice s'efforçait de l'empêcher et lui disait en le relevant : « Pour l'amour de Dieu, Alexandre Vasilievitch, comment n'as-tu pas honte d'agir ainsi ? » Mais le héros adorait sa souveraine et considérait comme un devoir sacré l'obligation de lui faire ainsi ses dévotions. L'impératrice lui tendait la main qu'il baisait comme une relique ; puis elle l'invitait à s'asseoir en face d'elle et au bout de deux minutes elle le congédiait. Le comte Bezborodko et quelques autres saluaient ainsi, dit-on, mais ils ne s'inclinaient pas jusqu'à terre devant la vierge de Kazan.

Pour ces présentations ou ces rapports au palais d'hiver et de Tauride, les militaires étaient en uniforme avec l'épée et les souliers ; les jours de fête ils portaient les bottes ; les civils étaient en habit à la française avec des souliers, et les jours de fête en habits de gala. A Tsarskoe-Selo, les jours ordinaires, militaires et civils étaient en frac ; les jours de fête ils portaient, les uns, l'uniforme, les autres, l'habit à la française avec l'épée.

L'impératrice travaillait jusqu'à midi. Ensuite son vieux coiffeur Kozlov la coiffait dans son cabinet de toilette particulier ; il arrangeait ses cheveux à l'ancienne mode, avec de petites boucles en arrière des oreilles. Puis elle passait dans le grand cabinet de toilette où nous l'attendions tous pour la voir encore une fois ; notre société s'accroissait alors de quatre vieilles demoiselles qui venaient assister l'impératrice à sa toilette. L'une d'entre elles M. S. Alexieva donnait à l'impératrice un morceau de glace dont elle se frottait le visage ; c'était peut-être pour prouver qu'elle n'aimait point les autres fards ; une autre lui mettait sur la tête une garniture de crêpe ; et les deux sœurs, mesdemoiselles Zvierev, lui donnaient des épingles. Cette toilette ne durait pas plus de dix minutes ; pendant ce temps-là l'impératrice conversait avec quelqu'un des assistants. Après les avoir salués, elle revenait avec ses demoiselles d'honneur dans sa chambre à coucher où elle achevait de se parer pour le dîner ; et nous rentrions chacun chez nous.

Son couvert était dressé à deux heures de l'après-midi. Les jours de semaine elle invitait habituellement deux dames, la demoiselle d'honneur Protasova et la comtesse Branitska, et parmi les hommes le général adjudant de service Passek, L. A. Narychkine, le comte Strogonov, deux émigrants français, le bon comte Esterhazy et le marquis de Lambert; parfois le vice-amiral Ribas, le gouverneur général des provinces polonaises Toutolmine, enfin le maréchal de la cour, comte de Bariatinsky. Les jours de fête, en dehors de ces personnages, des invitations étaient faites parmi les hauts fonctionnaires civils et militaires de Saint-Pétersbourg, jusqu'à la quatrième classe, et pour des fêtes extraordinaires, jusqu'à la sixième classe [1].

Le dîner ordinaire ne durait généralement pas plus d'une heure. L'impératrice était très sobre, elle ne déjeunait jamais ; à dîner elle prenait avec modération de trois ou quatre plats ; elle ne buvait qu'un verre de vin du Rhin ou de vin de Hongrie ; elle ne soupait jamais : aussi jusqu'à soixante-cinq ans elle jouit d'une santé assez vigoureuse...

Après le dîner tous les hôtes se retiraient. L'impératrice, restée seule, reposait parfois en été, mais jamais en hiver jusqu'à la réunion du soir. Tantôt elle se faisait lire le courrier de l'étranger qui arrivait deux fois par semaine, tantôt elle prenait un livre ou prenait avec du papier des empreintes de camée ; elle se livrait à ce divertissement même pendant la lecture du courrier qui était confiée, tantôt à Platon Zoubov,

---

1. On sait que la société russe était divisée en quatorze classes ou *tchines* : la quatrième classe correspondait au grade de général et assurait le titre d'Excellence ; la sixième correspondait à celui de colonel et assurait le titre de *Haute bonne naissance* (Vysokoblagorodie).

tantôt au comte Markov, ou à Popov, qui, à cause de sa mauvaise prononciation, était rarement chargé de ce soin, bien qu'à ce moment il fût toujours dans la chambre des secrétaires.

A six heures se rassemblaient les personnes que j'ai déjà nommées et d'autres connues de l'impératrice ou désignées par elle pour passer la soirée. Les jours d'Ermitage qui étaient habituellement les jeudis, il y avait spectacle. Beaucoup de dames et d'hommes y étaient invités : après le spectacle on rentrait chez soi. Les autres jours, la réunion avait lieu dans les salons de l'impératrice ; elle jouait au rocambole ou au whist, le plus souvent avec P.-A. Zoubov, E.-V. Tchitkov, et le comte A.-S. Strogonov ; des tables de jeu étaient aussi dressées pour les autres invités. A dix heures l'impératrice rentrait dans ses appartements ; les hôtes se dispersaient. A onze heures elle était déjà au lit ; dans toutes les pièces régnait un profond silence[1].

Khemnitzer (Ivan Ivanovitch).
(1744-1784)

Khemnitzer appartenait, ainsi que l'indique son nom, à une famille d'origine saxonne. Il fut tour à tour soldat, ingénieur et consul. Il a surtout imité les fabulistes allemands, notamment Gellert. Ses fables sont bien supérieures à celles de Soumarokov. Il en a créé la langue et malgré quelques faiblesses de style, quelques rimes négligées, elles ont mérité de passer à la postérité. Elles constituent une des lectures favorites du peuple russe. Si Krylov est le La Fontaine de la Russie, Khemnitzer en est le Florian. Ses *Fables et Contes* ont été traduits en français par Masclet, Moscou, 1830.

---

[1]. Ces détails sont d'accord avec ceux que donne Chantreau dans la compilation intitulée : *Voyage philosophique en Russie.* 2 vol. in-8°. Paris, 1794.

Le Métaphysicien.

Un père avait entendu dire qu'on envoie les enfants s'instruire aux pays d'outre-mer; que ceux qui reviennent d'outre-mer sont préférés à ceux qui n'en reviennent point, qu'on les considère comme de grands savants. A l'exemple des autres il se décida donc à envoyer son fils au delà des mers.

Le fils apprit quelque chose et, comme il était sot, il revint plus sot encore. Il tomba dans les mains de ces pédants menteurs, qui ont troublé plus d'une cervelle en prétendant expliquer les choses inexplicables; ils ne l'instruisirent pas et le renvoyèrent pour toujours imbécile. Autrefois il disait des sottises tout simplement. Maintenant il y ajoutait de doctes commentaires; autrefois il n'y avait que les imbéciles qui ne le comprenaient pas. Maintenant les gens intelligents eux-mêmes cessèrent de le comprendre; il fatiguait de son radotage la maison, la ville et le monde entier.

Un jour qu'il était plongé dans des méditations métaphysiques sur d'antiques propositions, sur la recherche du principe des principes, et que sa pensée flottait dans les nuages, il se détourna de la route et tomba dans un fossé. Son père qui se trouvait avec lui courut bien vite chercher une corde... Pendant ce temps-là le jeune philosophe assis dans sa fosse méditait. « Pour quelle raison me suis-je écarté de la route et suis-je tombé dans ce fossé? C'est sans doute quelque tremblement de terre, une attraction vers le fossé, la force centripète, la pression de l'atmosphère... » Le père accourut avec sa corde : « Voici une corde, saisis-la, je te tirerai, attention, ne lâche pas. — Non, ne tire pas encore ; dis-moi d'abord : Qu'est que c'est qu'une corde ? »

Le père n'était pas un savant, mais ce n'était pas un imbécile. Négligeant cette sotte question : « Une corde, dit-il, c'est une chose propre à retirer des fossés les gens qui tombent dedans. — Mais on pouvait inventer une machine ; une corde c'est trop simple. — Mais il faudrait du temps, réplique le père, et la corde, grâce à Dieu, est toute prête. — Et le temps qu'est-ce ? — Le temps est une chose que je ne vais point perdre avec un imbécile. Reste là jusqu'à ce que je revienne. »

Que diriez-vous si l'on prenait tous les phraseurs et si on les envoyait rejoindre mon héros ? Mais il faudrait un bien grand fossé.

Le lion et les animaux.

Le lion donnait un jour de l'avancement à ses serviteurs. Il faut récompenser les bons services, mais je dois avouer que, même chez les animaux, il y a des abus.

« Comment peut-on continuer de servir sans amertume quand le mérite reste toujours sans récompense ? » — Ainsi parlait le lièvre, il s'estimait offensé car on l'avait oublié. — « Je sers le souverain lui-même et il me laisse simple lièvre. L'ours est devenu seigneur ; on a récompensé le loup ; on a fait sauter le renard ; on l'a nommé juge, pour siéger au poulailler ; est-il permis de faire asseoir un juge si à propos ? Et où ont-ils servi ? Au bout du monde, à la guerre. Et personne ne sait encore s'ils ont été vainqueurs ou vaincus ! Et moi, je ne suis ni guerrier ni juge ; mais le lion connaît bien mon service, il sait ce que je mérite. — Eh! mon ami, où donc as-tu servi, demanda le blaireau? — Pendant deux ans et demi, devant le prince lui-même, j'ai fait le bouffon; et il m'égale maintenant à d'autres animaux qui n'ont jamais rien fait. — Tu faisais toujours le bouffon et il conviendrait de te récompenser. Ton labeur n'est pas mince, répliqua le blaireau ; mais il est impossible de te donner de l'avancement : tu sais bien, mon ami, que le service ne comporte point de bouffon en chef [1]. »

Von Vizine.
(1745-1792)

Von Vizine est le véritable créateur de la comédie nationale russe. Ses prédécesseurs se traînaient péniblement dans l'ornière des comiques français. Von Vizine mit en scène les ridicules de ses compatriotes. Dans le *Brigadier*, il représente le conflit de deux générations, celle qui tient encore aux vieilles coutumes, aux vieilles mœurs, celle qui a subi l'influence des modes et des idées françaises ; dans le *Mineur*, il dépeint la vie de la noblesse rurale, telle qu'elle était encore de son temps. Cette œuvre fut pour la Russie ce que furent pour la France les *Précieuses ridicules*. Elle lui révéla la vraie comédie ; elle est restée classique et fait partie du patrimoine national. Le *Mineur* est un plaidoyer énergique en faveur de l'instruction et des réformes de Pierre le Grand. Ainsi que le fait remarquer un critique russe [2], il a été inspiré par une idée patriotique. Ce n'est pas une œuvre parfaite ; elle renferme des longueurs, des scènes vides d'action, des morceaux déclamatoires; mais elle présente des types pleins de vie et de vérité qui sont restés classiques, comme le sont chez nous ceux des Alceste, des Chrysale, ou des Célimène.

---

1. Cette fable était dirigée contre L.-A. Narychkine, l'homme d'esprit de la cour de Catherine, qui tenait à cette cour une situation analogue à celle des bouffons sous les règnes précédents. Khemnitzer, craignant de se compromettre, l'a mise dans l'édition originale de ses œuvres à la fin du volume sous ce titre : Fable étrangère.

2. Le prince Viazemsky.

En dehors de ses œuvres dramatiques, Von Vizine a écrit des *Confessions* fort curieuses, mais malheureusement trop courtes et des lettres où il raconte ses voyages en Europe, notamment en France.

Le *Mineur* a été traduit dans le tome XXV de la collection des *Chefs-d'œuvre des théâtres étrangers* (sous le titre : *le Dadais*). La traduction est due au comte Alexis de Saint-Priest. Paris, 1825.

Quelques lettres de Von-Vizine ont été publiées récemment en français sous ce titre : *Lettres de France de D.-I. Von Vizine à sa sœur à Moscou*, traduites par une russe avec une introduction par M. le vicomte E. Melchior de Vogüé (Paris, 1888, librairie Champion).

L'éducation à l'Université de Moscou.

J'aurais maintenant à parler de la façon dont l'enseignement se donnait à l'Université. En toute justice, je dois d'abord avouer que l'Université actuelle n'est plus aujourd'hui ce qu'elle était de mon temps. Les maîtres et les étudiants sont aujourd'hui tout autres et autant l'organisation de l'Université était blâmable en ce temps-là, autant elle mérite aujourd'hui de louanges. Je raconterai par exemple notre examen dans la classe inférieure de latin. La veille de cet examen, on en fit la répétition. Voici en quoi elle consistait : notre maître arriva avec un caftan qui avait cinq boutons, son gilet en avait quatre. Étonné de cette particularité, je lui en demandai la cause : « Mes boutons vous semblent ridicules, dit-il, mais ils sont les gardiens de votre honneur et du mien ; ceux du caftan désignent les cinq déclinaisons ; ceux du gilet les quatre conjugaisons. Écoutez ce que je vais vous dire : Quand on vous demandera de quelle déclinaison est un nom, regardez le bouton que je tiens ; si c'est le second, répondez hardiment : la seconde. Pour ce qui concerne la conjugaison, regardez les boutons de mon gilet et vous ne ferez jamais de faute. » Voilà ce que fut notre examen. Oh ! vous, parents, qui vous enthousiasmez souvent à la lecture des journaux où vous voyez les noms de vos enfants récompensés pour leur application, écoutez comment je reçus la médaille! Notre inspecteur, en ce temps-là, protégeait un Allemand qui était professeur de géographie. Il n'avait que trois élèves, mais comme ce maître était moins ingénieux que celui de latin, nous fûmes examinés sans aucune répétition. On demanda à mon camarade : « Où se jette le Volga? — Dans la mer Noire. » A mon autre camarade : « Dans la mer Blanche. » Enfin à moi : « Je ne sais pas, » répondis-je d'un air si naturel, que les examinateurs me décernèrent d'un commun accord la médaille... Quoi qu'il en soit, je dois un souvenir reconnaissant à l'Université. Elle m'apprit le latin et posa les fondements de quelques-unes de mes connaissances.

(Extrait des mémoires de Von Vizine, intitulés *Confession sincère*.)

Le Brigadier et son Fils.

ACTE III

SCÈNE III

Le brigadier représente le soldat contemporain de Pierre le Grand, le vieux Russe ignorant qui ne connaît que son pays et son métier militaire ; son fils représente le petit-maître du temps d'Elisabeth et de Catherine II ; il a voyagé en France, il est enthousiaste des choses étrangères, méprise son pays, ses parents et rougit de leur grossièreté.

LE BRIGADIER

Écoute, Ivan, j'ai rarement rougi depuis ma jeunesse, mais maintenant, sur ma vieillesse, tu me mets tout en feu.

LE FILS

Mon cher père[1], puis-je supporter d'entendre que l'on veut me marier à une Russe ?

LE BRIGADIER

Quel Français tu fais. A ce qu'il me semble tu es né en Russie.

LE FILS

Mon corps est né en Russie, c'est vrai ; mais mon esprit appartient à la couronne de France.

LE BRIGADIER

Cependant tu dois plus à la Russie qu'à la France. Le corps a plus d'attachements que l'esprit.

LE FILS

Ah ! mon père, voici que vous commencez à me dire des choses agréables, après avoir vu que la sévérité ne vous réussissait pas.

LE BRIGADIER

Quoi ! N'es-tu pas un parfait imbécile ? Je t'ai appelé idiot et tu t'imagines que je te flatte. Quel âne !

LE FILS

Quel âne ! (A part.) *Il ne me flatte pas.* Je vous le dis encore mon père, *je vous le répète*, mes oreilles ne sont pas accoutumées à de tels termes. Je vous en prie, ne me traitez pas comme vous traitiez votre caporal. Je suis gentilhomme comme vous, *monsieur*.

---

1. Les mots imprimés en italique sont en français dans l'original.

LE BRIGADIER

Idiot ! idiot ! Dans tout ce que tu dis, tu mens comme un cheval. Convient-il d'égaler le père au fils dans la noblesse? Et quand même tu me serais étranger, tu ne dois pas oublier du moins que je suis brigadier de l'armée.

LE FILS

Je m'en moque.

LE BRIGADIER

Qu'est-ce que ce *manmok*?

LE FILS

Cela veut dire que je me soucie pas mal de votre brigaderie ; je l'oublie et vous, vous oubliez que votre fils connaît le monde, qu'il a été à Paris...

LE BRIGADIER

Ah ! si on pouvait l'oublier ! Mais non, mon fils. Tu le rappelles à tout propos par de nouvelles sottises ; la moindre d'entre elles te mériterait les verges, d'après nos règlements militaires.

LE FILS

Mon père, il vous semble toujours que vous êtes devant le front de votre régiment et que vous commandez. A quoi bon faire tant de bruit?

LE BRIGADIER

Tu as raison. Cela ne sert à rien. Désormais, quand tu diras une sottise, je te collerai dans le dos deux cents coups de bâton russe. Comprends-tu?

LE FILS

Je comprends; et vous, me comprenez-vous? Aucun *galant homme*, et en particulier aucun galant homme ayant été à Paris, ne peut *parier* qu'il n'a pas eu dans sa vie affaire à un homme comme vous ; par conséquent il ne peut parier qu'il n'a jamais été battu. Et vous, si vous allez dans la forêt et si vous tombez sur un ours, il vous traitera comme vous voulez me traiter.

LE BRIGADIER

Quel monstre! Il compare son père à un ours. Est-ce que je ressemble à un ours?

LE FILS

Belle question! Je vous ai dit ce que je pense; *voilà mon caractère*. D'ailleurs, quel droit avez-vous de me commander?

LE BRIGADIER

Imbécile! je suis ton père.

LE FILS

Dites-moi, mon père, tous les *animaux* sont-ils semblables[1]?

LE BRIGADIER

A quoi bon cette question? Tous, sans doute, de l'homme au bétail. Quelle sottise veux-tu me chanter?

1. Von Vizine se souvient peut-être ici d'Aristophane. Dans *les Nuées*, Phidippide dit à son père : « Regarde un peu les coqs et les autres animaux, vois comme ils se défendent contre leurs frères; il me semble qu'il n'y a point de différence entre eux et nous, si ce n'est qu'ils n'ont pas de lois. »

LE FILS

Écoutez, si tous les animaux sont semblables, je puis me compter parmi eux.

LE BRIGADIER

Pourquoi non? Je t'ai dit de l'homme au bétail; pourquoi ne pas te mettre dans la série?

LE FILS

Très bien. Or, si le petit chien n'est pas tenu de *respecter* le chien qui a été son père, pourquoi vous devrais-je le moindre respect?

LE BRIGADIER

Que tu sois un petit chien, personne n'en doute; mais moi, personnage assermenté, je te jure, Ivan, que si tu me compares encore à un chien, ton museau ne ressemblera bientôt plus à celui d'un homme. Je t'apprendrai comment il faut parler à ton père, à un homme qui a rendu de bons et loyaux services. Quel malheur que je n'aie pas mon bâton !

LA BRIGADIÈRE

Quel est ce bruit? Pourquoi, mon petit père, daignes-tu te mettre ainsi en colère? Ivan, nous aurais-tu causé quelque dommage? As-tu perdu quelque chose?

LE BRIGADIER

Il a perdu beaucoup. Ce n'est pas un petit malheur.

LA BRIGADIÈRE

Quel malheur? Quoi?

LE BRIGADIER

Il a perdu la raison, si toutefois il en a jamais eu.

LA BRIGADIÈRE (*respirant*).

Ah! quelle perte! Dieu soit loué! j'étais toute tremblante, tout effrayée; je croyais que réellement il avait perdu quelque chose.

LE BRIGADIER

Est-ce que la raison, ce n'est rien?

LA BRIGADIÈRE

Comment rien? Qui a dit cela, petit père? Il est difficile de vivre sans raison. Que gagnerait-on?

LE BRIGADIER

Sans raison? Et c'est bien sans raison que tu as gagné cet imbécile. Ne te l'avais-je pas dit : « Ma femme, ne gâte pas le garçon; nous l'inscrirons dans un régiment; là, il développera son intelligence comme j'ai fait moi-même. » Et toi, tu disais toujours : « Ah! petit père! Non, mon petit père. Que veux-tu faire de cet enfant? Ne le fatigue pas, mon ami. » Eh bien! regarde, la mère, quelle santé il a! Et tout à l'heure il m'a comparé à un chien. Tu n'as pas entendu...

LE FILS (*bâillant*).

Quelles espèces!

LE BRIGADIER

Eh bien! Parle-lui si tu veux. Cela m'écorche la langue. Ivan, ne me mets pas en fureur. Tu sais qu'un jour je te casserai deux côtes; tu sais qui je suis.

Le Mineur[1].

ACTE PREMIER

SCÈNE PREMIÈRE

MADAME PROSTAKOV, MITROPHANE, son fils ;
ÉRÉMÉIEVNA, domestique.

MADAME PROSTAKOV (*examinent le kaftan de Mitrophane*).

Voilà un kaftan perdu, Éréméievna! Fais venir ici ce gueux de Trichka. (*Éréméievna sort.*) Le voleur l'a rétréci de tous les côtés. Mon bon petit Mitrophane, mon chéri, je t'aimerai jusqu'à la mort. Va chercher ton père.

(*Mitrophane sort.*)

SCÈNE II

MADAME PROSTAKOV, ÉRÉMÉIEVNA, TRICHKA

MADAME PROSTAKOV (*à Trichka*).

Brute! Ah! te voilà; approche un peu ici. Ne t'avais-je pas expressément recommandé, voleur, de faire ce kaftan plus large? D'abord, l'enfant grandit, et, puis, il est d'une complexion si délicate, comment veux-tu qu'il porte un habit aussi étroit? Allons, idiot... qu'as-tu à répondre?

---

1. Le mineur, c'est le fils de famille, obligé par la législation de Pierre le Grand à étudier et à entrer au service sous peine de se voir enrôler comme simple matelot.

TRICHKA

C'est que, voyez-vous, madame, j'ai appris tout seul, si vous voulez bien vous le rappeler. Je vous avais prié d'en confier la confection à un tailleur.

MADAME PROSTAKOV

Est-il indispensable d'être tailleur pour coudre un habit proprement? Tu raisonnes comme une brute.

TRICHKA

Mais, madame, un tailleur a étudié, a appris son métier, et moi non.

MADAME PROSTAKOV

Il ose encore raisonner!... Mais ce tailleur a appris d'un autre, celui-ci d'un autre; mais le premier tailleur, de qui a-t-il pris des leçons? Allons, réponds, imbécile.

TRICHKA

Mais ce premier tailleur cousait peut-être encore plus mal que moi.

MITROPHANE, *accourant*.

Maman, j'ai appelé papa... il a dit comme ça qu'il allait venir tout de suite.

MADAME PROSTAKOV

Va le chercher et amène-le de gré ou de force.

MITROPHANE

Le voici.

SCÈNE III

Les mêmes, PROSTAKOV

MADAME PROSTAKOV

Qu'est-ce donc! Où avais-tu l'idée de te cacher? Regarde un peu à quoi je suis arrivée avec ton indulgence! Quel vêtement neuf on a fait à ton fils pour les fiançailles de son oncle! Quel kaftan Trichka lui a confectionné!

PROSTAKOV (*bégayant*).

Il a un peu... peu l'air d'un sac.

MADAME PROSTAKOV

Sac toi-même, habile homme.

PROSTAKOV

Mais je croyais, ma petite mère, que tu le trouvais ainsi...

MADAME PROSTAKOV

Est-ce que tu es aveugle?

PROSTAKOV

A côté de tes yeux, les miens ne voient rien.

MADAME PROSTAKOV

Voyez quel homme le Seigneur m'a donné. Il ne sait même pas distinguer ce qui est large de ce qui est étroit.

ACTE III

SCÈNE VII

MITROPHANE; TSYFIRKINE, maître de calcul[1]; KOUTÉIKINE, séminariste.

MADAME PROSTAKOV

Pendant qu'il repose[2], mon ami, fais au moins semblant d'étudier, afin qu'il apprenne comme tu t'instruis, mon petit Mitrophane.

MITROPHANE

Et puis après?

MADAME PROSTAKOV

Et puis après tu te marieras.

MITROPHANE

Ecoute, maman; je veux bien t'obéir; je vais étudier, mais que ce soit pour la dernière fois et que les fiançailles aient lieu aujourd'hui même.

MADAME PROSTAKOV

L'heure de la volonté divine viendra.

MITROPHANE

Celle de ma volonté est venue. Je ne veux pas étudier, je veux me marier. C'est toi qui me l'as promis, prends-t'en à toi-même... Tiens, me voilà assis.

(*Tsyfirkine taille un crayon.*)

---

1. Professeur de calcul, de l'allemand Ziffer (chiffre).
2. L'oncle de Sophie récemment arrivé de Sibérie rapportant une grande fortune que Mme Prostakov convoite pour son fils auquel elle veut faire épouser Sophie.

MADAME PROSTAKOV

Je vais m'asseoir aussi. Tiens, vois-tu, mon chéri, cette bourse que je brode pour toi, tu auras où mettre l'argent de Sophie.

MITROPHANE (*à Tsyfirkine*).

Allons, vieux rat de garnison, apporte ici le tableau, que j'écrive.

TSYFIRKINE

Mais, votre noblesse, vous criez toujours comme cela sans raison?

MADAME PROSTAKOV (*tout en travaillant*).

Ah! mon Dieu, mon Dieu! voici que l'enfant ne peut pas gronder Pafnoutitch!... Le voilà qui se fâche déjà?

TSYFIRKINE

Moi! me fâcher, madame, ne connaissez-vous donc pas le proverbe russe : Qu'un chien aboie, autant en emporte le vent?

MITROPHANE

Revoyons nos règles, et tourne-toi.

TSYFIRKINE

Mais, votre noblesse, si nous revoyons toujours, nous n'avancerons jamais.

MADAME PROSTAKOV

Ce n'est pas ton affaire, Pafnoutitch. J'aime beaucoup à voir que Mitrophane n'aime pas à avancer.

Avec son esprit il volerait trop loin. Dieu nous préserve de ce malheur.

TSYFIRKINE

Problème... Nous partons tous les deux en route; nous prenons avec nous Isidore; nous voilà donc trois.

MITROPHANE (*écrivant*).

Trois.

TSYFIRKINE

En chemin nous trouvons par exemple trois cents roubles.

MITROPHANE (*écrivant*).

Trois cents.

TSYFIRKINE

Maintenant, s'il s'agit de partager, que revient-il à chacun?

MITROPHANE (*comptant sur ses doigts*).

Une fois trois, trois ; une fois zéro, zéro ; — une fois zéro, zéro.

MADAME PROSTAKOV

Comment! comment!... — Partager?

MITROPHANE

Nous avons trouvé trois cents roubles, il s'agit de les partager à nous trois.

MADAME PROSTAKOV

Il ne sait ce qu'il dit, mon ami. Quand tu trouves de l'argent ne partage avec personne; mon petit Mitrophane, je ne veux pas que tu apprennes une science aussi stupide.

MITROPHANE

Tsyfirkine, pose-moi un autre problème.

TSYFIRKINE

Ecrivez, votre noblesse... Vous me donnez dix roubles par an pour mes leçons.

MITROPHANE

Dix.

TSYFIRKINE

A vrai dire, cela n'en vaut pas la peine. Mais si je vous apprenais quelque chose et que vous voulussiez bien m'en ajouter dix autres.

MITROPHANE

Bon, bon... dix.

TSYFIRKINE

Combien cela ferait-il?

MITROPHANE

Zéro et zéro, zéro. — Un et un... (*Il réfléchit.*)

MADAME PROSTAKOV

Ne te fatigue pas pour rien mon ami, je ne lui donnerai pas un gros de plus. Ça n'en vaut pas la peine, et puis à quoi bon savoir tout cela? Ce n'est fait que pour te tourmenter. Quand on n'a pas d'argent, qu'a-t-on à compter? Quand on en a, on le compte parfaitement bien sans Pafnoutitch.

KOUTÉÏKINE

Allons, la leçon est finie, mon cher Tsyfirkine; voilà deux problèmes résolus. On ne nous demande pas d'aller jusqu'à la preuve.

MITROPHANE

Sois tranquille, mon garçon, ma mère ne se trompe pas; maintenant, à toi, Koutéïkine, fais-moi répéter ma leçon d'hier.

KOUTÉÏKINE (*ouvrant un livre d'heures et le lui présentant*).

Commençons. Fais le signe de la croix... Suivez avec attention. *Je suis un ver...*

MITROPHANE

Je suis un ver...

KOUTÉÏKINE

Un ver, c'est-à-dire une bête, c'est-à-dire je suis un animal.

MITROPHANE

Je suis un animal.

KOUTÉÏKINE (*d'un ton doctoral*).

Et non un homme.

MITROPHANE

Et non un homme.

KOUTÉÏKINE

L'opprobre de l'humanité.

MITROPHANE

L'opprobre de l'humanité.

ACTE QUATRIÈME

SCÈNE VII

STARODOUM, SOPHIE, PRAVDINE, MILON, SKOTININE, MADAME PROSTAKOV, MITROPHANE, ÉRÉMÉIEVNA

MADAME PROSTAKOV (*à son fils*).

As-tu tout ce qu'il te faut, mon ami?

MITROPHANE

Ne t'inquiète de rien.

MADAME PROSTAKOV (*à Starodoum*).

Eh bien, mon petit père, as-tu bien reposé? Nous marchions tous sur la pointe du pied même dans la quatrième chambre pour ne pas te déranger. Nous n'osions pas même regarder ta porte. Y a-t-il longtemps que tu es sorti de ta chambre? Ne nous en veux pas, petit père, si...

STARODOUM

Ah! madame, j'eusse été désolé si vous étiez venue plus tôt.

SKOTININE

Mon Dieu, ma sœur, en vérité tu te moques de moi; tu es toujours sur mes talons. Si je suis venu c'est pour mes affaires.

MADAME PROSTAKOV

Et moi aussi. (*A Starodoum.*) Permets-moi, petit père, de te faire part de la demande que nous t'adressons tous ici. (*A son mari et à son fils.*) Saluez.

STARODOUM

Quelle demande, madame?

MADAME PROSTAKOV

D'abord, messieurs, je vous prierai de vous asseoir. (*Tous s'assoient à l'exception de Mitrophane et d'Erémééévna.*) Voici de quoi il s'agit. Grâce aux prières de nos parents (car à qui nous, pauvres pécheurs, ne devons-nous pas avoir recours?), Dieu nous a donné Mitrophane. Nous avons fait tous nos efforts pour qu'il devînt tel que vous le voyez. Auriez-vous, maintenant, la bonté de l'examiner pour constater à quel degré d'instruction il est parvenu?

STARODOUM

Oh! madame, je viens d'apprendre à l'heure même qu'il vient seulement de terminer ses études. On m'a dit quels avaient été ses maîtres et je vois d'avance quel savant il doit faire après avoir eu pour maître un Kouteïkine et un mathématicien de la force de Tsyfirkine. (*A Pravdine.*) Au fait, je serais curieux de savoir ce que l'Allemand a pu lui enseigner[1].

MADAME PROSTAKOV

Toutes les sciences, monsieur.

PROSTAKOV

Tout mon père.

MITROPHANE

Tout ce que vous voudrez.

(*tous ensemble*).

---

[1]. Vralmann le précepteur, qui est précisément l'ancien cocher de Starodoum.

PRAVDINE, *à Mitrophane.*

Quoi, par exemple?

MITROPHANE, *lui présentant un livre.*

La grammaire par exemple.

PRAVDINE, *après avoir pris le livre.*

Ah! oui, je vois, c'est une grammaire. Qu'en savez-vous?

MITROPHANE

Beaucoup de choses... Le substantif et l'adjectif.

PRAVDINE

La porte, par exemple, quel mot est-ce? un substantif ou un adjectif?

MITROPHANE

La porte... mais quelle porte?

PRAVDINE

Quelle porte?... tenez, celle-ci.

MITROPHANE

Celle-ci!... Mais c'est un adjectif.

PRAVDINE

Et pourquoi?

MITROPHANE

Parce qu'elle est à sa place, appliquée au mur. Celle de l'office n'est pas encore posée depuis six semaines; c'est un substantif.

PRAVDINE

Ainsi donc, le mot *dourak*[1] est un adjectif, parce qu'il s'applique à un homme sot.

MITROPHANE

C'est bien connu.

PROSTAKOV

Eh bien, petit père, qu'en dis-tu?

PRAVDINE

On ne peut mieux ; il est fort en grammaire.

MILON

Je pense qu'il ne l'est pas moins en histoire.

MADAME PROSTAKOV

Oh! il aime énormément les histoires.

SKOTININE

C'est comme moi; je ne saurais m'endormir si l'adjoint ne me raconte des histoires. Il les conte en maître, le fils de chien. D'où les prend-il?

MADAME PROSTAKOV

Oh! il n'est rien en comparaison de notre Adam Adamitch[2].

PRAVDINE (*à Mitrophane*).

Etes-vous allé loin en histoire?

---

1. *Dourak* (imbécile) est substantif en russe.
2. L'Allemand Vralmann. Ce nom, dérivé du verbe *vrat* (mentir), veut dire menteur.

MITROPHANE

Loin! quelle histoire? Il y en a où l'on parcourt vingt-sept pays et trente royaumes[1].

PRAVDINE

Ah! ce sont ces histoires-là que Vralmann vous raconte.

STARODOUM

Vralmann! Voilà un nom qui ne m'est pas inconnu.

MITROPHANE

Non, notre Adam Adamitch ne raconte pas d'histoires; il est comme moi, il aime à en entendre raconter.

MADAME PROSTAKOV

Ils se font raconter à tous deux des histoires par la vachère Khavronia.

PRAVDINE

Est-ce auprès d'elle que vous avez tous deux étudié la géographie?

MADAME PROSTAKOV (*à son fils*).

Eh bien, mon chéri, tu entends; qu'est-ce que c'est que cette science?

MITROPHANE (*bas à sa mère*).

Est-ce que je sais, moi?

---

1. Formule des contes populaires pour désigner un pays fantastique.

MADAME PROSTAKOV (*bas à son fils*).

Allons, mon petit homme, pas d'obstination ; voilà l'instant de te montrer.

MITROPHANE (*bas à sa mère*).

Je ne comprends pas sur quoi ils m'interrogent.

MADAME PROSTAKOV (*à Pravdine*).

Petit père, comment as-tu appelé cette science ?

PRAVDINE

La géographie.

MADAME PROSTAKOV (*à son fils*).

Tu entends, la géographie ?

MITROPHANE

Qu'est-ce que c'est que cela ?... Mon Dieu ! ils me mettent le poignard sur la gorge.

MADAME PROSTAKOV

Je t'en supplie, petit père, oblige-moi de lui dire ce que c'est que cette science.

PRAVDINE

La description de la terre.

MADAME PROSTAKOV

Et à quoi cette science pourrait-elle d'abord servir ?

STARODOUM

D'abord, si l'on voyageait, elle servirait à savoir où l'on va.

MADAME PROSTAKOV

Eh ! petit père, à quoi serviraient donc les cochers? C'est leur affaire. La géographie n'est donc pas une science qui convienne à la noblesse. Un gentilhomme n'a qu'à dire : Mène-moi là, et on le mène où il veut. Petit père, voulez-vous que je vous dise, tout cela, ce sont des bêtises que Mitrophane ne sait pas [1].

STARODOUM

Sans doute, madame. Dans l'ignorance où se trouve l'homme, il est très consolant de prendre pour des absurdités tout ce qu'on ne connaît pas.

MADAME PROSTAKOV

Les hommes ont vécu et vivent bien encore sans les sciences. Feu mon père a été voévode [2] pendant quinze ans, et, malgré cela, il est mort sans savoir ni lire ni écrire ; mais, en revanche, il savait s'enrichir. Il donnait toujours audience aux solliciteurs, assis sur un coffre en fer. Après chaque audience, il ouvrait le coffre et y mettait quelque chose. C'était là un homme économe ! il ne se ménageait point, pourvu qu'il ne retirât rien de son coffre. Devant d'autres je ne m'en flatterais pas, mais à vous, je ne cacherai rien. Eh bien, il est mort presque de faim, couché sur son coffre. Quel homme !

---

1. Von Vizine se souvient ici de Voltaire et traduit presque littéralement le dialogue du marquis et du gouverneur dans *Jeannot et Colin*.
Le Marquis. — Ne pourrait-on pas lui montrer un peu de géographie?
— A quoi cela lui servirait-il? Quand M. le Marquis ira dans ses terres, les postillons ne sauront-ils pas les chemins?
2. Gouverneur.

STARODOUM

Admirable! et il faut être un Skotinine, pour succomber à une mort aussi bienheureuse.

SKOTININE

Pour vous prouver que la science n'est qu'une sottise, je vous citerai pour exemple mon oncle Babel Phalileitch. Jamais il ne parla ni ne voulut entendre parler de lire et d'écrire, mais quelle tête !

PRAVDINE

Comment cela ?

SKOTININE

Voici ce qui lui arriva : un jour étant ivre, et montant un cheval fougueux, il donna en plein la tête contre une porte en pierre. Il était de haute taille et la porte basse. Il oublia de se pencher ; il heurta du front le linteau ; son cheval l'emporta renversé jusqu'au perron. Je vous demande quel crâne de savant aurait résisté à une semblable épreuve ; eh bien, mon oncle, puisse sa mémoire être éternelle, se contenta de demander : la porte est-elle intacte ?

MILON

Monsieur Skotinine, vous avouez vous-même que vous n'êtes pas un homme lettré, mais je pense qu'en pareil cas votre crâne n'eût pas été plus dur que celui d'un savant.

STARODOUM

Il ne faudrait point parier, mon cher ; à mon avis, les Skotinine ont tous la tête fort dure.

MADAME PROSTAKOV

Et puis, mon petit père, quel plaisir a-t-on d'étudier ? Nous voyons cela de nos yeux dans notre pays. Il suffit que quelqu'un soit plus instruit qu'un autre, pour qu'on s'empresse de l'investir de quelques fonctions.

STARODOUM

Et celui qui est instruit ne refuse pas de se rendre utile à ses concitoyens.

Les Français jugés par Von Vizine.

Je pensais autrefois, grâce à certains récits, que la France est un paradis terrestre, je m'étais cruellement abusé. Tout paraît beau de loin ; je n'en reviens pas de l'ignorance des gens d'ici. La noblesse surtout est d'une ignorance crasse ; il y a des gens de qualité qui apprennent pour la première fois que la Russie existe et que nous parlons une autre langue que le français[1]. L'esprit se refuse à croire qu'avec tous les moyens de s'instruire, ce pays soit rempli d'ignorants. Nous nous roulons de rire des scènes dont je suis chaque jour le témoin. Il faut avouer que la noblesse russe[2] de nos provinces est bien supérieure à celle d'ici ; mais les freluquets français ont meilleur air...

... En général, nos deux nations ont beaucoup de points de ressemblance, non seulement au physique,

---

1. « Ah ! ah ! Monsieur est Persan ! C'est une chose bien extraordinaire ! Comment peut-on être Persan ? » écrivait, en 1712, le Rica de Montesquieu.

2. A coup sûr pas la noblesse que Von Vizine a dépeinte dans le *Mineur* et dans le *Brigadier*.

mais dans les manières, dans les habitudes. C'est surtout le peuple qui ressemble au nôtre; il crie dans la rue, comme chez nous, et les costumes des femmes rappellent ceux des nôtres. Quant aux Allemands, ils ne ressemblent qu'à eux-mêmes.

... Le peuple est ici[1] passablement grossier. Je suppose qu'ailleurs il y a peu de gobe-mouches pareils ; dans chaque rue on voit la foule autour d'un charlatan qui débite quelque sornette, propose des spécifiques miraculeux et amuse de ses lazzis. Sur les places publiques on voit souvent des gens attroupés autour d'une paysanne et d'un paysan qui montrent des marionnettes dans une armoire à battants ouverts. La paysanne chante à gorge déployée des versets religieux, le paysan joue du violon ; le peuple oisif les écoute bouche béante. Ce peuple est aussi fort insolent, les laquais des plus grandes maisons sont des rustres. Quand vous entrez dans un vestibule, aucun d'eux ne se lève ni ne se découvre, que ce soit un homme ou une femme qui passe. J'ai plus d'une fois vu ces brutes rester assis en présence même du comte de Périgord qui représente le roi. On dit qu'à Paris c'est de même. Il faut dire que la plupart des gentilshommes sont aussi insolents. Il n'y a pas de gueux au monde comme les Français ; les officiers engagent un valet quand ils ont de l'argent et s'en passent quand leur bourse est vide ; dès qu'ils ont un sou en poche, ils deviennent insolents et permettent à leur valet de l'être. Tu as lu la comédie du *Glorieux*, eh bien ! c'est le Français tel qu'il est, et leurs valets sont des Pasquins, qui, le chapeau sur l'oreille, n'ont d'égard que pour leur maître.

---

1. A Montpellier.

... Je crois qu'il n'y a pas au monde de nation plus crédule et plus légère. Il m'est arrivé de raconter pour rire des choses physiquement impossibles. Personne ne les met en doute, seulement on s'en étonne. En dépeignant ces badauds, je parle de la majorité, car s'il y a peu de gens sensés on en rencontre pourtant de fort intelligents qui sentent l'incroyable sottise de leurs compatriotes, s'en moquent et m'aident à les mystifier.

On applaudit ici à tout propos : quand un malheureux subit le dernier supplice et que le bourreau le pend adroitement, la foule bat des mains, comme elle applaudirait un acteur. Je ne puis concevoir qu'une nation aussi humaine et aussi sensible puisse côtoyer de si près la barbarie[1]. Quant au ridicule, personne ne s'en moque autant que les Français qui en ont tant eux-mêmes. Leur manière d'être prête fort à la raillerie, mais je ne puis écrire tout ce qui me choque. Je ne me suis jamais autant trompé que dans les idées que je m'étais faites sur la France; je suis heureux de la connaître, et personne ne m'en imposera plus par des récits. Nous autres Russes nous nous réunissons chaque jour, nous rions et nous nous étonnons, en comparant ce que nous avons entendu et ce que nous voyons.

---

[1]. Parlerai-je d'Iris? Chacun la prône et l'aime;
C'est un cœur, mais un cœur... C'est l'humanité même.
Si d'un pied étourdi, quelque jeune éventé
Frappe en courant son chien, qui jappe épouvanté,
La voilà qui se meurt de tendresse et d'alarmes;
Un papillon souffrant lui fait verser des larmes;
Il est vrai; mais aussi qu'à la mort condamné,
Lally soit, en spectacle, à l'échafaud traîné,
Elle ira la première à cette horrible fête
Acheter le plaisir de voir tomber sa tête.

(GILBERT. *Le Dix-huitième siècle*.)

A beau mentir qui vient de loin est une grande vérité[1].

(*Lettres de France*, traduites par un Russe, avec une introduction par M. E. de Vogüé, Paris, Champion, éditeur, 1888.)

... Je viens de quitter la France; mon séjour dans ce pays en a singulièrement diminué le prix dans mon opinion. J'ai trouvé beaucoup moins de bien que je m'en étais imaginé et du mal à un degré que je ne pouvais imaginer. J'ai observé avec la plus grande attention tout ce qui pouvait me donner une idée plus exacte du caractère des Français et de leur situation...

Les honnêtes gens, de quelque nation qu'ils soient, ne constituent entre eux qu'une seule nation. C'est en les retranchant de la société française que j'ai noté ces caractères particuliers. Il faut reconnaître que les Français allient à une incroyable corruption des mœurs la bonté du cœur. Il est rare que quelqu'un d'entre eux soit rancunier; c'est là à vrai dire une vertu peu solide et sur laquelle on ne saurait faire du fond; mais du moins les vices ne sont pas profondément enracinés dans leur âme. L'inconstance, l'étourderie ne permettent ni au vice ni à la vertu de se fixer dans leurs âmes. On peut leur appliquer avec justesse le vers de Crébillon :

Criminel sans penchant, vertueux sans dessein.

---

[1]. « La nature, a dit de lui-même Von Vizine, m'a donné un esprit piquant, mais elle ne m'a pas donné un jugement sain. » Ces lignes peuvent nous consoler du jugement un peu sévère qu'il portait sur nos ancêtres. On a lu plus haut le récit de la façon dont le poète avait fait ses études et les scènes du *Mineur*. L'auteur de ces piquants tableaux n'est peut-être pas très bien fondé à nous reprocher notre ignorance. Au fond, quand il accusait nos pères d'être peu au courant des choses de l'étranger, il avait parfaitement raison. Beaucoup d'entre nous méritent encore aujourd'hui ce reproche.

Le Français manque de jugement et il considérerait le fait d'en avoir comme un malheur de sa vie; car cela l'obligerait à réfléchir quand il pourrait se divertir. Le plaisir est le seul objet de ses désirs. Or comme pour le plaisir il faut de l'argent, il emploie à s'en procurer tout l'esprit dont la nature l'a doué. L'esprit non guidé par le jugement peut n'être bon à rien si ce n'est aux bagatelles dans lesquelles les Français en effet excellent plus que tout le reste du monde. Tromper est considéré chez eux comme le comble de l'intelligence. D'après les idées régnantes il n'est pas honteux de tromper, mais il ne faut pas tromper sottement. Je le dis hardiment : le Français ne se pardonne jamais s'il perd une occasion de tromper, fût-ce même pour une bagatelle. Son Dieu, c'est l'argent; pour de l'argent il n'est point de labeur qu'il n'entreprenne, il n'est point d'action vile qu'il ne fasse. Les meurtriers n'assassinent que lorsqu'ils meurent de faim ; dès qu'un Français a de l'éducation il n'assassine pas, il se contente de tromper. La cupidité empoisonne d'une façon incroyable toutes les conditions, sans excepter les philosophes du siècle. Pour ce qui concerne l'argent ils ne répugnent point aux faiblesses humaines. D'Alembert, Diderot sont, dans leur genre, des charlatans pareils à ceux que j'ai vus chaque jour sur le boulevard, tous trompent pour de l'argent. La différence entre le charlatan et le philosophe est que celui-ci joint à la capacité une incommensurable vanité. Je prouve par un fait la vérité de cette assertion. Le frère de M. Z...[1], le colonel N..., arriva dernièrement à Paris ; c'est un homme honorable, mais parfaitement étranger aux sciences. Il

---

1. Zoritch, l'un des favoris de Catherine II.

a servi toute sa vie dans les hussards, il n'a jamais pris un livre en main et n'a jamais quitté les cartes. Dès que d'Alembert, Marmontel et autres apprirent qu'il était le frère de Z..., ils ne jugèrent pas utile de s'enquérir de ses autres qualités et ils se présentèrent dans son antichambre pour lui présenter leurs très humbles hommages. Mon respect pour eux s'évanouit complètement après ce vil procédé. On voit très bien leur calcul. Par cette bassesse ils se flattaient d'obtenir, grâce à l'intervention de N., des présents de notre cour. La main dont ils les auraient reçus aurait contenté leur vanité et les présents leur cupidité.

(Correspondance.)

...D'une façon générale, il faut rendre une justice à cette nation, c'est qu'ils savent merveilleusement entrelacer les paroles et si c'est en cela que consiste l'intelligence, tout imbécile en a ici une large dose. On pense ici peu et rarement parce qu'on parle beaucoup et très vite. En général on ouvre la bouche sans savoir ce qu'on va dire et il serait honteux de la refermer sans avoir rien dit; on dit les paroles qui vous viennent machinalement à la bouche sans s'inquiéter beaucoup de savoir si elles ont un sens. En outre, chaque individu possède toute une provision de phrases apprises par cœur, phrases, à la vérité, très générales et dépourvues de sens, dont cependant on se sert à toute occasion. Ces phrases consistent habituellement en compliments souvent fort exagérés et toujours superflus pour l'auditeur qui ne veut point entendre de billevesées. Voilà le caractère général ou plutôt naturel de la nation; il faut y ajouter la corruption excessive des mœurs pour se faire une idée exacte de ces gens que l'Europe considère comme des modèles.

J'ai vu le Languedoc, la Provence, le Dauphiné, Lyon, la Bourgogne, la Champagne. En comparant nos paysans — dans les meilleurs districts — avec ceux de France, je trouve, en jugeant sans partialité, la situation des nôtres beaucoup plus heureuse.

... S'il est parmi nos jeunes compatriotes quelqu'un qui, doué d'un jugement sain, s'indigne en voyant les abus et les désordres de la Russie, et si dans son cœur il commence à lui devenir étranger, pour le ramener à l'amour de la patrie il n'est pas de meilleur moyen que de l'envoyer en France [1].

(Correspondance.)

Conversation chez la princesse Khaldina.

Mes parents n'avaient pas une idée juste de l'éducation. Ils étaient intimement convaincus qu'ils me donnaient une bonne éducation en me nourrissant de pain blanc sans jamais m'en donner du noir. Par éducation ils entendaient alimentation. Ils ne pensaient à m'apprendre quoi que ce soit et mon esprit naturel ne fut en aucune façon éclairé.

J'appris par hasard le français. Mme Tartuffe, ma tante, avait eu l'idée d'apprendre le français à ses enfants. Alors arriva de Pétersbourg à Moscou, un Français qui jusqu'alors avait vécu en Amérique. Ce Français s'appelait Cacadou [2]. Ma tante éprouva de la

---

[1]. A ces lettres essentiellement pessimistes du comique bilieux on peut opposer celles de Karamzine qui est beaucoup plus sympathique à notre pays.

[2]. C'est le mot allemand qui veut dire cacatoes, autrement dit perroquet.

sympathie pour lui et le prit comme l'un des précepteurs de ses fils. Elle me fit étudier avec eux.

Ma tante se donnait dans le monde pour une mère aimant ses enfants, pour une fidèle épouse, une bonne maîtresse de maison et une femme-pieuse. Voyons ce qu'elle était en réalité.

Dans l'arrangement de ses appartements, elle veillait toujours à ce que la chambre des enfants fût aussi loin que possible de sa chambre à coucher. Car elle ne peut supporter les cris des petits enfants, il est vrai qu'elle n'est nullement incommodée par les aboiements de trois épagneuls et par le caquet d'une pie qu'elle garde toujours auprès d'elle. Voilà la preuve de son amour pour les enfants !

... Le chevalier Cacadou est un Français sans cervelle, le plus roué des aventuriers ; il nous apprenait le français : c'est-à-dire qu'il nous donnait à apprendre par cœur quelques listes de mots et causait avec nous en français. Il ne nous apprenait pas la grammaire, disant que c'était du pédantisme. Il insinuait dans nos cœurs la haine de notre patrie, le mépris de tout ce qui était russe et l'amour de ce qui était français. Ce mode d'éducation est le système habituel de la plus grande partie des maîtres étrangers. Notre chevalier était orgueilleux, vantard et ingrat. Son orgueil consistait en ceci : il ne considérait comme des hommes ni les maîtres de la maison, ni les serviteurs. A l'entendre, il savait toutes les sciences qu'il avait promis de nous enseigner. Il se donnait surtout comme maître dans les exercices du corps. Ces exercices consistaient surtout à nous faire jeter notre argent par la fenêtre...

Il ne nous exerçait jamais à la lecture et je crois que notre chevalier ne savait pas lire lui-même ; je ne lui ai jamais vu en main, ni une plume ni un livre. Il était arrivé à Moscou dans l'état le plus misérable. Ma tante lui acheta du linge, le prit dans sa maison et lui assura le nécessaire. Pour l'en remercier quand il y avait des hôtes il ne manquait aucune occasion de faire comprendre quels étaient ses rapports avec la maîtresse de la maison. Voilà, princesse, comment j'ai passé ma jeunesse.

Grammaire universelle de la Cour.

— Qu'est-ce que la grammaire de la cour ?

— La grammaire de la cour est l'art de flatter habilement par la plume et par la parole.

— Que veut dire flatter habilement ?

— Cela veut dire, dire et écrire un mensonge agréable aux grands et utile aux flatteurs.

— Qu'est-ce qu'un mensonge de courtisan ?

— C'est l'expression d'une âme vile devant une âme orgueilleuse. Il consiste à donner des louanges éhontées à un grand seigneur pour des services qu'il n'a pas rendus et des qualités qu'il n'a point.

— Quelle distinction y a-t-il entre les mots à la cour ?

— Ils sont habituellement monosyllabiques, disyllabiques, trisyllabiques et polysyllabiques. Sont monosyllabiques : *oui, prince, serf*; disyllabiques : *puissant, faveur, chute*; trisyllabiques : *gracieux, accorder, concéder*, et enfin polysyllabiques : *Excellentissime, Sérénissime*.

— Quel est le verbe qui se conjugue le plus souvent et à quel temps ?

— A la cour, comme dans la capitale, personne ne vit

sans dettes. Le verbe le plus employé est donc le verbe devoir. Il se conjugue ainsi à l'indicatif présent : je dois, tu dois, il doit, nous devons, vous devez, ils doivent. Ce temps est de tous le plus usité.

— Ce verbe a-t-il un passé ?

— Très rarement, car personne ne paye ses dettes.

— Et un futur ?

— Il a un futur : car il va de soi que si un homme n'a pas de dettes, il en aura certainement.

Alexandre Radistchev.
(1749-1802)

Alexandre Nikolaevitch Radistchev est le premier écrivain russe qui ait osé soulever sérieusement la question du servage. Jusqu'à lui, on n'en avait signalé que les abus (voir plus haut le discours du prince Stcherbatov). Radistchev s'en prit au principe même de l'institution. Il n'osa pas l'aborder de front dans un livre spécial. Sous ce titre : *Voyage de Pétersbourg à Moscou*, il fit paraître, en 1791, un ouvrage imité de Sterne, inspiré par la lecture de l'abbé Raynal et des philosophes, où, sous prétexte de raconter des impressions de touriste, il s'attaquait à la plupart des institutions de l'Empire russe, au servage, à l'autocratie, même à la religion d'État. Catherine déclara que Radistchev était plus dangereux que Pougatchev. Elle le fit juger par le Sénat ; il fut condamné à mort, vit sa peine commuée et fut déporté en Sibérie. Gracié par Paul Ier, il fut rappelé à Pétersbourg par Alexandre Ier ; mais ses malheurs l'avaient rendu enclin à la mélancolie, il se tua en 1802. Son *Voyage* est d'un style déclamatoire comme celui de Raynal ; mais il renferme des tableaux intéressants de la vie russe et de généreux plaidoyers en faveur des paysans. C'est en somme une œuvre remarquable et qui mérite de ne pas tomber dans l'oubli.

Aujourd'hui encore, la réimpression intégrale de l'ouvrage de Radistchev n'est pas autorisée en Russie. A côté de pages vides et déclamatoires, le *Voyage* contient des morceaux vraiment éloquents. Il n'a été traduit en aucune langue étrangère. On pourra consulter l'étude détaillée que nous avons consacrée à Radistchev dans la *Bibliothèque universelle* du 1ᵉʳ janvier 1892.

Le rhapsode.

« Dans la ville de Rome, vivait un prince appelé Euthymian. » Ainsi chantait un vieillard aveugle assis à la porte de la maison de poste, qui disait la légende populaire d'Alexis, l'*homme de Dieu*[1], il était entouré d'une foule composée surtout d'enfants et de jeunes gens. Sa tête argentée, ses yeux fermés, la sérénité de son visage inspirait aux assistants une sorte de respect religieux. Son chant était simple, mais son langage touchant pénétrait mieux dans le cœur de ses auditeurs plus sensibles à la voix de la nature que les oreilles exercées de Pétersbourg ou de Moscou ne le sont aux savantes vocalises des Gabrielli, des Marchesi, des Todi[2]. Il n'y eut aucun des assistants qui ne fût agité d'une profonde émotion quand le chanteur arrivé au départ de son héros se mit à débiter sa complainte d'une voix entrecoupée. A ce moment ses yeux se remplirent de larmes; elles venaient d'une âme sensible aux malheurs d'autrui et elles coulaient en ruisseaux sur ses joues. O nature que tu es puissante!

---

1. Saint Alexis, fils d'un sénateur romain, vivait, suivant la légende, au ivᵉ siècle de l'ère chrétienne. Marié à une jeune fille de haute naissance, il la quitta le soir même de ses noces et se retira en Asie Mineure pour y mener une vie misérable. Plus tard, une tempête le jeta sur les côtes de l'Italie; revenu à Rome, il alla demander asile à son propre père et vécut dans un coin de la maison, nourri des restes de la table et exposé aux railleries des serviteurs. Après sa mort, on découvrit qui il était. Il fut enterré solennellement et sur son tombeau s'accomplirent de nombreux miracles. La légende de saint Alexis est très populaire en Occident; elle ne l'est pas moins en Russie; elle a donné lieu à un poème français du moyen âge, publié par M. Gaston Paris (Paris, 1872). Elle fait l'objet de diverses complaintes où Alexis est appelé l'*homme de Dieu*.

2. Célèbres chanteurs de l'époque.

En contemplant le vieillard qui pleurait, les femmes se mirent à sangloter; des lèvres de la jeunesse s'envola le sourire, leur compagnon ordinaire; sur le visage des enfants apparut une sorte d'inquiétude, signe véridique d'un sentiment pénible, indéfinissable; même les hommes si accoutumés à la brutalité prirent un aspect sérieux. O nature, m'écriai-je!

Combien est doux le sentiment d'une saine douleur! Comme il renouvelle le cœur et sa sensibilité! Je sanglotais avec les braves gens réunis autour de la poste; mes larmes étaient aussi douces que celles que Werther avait fait jaillir de mon cœur. O mon ami! mon ami! Pourquoi n'as-tu pas vu ce tableau? Tu aurais pleuré avec moi et la douceur d'un sentiment partagé aurait été encore plus charmante.

Après la fin de la complainte tous les assistants donnèrent quelque chose au vieillard comme pour le récompenser de sa peine. Il recevait toutes les pièces de monnaie, tous les morceaux ou les croûtes de pain d'un air assez indifférent. Mais il accompagnait toujours ses remerciements d'un salut. Il faisait le signe de la croix et disait au donateur: Dieu te donne la santé. Je ne voulus point partir sans être accompagné par la prière de ce vieillard certainement agréable à Dieu et je demandai sa bénédiction pour la fin de mon voyage. Il me semblait que la bénédiction des âmes sensibles rend la route plus facile et vous arrache l'épine du doute. Je m'approchai du vieillard et je mis un rouble dans sa main tremblante, ma main tremblait aussi de peur; je me demandai si je ne faisais pas cela par vanité. Il se signa, mais il ne parvint pas à prononcer la bénédiction qu'il adressait d'habitude au donateur. Il était distrait par la sensation extraordinaire qu'il éprouvait à sentir le rouble dans sa main. Ceci m'affligea. Combien, pensai-je, une minime pièce de monnaie lui fait plus de plaisir ! Il y reconnaît la sympathie ordinaire pour les misères de l'humanité; dans son trouble il devine peut-être mon orgueil, c'est pourquoi il ne me donne pas sa bénédiction. Oh ! comme je me semblai petit à moi-même, comme je portai envie à ceux qui donnent un quart de kopek ou une croûte de pain au vieux chanteur. « N'est-ce pas une pièce de cinq kopeks, dit-il ?... — Non, vieillard, c'est un rouble, répondit un enfant qui se tenait auprès de lui. — A quoi bon une telle aumône, répliqua le vieillard, baissant la tête, et cherchant, semblait-il, à se rendre compte de ce qu'il avait dans la main ? De quoi peut-elle servir à qui ne peut en profiter ? Si je n'étais pas privé de la vue, quelle ne serait pas ma reconnaissance ? N'ayant nul besoin de cette somme, je pourrais en faire profiter un plus pauvre que moi. Ah ! si je l'avais eu après l'incendie qui a eu lieu ici, j'aurai pu faire taire ne fût-ce que pour vingt-quatre heures le cri des enfants de mon voisin ! Je ne sais même pas où le mettre. Il sera peut-être l'occasion de quelque crime ; il y a peu d'avantages à voler un kopek mais un rouble excite bien des envies [1]. Reprends-le, mon bon monsieur. Avec ce rouble, toi et moi, nous pourrions faire un voleur ! » — O vérité que tu es sensible au cœur quand tu lui adresses tes reproches. « Reprends-le, poursuivit le vieillard, je n'ai pas servi le souverain qui figure sur sa face. Il a plu au Seigneur de me priver jeune de mes yeux. Je supporte patiemment ce châtiment ; il

---

1. Voilà, il faut l'avouer, un mendiant qui raisonne terriblement et qui a quelque peu pratiqué la philosophie déclamatoire du xviiie siècle.

m'a visité pour mes péchés. J'ai été soldat, j'ai figuré dans beaucoup de batailles contre les ennemis de ma patrie et je me suis toujours battu bravement... Mon cœur bouillonnait au début d'un engagement : je n'ai jamais épargné l'ennemi qui gisait à mes pieds. Je n'ai point fait grâce à celui qui était désarmé. Entraîné par les succès de nos armes, avide de sang et de butin, je suis tombé un jour privé de la vue et du sentiment; un boulet de canon avait passé devant mes yeux. O vous qui viendrez après moi, soyez braves, mais n'oubliez pas l'humanité. » Il me rendit mon rouble et se rassit tranquillement à sa place.

« Tiens, père, voici mon gâteau du dimanche, dit au vieillard, une femme d'une cinquantaine d'années. » Avec quel transport il le prit des deux mains ! Voilà la véritable bienfaisance ! la véritable aumône ! « Depuis cinquante ans, dit le vieillard, je mange ce gâteau les jours de fête et les dimanches. Tu n'as pas oublié la promesse que tu m'avais faite dans ta jeunesse. Ce que j'ai fait alors pour feu ton père, vaut-il la peine que tu ne m'oublies pas jusqu'au tombeau ? Mes amis j'ai sauvé son père des brutalités trop fréquentes de soldats en passage. Ils voulaient lui enlever je ne sais quel objet; l'affaire se passait là-bas derrière les granges; les soldats se mirent à battre le paysan. J'étais sergent de la compagnie : j'accourus au cri de la victime, je l'arrachai à leurs coups, peut-être à un pire destin. Qui sait? Elle s'en est souvenue, ma bienfaitrice, quand elle m'a vu revenir ici en mendiant. Elle s'en souvient tous les dimanches et toutes les fêtes. C'était peu de chose; mais c'était une bonne action : le Seigneur aime les bonnes actions, il ne les laisse pas oublier. »

« Veux-tu donc me faire affront devant tout le

monde, vieillard, lui dis-je, et ne refuser que mon présent ? Mon aumône est-elle donc l'aumône d'un pécheur ? — Tu blesses un cœur depuis longtemps blessé par un châtiment de la nature, dit le vieillard ; je ne savais pas que je pouvais t'offenser en ne recevant pas un don qui peut faire du mal. Pardonne-moi mon péché ; mais puisque tu veux me donner quelque chose, donne-moi quelque chose d'utile. Le printemps a été froid, j'ai eu mal à la gorge ; je n'avais pas de foulard pour nouer autour du cou. Dieu a eu pitié de moi, ma maladie s'est passée. N'as-tu pas un vieux foulard ? Quand j'aurai mal à la gorge, je me le nouerai autour du cou ; il le réchauffera ; mon mal cessera et je me souviendrai de toi... si tu tiens au souvenir d'un misérable[1]. »

J'enlevai mon foulard de mon cou, et je le mis à celui de l'aveugle et je lui dis adieu.

Quand je repassai à Klin, je n'y trouvai plus le chanteur aveugle, il était mort trois jours avant mon arrivée. D'après ce que me raconta la femme qui lui apportait du gâteau les jours de fête, il avait mon foulard au cou pendant la maladie qui préceda sa mort et on l'enterra avec lui. Qui sent le prix de ce foulard sent tout ce qui s'est passé dans mon âme en entendant ce récit[2].

(*Voyage de Pétersbourg à Moscou*, lettre XXV.)

---

1. Le vieillard aurait peut-être pu moins philosopher sur le rouble qu'il avait reçu et s'en servir pour acheter le foulard dont il avait besoin.

2. Ce morceau fut, lors de l'apparition du *Voyage*, un de ceux qui furent le plus goûtés des âmes sensibles et qui, suivant le langage et la mode de l'époque, firent couler le plus de larmes.

Le servage.

A quelques pas de la grand'route, j'aperçus un paysan qui labourait son champ. Il faisait très chaud. C'était un dimanche. Ce paysan laboureur appartient évidemment à un maître auquel il ne paye point de redevance. Le paysan laboure avec beaucoup de zèle ; évidemment le champ n'est pas à son maître. « Dieu te vienne en aide, lui dis-je, en m'approchant du laboureur qui, sans s'arrêter, continuait le sillon commencé. »

— Merci, monsieur, répondit-il en secouant le coutre et en faisant passer la charrue sur un nouveau sillon.

— Tu es donc un hérétique que tu laboures le dimanche ?

— Non, monsieur, je fais le vrai signe de croix, me dit-il en me montrant les trois doigts joints[1], mais Dieu est miséricordieux. Il n'ordonne pas de mourir de faim quand on a de la force et une famille.

— Est-ce que tu n'as pas le temps de travailler toute la semaine, pour travailler ainsi le dimanche, par cette grande chaleur ?

— Monsieur, la semaine compte six jours, et six fois par semaine nous faisons la corvée ; le soir si le temps est beau nous ramenons chez le seigneur le foin qui est resté dans la prairie... Dieu veuille, ajouta-t-il en faisant le signe de croix, qu'il pleuve aujourd'hui. Si tu as, monsieur, des paysans, ils font sans doute aussi cette prière.

— Mon ami, je n'ai pas de paysans, aussi personne ne me maudit. As-tu une nombreuse famille ?

1. Les hérétiques (raskolniks) ne font pas le signe de la croix de la même façon que les orthodoxes.

— Trois fils et trois filles.

— Comment peux-tu leur donner du pain, si tu n'as que le dimanche pour travailler?

— Il n'y a pas que le dimanche : il y a les nuits. Quand on n'est pas paresseux on ne meurt pas de faim.

— Est-ce que tu travailles ainsi pour ton maître?

— Non, monsieur, ce serait péché, il occupe sur ses terres cent mains pour une seule bouche, moi je n'en ai que deux pour sept bouches. On peut s'épuiser sur le sol du seigneur ; il ne vous dira pas merci ; il ne paye pas la capitation ; il ne vous cède ni un mouton, ni une poule, ni du beurre. Le paysan ne peut vivre que dans les endroits où le seigneur lui demande une redevance et encore sous l'intermédiaire d'un intendant. A la vérité il y a des seigneurs qui vont jusqu'à réclamer plus de trois roubles par tête, mais tout vaut mieux que la corvée. Maintenant on a aussi imaginé de donner les villages en location ; le locataire arrache au paysan jusqu'à leur peau. C'est l'invention la plus diabolique de mettre ses paysans au service d'un étranger. On peut encore se plaindre d'un intendant, mais à qui se plaindre du locataire?

— Mon ami, tu te trompes. Les lois défendent de martyriser les hommes.

— Martyriser! Ah oui, Monsieur, tu ne seras jamais dans ma peau. » Et le paysan se mit à commencer un nouveau sillon.

La conversation de ce laboureur éveilla chez moi une foule de pensées. D'abord je songeai à l'inégalité de la condition des paysans. Je comparais ceux de la couronne à ceux des propriétaires. Les uns et les autres vivent dans les villages, mais les uns payent une redevance déterminée, les autres doivent payer ce que le seigneur exige. Les uns sont jugés par leurs pairs. Les autres sont morts devant la loi, sauf pour les affaires criminelles.

Un membre de la Société n'est connu du gouvernement, son protecteur naturel, que lorsqu'il viole le lien social, lorsqu'il devient criminel. Tremble, cruel propriétaire, sur le front de chacun de tes paysans je lis ta condamnation.

... Qui porte des fers parmi nous, qui ressent tout le poids de la servitude ? Le laboureur, celui qui rassasie notre faim, celui qui nous donne la santé, qui prolonge notre vie ; il n'a le droit de disposer ni du sol qu'il laboure, ni du produit qu'il en tire. Or qui a droit à la terre, sinon celui qui la cultive ? Imaginons une société d'hommes arrivant dans un désert pour constituer une société, ils pensent à se nourrir ; ils partagent la terre couverte de chardons. Qui la recevra en partage, sinon celui qui peut la cultiver, qui en a la force et le désir ?

... Peut-on appeler heureux un État où les deux tiers des citoyens sont privés du titre de citoyens ? Peut-on considérer comme heureuse la situation sociale du paysan en Russie ? Seul l'homme altéré de sang dira qu'il est heureux parce qu'il n'a pas l'idée d'une meilleure condition... Appellerons-nous heureux un pays où cent citoyens orgueilleux sont plongés dans les délices, où mille n'ont pas la nourriture indispensable et ne sont pas protégés contre la chaleur et le froid ?

(*Voyage de Pétersbourg à Moscou*, passim.)

Derjavine.

(1743-1816).

Derjavine (Gavril Romanovitch) fut le chantre officiel de Catherine II. Il descendait d'une famille tatare. En 1762, il devint soldat à Pétersbourg, au fameux régiment de la Transfiguration (Preobrajensky). En 1772, il fut élevé au grade de porte-enseigne. Il accompagna en cette qualité Bibikov dans l'expédition contre Pougatcher. En 1777, il quitta le service militaire, reçut le titre de conseiller de collège et une terre dans la Russie blanche, puis il devint huissier du Sénat. Son ode *Felitsa* le fit remarquer de Catherine II qui le nomma conseiller d'Etat actuel, puis gouverneur d'Olonets et ensuite de Tambov; son mauvais caractère lui avait fait de nombreux ennemis, et au bout de deux ans et demi il dut résigner ses fonctions. En 1791, il devint secrétaire d'Etat, en 1793 sénateur, en 1794 président du collège du commerce, puis, sous Paul Ier, directeur de la chancellerie du conseil suprême. Son impertinence lui fit encore perdre ce poste. Mais à la suite d'une mission dans la Russie blanche et d'une ode sur l'ordre de Malte, Derjavine rentra en faveur et devint ministre des finances, puis sous Alexandre II, ministre de la justice. Au milieu de ces nombreuses occupations, il n'avait pas cessé un seul jour de cultiver les lettres. Il a célébré, à diverses reprises, Catherine sous le nom de Felitsa; on l'appelait le chantre de l'impératrice : ses odes, tantôt lyriques, tantôt d'une tournure satirique, laissent bien loin derrière elles celles de ses prédécesseurs. Parmi ses œuvres lyriques, les plus célèbres sont : *Felitsa, la Vision de Mirza, le Grand, la prise d'Izmaïl*, et *l'Ode à Dieu* qui fut, dit-on, traduite même en chinois. Parmi ses œuvres en prose, ses *Mémoires* sont particulièrement intéressants. Il y parle plus de sa carrière officielle que de sa carrière littéraire. Il a lui-même donné un commentaire de ses œuvres poétiques dans deux ouvrages intitulé : *Clef des œuvres de Derjavine* et *Commentaire*. Vers le déclin de sa vie, Derjavine salua l'astre naissant de Pouchkine et prédit le brillant avenir du poète qui devait l'éclipser comme il avait lui-même éclipsé Lomonosov.

L'éducation de Derjavine.

Gabriel Romanovitch Derjavine naquit à Kazan de parents nobles le 3 juillet 1743. Son père servait dans l'armée. Un coup de pied de cheval le rendit poitrinaire. Il prit sa retraite en 1754 avec le grade de colonel. Après avoir partagé son bien avec ses frères, il se trouva en tout possesseur de dix serfs ; sa femme en avait cinquante. Malgré sa pauvreté c'étaient des gens honnêtes et vertueux. Gabriel fut le premier fils issu de leur mariage : dans sa première enfance il était petit, faible et chétif ; d'après les idées du temps, on le mit au four dans de la pâte de pain pour lui donner un peu de vigueur. Lorsqu'en 1744 apparut une comète bien connue du monde savant, dès que l'enfant l'aperçut, il la montra au doigt et proféra sa première parole : Dieu [1] !

Comme en ce temps-là il n'y avait pas de maîtres dans le pays, des gens d'église lui apprirent à lire et à écrire. Sa mère s'efforça de lui donner le goût des livres religieux en le récompensant par des jouets ou des douceurs.

A l'âge de sept ans il dut, d'après les lois de l'époque, se présenter à l'inspection du gouverneur d'Orenbourg Ivan Ivanovitch Nepliouev, et comme il n'y avait point dans la ville d'autres maîtres pour lui apprendre l'allemand, il fut confié aux soins d'un galérien déporté, un certain Joseph Rosa. C'était lui qui instruisait les enfants des meilleures familles d'Orenbourg, filles ou garçons. Ce maître était de mœurs dissolues et brutal [2]. Il

---

1. Derjavine commente ainsi ce passage : « Ces deux détails, dit-il, sont la vérité même ; peut-être par ces deux incidents la Providence avait-elle voulu annoncer d'une part la carrière difficile qu'il a dû fournir à travers le feu et l'eau, de l'autre qu'il écrirait l'*Ode à Dieu*, laquelle est louée de tout le monde. » Nous donnons plus loin la traduction de cette ode célèbre.

2. Le Vralmann de Von Vizine est un ancien cocher. Comme on le voit, les Russes du XVIIIe siècle n'avaient pas précisément pour précepteurs la fine fleur des étrangers.

infligeait à ses élèves des punitions barbares et ignobles qu'il serait inconvenant de rapporter ici. C'était un ignorant fieffé ; il ne savait même pas les règles de la grammaire ; il se bornait à faire apprendre par cœur des mots et des dialogues et à les faire recopier après les avoir admirablement calligraphiés lui-même. Au bout de quelques années, grâce à cet enseignement, l'élève sut lire et écrire et parler l'allemand. Il avait beaucoup de goût pour les sciences ; dans l'intervalle des leçons il s'occupait nuit et jour à dessiner ; mais il n'avait ni professeurs ni bons modèles ; il se contentait de dessiner des héros d'après les gravures sur bois que l'on vend à Moscou : il coloriait avec de l'encre, et l'ocre ordinaire ou brûlé. Tous les lambris de sa chambre en étaient tapissés...

En 1758, le gymnase de Kazan fut ouvert. Les enfants y furent inscrits... On y enseignait le latin, le français, l'allemand, l'arithmétique, la géométrie, la danse, la musique, le dessin et les armes ; mais faute de bons maîtres, l'enseignement ne valait guère mieux qu'autrefois. On s'efforçait surtout d'apprendre à lire, à écrire et à parler autant que possible d'après les règles de la grammaire, à avoir de bonnes manières. On faisait réciter en chaire des discours, œuvres du maître ; on représentait sur un théâtre les tragédies de Soumarokov qui étaient alors à la mode, on dansait et on tirait des armes dans des réunions solennelles à l'occasion des examens. Les élèves étaient bien peu avancés dans la science, mais cela leur donnait de la désinvolture et une certaine aisance de manières. Derjavine montrait plus d'aptitude pour les sciences qui intéressent l'imagination et moins pour les mathématiques. Il se distinguait dans le dessin. En 1759, lorsque le directeur se préparait à rendre compte au curateur, le comte Ivan Ivanovitch Schouvalov, de l'établissement confié à ses soins, il ordonna aux élèves les plus distingués de faire des dessins géométriques, et de copier les cartes du gouvernement de Kazan en les accompagnant de figures de paysages ; il espérait par là faire valoir son zèle pour l'éducation de la jeunesse qui lui était confiée. Lorsqu'il revint de Pétersbourg en 1760 pour récompenser les élèves en géométrie, il leur annonça qu'ils étaient inscrits suivant leur désir comme soldats dans les régiments de la garde : Derjavine fut nommé conducteur au corps des ingénieurs ; tous revêtirent aussitôt les uniformes auxquels ils avaient droit.

Félitsa.

Divine princesse de la horde des Kirghiz-Kaïsaks, toi dont la sagesse incomparable découvrit au jeune Chlore[1] le sentier certain qui conduit à la haute montagne où fleurit la rose sans épines[2], où habite la vertu, cette vertu captive mon esprit et mon âme ; donne-moi de comprendre ses conseils.

Apprends-moi, Felitsa, comment on peut vivre dans

---

1. Cette pièce fut publiée pour la première fois en 1783. C'est un éloge ingénieux de Catherine II. Derjavine l'appelle Felitsa, princesse des Kirghiz-Kaïsaks ; ce personnage joue un rôle considérable dans le conte pédagogique de Catherine : *le Tsarevitch Chlore*. En reprenant ce nom le poète flattait habilement la vanité littéraire de l'impératrice. L'ode fut publiée pour la première fois sous ce titre : « Ode à la très sage princesse des Khirgiz-Kaïsaks Felitsa, écrite par un mourza (savant) tatare, émigré depuis longtemps à Moscou et vivant pour ses affaires à Saint-Pétersbourg. Traduit de l'arabe. » Cette pièce fit grand bruit. L'auteur y renonçait aux allusions mythologiques, dont le public commençait à se fatiguer, et mettait à la mode un genre nouveau d'allégories fines et ingénieuses.

2. Dans le conte de Catherine, cette rose sans épines symbolise la vertu.

la splendeur avec justice, comment on peut dompter le trouble des passions et être heureux dans ce monde. Ta voix m'excite, ton fils me guide, mais je suis trop faible pour les suivre. Agité par les vanités de la vie, aujourd'hui, je me commande à moi-même, demain je suis l'esclave de mes caprices.

Tu n'imites point tes Mourzas[1], tu vas le plus souvent à pied : les mets les plus simples sont servis sur ta table. Tu ne préfères pas à tout le repos ; tu lis, tu écris à ton bureau, et ta plume verse la félicité aux mortels[2]. Tu ne joues point aux cartes comme moi..., du soir jusqu'au matin[3].

Tu n'aimes guère les mascarades et tu ne mets point les pieds au club, tu conserves les bonnes coutumes et tu ne fais point le don Quichotte[4] ; tu n'enfourches point le coursier du Parnasse[5] ; tu ne prétends point pénétrer dans l'assemblée des esprits[6] ; tu ne songes point à envahir l'Orient[7] ; tu marches dans les sentiers de la modestie, et ton âme bienfaisante coule des jours utiles à l'humanité[8].

Et moi je sommeille jusqu'à midi, puis, je fume du tabac, je bois du café, je transforme en congés les jours de travail, je livre ma pensée aux chimères ;

1. C'est-à-dire les nobles de la cour.

2. L'impératrice s'occupait alors de l'organisation de diverses œuvres de bienfaisance.

3. Derjavine était très joueur. Un jour, avec une mise de cinquante roubles, il lui arriva d'en gagner quarante mille.

4. Allusion à la simplicité de Catherine II.

5. Catherine II a beaucoup écrit, mais jamais en vers.

6. Allusion à la secte des Martinistes, alors très répandue en Russie, et dont les membres croyaient converser avec les esprits.

7. La Perse et l'Inde que Potemkine songeait à conquérir.

8. Le poète oppose la vie simple et laborieuse de Catherine à la vie indolente et fastueuse de ses courtisans.

tantôt j'enlève du butin aux Persans; tantôt je dirige mes flèches contre les Turcs ; tantôt je rêve que je suis un sultan et mon regard fait trembler le monde[1]; tantôt, cédant au goût de la parade je cours chez mon tailleur pour un caftan[2].

Ou bien, dans un somptueux festin offert en mon honneur, où sur la table brillent l'or ou l'argent, où s'étalent des milliers de mets divers : ici le fameux jambon de Westphalie, là les poissons d'Astrakan, ici le pilav et les pâtés, j'arrose des gauffres de champagne et j'oublie le monde entier au milieu des vins, des douceurs et des parfums.

Ou bien dans un somptueux carrosse anglais, attelé de quatre chevaux, tout doré, avec un chien, un bouffon, un ami ou quelque beauté, je me promène aux endroits où le peuple se balance.

Ou bien, je cours les cabarets pour boire de l'hydromel, ou bien pour charmer mon ennui, car j'aime le changement[3]; le chapeau de côté; je vole sur un bouillant coursier[4].

Ou bien la musique, les chanteurs, l'orgue, la flûte, les combats de boxeurs, la danse réjouissent mon âme ; ou bien encore, oubliant tout souci, je vais à la chasse[5] et je me divertis des aboiements des chiens ;

---

1. Derjavine paraît s'être souvenu ici des vers de La Fontaine :
>   Quand je suis seul, je fais au plus brave un défi;
>   Je m'écarte, je vais détrôner le Sophi;
>   On m'élit roi, mon peuple m'aime;
>   Les diadèmes vont sur mon front pleuvant.

2. Allusion aux goûts fastueux de Potemkine.

3. Sous son nom, le poète met tour à tour en scène quelques personnages notables de l'époque. Celui qui aime le changement est le comte Alexis Gregorovitch Orlov.

4. Allusion au comte A.-G. Orlov, grand amateur de courses de chevaux.

5. Allusion au comte P.-J. Panine, grand chasseur.

ou bien, sur les rives de la Néva je me réjouis du son des cors et de l'agilité de mes rameurs [1].

Ou bien je reste à la maison et je joue aux cartes avec ma femme : tantôt nous grimpons au colombier, tantôt nous jouons à colin-maillard, tantôt nous jouons à la svaïka [2], tantôt elle peigne ma chevelure [3]. Parfois je me plais à me plonger dans les livres ; j'éclaire mon esprit et mon cœur, je lis les aventures de Polkane et de Bove [4], et je m'endors en bâillant sur la Bible.

Tels sont mes travers, ô Felitsa, mais tout le monde me ressemble, même celui qui passe pour le plus sage. Tout homme est mensonge. Nous ne suivons pas les chemins de la lumière, nous courons après les rêves du plaisir. Entre la paresse et la colère [5] bien rarement a-t-on su trouver le chemin de la véritable vertu...

... On raconte que tu n'es point du tout orgueilleuse, que tu es aimable dans tes œuvres et dans tes jeux, affable et ferme dans tes amitiés, que tu es indifférente dans l'infortune, tellement insensible à la gloire que tu ne veux même pas le nom de sage. On raconte même, et sans mentir, que l'on peut toujours te dire la vérité.

Mais voici une chose inouïe et digne de toi seule : on dit que tu permets à ton peuple de tout connaître,

---

1. Allusion à S.-K. Narychkine, grand veneur. Ce fut lui qui introduisit en Russie ces orchestres singuliers où chaque cornettiste ne donnait qu'une seule note.

2. Jeu qui consiste à lancer un gros clou et à le faire tomber dans un anneau.

3. Le texte est moins élégant : le verbe employé par l'auteur ne veut pas précisément dire peigner.

4. Récits populaires analogues à ceux de notre Bibliothèque bleue.

5. Dans le texte, Lentiaï et Briouzga ce sont les noms de deux personnages du conte de Catherine, le *Tsarevitch Chlore*, qui représentent ces deux vices.

de penser sur tout hardiment, soit en public soit dans la vie privée ; tu ne défends point de dire sur ton compte ce qui est et ce qui n'est pas : tu es toujours prête à pardonner même aux crocodiles zoïles de toutes tes vertus [1].

Des flots de larmes délicieuses coulent des profondeurs de mon âme. Oh ! combien les hommes dans ton empire doivent être heureux de leur destinée, là où le sceptre est tenu par un ange de douceur, un ange de paix, revêtu de la pourpre et envoyé des cieux. Là on peut causer librement dans les repas, on peut à l'abri de la crainte de châtiment festiner sans boire à la santé des rois [2].

Là on peut en écrivant laisser une faute sur le nom de Felitsa [3], on peut par mégarde laisser tomber son portrait à terre. On ne célèbre pas les noces des bouffons [4], on ne les enferme pas dans des bains de glace ; on ne tire point les courtisans par les moustaches, on ne fait point couver des œufs à des princes ; on ne les livre point aux rires de favoris qui barbouillent leur visage de suie.

Tu connais, Felitsa, les droits des hommes et des rois, tu adoucis les mœurs, tu ne tournes point les hommes en ridicule ; dans les moments où tu te reposes de tes labeurs, tu écris des leçons sous formes

---

1. Cet éloge est un peu exagéré. Catherine avait accordé la liberté de fonder des imprimeries privées dans son empire, mais elle ne donna point la liberté de la presse. Voir plus haut la notice sur Radistchev.

2. Sous le règne de l'impératrice Anne les conversations intimes étaient suspectées ; le toast en l'honneur du souverain était obligatoire dans les banquets.

3. Sous les règnes antérieurs, on fouettait le scribe coupable de n'avoir pas écrit en caractères convenables et à la place convenable le nom du souverain ; on punissait ceux qui avaient laissé tomber une pièce de monnaie qui portait son image.

4. Allusion à divers épisodes du règne de l'impératrice Anne.

de contes, tu enseignes au jeune Chlore dès l'alphabet :
« Ne fais rien de mauvais et le satirique le plus malin
ne sera qu'un menteur effronté. »

Tu as honte d'être appelée grande s'il faut que tu
sois redoutée, haïe. C'est à l'ourse sauvage qu'il convient de déchirer les animaux et de sucer leur sang. A
moins d'extrême nécessité, doit-il recourir à la lancette,
celui qui peut s'en passer? A-t-il de la gloire à être un
tyran, un Tamerlan grand par la cruauté, celui qui,
par la bonté, peut être grand comme Dieu?

La gloire de Felitsa, c'est la gloire d'un Dieu qui
calme les querelles, qui couvre, revêt et nourrit le
pauvre et l'orphelin [1], dont l'œil rayonnant prête sa
lumière aux bouffons, aux lâches, aux ingrats, comme
aux justes, qui éclaire également tous les mortels,
calme les malades, les guérit, et ne fait le bien que pour
le bien.

Un Dieu qui a fait jouir de la liberté les pays étrangers, qui a permis à son peuple de chercher l'or et
l'argent [2], qui accorde l'usage des fleuves, qui n'interdit point de couper les forêts, qui ordonne de tisser,
de filer et de coudre, qui délie les intelligences, qui
les nourrit, qui ordonne d'aimer le commerce, les
sciences et de rechercher le bonheur domestique,

Dont la loi et la main répandent la grâce et la justice. Dis-nous, sage Felitsa, où le fripon est-il distingué
de l'honnête homme? Où la vieillesse trouve-t-elle un
asile? Où le mérite est-il assuré de son pain? Où la
vengeance ne menace-t-elle personne? Où habitent la

---

1. Allusion aux œuvres philanthropiques de l'impératrice.

2. Catherine avait rendu un ukase sur le libre commerce de l'or et de l'argent trouvé dans les mines appartenant à des particuliers.

conscience et le droit? Où rayonnent les vertus? si ce n'est auprès de ton trône.

Mais où brille ton trône dans le monde? Où fleuris-tu, branche céleste? A Bagdad, à Smyrne, à Cachemire? — Écoute, quelle que soit ta résidence, en t'adressant mes louanges, je ne te demande pour elles ni un bonnet, ni un caftan brodé[1]. Éprouver le charme du bien, c'est là, pour l'âme, une richesse qu'aucun Crésus n'a possédée.

Je ne demande au prophète qu'une faveur : c'est de toucher la poussière de tes pieds, c'est de me réjouir de tes douces paroles et de ton regard. Je prie les puissances célestes d'étendre leurs ailes de saphir et de te protéger, invisibles, contre toutes les maladies, toutes les misères, tous les ennuis, afin que le bruit de tes actions brillent dans la postérité la plus reculée, comme les étoiles brillent au ciel.

La vision du Mourza[2].

Dans l'azur sombre de l'éther, planait la lune d'or; elle brillait du haut des cieux en sa pourpre argentée; à travers mes fenêtres elle éclairait ma demeure, et de

---

1. Signe d'honneur chez les Kirghiz. C'est-à-dire : « Je ne te demande ni un titre, ni un ruban. » Il reçut cependant la récompense qu'il n'avait pas demandée. Après la lecture du poème, Catherine lui envoya une tabatière enrichie de brillants et cinq cents pièces d'or.

2. Mourza (persan, mirza) désigne en langue tatare un gentilhomme. Ce poème fut composé en 1783 ; mais, comme tout en louant les qualités de l'impératrice, il flagellait les faiblesses de ses courtisans, il ne put être publié que longtemps après. Les derniers vers sont dus à une heureuse correction du poète Dmitriev, avec lequel Derjavine s'était lié en 1791. Derjavine s'est probablement inspiré dans ce poème d'un récit d'Addison *The Vision of Mirza*, qui figure dans la collection du *Spectator* et qui est considéré comme un des morceaux les plus achevés de la littérature anglaise au XVIIIe siècle.

sa pâle lumière, elle dessinait des vitres dorées sur
mon plancher luisant. De sa main alanguie, le sommeil
semait des rêves divers ; il versait la rosée de l'oubli
sur ma maisonnée endormie. A l'entour, tout reposait ;
Pétropolis sommeillait avec ses tours ; la Néva jaillis-
sait à peine de son urne ; la Baltique scintillait à peine
entre ses rives. La nature, plongée dans un calme profond, dans un lourd sommeil, semblait morte à
l'oreille, à la vue, sur les hauteurs et dans les abîmes.
Les zéphirs, seuls, soufflaient, apportant avec eux la
fraîcheur. Je ne dormais point. Doucement j'accordai
ma voix avec ma lyre et je chantai. « Heureux, disais-je,
qui dans ce monde est satisfait de son sort. Heureux
qui est satisfait, bien portant, paisible, libre et qui
sait ne trouver son bonheur qu'en lui-même ; qui garde
toute sa vie un cœur pur, une conscience droite, un
caractère ferme ; qui met toute sa gloire à n'être que
bon, à n'être ni géant, ni pygmée, à n'être point né
pour émerveiller le monde, à ne point être une idole,
à ne point être obligé d'en adorer. Heureux qui trouve
dans sa famille toutes les félicités du monde, avec qui
une tendre épouse, quelques fidèles amis, partagent,
aux heures d'isolement, les ennuis et les soucis. Heureux aussi celui à qui des princesses de quelque horde,
du fonds de leur *terem*[1] ambré[2], de leur boudoir argenté
et rose, comme d'un lointain Oulous[3], en cachette de
leurs courtisans, pour des bagatelles, pour des discours
plaisants, pour de petits vers, pour n'importe quoi,
envoient secrètement des dons précieux et des écus

---

1. Gynécée dans les anciennes maisons russes.
2. On montre encore à Tsarskoe-Selo une chambre de Catherine II tout ornée d'ambre ; une autre a des lambris de couleur rose rehaussés d'argent.
3. *Oulous*, village de nomades composé de tentes.

dans des cassettes [1]. Heureux!... » Mais à ces mots, soudain toute ma maison s'ébranla; les murs s'entr'ouvrirent et cent fois plus brillante que l'éclair, une lumière céleste se répandit autour de moi. La lune pâlit et se cacha et je vis une vision étrange. Une femme descendit des nuages. C'était une prêtresse ou une divinité [2]. Une robe blanche faisait flotter sur elle ses plis d'argent; une couronne murale ornait sa tête. Sur sa poitrine, brillait une ceinture d'or. Semblable à l'arc-en-ciel, un ruban de pourpre sombre descendait de son épaule droite [3] sur son flanc gauche. La main étendue sur l'autel, elle y répandait sur la flamme des pavots odorants et servait le Dieu tout-puissant. Un aigle immense, l'aigle du Nord, compagnon des triomphes de la foudre, messager des gloires héroïques, assis près d'elle sur un monceau de livres, gardait les saintes lois qu'elle avait promulguées. Il gardait entre ses serres des foudres éteintes, des branches de laurier et d'olivier, sur lesquelles il semblait endormi. Avec des yeux brillants comme le saphir, un regard de colère, ou d'enthousiasme, la déesse me regarda. Elle restera éternellement dans mon âme, l'image qui, dès lors, y fut imprimée :

« Mourza, me dit alors la déesse, tu te crois heureux quand nuit et jour tu fais résonner ta lyre et ne chantes que pour les monarques. Tremble, infortuné mourza! et écoute les terribles vérités auxquelles les rimeurs passionnés ont peine à croire sur la terre. Ma bonté

---

1. Allusion à la libéralité de Catherine II, qui avait récompensé l'auteur de *Felitsa* par l'envoi d'une tabatière remplie de pièces d'or.
2. Toute cette description répond à un portrait de l'impératrice peint par Levitsky, d'après les conseils d'un littérateur contemporain, Nicolas Lvov.
3. Le ruban de l'ordre de Saint-Vladimir.

seule me pousse à te les révéler. Quand la poésie n'est point un délire, mais un don supérieur des dieux, ce don divin ne doit être employé que pour les honorer, pour faire connaître leurs voies et non pas pour flatter les hommes et leur offrir des louanges périssables. Les maîtres du monde sont aussi des hommes ; ils ont des passions bien qu'ils portent la couronne. Le poison de la flatterie ne leur nuit pas moins qu'aux autres. Or, où sont les poètes qui ne sont pas des flatteurs? Et toi, à l'exemple des sirènes, ne tends point des pièges à la vertu. Le véritable bienfaiteur n'a besoin d'aucune louange. L'homme qui observe les bonnes mœurs, qui fait son devoir et son métier, apporte plus de gloire au souverain que les louanges de tous les poètes. Laisse cette coupe dangereuse pleine d'un nectar qui dissimule le poison. — Qui es-tu pour me parler si hardiment? Quelles lèvres me font la leçon? Qui es-tu, déesse ou prêtresse? » demandai-je à la vision. Elle me répondit : « Je suis Felitsa. » Et un nuage lumineux déroba à mes yeux qui ne s'en pouvaient rassasier, ses traits divins. Des parfums d'encens exquis remplirent ma maison ; des fleurs recouvrirent l'endroit où avait apparu ma divinité, mon ange. Mon âme voulait s'envoler sur ses traces, mais je ne pus la suivre. Comme un homme écrasé par la foudre, je restai sans sentiment et sans voix. Mon visage s'arrosa de larmes ; je revins à moi et m'écriai : « Est-il possible, ô douce princesse, que tu aies été si sévère, si irritée contre ton Mourza, que tu aies, toi aussi, dirigé tes traits contre mon cœur, que tu n'aies point approuvé le zèle brûlant de mon âme? Sans toi, il est assez d'ennemis pour le poète. N'est-ce pas assez d'avoir à répondre devant le monde méchant pour chaque pensée, pour chaque vers, d'avoir à se défendre des malignes satires? N'est-il pas assez d'idoles d'or insensibles à mes chansons? Assez de cadis, assez de fakirs qui, dans leur haine, les considèrent comme une flatterie indigne de toi? N'ai-je pas connu assez d'adversaires? L'un se croit déshonoré parce qu'on ne lui tire pas les moustaches, l'autre est malade de ce qu'on ne lui fait pas couver des œufs [1]; l'autre — ton Mourza parle bien librement — m'a fait un crime de ce que, dans mon enthousiasme, je t'ai prise pour un envoyé des cieux, de ce que j'ai versé des larmes d'attendrissement. Pour tout dire, en un mot, l'un voulait des pastèques, l'autre des concombres salés.

Ma muse doit leur démontrer ici que je ne suis pas au nombre des flatteurs; que je ne vends point pour des écus les œuvres de mon cœur, que je ne vais point chercher chez autrui l'étoffe de mes ajustements. O vertu couronnée, je n'ai chanté ni la flatterie ni le rêve, mais ce dont l'univers entier est témoin. Tes œuvres sont des merveilles : je les ai chantées, je les chante, je les chanterai encore, je dirai en badinant la vérité. La lumière ne doit point rester sous le boisseau, mes chants tatares la transmettront à la postérité; comme un soleil, comme une lune, je présenterai ton image aux siècles à venir; je t'exalterai, je te glorifierai, et par toi je serai moi-même immortel. »

---

[1]. Dans *Félitsa*, le poète avait déjà fait allusion aux mœurs et aux fantaisies grotesques du temps de l'impératrice Anna : « A la cour de Félitza, on ne fait pas de noces bouffonnes (allusion aux noces bien connues d'un bouffon et d'une naine et à l'histoire du palais de glace), on ne tire pas les gentilshommes par les moustaches, on ne fait pas couver des œufs à des princes, on ne barbouille pas les visages avec de la suie. » (Voir p. 188.)

Le Grand.

Ce que ma muse célèbre aujourd'hui, ce ne sont pas les somptueuses parures qui aux yeux des ignorants transforment les bouffons en nobles seigneurs ; ce n'est point la pompe que je chante ; je ne ferai point entendre mes louanges aux idoles enfermées dans des châsses de cristal ornées de métal précieux.

Je veux honorer les vertus qui ont su conquérir des titres par elles-mêmes, par leurs nobles actions, qui n'ont eu pour parure ni la race, ni le rang, ni la fortune, qui, par leur vaillance, ont su mériter l'estime des citoyens.

Une idole donnée en spectacle ravit la foule insensée ; mais si le regard des artistes n'y trouve point de véritables beautés, ce n'est que l'image d'une gloire mensongère, ce n'est qu'un bloc d'argile dorée. Et vous qui n'avez point les vertus morales, ô grands, n'êtes-vous point ainsi ?

Ce ne sont point les perles de la Perse, ce ne sont point les diamants du Brésil qui peuvent vous prêter de l'éclat. Pour qui aime la voix de vérité, la vertu seule est belle, seule elle glorifie les mortels. Caligula, ton cheval brillant d'or au sénat ne pouvait pourtant briller. Ce sont les bonnes actions qui brillent.

Un âne sera toujours un âne, l'eussiez-vous constellé d'étoiles ; au lieu de faire agir son intelligence, il ne fera qu'agiter ses oreilles. Vainement la main de la fortune voudrait faire un seigneur d'un imbécile, ou d'un idiot un être chamarré.

Laissant son sceptre, son trône, son palais, simple voyageur, dans la poussière et dans la sueur, Pierre le

Grand rayonnait comme un Dieu, au milieu du travail. On honore le héros même sous les haillons. Catherine dans une humble fortune eût été grande comme sur le trône.

Oui, si la flatterie et la vanité n'égarent point notre âme présomptueuse qu'est-ce que la noblesse et l'honneur sinon les vertus de l'âme ? Je suis prince, si mon âme est vraiment sereine[1]; seigneur, si je commande à mes passions; boïar[2], si je sais souffrir pour les autres, si je suis l'ami du prince, de la loi, de l'Église.

Et toi, nouveau Sardanapale, à quoi tendent toutes tes pensées ? A passer ta vie au milieu des jeux, des fêtes, de la mollesse, à posséder un palais où la poupre et l'or charment partout les yeux, où des tableaux semblent vivre devant des miroirs, au milieu des mosaïques, du marbre, des vases précieux. Eh quoi, le vaste monde fatigue ses mains serviles pour apporter à tes festins délicats le tribut des mets les plus exquis ; Tokai t'envoie son vin vermeil, le Levant son café embaumé, et sur ce labeur universel, tu ne daignes même pas jeter un coup d'œil.

Ici des eaux coulent dans des canaux et s'élancent en l'air avec bruit. Là des roses fleurissent au milieu de l'hiver ; des nymphes chantent dans des bosquets. Est-ce pour que tu méprises tout d'un œil sombre, indifférent, qu'au milieu des voluptés tu paraisses ennuyé, que tu bâilles dans la satiété ?

L'aigle plane sur les hauteurs et contemple déjà le soleil de midi; mais, dans ton palais, l'aurore apparaît

---

1. Allusion au titre d'Altesse Sérénissime que l'on donne aux princes.

2. Le poète se livre ici à un jeu de mots qui a pour point de départ une fausse étymologie. Le mot russe *boliarin*, dont nous avons fait boyard, ne vien pas du verbe *boliet*, souffrir. Il veut dire grand, aristocrate.

à peine, à travers les tentures de pourpre, pour éclairer le sein palpitant d'une Circé, ta compagne, où brillent les roses et les lis; tu reposes tranquille près d'elle et là-bas...

Et là-bas un héros blessé, vieux faucon blanchi dans les combats qui naguère te commandait, attend dans ton antichambre tes ordres pour le service : au milieu de tes laquais galonnés, laissant tomber sa tête couronnée de lauriers, il reste assis. Voici une heure qu'il t'attend.

Et là-bas, dans le vestibule, voici une veuve toute en larmes, un enfant sur son sein; elle vient solliciter ta protection : pour tes intérêts, pour ton honneur, elle a été privée d'un époux, elle sait que tu étais son ami et elle vient t'apporter sa requête[1].

Là-bas au pied de ton escalier arrive courbé sur des béquilles ce vieux et intrépide guerrier décoré de trois médailles : sa main t'a naguère sauvé de la mort. Il te tend cette main pour recevoir de la tienne un morceau de pain.

Là-bas, sur le seuil où dort un chien bien repu, où se pavane un portier galonné, se presse une bande de prêteurs qui viennent te réclamer leurs créances. Réveille-toi sybarite. Tu dors ou tu sommeilles dans ta molle indolence, tu n'entends pas la voix des malheureux.

Tu penses en ton cœur perverti : « Un instant de mon repos m'est plus agréable que des siècles dans l'histoire. Je veux ne vivre que pour moi, ne m'abreu-

---

[1]. Le grand seigneur indolent auquel ces vers font allusion n'est autre que le fameux Potemkine. Le colonel Kostorog, qui lui était tout dévoué, s'était un jour battu en duel pour défendre l'honneur de son chef et avait été tué. Sa veuve était réduite à demander des secours à Potemkine.

ver que des flots de la volupté, m'abandonner au vent favorable et broyer la canaille sous mon joug! La pudeur! la conscience! souci des âmes faibles. Il n'y a point de vertu. Il n'y a point de Dieu. » Misérable, et voici que la foudre a retenti [1].

Heureux le peuple qui est pénétré d'une foi pieuse dans le Seigneur, qui observe toujours la loi du monarque, qui regarde les bonnes mœurs, la vertu sévère comme la parure héréditaire des femmes, des enfants; qui trouvent le bonheur dans l'union, l'égalité dans la justice, la liberté dans le frein des passions.

Quatrain.

On a pris l'oiseau harmonieux, on le tient serré dans la main. Il gémit le pauvret au lieu de gazouiller et on lui répète : chante, oiselet, chante [2] !

Ode à Dieu.

O toi dont l'existence infinie, immuable,
De vie et de splendeur remplit l'immensité,
Seul, en toi, triple essence au fidèle adorable,
Seul, traversant les temps en ton éternité !

---

1. Potemkine mourut le 4 octobre 1791. L'ode de Derjavine ne fut publié qu'après sa mort.

2. Ces vers font allusion à la situation délicate du poète officiel, tenu de ménager tout le monde et de chanter tout le monde. Derjavine a dit ailleurs, dans une épître à Khrapovitsky : « Nous qui sommes nés enchaînés par les fers de la terreur, nous qui sommes nés sous un sceptre de fer, pouvons-nous avec les ailes de l'aigle planer vers le soleil? Même dans notre vol, nous sentons le joug qui pèse sur nous; nous devons toujours nous efforcer d'être agréables aux puissants, nous incliner devant leurs favoris, les flatter de la voix et du regard; l'esclave ne peut pas donner de louanges, il ne peut que flatter. »

Esprit présent partout et partout invisible,
A l'humaine raison toujours inaccessible,
Toi que nul n'a créé, que n'embrasse aucun lieu,
Dont la présence auguste anime la nature,
La règle, la soutient, l'embellit et l'épure,
Auteur de l'univers que nous appelons Dieu.

Quand ma raison pourrait par un effort sublime
Compter les feux du ciel, les sables du désert,
Et plongeant dans les flots de l'orageux abîme
Mesurer d'un regard la profondeur des mers ;
Il n'est en toi, Seigneur, ni nombre, ni distance ;
Les chœurs des immortels issus de ton essence
Devant ta majesté s'arrêtent confondus ;
Et si jusque vers toi s'élève une pensée
Sous tes vives clartés elle tombe éclipsée,
Comme au milieu d'un siècle un instant qui n'est plus.

A l'aurore des temps ta volonté suprême
Du vide sans limite a tiré le chaos ;
Mais, avant sa naissance, existant par toi-même
L'éternité marquait ton sublime repos.
En toi toute existence a sa source première ;
Lumière sans déclin d'où jaillit la lumière,
Des âges infinis tu poursuivais le cours :
Tu parlas et soudain le monde ton ouvrage
En traits étincelants réfléchit ton image ;
Seul tu vis, tu vécus, et tu vivras toujours.

De la création que ton souffle pénètre
Tous les cercles unis se confondent en toi.
Ce qui semble périr s'éclipse pour renaître
Et la vie à la mort s'enchaîne par ta loi.

Dans les champs de l'éther, fécondes étincelles,
Jaillirent par essaims les étoiles nouvelles;
D'innombrables soleils brillèrent sous tes pas :
Ainsi qu'en un beau jour sur les plaines neigeuses,
Le givre s'épanchant en perles lumineuses
Tourbillonne et scintille au milieu des frimas.

Aussi loin que s'étend ta puissance infinie,
Ces millions de feux proclament tes décrets;
Dans l'immense domaine où s'agite la vie
Sur des êtres sans nombre ils versent tes bienfaits,
Mais au sommet des cieux ces lumières brillantes
Ces cristaux nuancés en gerbes scintillantes
Ces globes d'or flottant sur des vagues d'azur
Ces gloires, sillonnant les plaines éthérées
A ta gloire ineffable un instant comparées
Seraient ce qu'est la nuit à l'éclat d'un jour pur.

Comme une goutte d'eau dans l'Océan perdue
L'univers tout entier s'efface à ta splendeur ;
Mais jusqu'où mes regards sondent-ils l'étendue ?
Et que suis-je moi-même auprès de toi, Seigneur ?
Si peuplant à mon gré ces cavités profondes
Par delà tous les cieux, par delà tous les mondes,
Je semais de soleils le groupe aérien,
Leur foule accumulée en ta sainte présence
Que serait-elle ? Un point dans un orbite immense.
Et moi vaine poussière, hélas ! je ne suis rien,

Rien ! mais toujours présente, à bénir disposée
Ta grâce me relève en m'attirant à toi ;
Comme l'aube du jour colore la rosée,
Tes divines clartés se réflètent sur moi.

Rien ! mais mon cœur s'émeut d'amour et d'allégresse.
Aux célestes hauteurs où j'aspire sans cesse
Un vol irrésistible entraîne mes esprits ;
Je reconnais ma force au sein de ma misère,
Je sens, je réfléchis, je résonne, j'espère,
J'existe et tout en moi proclame que tu vis [1].

Tu vis... ta providence en tout lieu se déploie,
L'univers la publie et mon cœur la ressent :
La voix de ma raison la signale avec joie,
Tu vis et ce seul mot m'affranchit du néant.
Atome de ce monde où resplendit ta grâce
Au centre de la sphère elle a marqué l'espace
Où couronné d'honneur, je siège sans rival ;
Seul au plus haut degré des formes corporelles,
Non loin des séraphins aux flammes immortelles
De tant d'astres divers je suis le nœud central.

Emblème merveilleux de la nature entière,
Enchaîné par mon corps à la fragilité
Je porte en cet esprit qui dompte la matière
Un glorieux reflet de ta divinité.
Mon corps usé s'affaisse et se réduit en poudre,
Mon esprit dans les airs luttant contre la foudre,
Atteint des profondeurs où nul astre ne luit :
Esclave, je suis roi, ver impur, je suis ange ;
D'où naquit ce contraste inexprimable, étrange ?
Comment vit-il en moi qui ne l'ai pas produit ?

C'est toi Dieu créateur, c'est toi qui l'as fait naître,
Toi dont la providence a voulu mon bonheur,

---

[1] *Tu es*, dit le texte russe. Malheureusement tu es ne peut pas entrer dans un ver français.

De ce vaste univers seul sauveur et seul maître
Toi souffle de mon âme et flambeau de mon cœur?
Ta justice suprême a voulu que cette âme
Avant de s'élever sur des ailes de flamme
Traversât ici-bas l'abîme de la mort;
Afin que par l'épreuve au bonheur préparée,
Elle montât bientôt pure, régénérée
Au séjour éternel où tu fixas mon sort.

Être ineffable et saint ! ton auguste sagesse
En traits mystérieux brille de toutes parts ;
Ma raison devant toi succombe à sa faiblesse,
L'ombre de ta grandeur éblouit mes regards.
Cependant si t'aimer est mon plus doux partage
Si mon premier devoir est de te rendre hommage,
Que puis-je, hélas ! si faible en proie à tant d'erreurs?
J'humilierai, grand Dieu, mon âme en ta présence ;
Et perdus dans l'éclat de ta magnificence,
Mes yeux reconnaissants se baigneront de pleurs.

(Traduit par F.-G. Eichhoff, *Histoire de la langue et de la littérature des Slaves*, Paris, 1839.)

Vasili Kapnist.

(1743-1823)

Vasili Vasilieyitch Kapnist est l'un des poètes les plus agréables du xviiie siècle. Il a écrit des odes, des pièces lyriques, des satires, des épigrammes ; il s'y inspire tour à tour d'Horace et d'Anacréon ; mais son principal titre de gloire, c'est la comédie intitulée *la Chicane*. Elle lui fut inspirée par un procès qu'il eut à soutenir contre un voisin de campagne. Il y met en scène des plaideurs chicaniers et des juges trop faciles à corrompre. L'intrigue en est faible, mais elle offre des scènes piquantes et des caractères bien dessinés. Les types du poète n'étaient malheureusement que trop ressemblants. La littérature satirique de l'époque renferme de nombreuses allusions à la rapacité des fonctionnaires. Un jour, pendant une représentation de la *Chicane*, après le fameux couplet de Khvataïko :

> Prends, prends autant que tu pourras ;
> L'art est facile à bien apprendre.
> Aurions-nous des mains et des bras
> Si ce n'était afin de prendre ?

L'auditoire éclata en applaudissements et se tournant vers un fonctionnaire qui assistait à la représentation, s'écria :

— C'est vous, c'est vous.

Comme plus tard le *Revisor* de Gogol, la *Chicane* excita de grandes colères ; un rapport fut adressé à l'empereur Paul. Kapnist était accusé d'avoir visé au scandale, d'avoir insulté ou compromis le pouvoir. On demandait que la pièce fût interdite et l'auteur puni. L'empereur se laissa persuader et ordonna que Kapnist fût exilé en Sibérie. Cette décision avait été prise le matin ; l'ordre fut immédiatement exécuté. Dans l'après-midi l'empereur réfléchit qu'il ne connaissait pas bien la pièce et il ordonna de la jouer le soir même en sa présence sur le théâtre de l'Hermitage. Il en fut charmé et dès la fin du premier acte il envoya un courrier pour ramener le poète ; il lui conféra le titre de conseiller d'État et le combla de faveurs.

La *Chicane* a été traduite en français par M. A. Legrelle (in-12, Gand, 1886). Malheureusement cette traduction n'a pas été mise dans le commerce.

La Chicane.

ACTE II

SCÈNE IV

FEKLA, SOPHIE, ANNA, KRIVOSOUDOV, PRAVOLOV,
BOULBOULKINE, ATOUEV, RABDYNE,
PAROLKINE, KHVATAIKO, KOKHTINE et NAOUMYTCH[1].
(*Ils entrent tous à demi ivres.*)

KHVATAÏKO

En voilà un repas ! un vrai repas ! tout à la fois, à manger et à boire !

---

1. La plupart de ces noms ont un sens épigrammatique : Krivosoudov, celui qui juge de travers ; Pravolov, celui qui pêche le droit ou la vérité en eau trouble ; Khvataïko, celui qui prend.

PAROLKINE

Un dessert !

BOULBOULKINE

Et des liqueurs !

ATONEV

Où tout cela a-t-il été pris ?

KRIVOSOUDOV

Oh ! non, notre cuisinier n'a rien fait de fameux aujourd'hui.

FEKLA

Il a un peu bu.

BOULBOULKINE

Quand une fête vous met en joie, on est gris avant qu'il fasse jour. N'est-ce pas vrai, mon cher ?

KHVATAÏKO

Un proverbe ne ment jamais.

PRAVOLOV

Mais qui perd son temps, dit aussi un autre, le paye chèrement.

KHVATAÏKO

Pourquoi ce dicton ?

PRAVOLOV (*montrant les cartes*).

Parce qu'il y a quantité de cœurs qui depuis longtemps attendent dans ces fers l'heure de la liberté.

PAROLKINE (*à Krivosoudov*).

Il a raison ; il est temps de les lâcher sur le tapis vert. Allons, procureur, relâche les prisonniers ; c'est dans tes fonctions.

KRIVOSOUDOV

Fais mon ami, fais. Mais comment jouer?

PRAVOLOV (*distribuant les cartes*).

Nous nous arrangerons. Moi je suis avec vous à la rocambole[1], le conseiller viendra à notre aide. (*Il montre Boulboulkine.*) Qui prend une carte?

PAROLKINE

Mais comment jouer à un jeu défendu? Moi je ne prends pas la banque.

PRAVOLOV

Bien, c'est moi alors qui vous dépouillerai.....

BOULBOULKINE

Tu veux donc nous prendre comme cela notre traitement de l'année en trois poules, à moins que tu n'y mettes un peu de complaisance pour nous.

KRIVOSOUDOV

Ne t'emporte pas, ou pour sûr tu seras dépouillé comme un mendiant.

1. On appelle ainsi à l'hombre un certain nombre de points formant enjeu. Jusqu'à la fin de l'acte, ces personnages sont occupés à trois jeux de nature différente dont deux au moins ont disparu, et qui ne semblent pas avoir été en Russie soumis aux mêmes règle qu'en France. Dans ces conditions, le lecteur voudra bien excuser les embarras, au besoin les défaillances, du traducteur. (Note de M. Legrelle.)

BOULBOULKINE

Je le voudrais bien, mais si l'as de pique s'en mêle. Ce n'est pas comme un document on ne peut pas la rejeter du dossier. (*Tous s'assoient et jouent.*)

KHVATAÏKOV

... Quelle retourne ! Celui-là est encore hors de l'enjeu.

KRIVOSOUDOV

Voilà ta punition pour violer la loi et jouer à un jeu défendu.

KHVATAÏKO

Bah ! il y a longtemps que c'est notre destin d'y jouer, depuis l'époque où Adam y perdit tout son héritage.

BOULBOULKINE

Ah ! ah ! ah ! Quelle sottise ! Quelle conclusion ! Voilà bien de ces sottises comme tu en fourres dans toutes les propositions que tu nous soumets, vénérable procureur ! Eh bien ! dis-moi de qui Adam tenait-il son héritage ?

KHVATAÏKO

De n'importe qui, mais il faut...

PAROLKINE

Morbleu ! En écoutant vos sottises, j'ai oublié la dame comme un idiot.

PRAVOLOV

Permettez-moi de prendre parti pour le procureur. Moi aussi je suis tout prêt maintenant à vous présenter un monstre qui n'ayant ni père, ni famille, ni parenté, détient un héritage ; car c'est point pour point dans cet état qu'est mon adversaire, le jeune Priamikov.

BOULBOULKINE

Eh bien ! prouve-nous cela. Si tu le fais en pleine assemblée nous te proclamons notre procureur !

ATOUEV (*à demi-voix*).

Hein ! comme il a trouvé la piste.

PAROLIKINE (*à demi-voix*).

Eh ! ma foi il n'est pas bête.

KHVATAÏKO (*à demi-voix*).

Il a fait là un fameux saut, quoiqu'en ligne droite !

RADBYNE (*à demi-voix*).

D'Adam à Priamikov.

PRAVOLOV

Fort volontiers et je m'en rapporte à votre jugement. Feu Priamikov, il n'y a aucun doute sur ce point, n'eut dans sa vie entière qu'un seul fils qui n'existe plus ; sa fin a été rapide ! Où il est mort exactement, je ne puis vous le dire. Malgré tout mon désir, je n'ai pas réussi à l'apprendre. Mais il s'appelle Fédote, c'est le nom qu'il porte dans l'arbre généalogique, et c'est aussi celui que son père lui donne dans son testament. L'autre au contraire s'appelle Bogdan ; ainsi vous voyez bien que l'erreur est manifeste, et que c'est par des moyens violents et injustes que Bogdan s'est approprié l'héritage de Fédote [1].

SCÈNE VI

KRIVOSOUDOV

Ah çà, du punch !

FEKLA

Anna ! Eh bien ! Apporte donc un peu plus vite, plus souvent et à la ronde. Et prie en grâce...

BOULBOULKINE

C'est nous qui bientôt lui demanderons grâce.

KRIVOSOUDOV

Si quelqu'un avait une petite chanson ?

PAROLKINE

Oui, jetons plutôt les cartes. La dame a cessé de me porter bonheur...

KRIVOSOUDOV (à *Khvalaïko*).

Cher procureur, tu chantes dans la perfection ; chante-nous donc quelque chose.

KHVATAÏKO

Ce serait de tout cœur, mais je n'ai pas de voix.

---

[1] Fédote correspond au grec Theodotos, dont Bogdan est la traduction russe. Comparez le français Théodore et Dieudonné.

KRIVOSOUDOV

Allons! n'importe comment.

BOULBOULKINE

Nous viendrons tous à ton aide pour le refrain.

KHVATAÏKO (*chantant*).

Prends, prends autant que tu pourras;
L'art est facile à bien apprendre.
Aurions-nous des mains et des bras,
Si ce n'était afin de prendre?

TOUS (*répétant en chœur*).

Prendre! prendre! prendre!

KRIVOSOUDOV

Allons! Bravo! Parfait!

KHVATAÏKO

C'est moi-même qui ai composé les paroles.

BOULBOULKINE

A l'œuvre comment ne pas reconnaître l'artisan?

KHVATAÏKO (*chantant*).

Prends, prends autant que tu pourras;
L'art est facile à bien apprendre.
Aurions-nous des mains et des bras,
Si ce n'était afin de prendre?

TOUS (*répétant en chœur*).

Prendre! prendre! prendre!

12.

NAOUMYTCH (*ajoutant*).

Et écorcher.

KHVATAÏKO

A moins qu'un ordre l'ait prescrit
Nous devons sans honte et sans crainte
Suivre le proverbe qui dit :
Ce qu'on a pris est chose sainte.

TOUS (*en chœur*).

Chose sainte !

KRIVOSOUDOV (*chantant*).

Mais pour n'avoir point d'embarras
Et pour demeurer infaillibles
Il faut que nous ne quittions pas
Les gants qui rendent invisibles [1].

---

1. La littérature du xviiie siècle et celle du xixe sont remplies d'épigrammes contre la rapacité des juges et des fonctionnaires. On a vu plus haut ce que Mme Prostakov raconte des procédés administratifs de son père le voévode (voir p. 161). Dans la revue *Le Peintre*, publiée de 1769 à 1774, figure (année 1772) une lettre d'un oncle à son neveu : « Tâche, dit l'oncle, de te faire placer dans les bureaux où l'on est grassement nourri, par exemple dans les trésoreries ou dans l'administration des biens de la cour, dans les fournitures par entreprises ou dans les douanes. Tous ceux qui sont arrivés à ces emplois — Dieu soit avec eux ! — en sont sortis rassasiés. Tel d'entre eux vit maintenant dans un palais de pierre, tel qui n'avait pas une âme en a maintenant deux ou trois cents. Vois par exemple notre Avdoul Eremeevitch ; il n'a pas été bien longtemps au département des serfs des monastères et il a marié toutes ses filles. L'une d'entre elles a reçu trois mille roubles en argent et un village de cinq mille. Et il ne s'est pas complètement dépouillé ; grâce à Dieu, il lui est encore resté quelque chose. » Voir encore plus haut, p. 109, une citation de Soumarokov.

ACTE V

SCÈNE VI

DOBROV (*portant deux paquets qu'il remet à Krivosoudov*).

On vient de les apporter de la poste.

KRIVOSOUDOV

Voyons un peu s'ils ne contiennent pas quelque chose de nouveau. (*Il rompt les cachets et donne l'un des paquets à Khvataïko.*) Œil du tribunal, veux-tu prendre la peine?...

KHVATAÏKO (*dépliant le papier*).

C'est de la chancellerie pour sûr. (*Lisant.*) Attendu que de différentes autorités supérieures, administrations ou tribunaux, il est arrivé à la fois au Sénat des rapports d'après lesquels l'assesseur Pravolov est suffisamment convaincu de chicanes infâmes, de déportements criminels, d'actes de brigandage, de vols avec violence, voire même d'assassinats... (*A Pravolov.*) Quel démon, vois donc un peu mon cher! (*Lisant.*) D'assassinats, le Sénat pour ces raisons et par les présentes, ordonne à toutes les autorités constituées de prescrire...

PRAVOLOV

Oh! mon sang se fige dans mes veines.

KHVATAÏKO (*lisant*).

... De prescrire partout une enquête des plus sévères sur ce Pravolov et partout où on le trouvera de lui mettre les fers, de le placer sous bonne garde et de l'y bien retenir jusqu'à nouvel ordre.

PRAVOLOV

Je suis perdu !

KHVATAÏKO (*à Pravolov*).

Eh bien ! En voilà du nouveau ! Mais quel mauvais tour ?

PRAVOLOV

A quoi bon des paroles ! Ne me perds pas, sauve-moi !

KHVATAÏKO

Il faudrait au moins, mon cher petit, demander quelque chose de possible. J'ai, moi aussi, parbleu ! le dos chatouilleux.

PRAVOLOV

Je suis perdu à tout jamais ! O rapacité fatale ! (*Il sort en courant.*)

KHVATAÏKO (*courant après lui*).

Où vas-tu ? Arrête, reviens. — Pourvu qu'il ne s'éclipse pas.

SCÈNE VII

KRIVOSOUDOV, BOULBOULKINE, ATOUEV, PAROLKINE, RABDYNE, KOKHTINE, et DOBROV.

ATOUEV

Je suis hors de moi !

PAROLKINE

Quel démon!

KRIVOSOUDOV

C'est comme si la foudre m'avait frappé.

BOULBOULKINE

Il me semble que je suis ivre.

RADBYNE

C'est miraculeux!

KRIVOSOUDOV

Comme cela lui est arrivé tout à coup, à l'improviste malheureusement. Je n'en reviens pas! Mais laisse-moi lire encore ceci. (*Il prend l'autre paquet.*) Mes lunettes. Il y a là quelque chose. A propos de quoi le Sénat peut-il nous écrire aussi longuement? Peste! (*Il lit à haute voix.*) La Chambre civile tout entière... et sévèrement... Ah! nous sommes perdus! (*Il laisse choir le papier de ses mains et tombe dans un fauteuil.*)

BOULBOULKINE

Pourquoi donc? Fais le signe de croix[1].

ATOUEV

Est-il vraiment possible?

PAROLKINE

Le Seigneur, le Seigneur, soit avec toi! Reprends tes sens.

1. Pour chasser l'illusion ou l'évanouissement qu'il suppose à Krivosoudov (Note de M. Legrelle.)

KOKHTINE

Allons! nous aussi sans doute, nous voici dans l'infortune. (*Il relève le papier et tous accourent pour le lire.*)

DOBROV (*à part*).

Vous y avez bien mis les autres.

KRIVOSOUDOV

O douleur! ô chagrin cruel!

SCÈNE VIII

Les mêmes, FEKLA.

FEKLA

Quel malheur vous arrive? Pourquoi ces cris violents?

KRIVOSOUDOV

Nous sommes perdus!

FEKLA

Comment cela? Voyons donc! Remue un peu la langue!

KRIVOSOUDOV

Nous sommes perdus, te dis-je; oui nous sommes ruinés, nous sommes anéantis!

FEKLA (*à Boulboulkine*).

Comment cela?

BOULBOULKINE

Nous sommes perdus, comme jamais on a été perdu.

FEKLA

Pourquoi?

PAROLKINE

Parce qu'on nous a fait complètement échec et mat.

FEKLA

J'enrage. (*A Atouev.*) Dites-moi...

ATOUEV

Le Sénat a tout dit déjà.

FEKLA

Le Sénat! Ah! vraiment. (*A Radbyne.*) Qu'est-ce qui vous arrive de ce côté-là?

RADBYNE (*bégayant*).

Je n'ai de ma vie attendu un pareil miracle.

FEKLA (*à Kopktine*).

Toi du moins, explique-moi...

KOPKTINE

Oh! l'explication est bien simple. Dieu nous a punis pour les péchés de notre grand'mère.

FEKLA

Toi, du moins...

DOBROV

Tout ce chagrin vient de ce qu'il est venu à l'idée du Sénat de nous citer tous devant la chambre criminelle.

FEKLA

Ah! malheur à moi! Mais pourquoi?

KRIVOSOUDOV

Oui, le malheur, c'est qu'on nous a condamnés sans aucun jugement. Voyons, est-il permis, sur un simple rapport calomnieux, de nous mettre tous en jugement devant la juridiction criminelle? Pour je ne sais quels pots-de-vin, pour une interprétation inique des lois dans les procès...

FEKLA

Comment? comment? C'est sur de vaines paroles que s'est fondé le Sénat? Le Sénat nous accuse? Mais qui nous a donné des pots-de-vin? Qui nous a convaincus? Sans droit, sans jugement, ébranler notre considération, nous condamner, dépouiller, ruiner, nous couvrir de honte, nous faire périr! Mais qu'y a-t-il? Pour quelle raison se mêle-t-il de ces sottises? N'y a-t-il qu'à ce seul tribunal où aient siégé des voleurs? Et ne serait-ce pas le diable qui nous aurait apporté cette table rouge dans la maison[1]? Hors d'ici. — Je vais mettre tout sens dessus dessous. (*Elle renverse la table; tous les juges se sauvent; en apercevant sous*

---

1. Les juges siègent en Russie derrière une table couverte d'un tapis rouge.

la table des bouteilles Fekla demande d'un ton joyeux à Krivosoudov :) Qui a apporté cela[1]?

KRIVOSOUDOV

Personne. Ce sont des restes d'hier.

(*La Chicane*, traduction de M. Legrelle.)

Sur la modération.

Ecoute, cher ami, le précepte du sage :
Ne va pas, si tu veux vivre heureux et longtemps,
De crainte des écueils trop longer le rivage,
Non plus qu'en pleine mer affronter les autans.

Le bonheur que j'envie, et qu'à tout je préfère,
Le bonheur qui consiste en désirs modérés,
Il n'existe pas plus sous la pauvre chaumière
Que sous le toit pompeux de nos palais dorés.

Vainement, dans les airs, le pin lève la tête,
La foudre vient briser son front audacieux ;

---

[1]. Elle croit que c'est l'envoi d'un plaideur :
　　　J'ai commandé tantôt que l'on portât chez vous
　　　Certain quartaut de vin...
　　　　　　　　(*Les Plaideurs*.)
Dans les *Plaideurs*, Racine n'avait pas mis en scène la femme du juge trop encline à aimer les épices. Il n'avait fait qu'évoquer son souvenir :
　　　　　　　Eh ! mon pauvre garçon,
　　　De ta défunte mère est-ce là la leçon ?
　　　La pauvre Babonnette ! Hélas ! lorsque j'y pense
　　　Elle ne manquait pas une seule audience.
　　　Jamais, au grand jamais, elle ne me quitta,
　　　Et Dieu sait bien souvent ce qu'elle en rapporta ;
　　　Elle eût du buvetier emporté les serviettes
　　　Plutôt que de rentrer au logis les mains nettes.
　　　Et voilà comme on fait les bonnes maisons...

N'as-tu pas vu souvent frappés par la tempête,
Et ces tours et ces monts qui menaçaient les cieux?

Le vrai sage sait lire au fond des précipices,
Il y voit l'espérance, il entrevoit le port;
Et c'est lorsque les vents lui sont le plus propices,
Qu'il redoute le plus les caprices du sort.

Toujours ne dure pas l'hiver inexorable;
Le printemps, après lui, ramène le zéphir;
Aujourd'hui, cher ami, le chagrin nous accable,
Demain, nous nous trouvons dans les bras du plaisir.

La foudre gronde au loin, et de sombres nuages
Parfois, du firmament, viennent ternir l'azur :
Un souffle bienfaiteur vient chasser les orages,
Tout rentre dans le calme et le ciel devient pur.

Sois ferme quand luiront les fatales étoiles,
Jamais trop ne te fie à la prospérité;
Au vent de la fortune, abandonne tes voiles,
Heureux, tu béniras ta médiocrité.

(Traduction de Tardif de Mello, *Histoire intellectuelle de l'empire de Russie.*)

Le papillon.

Dans les airs plane l'alouette,
Et l'épervier audacieux
Rase les monts, quand l'aigle jette
Son regard au delà des cieux !

Le papillon quitte le lierre
Pour aller glaner son trésor;
Il succombe sous la poussière
Qui parsème ses ailes d'or.

Cet insecte, moi je l'imite;
Ici-bas, jeté par le sort,
Le sort m'a tracé ma limite,
Jamais je ne verrai le port;
Du destin la fatale roue
Tourne et retourne vainement;
Ah! le destin de moi se joue,
Il me promet, mais il me ment.

Voyez-vous ce chêne superbe
Du ciel bravant l'immensité?
Il peut tomber, mais le brin d'herbe
Par l'aquilon est respecté;
Puisque du sort telle est l'envie,
Que mon destin est de souffrir,
Quand l'homme heureux craint pour sa vie,
Pourquoi craindrai-je de mourir.?

(Traduction de Tardif de Mello, *Histoire intellectuelle de l'empire de Russie.*)

Nicolas Novikov.
(1744-1818)

Nicolas-Ivanovitch Novikov a été l'un des ancêtres les plus distingués du journalisme russe. Il publia tour à tour trois revues : *le Bourdon, le Peintre,* et *la Bourse,* qui contribuèrent à donner à la société moscovite le goût des choses de l'esprit. Il s'efforça notamment de réagir contre la gallomanie qui sévissait alors en Russie et que n'ont pas épargnée les épigrammes de Von Vizine, ou même de Catherine II. « Tout le monde, dit-il dans la préface de sa *Bibliothèque russe*, n'est pas encore infecté par la France. Il y a certainement beaucoup de personnes qui liront avec curiosité la description des coutumes de nos ancêtres; ils apprendront avec enthousiasme la grandeur de leur âme embellie par la simplicité. Il est utile de connaître les mœurs et les coutumes des anciens peuples étrangers; mais il est plus utile d'avoir des renseignements sur ses propres ancêtres; il est bon de rendre justice aux qualités des peuples étrangers, mais il est honteux de mépriser ses compatriotes. » Novikov est le véritable organisateur de la librairie russe. Jusqu'à lui, Moscou n'avait possédé qu'une seule librairie, en 1800 elle en comptait une vingtaine et le débit total des livres s'élevait à 200.000 roubles par an. Novikov ouvrit même à ses frais une bibliothèque publique et gratuite. Il ne se contenta pas des succès éphémères du journalisme. Il publia de nombreux documents relatifs à l'histoire et à la littérature nationale. Catherine l'avait d'abord encouragé dans ses généreux efforts; mais il eut la fâcheuse idée de s'affilier à la franc-maçonnerie, il tomba en disgrâce, vit ses biens confisqués et fut enfermé dans la forteresse de Schlusselbourg. Les anthologies russes ont recueilli dans son œuvre considérable quelques pages qui méritent d'échapper à l'oubli.

Lettre à l'auteur anonyme[1] de la comédie intitulée :
O TEMPS!

Monsieur,

Je ne sais pas qui vous êtes; je sais seulement que votre ouvrage vous mérite l'estime et la reconnaissance. Votre comédie *O temps*, a été représentée trois fois sur le théâtre impérial de la Cour et chaque fois elle a augmenté les justes éloges dus à son auteur. Et comment ne pas la louer? Vous êtes le premier qui ayez écrit une comédie précisément d'après nos mœurs[2]. Vous

---

1. Cet auteur n'était autre que Catherine II. Nous avons donné plus haut des extraits de cette comédie. On lira plus loin la réponse de Catherine.
2. Ceci n'est pas exact. La comédie de Von Vizine, *le Brigadier*, date de 1766.

êtes le premier auteur dont l'art et la finesse aient fait entendre une mordante satire avec agrément et plaisir; vous êtes le premier qui ayez su avec une si noble hardiesse vous attacher aux vices régnants en Russie ; vous êtes le premier qui ayez mérité les justes louanges décernées à la représentation de votre comédie. Continuez, monsieur, pour la gloire de la Russie, pour l'honneur de votre nom, pour la joie de vos compatriotes intelligents ; continuez à vous illustrer par vos œuvres; votre plume est digne de rivaliser avec celle de Molière[1]. Suivez son exemple; regardez d'un œil implacable nos vices, nos mauvaises habitudes, nos abus et toutes nos façons d'agir perverses; vous trouverez des foules d'individus dignes de vos satires, vous verrez quel vaste champ s'étend encore devant vous pour votre gloire. Chassez de votre cœur toute sympathie, n'ayez point égard aux personnes ; tout homme vicieux quelle que soit sa situation mérite le même mépris. Si un homme vicieux de basse condition se voit raillé en même temps qu'une Excellence, il n'aura point d'occasion de murmurer et de dire que vous ne flétrissez que les vices des pauvres. Et l'Excellence infectée de vices sentira pour la première fois de sa vie son égalité avec le misérable. Vous êtes le premier digne de montrer que la liberté donnée aux esprits russes est employée au profit de la patrie.

Mais, monsieur, pourquoi cachez-vous votre nom? Un nom qui mérite la reconnaissance universelle. Je ne puis comprendre pour quelle raison. Serait-ce que, pour avoir attaqué si vivement les vices, pour avoir soulevé contre vous le vicieux, vous avez peur de leurs

---

1. L'éloge est quelque peu exagéré, mais il ne dut pas déplaire à Catherine.

médisances ? Non une telle faiblesse ne saurait prendre place dans votre cœur. Votre noble hardiesse peut-elle craindre les persécutions à une époque où pour le bonheur de la Russie et de l'humanité règne sur nous la très sage Catherine? Elle a paru satisfaite lors de la représentation de votre comédie et cette satisfaction prouve qu'elle protège un écrivain tel que vous. De quoi pourriez-vous alors avoir peur ? Mais peut-être des causes particulières vous obligent à cacher votre nom. S'il en est ainsi, je ne m'efforcerai point de les pénétrer. Dût votre nom me rester toujours inconnu, mon respect pour vous ne diminuera jamais. C'est ce seul respect qui m'a suggéré de vous dédier le journal intitulé *le Peintre*. Recevez, monsieur, cet hommage de reconnaissance d'un compatriote pour votre utile ouvrage. Vous m'avez ouvert la voie dont j'avais toujours été épouvanté; vous avez éveillé en moi le désir de vous imiter dans la noble entreprise de corriger les mœurs de mes concitoyens ; vous m'avez encouragé à essayer mes forces : Dieu veuille que mes lecteurs trouvent dans ces feuilles quelque ressemblance avec le sel et l'esprit qui animent votre ouvrage. Si je réussis dans mon entreprise, et si ces feuilles apportent profit et joie aux lecteurs, c'est à vous, non à moi qu'ils en devront de la reconnaissance; car sans votre exemple je n'aurais pas osé attaquer les vices. Je reste pour toujours votre respectueux serviteur

L'Éditeur du *Peintre*.

P.-S. — J'aurais voulu vous prier de faire à mon journal l'honneur de lui communiquer quelques unes de vos œuvres légères. Mais je crains de vous distraire de vos occupations. Je serais cependant très flatté de recevoir votre réponse.

Saint-Pétersbourg, 12 avril 1772.

Catherine II prit fort bien ce badinage; elle y répondit par la lettre suivante qui fut publiée dans un des numéros suivants du *Peintre*.

Monsieur,

Je ne croyais pas que ma comédie *O temps!* ait eu un succès aussi considérable que vous le dites; je me croyais encore moins digne de l'honneur que vous me faites dans votre feuille hebdomadaire. J'ai composé ma comédie dans la solitude, à une époque où la peste sévissait et je n'en ai pris les caractères que dans ma famille. Sans sortir de ma maison, j'y ai trouvé pour composer un tableau plaisant un champ assez vaste; il suffirait à une plume plus expérimentée que la mienne. En ce qui me concerne, je n'ai aucun désir, aucune ambition. J'écris pour mon propre agrément, et si mes petites œuvres ont quelque succès et causent quelque plaisir aux gens d'esprit je me trouve bien récompensé. Si au contraire j'entends dire qu'on n'y trouve aucun agrément, je ne cesserai point d'écrire, car j'ai horreur de l'oisiveté, mais je cesserai de publier. Je ne cache point mon nom, mais je ne l'écris pas : je ne veux pas qu'il paraisse pour la première fois en tête d'une comédie. Ce serait me donner à moi-même la comédie. Qu'importe d'ailleurs que l'on m'appelle Pierre ou Paul. Mais laissons ceci, permettez-moi seulement d'ajouter ici une remarque sur la comédie que j'ai publiée récemment : *la Fête de M*^{me} *Vortchalkine*. D'après ce que j'ai appris, certains critiques trouvent fort inconvenant que M. Firlioufiouchkov expie son intempérance de langue par des coups de bâton. Comment peut-on battre un gentilhomme pour une infamie? Je n'entends point démontrer ici, s'il y a ou non des précédents et je ne vais point justifier le procédé de M. Herkulov. C'est en effet un homme brutal. Mais je puis aisément me justifier en invoquant le Code. Messieurs les critiques y verront à quoi on s'expose pour ne pas tenir sa parole et pour agir en fripon. Il me reste encore à répondre à votre requête. Vous voulez que je vous envoie quelques-unes de mes productions. Je le ferai volontiers dans l'avenir et je regrette de n'avoir rien de prêt en ce moment; j'ai pendant cinq mois entiers été occupé à écrire des comédies. J'en ai cinq d'achevées en ce moment. Quelques-unes d'entre elles ont été envoyées au théâtre; les autres vont se mettre en route.

Je reste, monsieur, votre dévoué serviteur.

L'auteur de la comédie *O Temps*.

Lettre d'un Gentilhomme de province à son fils[1].

Est-ce ainsi que tu respectes ton père, un honorable capitaine de dragons retraité avec de bons services? Est-ce là ce que je t'ai appris, maudit, et devrais-je m'attendre à me voir dans ma vieillesse livré aux railleries de toute une ville? Je t'ai écrit, misérable, pour t'instruire et tu as publié ma lettre. Démon, tu

---

1. On pourra comparer ce gentilhomme au *Brigadier* de Von Vizine. Novikov confirme ce que le major Danilov, Von Vizine et Catherine II nous avaient déjà appris sur la grossièreté de la noblesse rurale au xviiie siècle. La revue *le Peintre* avait déjà publié une prétendue lettre d'un gentilhomme campagnard.

as perdu ma tête : c'est à en devenir fou. A-t-on jamais
entendu dire que des fils se soient moqués de leurs pères?
Sais-tu que pour avoir manqué de respect à tes parents,
je te ferai, en vertu des Oukazes, donner le knout ! Dieu
et le souverain m'en confèrent le droit ; je puis disposer même de ta vie ; tu l'as évidemment oublié ;
cependant je te l'ai, à ce qu'il me semble, souvent répété :
si un père ou une mère frappe son fils jusqu'à le tuer,
on ne peut lui infliger qu'une pénitence ecclésiastique.
Réfléchis mon fiston ! Ne plaisante pas à tes dépens.
Voici le grand carême qui arrive et il me serait bien
égal de jeûner quelque temps[1]. Pétersbourg n'est pas
si loin et je peux arriver en personne. Je te pardonne
pour la dernière fois sur la prière de ta mère ; si elle
n'était pas là je te ferais savoir qui je suis, je ne l'aurais
pas écoutée si elle n'était pas à la mort ; mais fais bien
attention et prends garde à toi désormais, si tu me
manques encore de respect en quelque chose ; je ne suis
pas comme Sidorovna[2]. Tu n'auras pas à souper un
mois après ma venue. Ecoute-moi, mon fils, si tu veux
rentrer en grâce auprès de moi, donne ta démission et
viens vivre auprès de moi à la campagne. Il y a assez
de gens pour servir ; passe encore s'il n'y avait pas la
guerre, alors on pourrait servir ; mais tu sais qu'il y a
maintenant la guerre ; dès qu'on t'enverra à l'armée, tu
seras un homme perdu. Il y a un proverbe qui dit : Prie
Dieu et toi-même ne fais pas de sottises ; mets-toi de côté,
cela sera meilleur pour ta santé. Donne ta démission et
reviens à la maison, mange tout ton saoul, dors tant que
tu voudras et tu n'auras aucun souci. Que peut-on souhai-

---

1. Le jeûne faisait partie de la pénitence spirituelle.
2. La mère de Falaléi.

ter de mieux ? Tu ne courras pas après l'honneur !
L'honneur ! l'honneur ! triste chose que l'honneur quand
on n'a rien à manger. Tu n'auras pas Saint-Georges,
mais tu te porteras mieux que tous les chevaliers de
Saint-Georges. Il y a bien des jeunes gens qui gémissent avec leur Saint-Georges [1] et des moins jeunes qui
gémissent ; l'un a les bras traversés d'une balle, l'autre,
les jambes, un autre, la tête. Est-il agréable pour un
père de contempler des fils ainsi défigurés ? Et pas une
jeune fille ne voudra de toi. Or je t'ai déjà trouvé une
fiancée. C'est une jolie fille à son aise ; elle sait lire et
écrire [2] et par-dessus le marché elle est très économe ;
elle ne laisserait pas perdre même un grain de poussière.
Puisse Dieu et l'amour t'inspirer afin que tu donnes ta
démission. Viens mon ami ; tu auras de quoi vivre en
dehors de la dot de ta femme ; j'ai assez ramassé d'argent.
J'oubliais de te dire que la fiancée que je te destine est
la petite nièce de notre voévode [3] ; ceci, mon ami, n'est
pas une plaisanterie ; tous nos procès seront résolus à
notre avantage ; nous rognerons les terres de nos voisins
et nous remplirons nos granges. Quelle affaire ! On
n'osera même plus lâcher une poule sur nos terres. A
tout propos nous irons à la ville, nous mènerons une
vie ; que personne ne s'avise d'en grogner ! Voilà assez
longtemps que tu étudies ; tu n'es plus un enfant, le
temps est venu de vivre avec ta petite intelligence. Tu
vois que je ne te veux pas de mal ; je t'apprends tout
ce qui est bon et tout ce qui peut te faire vivre, avec
plus d'agrément. Ton oncle Ermolaï te donne à peu près

---

1. Décoration pour services militaires.

2. C'était une chose rare dans la noblesse rurale. La Madame Prostakov de Von Vizine ne sait pas lire.

3. Gouverneur.

les mêmes conseils ; il voulait t'écrire par le même courrier. Nous avons longuement causé avec lui assis sous ce même chêne à l'ombre duquel tu jouais dans tes jeunes années ; tu pendais aux branches les chiens qui chassaient mal le lièvre, tu faisais fouetter les chasseurs quand leurs chiens avaient dépassé les tiens. Quel espiègle tu faisais dans ton enfance ! C'était à crever de rire. Prie le bon Dieu, mon ami ; tu as de l'esprit, avec cela on peut vivre.

Ne t'épouvante pas, mon petit Falaleï ; ça ne va pas bien chez nous ; ta mère Akoulina Sidorovna est à la mort. Le père Ivan l'a confessée et lui a donné l'extrême-onction. Si elle est tombée malade, c'est à cause de ta chienne. Je ne sais qui a eu l'idée de chevaucher sur ta chienne Naletka et lui a brisé les reins. Quand elle a appris cela, ma chère colombe, elle a fermé les yeux à la lumière du bon Dieu, elle est tombée évanouie. Quand elle est revenue à elle, elle a fait une enquête ; elle est revenue tellement fatiguée qu'elle s'est jetée sur son lit ; elle a avalé par-dessus le marché une pleine cruche d'eau froide ; et la fièvre chaude l'a prise. Elle est mal ta mère, mon ami, elle est bien mal et j'attends le moment où Dieu enverra chercher son âme. Ainsi, mon petit Falaleï, j'aurai à me séparer de ma femme et toi de ta mère et de ta chienne[1]. Mais ton sort est moins pénible que le mien : les petits chiens de Naletka sont en vie, grâce à Dieu ; l'un d'entre eux restera après sa mère ; mais moi je ne retrouverai pas une pareille femme. Hélas ! ma pauvre tête est perdue ; comment

---

1. Dans le *Mineur*, Von Vizine dépeint un gentilhomme, Skotinine, qui ne s'intéresse qu'au bétail et particulièrement aux pourceaux. S'il est amoureux de Sophie c'est à cause de sa superbe porcherie. Et quand il lui arrive quelque chagrin, il va pour se consoler faire un tour dans sa basse-cour.

pourrais-je seul surveiller tout? Ne me désole pas, viens, marie-toi. Que je puisse au moins me réjouir d'avoir une bru auprès de moi. C'est dur, mon petit Falaleï, de se séparer d'elle; j'y étais déjà habitué; nous vivions ensemble depuis trente ans. J'ai été coupable envers elle; elle a été battue par moi bien des fois. Mais comment faire autrement? A vivre ensemble deux vases finissent par s'entre-choquer. Comment pourrait-il en être autrement? Je suis très violent et elle est opiniâtre, à la moindre occasion on arrivait tout de suite aux querelles. Grâce à Dieu elle n'était pas rancunière. Apprends, mon fils, à vivre avec ta femme; bien que nous nous soyons souvent querellés je regrette la mienne vraiment. Elle est bien mal ta mère et les sorciers ne peuvent rien pour elle; on en a beaucoup amené, mais pour rien; on n'a fait que perdre de l'argent. Sur ce je te salue, moi, ton père Triphon et je t'envoie ma bénédiction.

(Extrait du *Peintre*.)

Lettre d'une mère à son fils.

Mon cher Falaleï Triphonovitch,

A quoi bon, mon cher ami, toutes ces espiègleries? Tu as la tête perdue; tu ne connais donc pas Pankratievitch[1]; comment ne prends-tu pas garde à toi. Mais, malheureux, si tu lui tombais entre les mains! Il te rosserait plus que ne le permet la miséricorde divine. Il a, Dieu me pardonne, un caractère diabolique. Il a des fantaisies à scandaliser tout le monde. Et toi, mon petit père, qu'as-tu fait? tu as donné sa

---

1. C'est le père.

lettre à imprimer... Tous les voisins se moquent de lui : qu'est-ce qu'un fils qui se moque de son père?... Fais attention à toi, mon petit père; n'irrite pas encore ton père; le diable n'arrivera pas à le dominer. Ecris-lui une lettre un peu aimable; mens au besoin; ce n'est pas un étranger que tu tromperas. Tous les enfants ont des torts. Comment ne pas mentir devant son père?... Que Dieu, mon fils chéri, te donne la santé; je suis, moi, sur mon lit de mort; viens nous voir le plus tôt possible afin que je puisse te contempler une dernière fois. Je suis mal, mon fils, très mal; réjouis-moi ma lumière : je n'ai que toi, toi seul; tu es comme une poussière bleue dans mon œil; comment ne pas t'aimer? Si j'avais beaucoup d'enfants ce serait une autre affaire, tâche, mon petit père, de me trouver en vie. Je te bénirai avec ton ange et je te remettrai tout mon argent mignon, que j'ai amassé en cachette de Pankratitch[1]. C'était pour toi, ma lumière, ton père ne te donne pas encore assez d'argent et tu es jeune; comment ne pas aimer la table et les plaisirs? Tu es aujourd'hui dans l'âge où l'on s'amuse; nous aussi dans notre jeunesse nous étions comme cela. Réjouis-toi, mon petit père, réjouis-toi; il viendra un moment où la joie ne sera plus ton affaire. Je t'ai envoyé, mon petit Falaleï, cent roubles; n'en fais rien savoir à ton père, il me gronderait. Les pères sont toujours ainsi; ils ne font que grogner après leurs enfants et ne songent jamais à leur faire plaisir. Mon cœur, cher ami, est un cœur non de père mais de mère : je donnerais mon dernier kopek pour te voir gai et bien portant. Mon petit père Falaleï Triphonovitch, mon enfant chéri,

1. Le père.

ma lumière intelligente, je suis bien mal; quand il me faudra me séparer de toi, à qui te laisserai-je? Le misérable il perdra ton âme[1]. Ce vieux barbon finira par t'estropier. Ménage-toi, ma lumière, ménage-toi autant que possible. A quoi sert de chercher l'impossible? Que pourras-tu, Dieu me pardonne faire avec un tel diable? Viens, mon petit père, viens chez nous à la campagne dès que tu pourras; laisse-moi te contempler; mon cœur a pressenti ma fin prochaine. Pardonne-moi, mon petit père, pardonne-moi, ma lumière ; je t'envoie ma bénédiction, moi, ta mère Akoulina Sidorovna et je te fais un très humble salut. Adieu, mon petit pigeon, ne m'oublie pas.

(Le Peintre.)

Lettre d'un oncle à son neveu.

A mon cher neveu Falaleï Triphonovitch, de la part de ton oncle Ermolaï Terentievitch, très humble salut, grande révérence : je te souhaite beaucoup d'années de santé et toute espèce de bonheur.

Sache que, au moment du départ de cette lettre, nous sommes grâce à Dieu vivants et bien portants : de même ton père Triphon Pankratievitch est bien portant; seule Sidorovna son épouse et ta mère est gravement malade. Elle ne peut se remuer sans qu'on l'aide. Hier ses jambes et ses bras se sont paralysés et, maintenant, elle ne parle plus; elle a eu toutes les peines du monde à me parler. Elle t'a en ton absence béni avec ton ange et avec la Vierge de Kherson et moi elle m'a

---

1. Ton père.

béni avec la Vierge Incombustible[1]. Ah mon neveu! ta mère même devant la mort n'est pas devenue plus généreuse. Elle m'a laissé pour me souvenir de son âme une image dont la garniture ne vaut pas un rouble et demi. On n'a jamais vu cela ; j'ai, moi, une centaine d'images, mais non de telles ; elles sont dorées comme le soleil. En voilà une Incombustible qui ne brûle pas : la garniture est toute noire. Que le bon Dieu la bénisse. Par bonheur ta mère a pu se confesser en pleine connaissance et recevoir l'extrême-onction : si elle meurt, c'est du moins en chrétienne. Dieu donne à chacun une pareille fin !

Sans moi elle aurait été réduite à ne faire qu'une confession mentale. Je lui disais toujours : « Sidorovna confesse-toi, tu as déjà un pied dans la tombe... » Et quand elle a vu que cela pressait, alors vite, vite un pope et le même jour elle s'est confessée trois fois. On a aussi amené des sorciers ; il faut rendre justice à ton père, il n'a rien épargné, mais cela n'a servi de rien. Après la confession, on en a encore amené un, mais Sidorovna elle-même n'a pas voulu perdre l'argent inutilement. Celui qui doit vivre vivra, et celui qui doit mourir, les sorciers n'y pourront rien. C'est Dieu qui gouverne la vie et la mort. S'il lui plaît d'abréger les jours de ta mère, viens l'enterrer. D'ailleurs nous aurons bien besoin de toi...

Eh bien, mon petit Falaleï, ta mère est morte ; souviens-toi de son nom ; je viens seulement de recevoir la nouvelle ; ton père, dit-on, hurle comme une vache. La vache qui meurt, c'est toujours celle qui donnait le plus de lait. Tant que Sidorovna a été en

---

[1]. Images saintes avec lesquelles on donne la bénédiction.

vie ton père la battait, et maintenant qu'elle est morte, il pleure. Viens, mon ami Falaleïouchka, viens vite pour l'amour de Dieu, ne fût-ce que pour peu de temps et, si c'est possible, viens pour toujours. Tu verras toi-même que c'est plus gai de vivre à la maison qu'à Pétersbourg. Si cela ne te convient pas, tâche alors d'obtenir un poste là où je te le conseille, c'est-à-dire dans les bureaux. Et seulement là où c'est plus avantageux, par exemple un poste de caissier ou d'administrateur des biens de la couronne, ou bien dans les entreprises ou dans les douanes. Tous ceux qui ont réussi à s'introduire dans ces emplois, tous ceux-là, grâce à Dieu, ont été bien rassasiés. Tel d'entre eux vit aujourd'hui dans un palais en pierre, tel qu'il n'avait pas une âme en possède maintenant deux ou trois centaines. Entre nous, vois notre Avdoul Eremievitch; il n'a pas servi longtemps au département des serfs des monastères, et il a marié toutes ses filles. L'une d'entre elles, m'a-t-on dit, a eu trois mille roubles d'argent comptant et un village de cinq mille roubles. Et il ne s'est pas ruiné pour ça; Dieu est avec lui, il a gardé de quoi vivre. Et si on ne l'avait changé de poste, il aurait encore fait de bien meilleures affaires avec le recrutement. Ah! la prière est montée vers Dieu de ceux qui dans ce temps-là... Leur vie est un vrai carnaval. Et moi aussi je n'aurais pas fait le dégoûté si j'avais pu arriver à ces fonctions-là; il serait tombé quelque chose dans ma poche. Les croix, les bagues, c'est aussi de l'argent. Seulement il faut savoir sauver les apparences. Qui n'est pas pêcheur devant Dieu? Qui n'est pas coupable devant le tsar? Le monde n'a pas commencé avec nous et il ne finira pas avec nous. Ce que font les autres, nous pouvons bien le faire. Sache seulement partager, mon petit Falaleï, et on ne s'apercevra de rien. Va-t-on se mettre à pendre tout le monde? On se sauve au besoin par où on a péché[1].

Et moi aussi, je suis tombé une fois aux mains de la justice ; mais mon affaire a pris une autre voie et je me suis justifié comme s'il n'y avait rien eu. Mais si tu venais ici nous causerions bien mieux de tout cela en paroles, il est dangereux d'écrire; la lettre peut tomber aux mains de quelqu'un et cela peut jouer un mauvais tour. En attendant le plaisir de te voir, je reste ton oncle ERMOLAI.

(Le Peintre.)

La condition des paysans.

Partout chez les paysans, je rencontrais la misère et la servitude. Des champs non labourés, des récoltes misérables me faisaient comprendre quels soins les propriétaires apportaient à l'agriculture. De petites cabanes couvertes de paille, construites en minces poutrelles, des enclos entourés de clayonnages, de petites meules de blé, un très petit nombre de chevaux et de bêtes à cornes, tout cela attestait l'indigence de ces pauvres créatures qui doivent constituer la richesse et la grandeur de tout l'empire. Je ne traversais pas un seul village sans m'informer des causes de la misère des paysans. En écoutant leurs réponses, je trouvai partout, à ma grande indignation, que c'étaient les propriétaires eux-mêmes qui étaient coupables.

1. Par les concussions, la corruption des fonctionnaires.

Novikov décrit un village, où le paysan le plus riche possède pour tout bien une vache et où les malheureux enfants sont tellement épouvantés par le nom de *barine*[1] qu'ils n'osent même pas s'approcher de la calèche du voyageur.

Ce qui l'a particulièrement ému, c'est la situation des enfants à la mamelle.

J'entrai dans une izba dont la porte était toute grande ouverte. L'odeur infecte de toute espèce d'immondices, une chaleur extraordinaire et le bourdonnement d'une infinité de mouches allaient m'en chasser; mais je fus retenu par les cris de trois petits enfants qu'on y avait laissés. Je m'empressai de porter secours à ces malheureuses créatures. Je m'approchai des corbeilles suspendues à des perches où gisaient les enfants abandonnés sans aucune surveillance : l'un d'entre eux avait lâché son biberon; je le remis en place et il se calma. Je trouvai l'autre enfant le nez tourné sur un oreiller de toile grossière rempli de paille, je le retournai et je constatai que sans un prompt secours il aurait été bientôt privé de vie; il était non pas bleu, mais noir; il était déjà dans les bras de la mort. Il se calma aussitôt; je m'approchai du troisième; ses langes étaient tombés, de nombreuses mouches couvraient son visage et son corps et le martyrisaient impitoyablement. Il était en outre piqué par la paille sur laquelle il était couché et il poussait des cris perçants. Je lui rendis aussi service. Je chassai toutes les mouches ; je l'enveloppai de nouveaux langes sinon propres, du moins secs qui étaient suspendus dans l'izba; je remis en place la paille qu'il avait dérangée avec ses pieds en se débattant. Il se tut lui aussi.

En contemplant ces enfants, en me rendant compte

1. Seigneur.

de la misère de ces gens je m'écriai : « Cruel tyran, toi qui enlèves au paysan le pain quotidien et le dernier repos, regarde! Que demandent ces enfants? L'un a les mains et les pieds attachés : s'en plaint-il? Non, il regarde ses fers avec tranquillité. Que demande-t-il donc? Ce qui lui est indispensable pour sa nourriture. Cet autre crie seulement pour qu'on ne lui enlève pas la vie. Le troisième a crié vers l'humanité pour seulement ne pas être martyrisé. Criez, pauvres créatures, dis-je en versant des larmes! Exhalez vos plaintes; jouissez, pendant votre première enfance, de cette dernière satisfaction ; quand vous deviendrez hommes, vous serez privés même de cette consolation. O soleil contemple ces malheureux[1] ! »

(*Le Peintre.*)

Le métropolitain Platon.

(1737-1812)

La Russie n'a pas d'orateurs religieux aussi célèbres que les nôtres. Quelques-uns cependant ne sont pas sans mérite. Parmi eux figure en première ligne Platon, métropolitain de Moscou. Il s'appelait de son nom laïque Pierre Levchine. Son savoir et son éloquence attirèrent l'attention de Catherine II qui le chargea d'enseigner la religion au grand-duc héritier; il instruisit plus tard, dans la religion orthodoxe, la fiancée du grand-duc. Il devint métropolitain en 1781. Il a laissé seize volumes de sermons et divers opuscules d'histoire religieuse et de théologie. Le *Sermon pour le couronnement* d'Alexandre Ier est considéré comme un des meilleurs morceaux qu'il ait produits. Platon n'avait d'ailleurs aucune prétention au talent oratoire. Il se défendait de vouloir rechercher les louanges de ses auditeurs et ne voulait avoir en vue que le bien de leurs âmes.

---

[1] Novikov n'attaque pas le principe même du servage; mais dans la peinture qu'il fait des misères des paysans, il n'est pas moins énergique que Radistchev.

Sermon pour le couronnement de l'empereur Alexandre Ier (1801).

Ainsi, Dieu nous a accordé de contempler notre tsar couronné et exalté au-dessus de tous! Enfants de la Russie que nous reste-t-il aujourd'hui à dire et à faire? Remercierons-nous le roi des rois de sa bienveillance pour notre bien-aimé souverain, et pour nous? Oh oui, nous l'en remercierons de tout notre cœur! Lui adresserons-nous nos supplications pour qu'il daigne nous continuer ses bontés? Oui nous le prierons de toute notre foi. Offrirons-nous quelque présent au Seigneur? Il n'a pas besoin de nos dons, mais offrons-lui en hommage cette même couronne, ce sceptre, la puissance, la Russie; déposons au pied de son trône tous nos cœurs et toutes nos entrailles. Nous féliciterons Votre Majesté dans ce jour solennel; nous la féliciterons humblement. Faut-il lui manifester tout notre zèle et notre fidélité? Nous les attesterons à la face du ciel et de la terre, à la face de cet autel, à la face de Dieu et de ses anges. Souhaiterons-nous à Votre Majesté un règne long et heureux? Ah! que notre droite soit oubliée, si nous ne la tendons sans cesse vers le ciel dans nos ardentes prières! Demanderons-nous que Dieu lui-même vous dirige en éclairant votre pensée, en améliorant notre cœur en votre nom? Que notre langue demeure attachée à notre palais, si elle est jamais employée à autre chose qu'à adresser nos vœux au Seigneur. Faut-il tomber aux pieds du trône de la Majesté divine, pour lui jurer que trouvant dans notre monarque le meilleur des pères,

---

1. Saint Jean, xiii, 15.

nous lui serons toujours soumis comme ses enfants ? Nous y tombons et crions devant lui de toute la force de notre voix : Créateur tout-puissant, devant toi nous ne sommes que poussière, mais de cette poussière fais des vases d'élection et non de corruption. Ainsi le cœur pénétré des sentiments les plus divers, nous contemplons un spectacle digne d'une attention, d'une sollicitude particulière.

Monarque bien-aimé ! la couronne qui brille sur ta tête est notre gloire, mais tu l'as conquise. Ce sceptre est le garant de notre repos, mais il fait ton souci ; cette puissance dont tu es revêtu assure notre existence, mais elle fait ta sollicitude ; ce manteau de pourpre est notre égide, mais il est ton armure ; toute cette pompe impériale fait notre consolation, mais elle est ton fardeau.

Oui, en vérité, c'est un fardeau et un labeur pour toi : vois cet empire, le plus immense qui ait jamais existé ou qui jamais existera dans le monde. Il attend de ta sagesse, que dans chacun de ses membres et dans son corps entier règne le bon ordre et une parfaite harmonie. Vois la balance de la justice descendre du haut du ciel, avec cette voix du souverain juge du ciel et de la terre ; sois donc équitable, et n'incline jamais cette balance ni à gauche ni à droite. Regarde la face de ce Dieu de bonté qui t'envoie la clémence et veut que tu sois bon envers les peuples qu'il t'a confiés. Si au pied de ton trône viennent s'agenouiller des veuves, des orphelins, des pauvres opprimés par les abus du pouvoir ou lésés dans leurs droits par l'hypocrisie et la cupidité, s'ils te conjurent avec des gémissements de les défendre contre les méchants et les injustes, sèche leurs pleurs et force-les d'aller proclamer partout ta puissance et ta sollicitude. Considère l'humanité à son origine et dans sa primitive simplicité, sans distinction de naissance et d'extraction. Considère ses droits, ô notre père commun, nous sommes tous également tes enfants. Nul ne peut-être rebuté devant tes yeux, si ce n'est l'oppressseur de l'humanité, celui qui en franchit les limites. Enfin à ta pitié se présente l'Église, cette mère qui nous a engendrés par l'esprit et qui est revêtue de la robe rougie du sang du fils de Dieu, cette auguste fille du ciel, et trouve assez de protection dans son chef suprême, Notre Seigneur Jésus-Christ. Elle est garantie par la force de sa croix, cependant elle tend les mains vers toi, ô très pieux monarque, comme vers son fils aîné, elle embrasse tes chères épaules, elle ne cessera de te prier pour que tu conserves entier et intact le dépôt de la foi ; non pour toi seulement, mais en devenant toi-même un modèle de piété, en fermant la bouche des impies, en domptant le démon de la superstition.

Mais les mauvais esprits ne se lasseront pas de lutter contre les anges du Seigneur. Ils auront l'audace de circonvenir ton trône ; ils emploieront la ruse, l'adulation, la calomnie, l'intrigue, ils oseront penser qu'en affectant une basse servilité, ils pourront tromper ta pénétration. La rapacité, la convoitise, l'hypocrisie lèveront leur tête hideuse pour faire pencher en leur faveur la balance de la justice. Le luxe impur tentera effrontément d'abolir la sainteté du mariage et de proclamer que nous devons tout sacrifier au sang et à la chair dans les plaisirs et l'oisiveté. Pour te préserver contre tant d'embûches, viendront à ton secours la vérité et la justice, la prudence et la piété, et pour conserver ta puissance, elles s'uniront à tes vœux et prieront avec toi ; et Dieu ressuscitera en toi, et tes ennemis seront écrasés.

Voilà l'exploit que tu dois accomplir, puissant monarque ; pour cette guerre que tu auras à soutenir, ceins ton épée, ô héros ! triomphe, règne, la droite du Très-Haut te protégera miraculeusement.

Nous disons miraculeusement, car pour se garantir de tout, pour triompher de tous les obstacles, pour tout maintenir en paix et en bon ordre, il faut des forces plus qu'humaines. Quoique tu sois élevé au-dessus de tous les autres, tu n'en es pas moins homme, et pour cette raison nous devons imposer des bornes à notre joie et à nos chants de triomphe. Que signifie l'œuvre que nous venons d'accomplir sur toi aujourd'hui ? N'est-elle qu'extérieure ? N'est-elle qu'une simple solennité ? Oh non, sans doute... Lorsque David fut élu par le Très-Haut pour régner sur Israël, lorsqu'il fut l'oint de l'huile sainte, une voix cria : *Répands l'esprit de Dieu sur David à dater de ce jour et à l'avenir.* C'est cet esprit de Dieu qui a été répandu aujourd'hui sur ton auguste tête, c'est ce qui l'éclaire. Ainsi n'ont pas été vains les vœux de toute la Russie, ni vaines les prières de toute l'Église. Dieu accueille les prières des bons ; il ne les rejette pas.

La disposition même de ton âme attire sur elle l'intérêt du Seigneur, car nous pouvons dire de toi, Sire, ce qui fut dit de David lorsqu'il reçut l'huile sainte : *David est beau, il a le regard bon et il est agréable aux yeux du Seigneur.* Mais ceci serait peu de chose encore, si la beauté physique n'était pas encore le signe de la beauté de ton âme, de la pureté de tes pensées, de l'excellence de ton cœur.

Que tout cela, magnanime souverain, te fortifie et

t'encourage. Avec le secours du ciel, avec l'esprit dont le Très-Haut vient de t'animer, ton œuvre sera facile, ta vigilance douce, ta sollicitude fructueuse, ton fardeau léger ; une telle armure garantit la victoire et le triomphe.

Dieu te donne encore une preuve évidente de l'intérêt qu'il prend à ta puissance. C'est lui qui inspira au cœur de ta Majesté Impériale la pensée de faire participer son auguste compagne à l'honneur, à la gloire du couronnement et de la sainte onction. Ainsi le voulait l'éternelle Providence. Puisque le lien sacré du mariage vous réunit, puisque Dieu commande à la femme de venir en aide à son époux, les honneurs qui leur sont rendus doivent être indivisibles. La sagesse et les vertus de Sa Majesté justifieront tout notre espoir en elle ; elle accomplira la parole du Seigneur ; avec toi, sire, elle partagera le fardeau si pesant de la puissance suprême[1].

Ainsi, nous voyant de tous côtés soutenus et protégés par toi, grand prince, notre joie est grande et solennelle, et, rendant grâces à Dieu, nous nous écrierons : *Que béni soit le Seigneur, car il a visité et sauvé ceux qu'il aimait, et il a exalté la puissance de son Christ.*

Mais plus que tous et avant tous les autres, que ton âme se réjouisse, auguste Marie Féodorovna[2], sois fière du fruit béni de tes entrailles. Oh ! qu'il est doux, qu'il est substantiel pour nous ce fruit béni ! Ton sang sacré coule dans ses veines. C'est toi qui lui as transmis tout ce qu'il a dans ce sang de généreux et de bon. L'apôtre a dit jadis : Si la racine est sainte, les bran-

---

1. L'orateur entremêle ici au tutoiement biblique les formules solennelles de l'étiquette officielle.

2. L'impératrice mère qui assistait à la cérémonie.

ches le seront pareillement. C'est la racine qui donne la vie aux branches, et les branches servent d'ornement à la racine. Très pieuse Impératrice, ton cœur n'est-il pas aujourd'hui une source vivante de la joie indicible ? Si ton âme était soumise à quelque tristesse cette source ne l'adoucira-t-elle pas ? Si quelques nuages ont troublé l'azur de tes pensées, l'astre qui te doit sa naissance ne suffit-il pas à éloigner toutes ces ténèbres ? Ainsi, telle que la mère de Salomon, en voyant ton fils couronné et exalté, entonne des chants d'allégresse, et remercie le Seigneur qui a daigné si gracieusement te visiter. Quant à nous, unis à toute la Russie, nous nous joindrons également à vous comme à Marie triomphante, frappant sur les tympanons et les cymbales de nos cœurs, nous danserons en face de l'auguste monarque que nous venons de couronner, nous chanterons et jusqu'aux extrémités de la terre, retentiront ces paroles : Dieu est avec nous ! comprenez peuples et soumettez-vous. Malgré tous vos efforts vous serez vaincus, car Dieu est avec nous.

Ivan Dmitriev.

(1760-1837)

Dmitriev (Ivan Ivanovitch) fut tout ensemble poète et homme d'État. Il fut adjoint du ministre des domaines, procureur du Sénat et devint de 1810 à 1814, ministre de la justice. Il a écrit des fables et des romans qui sont restés populaires, des satires, des épigrammes et des mémoires (imprimés à Moscou en 1866), des lettres publiées dans l'*Archive russe* (1866 et années suiv.), et un poème *Ermak*. *La femme à la mode*, conte, a été traduit en vers par d'Inocourt (Saint-Pétersbourg, 1813); *Ermak*, par Hinglaise (Saint-Pétersbourg, 1809). Quelques-unes des romances de Dmitriev sont restées classiques; on lira avec intérêt sa satire contre les poètes lyriques de l'époque, elle porte un titre assez singulier : l'*Opinion d'autrui*. Le poète y met ses critiques dans la bouche d'un interlocuteur imaginaire.

Épigramme.

Un médecin disait : Si l'un de mes malades
Se plaignait, il aurait grand tort.
— Parbleu ! lui répliqua l'un de ses camarades.
Qui donc se plaint quand il est mort ?

(Traduction de Tardif de Mello.)

Le pigeon bleu (romance).

Il gémit le pigeon bleu ; il gémit nuit et jour ; son amie chérie s'est envolée depuis longtemps.

Il ne roucoule plus, il ne becquette plus le grain ; il est triste, triste ; il pleure silencieusement.

De branche en branche il volette, et de tous côtés il regarde s'il voit venir sa chère amie.

Il l'attend, hélas! en vain. Ainsi sans doute l'a voulu le destin ; il se dessèche, il se dessèche lentement le tendre, le fidèle pigeon.

Il se couche sur le gazon, il cache sa tête sous ses ailes ; il ne gémit plus, il ne soupire plus, il s'est endormi pour toujours.

Soudain la colombe arrive ; elle vient de loin, elle est lasse ; elle s'assoit sur son ami, elle cherche à éveiller le pigeon.

Elle pleure, elle gémit, son cœur se brise ; elle tourne autour de son ami. Mais hélas ! ô charmante Chloé, le cher ami ne s'éveillera plus [1].

---

1. Ce petit poème a été traduit en vers par Paul de Julvécourt dans le volume intitulé la *Balalaïka* (Paris, Dilloye, 1837). Malheureusement, cette traduction ne mérite guère d'être citée.

L'opinion d'autrui.

(SATIRE CONTRE LES POÈTES LYRIQUES)

« Quelle chose étrange ! Voici vingt ans, que, l'esprit tendu, le front ridé, nous écrivons tout le temps, tout le temps des odes avec une ardeur infatigable et nous n'entendons faire ni leur éloge, ni le nôtre. Phœbus a-t-il donc rendu un ukase tout exprès pour que personne d'entre nous ne puisse espérer égaler un Horace un Ramler[1] ou leurs confrères et devenir aussi célèbre dans l'art lyrique ?

« Qu'en pensez-vous ? Hier j'ai eu l'idée de comparer leurs chants et les nôtres ; chez eux rien à lire. Une feuille, trois tout au plus ! A les lire si vite on croirait voler. A juger par leur brièveté, on dirait en quelque sorte qu'ils les ont écrits en se jouant et non durant quatre longs jours. Pourquoi ne sommes-nous pas plus heureux qu'eux ? Nous sommes cent fois plus appliqués, cent fois plus patients. Quand l'un d'entre nous commence à écrire, adieu tous les plaisirs. Il passe une nuit entière sur un distique. Il transpire, il médite, il griffonne, il brûle du papier ; parfois il y met tant de cœur qu'il passe une année entière sur une ode. Naturellement il y fait entrer tout ce qu'il a d'intelligence. Naturellement aussi c'est une ode triomphale.

« Je ne saurais dire à quel genre elle se rattache ; mais

---

1. Ramler (Karl-Wilhelm), poète et critique allemand, né en 1725, mort en 1798. Imitateur d'Horace, il publia des odes qui furent remarquées au XVIIIe siècle, mais qui sont oubliées aujourd'hui. Von Vizine a imité de Ramler quelques détails du *Mineur*.

elle est très longue, elle a parfois jusqu'à deux cents strophes. Elle est dans les règles; d'abord l'introduction, puis l'exposition, puis la conclusion; tout cela point par point, comme les doctes prêchent dans les églises.

« Avec tout cela on a peu de plaisir à les lire; je le vois bien par moi-même. Je prends par exemple des odes sur les victoires. Comment on a soumis la Crimée, comment les Suédois ont succombé sur mer. J'y trouve tous les détails du combat, où il s'est passé, quand et comment. Pour tout dire, en un mot, c'est une relation en vers. Fort bien; mais je bâille. Je jette ma lecture et j'en prends une autre : *Pour une fête* ou pour quelque chose d'analogue. J'y trouve tout ce qu'un esprit vulgaire n'aurait jamais imaginé : les *doigts de rose de l'aurore*, le *lis paradisiaque*, *Phœbus*, *les profondeurs des cieux*. Quel bruit, quelles hauteurs! Eh bien! cela ne me réjouit pas et ne touche pas mon cœur. »

Ainsi me parlait hier un vieillard avec l'aimable simplicité des temps antiques. Et moi, collègue de ces poètes dont les vers l'étonnaient, j'étais tout troublé, je ne savais comment répondre. Par bonheur, si l'on peut appeler cela un bonheur, d'entendre des critiques fort amères même pour soi-même, un certain aristarque prit en ces termes la parole :

« Le mal dont vous vous plaignez, dit-il, a beaucoup de causes; je ne m'engage pas à vous en découvrir la moitié, mais je vous en dirai volontiers quelques mots.

« J'aime la langue des dieux, la poésie, et en particulier la nôtre. Comme vous ici, à Moscou, j'ai beaucoup frayé avec nos Pindares et je les ai tous observés. Or, voici, pour la plus grande partie, comment ils se composent : l'un est caporal de la garde, un autre assesseur, officier, clerc ou conservateur du cabinet des antiques, habitué à marcher dans la poussière, gardien de curiosités; tous sont de pauvres diables criblés de dettes. Tel d'entre eux — je l'ai vu souvent — reste trois jours à courir après une rime, tant il a d'occupation. A peine une heureuse pensée lui vient-elle à l'esprit, six heures sonnent déjà ; une voiture l'attend ; il faut aller au théâtre, au bal, chez Lyon, y passer la nuit. Où trouver le temps d'aller chez Apollon ? Le lendemain matin, les yeux à peine ouverts, arrive un billet. Il faut aller répéter à cinq heures. Où cela ? Dans le grand monde, où notre lyrique doit jouer en personne le rôle d'Arlequin. Que devient l'ode dans tout cela ? Apprends ton rôle, cours deux fois chez Kroll, retourne à la maison, fais ta toilette, ajuste-toi, ensuite au spectacle et dis adieu au jour qui finit.

« D'ailleurs, les anciens avaient en vue un objet, et nous un autre. Horace, par exemple, la poitrine gonflée d'enthousiasme, que souhaitait-il ? Oh ! ses vœux n'allaient pas bien haut : dans les siècles, l'immortalité ; dans Rome, une couronne de lauriers ou de myrtes pour faire dire à Délie : « Il est glorieux, et par lui je suis devenue immortelle. »

« Quant à nos rimeurs ce qu'ils veulent pour récompense, c'est une bague, parfois cent roubles, ou l'amitié d'un prince qui depuis son enfance n'a rien lu que le calendrier de la cour, ou la louange d'amis pour qui toute feuille imprimée paraît une chose sainte.

« A en juger par la différence des idées de ces messieurs et des nôtres, on peut dire vraiment sans faire d'injure à ces nourrissons zélés des muses russes qu'ils doivent avoir un goût particulier, des moyens et des procédés spéciaux pour la fabrication du poème lyrique...

« Or, voici comment un de ces poètes *naturels* écrivait une Ode :

« Dès que le bruit du canon a fait savoir au peuple cette agréable nouvelle que l'Alcide de Rimnik[1] a terrassé les Polonais que Fersen a fait prisonnier leur chef Kosciuszko, il saisit sa plume et écrit :

Ode, puis *tel jour, telle année*.

« Et maintenant quoi? Je chante. Non cette formule est trop vieille; ne vaudrait-il pas mieux dire : « Accorde-moi, Phébus. » Ou bien : « Ce n'est pas toi seule qui es tombée sous notre talon ô Porte enturbannée. » Mais quelle rime trouver à Porte? Non, non. Cela ne va pas : je vais plutôt aller me promener et rafraîchir mes idées à l'air. Il s'en va et tout en marchant il délibère ainsi : Ce n'est jamais le commencement qui épouvante les poètes. Chante ce que tu veux. Mais le difficile c'est de savoir à qui comparer mon héros. A Roumiantsov, à Greigh, à Orlov? Quel malheur que je n'ai pas lu les anciens! Et comparer à un moderne ce n'est pas facile. J'écrirai simplement : « Héros! triomphe! triomphe! tu es un héros! » Fort bien. Que faut-il ici? Il faut de l'enthousiasme. Je dirai : « Qui a déchiré devant moi le voile de l'éternité? Je vois les éclairs de la foudre! J'entends du monde éthéré ceci! cela! Et puis ensuite, la formule connue : puisses-tu vivre de longues années! » Bravissimo! le plan, les pensées tout y est! Vive le poète! Il n'y a plus qu'à s'asseoir, à écrire et à imprimer hardiment. Il monte à son grenier, il écrit et l'affaire est dans le sac! Voici

---

1. Souvarov.

qu'on donne son ode à l'impression! Et voici que dans son ode on nous vend de la cire[1]. »

---

[1] Souvenir d'Horace ou de Boileau.

>   Deferar in vicum vendentem thus et odores
>   Et piper et quidquid chartis amicitur ineptis.

>   Il est fâcheux, grand roi, de se voir sans lecteur
>   Et d'aller du récit de ta gloire immortelle
>   Habiller chez Francœur le sucre et la cannelle.

TROISIÈME PARTIE

LE DIX-NEUVIÈME SIÈCLE

Karamzine (Nicolas-Mikhaïlovitch).
(1766-1826)

Karamzine est, après Lomonosov, le second créateur de la prose russe. Il l'a définitivement émancipée de la tutelle du slavon qui pesait encore lourdement sur lui, surtout dans les œuvres d'un caractère historique ou oratoire; il a créé le roman russe qui, depuis, a fait, comme on sait, une assez belle carrière. Il a doté son pays de la première histoire vraiment digne de ce nom ; il a, dans ses *Lettres d'un voyageur*, donné des modèles excellents dans un genre encore peu cultivé de ses compatriotes. Il imposa son œuvre à l'attention des souverains et réussit à la faire imprimer aux frais de la cassette impériale. Il réussit aussi à l'imposer à l'attention de l'Europe. Son histoire fut traduite en allemand, en italien, en polonais, en français (par Saint-Thomas, Jauffret et Divoff, 11 volumes, Paris, 1819-1826). D'autres ouvrages de Karamzine ont été encore traduits dans notre langue :

1° *Marpha* ou *Novgorod conquise*, nouvelle historique, traduite par J.-B. P., Moscou, 1804, réimprimée à Genève en 1085 ;

2° Le *Sensible* et l'*Indifférent* (traduit par Arsène Khvostov), Saint-Pétersbourg, 1866 ;

3° La *Pauvre Lise*, Paris, 1808. Une autre traduction a été publiée par V. de Panov, Kazan, 1817.

4° Les *Lettres d'un voyageur russe*, par M. Legrelle, Paris, 1886.

La traduction de l'histoire de Russie par Jauffret et Saint-Thomas se trouve dans la plupart des grandes bibliothèques.

Karamzine ferme le dix-huitième siècle et ouvre le dix-neuvième. Il n'appartient pas encore à la période romantique ; mais en donnant aux Russes la conscience de leur passé historique, en émancipant l'idiome national de l'influence du slavon, il a contribué à frayer la voie à la nouvelle école.

Un paysage aux environs de Moscou.

Aucun des habitants de Moscou ne connaît peut-être aussi bien que moi les environs de cette ville; personne ne va plus souvent que moi à la campagne; personne plus que moi ne se plaît à errer à pied sans plan, sans but, au hasard, par les prairies et les bois, par les monts et les plaines.

Mais l'endroit qui me charme le plus, c'est celui sur lequel s'élèvent les tours sombres et gothiques [1] du monastère de Saint-Simon. De cette colline, on découvre, à droite, Moscou presque tout entière, avec cet effrayant amas de maisons et d'églises qui se présente aux yeux sous l'aspect d'un gigantesque amphithéâtre; tableau majestueux, surtout quand il est éclairé par le soleil, quand les rayons du couchant font flamboyer d'innombrables coupoles d'or, d'innombrables croix dressées vers les cieux. A mes pieds, s'étendent des prairies grasses, drues, émaillées de fleurs; derrière, sur les sables jaunes, coule la rivière lumineuse, agitée par les rames légères des barques de pêcheur, où bruissent, sous le gouvernail, des lourdes péniches venues des contrées plus fertiles de l'empire russe qui nourrissent de leur blé l'avide Moscou. De l'autre côté, croît un bois de chênes; sur sa lisière paissent de nombreux troupeaux; là, les jeunes bergères assises à l'ombre

---

[1]. Ce monastère date du xive siècle. L'épithète de gothique que lui donne Karamzine ne doit point être pris à la lettre. Le monastère est du style byzantin.

des arbres chantent leurs chants simples et mélancoliques, pour abréger la longueur des jours d'été si monotones. Un peu plus loin, dans l'épaisse verdure d'ormes antiques, étincellent les coupoles d'or du monastère de Saint-Daniel; plus loin encore, presque sur la limite de l'horizon, bleuissent les montagnes des Moineaux. A gauche, on aperçoit de vastes plaines couvertes de blé, de petits bois, trois ou quatre villages et, dans le lointain, le village de Kolomenskoe avec son haut palais.

Je viens souvent en cet endroit; presque chaque année j'y viens saluer le printemps. J'y viens aussi aux jours sombres de l'automne gémir avec la nature. Les vents gémissent terriblement dans les murailles du monastère abandonné, parmi les tombeaux recouverts de hautes herbes, et dans les sombres corridors. Là, appuyé sur les ruines des monuments funéraires, j'écoute le sourd gémissement des temps engloutis dans l'abîme du passé, gémissement qui fait tout ensemble frémir et frissonner mon cœur. Parfois j'entre dans les cellules et je me représente ceux qui vécurent sous leur abri. — tableaux mélancoliques! Ici, je vois un vieillard aux cheveux gris, agenouillé devant le crucifix et demandant au Seigneur de le délivrer bientôt de ses liens terrestres; car pour lui la vie n'a plus de satisfactions, tous ses sentiments sont morts, sauf celui de sa souffrance et de sa faiblesse. Là, un jeune moine, le visage pâle, l'œil alangui, contemple la campagne à travers la grille de sa fenêtre; il voit les joyeux oiseaux naviguer librement dans les flots de l'atmosphère, il les voit, et ses yeux versent des larmes amères. Il languit, s'épuise, se dessèche, et la cloche mélancolique me prédit sa mort prématurée. D'autres fois, sur les portes du temple, je contemple la peinture des miracles qui se sont accomplis dans ces lieux. Ici des poissons tombent du ciel pour nourrir les habitants du monastère, assiégé par de nombreux ennemis ; là, l'image de la mère de Dieu met les ennemis en fuite. Tous ces spectacles renouvellent dans mon esprit l'histoire de notre patrie, l'histoire lamentable de ces temps où les farouches Tatares et les Lithuaniens ravageaient, par le fer et le feu, les environs de notre capitale, et où la malheureuse Moscou, comme une veuve sans défense, n'attendait que du Seigneur un secours contre ses cruelles épreuves.

(*La Pauvre Lise*, Introduction.)

Lettres d'un voyageur russe.

Tver, 18 mai 1789.

Je vous ai quittés, mes chers amis, je vous ai quittés. Mon cœur vous reste attaché par les plus tendres sentiments et je m'éloigne et je vais m'éloigner sans cesse de vous.

O cœur humain! qui sait ce que tu veux? Depuis tant d'années ce voyage était le rêve le plus agréable de mon imagination. N'est-ce pas avec enthousiasme que je me disais : enfin, tu vas partir? N'était-ce pas avec joie que je me réveillais chaque matin? N'était-ce pas avec satisfaction que je m'endormais en me disant : tu partiras? Pendant combien de temps ai-je été incapable de penser à autre chose, de m'occuper d'autre chose que de mon voyage? Ne comptais-je pas les jours et les heures? Mais quand est venu le jour souhaité, j'ai commencé à m'affliger. Pour la première fois, je

me suis représenté clairement qu'il fallait me séparer
de ceux qui me sont les plus chers au monde, de tout
ce qui constitue pour ainsi dire mon être moral. Tout
ce que je regardais : la table, où pendant quelques
années j'ai versé sur le papier les fruits prématurés
de ma réflexion et mes sentiments; la fenêtre, auprès
de laquelle j'étais assis, mélancolique, et où le lever
du soleil m'a si souvent retenu; la maison gothique,
logis favori de mes contemplations aux heures de la
nuit; en un mot, tout ce qui me tombait sous les yeux
était pour moi un précieux souvenir des années passées, d'une vie peu abondante jusqu'alors en action,
mais riche en pensées et en sentiments. Je me séparai
de ces objets insensibles comme de vieux amis; à ce
moment même où mon cœur était ému, attendri, sur-
vinrent mes gens; ils se mirent à pleurer, à me prier
de ne pas les abandonner, de les reprendre à mon
retour. Larmes contagieuses, mes amis, surtout en
pareille circonstance.

Mais c'est vous que j'aime par-dessus tout et c'est de
vous qu'il fallait me séparer. Mon cœur était si troublé
par ces sentiments, que j'oubliais de parler, mais que
vous dire? Le moment où nous nous sommes dit adieu
est de ceux que, dans l'avenir, mille moments agréables
auront peine à compenser. L'aimable P... me conduisit
jusqu'à la barrière. Là, nous nous embrassâmes et, pour
la première fois, je vis des larmes couler de ses yeux; je
m'assis dans ma voiture, je jetai un regard sur Moscou
où je laissais tant d'objets chers à mon cœur et je dis
adieu! La clochette sonna, les chevaux s'ébranlèrent et
votre ami resta seul au monde, l'âme orpheline.

Tout le passé n'est plus qu'un rêve, plus qu'une
ombre! Ah! où sont ces heures où mon cœur était si

bien au milieu de vous, chers amis? Si l'homme le plus heureux voyait brusquement l'avenir s'ouvrir devant lui, son cœur frissonnerait de terreur, sa langue deviendrait muette au moment même où il croirait pouvoir se dire le plus heureux des mortels.

Pendant toute la route, pas une pensée joyeuse ne me vint à l'esprit; à la dernière station, ma douleur devint si forte que dans une auberge de village, devant les caricatures de la reine de France et de l'empereur, j'aurais voulu, comme dit Shakespeare, pleurer tout mon cœur. Tout ce que j'avais abandonné, m'apparut sous un aspect si touchant... Mais assez! assez! Je me retrouve de nouveau dans une mélancolie extraordinaire, adieu! Que Dieu vous donne des consolations. Souvenez-vous de votre ami, mais sans aucune tristesse.

(*Lettres d'un voyageur russe.*)

Paris.

Paris, 2 avril 1790.

Je suis à Paris! Cette pensée produit dans mon âme je ne sais quelle agitation particulière, rapide, inexplicable, charmante... « Je suis à Paris! » me dis-je à moi-même, et je cours de rue en rue, des Tuileries aux Champs-Elysées; soudain je m'arrête, je regarde tout avec une curiosité inattendue : les maisons, les voitures, les gens et mille idées s'éveillent dans ma tête. Ce qui m'était connu par des descriptions, je le vois à présent de mes propres yeux, je me réjouis et je m'égaye du vivant tableau qu'offre la plus grande et la plus célèbre ville du monde, ville merveilleuse, unique par la variété de ses spectacles.

Cinq journées ont passé pour moi comme cinq heures, dans le bruit, dans la foule, dans les théâtres, dans l'enceinte magique du Palais-Royal. Mon âme est pleine de vives impressions; mais je ne puis m'en rendre compte moi-même, et je ne suis pas en état de vous dire quelque chose de suivi à propos de Paris. Laissez ma curiosité se rassasier. Ensuite viendra le moment d'apprécier, de décrire, de louer, de critiquer. A présent je ne remarquerai qu'une chose qui me paraît le trait principal de Paris : la vivacité inouïe du peuple dans ses mouvements, sa promptitude surprenante à parler et à agir. Le système des tourbillons de Descartes n'a pu prendre naissance que dans la tête d'un Français, d'un habitant de Paris[1]. Ici tout le monde se précipite vers un but quelconque. Tout le monde a l'air de se poursuivre mutuellement : on donne la chasse aux pensées, on les attrape au vol ; on pressent ce que vous voulez dire, afin de vous expédier le plus tôt possible. Quel étrange contraste, par exemple, avec les graves Suisses, qui vont toujours à pas mesurés, vous écoutent avec la plus grande attention, si bien que l'homme timide, modeste, en rougit; qui vous écoutent même encore alors que vous avez cessé de parler ; qui pèsent vos mots et répondent avec tant de lenteur, tant de prudence, par crainte de ne pas vous comprendre. L'habitant de Paris, lui, veut toujours deviner. Vous n'avez pas fini votre question qu'il vous a fait entendre sa réponse, s'est incliné et a disparu.

(*Lettres d'un voyageur russe*, traduction de M. Legrelle, Paris, Hachette.)

---

1. Les biographes de Descartes ne seraient pas tout à fait d'accord avec Karamzine sur ce point. (Note de M. Legrelle.)

Sur la tragédie française.

Au Théâtre-Français on joue des tragédies, des drames et de grandes comédies. Pour moi, même à présent, je n'ai pas changé d'avis sur la Melpomène française. Elle est noble, majestueuse et très belle, mais elle n'émeut jamais; jamais elle n'émeut mon cœur comme la muse de Shakespeare et de quelques Allemands, en très petit nombre, à la vérité. Les poètes français ont un goût fin, délicat, et dans l'art d'écrire ils peuvent servir de modèles. Seulement, au point de vue de l'invention, du feu et du sentiment profond de la nature, — pardonnez-moi, ombres sacrées des Corneille, des Racine et des Voltaire, — ils doivent céder la prééminence aux Anglais et aux Allemands. Leurs tragédies sont pleines de tableaux ingénieux dans lesquels les couleurs sont assorties aux couleurs, les ombres aux ombres, mais je les admire le plus souvent d'un cœur froid. Partout c'est un mélange de naturel et de romanesque ; partout *mes feux! ma foi!* partout des Grecs et des Romains à la française qui se pâment dans des transports amoureux, philosophent de temps à autre, expriment une seule pensée par plusieurs mots bien choisis et, se perdant dans le labyrinthe de la rhétorique oublient d'agir. Le public d'ici demande à l'auteur de beaux vers, des vers à retenir; ce sont eux qui rendent célèbre une pièce et, par ce motif, les poètes s'efforcent par tous les moyens possibles d'en augmenter le nombre. Ils s'en préoccupent plus que de l'importance du sujet, que des *situations* nouvelles, extraordinaires, quoique naturelles, et ils oublient que le caractère se manifeste surtout dans ces circonstances exceptionnelles auxquelles les mots eux-mêmes empruntent de la force.

Pour parler net, les œuvres de la Melpomène française sont illustres et le resteront toujours, à cause de la beauté du style et de leurs vers brillants. Mais si la tragédie est tenue d'émouvoir notre cœur ou d'épouvanter notre âme, les compatriotes de Voltaire ne possèdent peut-être pas deux véritables tragédies, et d'Alembert a dit avec beaucoup de justesse que toutes leurs pièces sont faites plus pour la lecture que pour le théâtre [1].

(*Lettres d'un voyageur*, traduction de M. Legrelle.)

Introduction à l'histoire de Russie.

L'histoire est en quelque sorte le livre sacré des nations; livre par excellence et indispensable ! Elle est le tableau de leur existence et de leurs actions, le dépôt des révélations et des principes, le testament laissé par les ancêtres à la postérité, le complément et l'explication du présent, le guide de l'avenir.

Les souverains et les législateurs agissent d'après les indications de l'histoire. Ils en consultent attentivement les pages, ainsi que les cultivateurs consultent leurs cartes marines. La sagesse humaine a besoin

---

[1]. Je prie les personnes qui connaissent le théâtre français de me trouver dans Corneille ou dans Racine quelque chose de semblable, par exemple, aux vers que Shakespeare met sur les lèvres du vieux Lear, exilé par ses propres filles, auxquelles il a cédé son royaume, sa couronne, sa grandeur, alors qu'il erre dans une nuit de tempête au milieu des forêts et des déserts : « *Blow winds*, etc... » (Note de Karamzine.)

On a pu voir par certains des textes cités plus haut que l'influence française avait soulevé en Russie plus d'une protestation. La lettre de Karamzine annonce déjà l'avènement de la littérature romantique et la réaction énergique contre l'école française que les Russes appellent *pseudo-classique*.

d'expérience et la vie est si courte ! Il importe de connaître comment, de toute antiquité, les passions séditieuses ont troublé la société et par quel moyen le pouvoir bienfaisant de la raison a su réprimer leur choc impétueux, afin d'établir l'ordre, de concilier les divers intérêts des hommes, et de leur procurer tout le bonheur qu'on peut espérer sur la terre.

Un simple citoyen même doit également lire l'histoire ; elle le réconcilie avec l'apparente imperfection des choses, en la lui présentant comme l'apanage de tous les siècles. Pour le consoler au milieu des calamités publiques, elle lui en montre de semblables et de plus terribles encore auxquelles l'État n'a pas succombé. Elle nourrit nos facultés morales, et par ses arrêts équitables, elle dispose l'âme à la justice, cette précieuse base de notre bien-être qui établit la concorde parmi les hommes.

Voilà l'utilité de l'histoire ; maintenant quelle foule de jouissances n'offre-t-elle pas à l'esprit et au cœur ? La curiosité est naturelle à l'homme éclairé ainsi qu'à l'homme sauvage. Aux célèbres jeux Olympiques, le bruit cessait et la foule se rangeait en silence autour d'Hérodote lisant les traditions des siècles passés. Lors même qu'ils ignorent l'usage des lettres, les peuples aiment déjà l'histoire. Le vieillard montre au tout jeune homme la tombe placée sur un tertre élevé, et lui raconte les exploits du héros qui y repose. Les premiers essais de nos ancêtres dans l'art d'écrire furent consacrés à l'histoire et à la religion. Plongé dans les ténèbres épaisses de l'ignorance, le peuple écoutait avec avidité les récits des annalistes. Les fictions même ont leurs charmes, mais pour compléter le plaisir qu'elles procurent, il faut s'abuser soi-même et s'imaginer qu'elles sont la réalité. En ouvrant les tombeaux, en ranimant les morts, en leur rendant la vie et la parole, en tirant les empires du sein de la poussière, en offrant enfin à l'imagination cette longue série de siècles avec leurs passions, leurs mœurs, et les actions qui les distinguent, l'histoire recule les limites de notre existence; c'est par sa force créatrice que nous vivons avec les hommes de tous les temps, que nous les voyons, qu'il nous semble les entendre, et que nous éprouvons pour eux des sentiments d'amour et de haine; et sans songer encore à son utilité, nous goûtons déjà de vives jouissances par la seule contemplation de cette variété d'événements et de caractères qui intéressent l'esprit ou alimentent la sensibilité.

Si, comme le dit Pline, toute histoire est agréable, encore que mal écrite, quel plaisir ne doit-on pas ressentir en lisant celle de la patrie. Le véritable cosmopolite est un être de raison ou un phénomène si rare qu'il est inutile d'en parler en bien ou en mal. Nous sommes tous citoyens, en Europe, dans l'Inde, au Mexique, en Abyssinie; l'existence de chaque individu est intimement liée à la patrie; et ce noble sentiment qui nous attache à elle fait partie de l'amour de nous-mêmes. Je veux que les Grecs et les Romains charment notre imagination; ils sont membres de la grande famille du genre humain; vertus, faiblesse, gloire, infortune, rien de ce qui les concerne ne nous est étranger; mais le nom de Russe a pour nous un attrait bien plus puissant; mon cœur palpite plus fortement encore au nom de Pojarsky qu'à celui de Thémistocle ou de Scipion. L'histoire universelle par ses grands souvenirs embellit le monde aux yeux de l'esprit; celle de la Russie embellit la patrie, centre de notre existence et de nos affections. Quelles touchantes émotions nous procurent les bords du Volkhov, du Dniéper et du Don lorsque nous connaissons les faits dont ils furent anciennement les témoins. Non seulement Novgorod, Kiev, Vladimir, mais jusqu'aux cabanes d'Eletz, de Kozelsk, et de Galitch, tout devient pour nous des monuments intéressants, les objets inanimés parlent à notre cœur, et l'ombre des siècles écoulés nous trace, à chaque pas d'énergiques tableaux.

Outre le mérite particulier qu'ils ont pour nous, enfants de la Russie, les fastes de la patrie en ont un plus universel. En jetant un regard sur l'immensité de cette monarchie unique au monde, la pensée reste anéantie. Jamais Rome ne l'égala en grandeur; Rome qui régnait depuis le Tibre jusqu'au Caucase, depuis les rives de l'Elbe jusqu'aux sables de la Lybie! N'est-il pas admirable de voir comment des pays entre lesquels la nature semblait avoir mis d'éternelles barrières, des déserts immenses, d'impénétrables forêts, des climats glacés ou brûlants: comment Astrakhan et la Laponie, la Sibérie et Bessarabie purent être réunis pour ne former qu'un seul empire avec Moscou? Est-il moins merveilleux ce mélange de ses habitants, d'origine et de figures différentes, et à une si grande distance les uns des autres sous le rapport de la civilisation? Comme l'Amérique, la Russie a ses sauvages, comme les autres contrées de l'Europe elle présente les fruits d'une longue existence policée. Il n'est pas nécessaire d'être Russe, il ne faut que savoir penser pour lire avec le plus vif intérêt les annales d'un peuple qui, par sa valeur et son courage, est parvenu à dominer sur la neuvième partie du globe; qui a découvert des régions avant lui inconnues; les a introduites dans le système général de la géographie et de l'histoire, et les a éclairées du flambeau de la vraie religion, par la seule force du bon exemple, et sans commettre aucune des violences, aucun des forfaits dont les zélateurs outrés du christianisme se sont rendus coupables en Europe et dans le Nouveau-Monde.

Les faits décrits par Hérodote, Thucydide et Tite-Live sont, nous l'avouons, en général plus intéressants pour un homme étranger à la Russie, en ce qu'ils lui offrent plus de force d'esprit, et un jeu de passions plus actif; car la Grèce et Rome étaient des puissances républicaines et plus éclairées que ne l'étaient la Russie ancienne. Cependant nous ne craignons pas d'avancer qu'il y a dans notre histoire tels faits, tels caractères, tels portraits qui ne le cèdent en rien à ceux des anciens. Tels sont les exploits de Sviatoslav, l'invasion foudroyante de Baty, l'élan national des Russes sous Dmitri Donskoï, la chute de Novgorod, la prise de Kazan, le triomphe des vertus civiques pendant l'interrègne; l'ombre d'Oleg et du fils d'Igor s'élevant majestueusement à travers le crépuscule qui couvre le berceau de la Russie; l'aveugle Vasilko, ce héros débonnaire, l'ami de la patrie, le vertueux Monomaque; les valeureux Mstislav terribles dans les combats et modèles de bonté pendant la paix; Michel de Tver illustre par son trépas magnanime; le brave et malheureux Alexandre Nevsky; le jeune héros vainqueur de Mamaï. La plus légère esquisse, le moindre trait de ces grands caractères doivent vivement émouvoir le cœur et l'imagination. Le règne seul de Jean III est pour l'histoire un règne inappréciable; je ne connais pas de souverain plus digne de placer avec éclat son grand nom au temple de mémoire. Les rayons de sa gloire retombent sur le berceau de Pierre le Grand. Entre ces deux monarques nous voyons paraître Jean IV surnommé le Terrible, Godounov digne également de son bonheur et ses revers, le faux Dmitri, cet homme extraordinaire; et suivi d'une phalange d'intrépides patriotes de boïars et de citoyens vertueux, le patriarche Philarète, dirigeant son fils sur le trône et l'aidant à porter la lumière dans la nuit de nos désastres civils; le sage Alexis enfin, père de cet empereur auquel l'Europe a donné le nom de Grand. Il faut que toute l'histoire moderne reste muette, si celle de la Russie n'est pas digne de fixer l'attention générale.

(Introduction à l'*Histoire de l'Empire de Russie*, traduction Saint-Thomas et Jauffret.)

Siège et prise de Kiev par les Tatares.
(1240)

Depuis longtemps déjà Baty avait entendu parler de l'antique capitale du Dniéper, des immenses trésors de ses églises, ainsi que de l'opulence de ses marchands; car la renommée de cette ville s'étendait non seulement dans l'empire de Byzance et en Allemagne, mais encore jusqu'aux contrées les plus reculées de l'Orient; les historiens, les géographes arabes en font mention dans leurs ouvrages. Mangou petit-fils de Gengis Khan fut envoyé pour examiner Kiev; il l'aperçut de la rive orientale du Dnieper, et, selon l'annaliste, il ne pouvait se lasser d'en admirer l'aspect enchanteur. En effet, la position pittoresque de la ville sur les bords escarpés d'un fleuve majestueux, la magnificence de ses temples dont les brillantes coupoles se dessinaient sur l'horizon à travers l'épais feuillage des jardins, les murs blanchis qui l'entouraient, ses portes et tours menaçantes, chefs-d'œuvre des artistes byzantins, dans les jardins heureux d'Iaroslav le Grand, tout devait frapper d'étonnement les barbares du désert. Mangou n'osa pas traverser le Dniéper; il s'arrêta sur la rivière de Troubèje, près de la ville de Pesotchny et chercha par d'insidieuses propositions à décider les habitants de la capitale à se rendre. Les combats de la Kalka, de la Sit, les cendres encore fumantes de Riazan de Vladimir, de Tchernigov, de beaucoup d'autres villes, attestaient la terrible puissance des Mongols; toute résistance paraissait inutile; mais l'honneur national et la grandeur d'âme sont au-dessus des timides conseils de la prudence. Les Kieviens étaient fiers du titre des plus anciens et des plus nobles fils de la Russie. Auraient-ils pu humilier leurs fronts et demander des chaînes, tandis que, préférant la mort à la honte, les autres Russes périssaient glorieusement dans les combats? Les Kieviens massacrèrent les envoyés de Mangou-Khan, et jurèrent par le sang qu'ils venaient de verser, de n'accepter jamais une paix déshonorante. Cette courageuse résolution du peuple ne fut pas imitée par le prince Michel, qui, pour éviter la vengeance des Tatars, s'enfuit en Hongrie sur les pas de son fils. Rostislav petit-fils de Daniel de Smolensk, voulut alors s'emparer du trône de Kiev, mais à cette nouvelle, l'illustre Daniel de Galicie, marche sur cette ville et fait arrêter Rostislav.

Daniel connaissait les Mongols. Il savait que la valeur d'une armée peu nombreuse serait d'un inutile secours contre les forces redoutables de ces barbares, et à l'exemple de Michel, il prit le parti de se rendre près du roi de Hongrie, célèbre alors par ses richesses et par sa puissance dans l'espoir que ce monarque réunirait ses efforts aux siens, pour repousser leurs cruels ennemis. Il fallut laisser dans la capitale un chef courageux autant qu'habile et le choix du prince tomba sur le boïar Dmitri, digne de la confiance dont l'honorait son maître.

Bientôt, ainsi qu'un épouvantable ouragan la terrible armée de Baty vint fondre sur Kiev et la cerner de toutes parts. Le bruit d'innombrables chariots, le mugissement des chameaux et des bœufs, le hennissement des chevaux, les cris féroces des ennemis permettaient à peine, selon l'annaliste, de s'entendre dans l'intérieur de la ville. Cependant Dmitri avait l'œil à tout, et donnait ses ordres avec sang-froid. On lui amène un Tatare fait prisonnier, qui lui apprend que Baty lui-même se trouve sous les murs de Kiev avec tous les chefs mongols, dont les principaux étaient Gaiouk fils du grand Kkan, Mangou et Baïdar, tous deux petit-fils de Gengis-Khan; Ordou, Kadan, Soudou, Bayadour, vainqueur des Tatares Niu-tché, enfin Bastyr conquérant de la Bulgarie orientale et de la principauté de Souzdal. Quant à la force de l'armée de Baty, ce prisonnier se bornait à dire que les troupes sous ses ordres étaient innombrables, mais la grande âme de Dmitri était inaccessible à la peur. L'attaque commence par un assaut contre la porte de Pologne où venaient aboutir des ravins; là, de jour et de nuit les béliers et les machines de guerre battent les murailles qui, cédant à leurs coups redoublés, tombent avec fracas et laissent à découvert les intrépides Kiéviens, noble et dernier rempart de leur malheureuse ville. Un combat affreux s'engage à l'instant : les flèches obscurcissent l'air. On entendait le bruit des piques qui se fracassaient dans leur choc ; les morts et les mourants étaient foulés aux pieds ; le désespoir des assiégés résiste longtemps à la supériorité des forces ennemies ; mais vers le déclin du jour les Tatares se rendent maîtres des murailles : ce succès de l'ennemi n'affaiblit point le courage des soldats russes ; ils battent en retraite jusqu'à l'église de la Dîme ; ils l'entourent pendant la nuit d'une palissade et, retranchés derrière cette espèce de fortification, ils attendent fièrement l'ennemi, tandis que les habitants hors d'état de porter les armes se renferment dans l'église avec ce qu'ils ont de plus précieux. Il était impossible qu'un aussi faible moyen de défense parvînt à sauver la ville : pourtant on n'entendait pas un mot de négociation, personne ne songeait à demander grâce, à implorer la clémence du cruel Baty, et les citoyens, les soldats, tous envisageaient la mort qui les attendait, comme un généreux sacrifice imposé par la religion et la patrie. Quoique épuisé par ses nombreuses blessures, Dmitri tenait encore d'une main ferme sa pique ensanglantée ; son esprit actif s'occupait encore des moyens de retarder le triomphe des ennemis. Les Mongols harassés de fatigue passèrent la nuit sur les ruines des murailles ; le lendemain ils recommencent l'attaque et parviennent à franchir l'impuissante barrière que leur avait opposée le courage des Russes. Ceux-ci, soutenus par l'idée que derrière eux était le tombeau de saint Vladimir et qu'ils allaient se défendre dans ce dernier asile de leur liberté, font des prodiges de valeur, mais ils succombent et les barbares arrivent au temple de Notre-Dame après avoir jonché de cadavres l'espace qui les en séparait. L'intrépide Dmitri fait prisonnier est amené devant Baty. Ce farouche conquérant, étranger à tout sentiment d'humanité sut au moins apprécier la brillante valeur du voevode russe, auquel il dit avec un orgueilleux sourire : « Je t'accorde la vie. » Dmitri accepta cette grâce, dans l'espoir d'être utile à sa patrie.

Pour célébrer leur victoire, les Mongols se livrèrent pendant quelques jours à toutes les horreurs de la destruction. Rassasiés de carnage, ils ensevelirent, sous des ruines ensanglantées, la population entière, les chefs-d'œuvre des arts, les fruits d'une longue civilisation ; et l'ancienne Kiev, cette illustre capitale, mère des villes russes, disparut pour jamais ; car dans les XIVe et XVe siècles, des débris dispersés attestaient seuls son existence, et la ville nouvelle ne peut offrir qu'une ombre de son ancienne splendeur. C'est en vain que, poussé par la curiosité, le voyageur y chercherait des monuments sacrés pour les Russes : où retrouverait-il le cercueil d'Olga ? Que sont devenus les ossements de saint Vladimir ? L'impitoyable Baty n'épargnait même pas l'asile sacré des tombeaux, et les barbares foulaient aux pieds les crânes de nos anciens princes. La tombe d'Iaroslav échappa seule à la dévastation, comme pour rappeler au monde que la gloire des législateurs des hommes est la plus solide et la plus durable. L'église de la Dîme, ce princier, ce magnifique édifice, construit par des architectes grecs, fut ruiné jusque dans ses fondements, et ses restes servirent depuis à la construction d'une autre église, dans les murs de laquelle on voit jusqu'à présent les fragments d'une inscription de l'ancienne. Le monastère de Petchersky eut le même sort. Les pieux solitaires et quelques citoyens, animés du désir de défendre cette sainte retraite, voulurent s'opposer à l'entrée des ennemis dans l'enclos; mais les Mongols, en brisant les portes à coups de bélier, pénètrent dans l'intérieur, en enlèvent toutes les richesses, ainsi que la croix d'or dont la coupole était surmontée et ruinent de fond en comble le couvent, ses cellules et ses murailles. Si l'on ajoute foi aux annalistes du XIIIe siècle, le bâtiment moderne est loin d'approcher de la magnificence et de la beauté de l'ancien; ils racontent aussi que, pour échapper au glaive des Tatares, quelques moines de Pétchersky se cachèrent dans les forêts, où ils établirent leurs demeures; que, parmi les ruines du monastère, une petite chapelle était restée entière; enfin qu'aux tintements tristes et prolongés d'une cloche, ces ermites s'y rassemblaient pour célébrer le service divin.

. . . .

L'état de la Russie était alors déplorable; il semblait qu'un fleuve de feu l'eût parcourue depuis ses limites orientales jusqu'à ses frontières à l'occident; on aurait dit que la peste, que les tremblements de terre, que tous les fléaux de la nature s'étaient ligués pour sa destruction, depuis les rives de l'Oka jusqu'à celles du San. En déplorant sur les ruines de la patrie la perte des villes et l'anéantissement d'une partie de la population, nos annalistes ajoutent : « Tel qu'une bête féroce, Baty dévorait des provinces entières, dont il déchirait, avec ses griffes, les misérables restes. Les plus vaillants des princes russes avaient perdu la vie dans les combats; les autres erraient sur des terres étrangères, cherchant, parmi les peuples de religion différente, les défenseurs qu'ils ne trouvaient pas; ils avaient tout perdu, eux qui naguère se vantaient de leurs richesses.

Les mères désolées pleuraient leurs enfants écrasés à leurs yeux par les chevaux des Tatares et les vierges déploraient la perte de leur innocence; un grand nombre d'entre elles, pour conserver leur vertu, se perçaient le cœur ou se précipitaient dans des rivières profondes. Les femmes des boïars, qui n'avaient jamais connu le travail, qui, peu de temps auparavant étaient couvertes de riches vêtements, ornées de colliers d'or et de bijoux, entourées enfin d'une foule d'esclaves, devinrent les servantes des barbares. Elles portaient de l'eau pour leurs femmes, tournaient la meule au moulin et brûlaient leurs mains délicates en apprêtant la nourriture des infidèles. Les vivants enviaient aux morts la tranquillité des tombeaux. »

En un mot, la Russie essuya à cette époque fatale tous les désastres qui accablèrent l'empire romain depuis Théodose le Grand jusqu'au VIIe siècle, alors que les nations sauvages du Nord ravageaient ses florissantes provinces. Les barbares agissent tous d'après les mêmes principes, et ne diffèrent entre eux que par leur puissance.

(*Histoire de l'Empire de Russie*, t. IV, chap. I. Traduction Saint-Thomas et Jauffret.)

Augustin Vinogradsky.

(1766-1819)

Augustin Vinogradsky succéda à Platon en 1811, comme métropolitain de Moscou. Il bénit les milices qui marchaient contre Napoléon; il sauva, en les dirigeant vers Vologda, les trésors des églises de Moscou. L'année 1813, un an après la retraite des Français, il prononça l'oraison funèbre des soldats morts à Borodino.

Sermon pour l'anniversaire de la bataille de Borodino.

Mourir est le destin commun de tous les hommes, mais mourir pour la foi, pour le tsar, pour la patrie, c'est là un exploit plein de gloire et d'immortalité. Le héros qui s'arme pour défendre le sanctuaire qu'il adore, pour sauver ses concitoyens, est aimé et grand aux yeux du Seigneur et des hommes, et sa mémoire est en bénédiction [1].

Quelle lutte peut être comparée à celle qui, en ce jour, dans les champs de Borodino, couvrit les guerriers russes d'une gloire impérissable? Déjà un orgueilleux et insatiable conquérant avait porté sa sanglante épée dans le sein de notre patrie; déjà il avait renversé nos antiques remparts, déjà il était parvenu jusqu'aux frontières de cette heureuse contrée, où, la première, la majestueuse, la sainte capitale de l'empire russe, dresse ses coupoles d'or. Enflé par ses triomphes, il s'était écrié : « Encore un pas, et Moscou tombe à nos pieds. » Qu'arrive-t-il? — Un capitaine blanchi dans les combats lui oppose un rempart plus solide que le bronze et le marbre; il lui oppose son expérience, sa prudence et son courage; il lui oppose la valeur et la fidélité des soldats qu'il commande. Les glaives ont étincelé; la foudre a grondé, l'air s'est ébranlé, les montagnes ont tremblé jusque dans leurs entrailles. Les forts moabites ont frémi de terreur. L'ennemi qui faisait tout trembler devant lui, fut lui-même épouvanté, l'intrépide eut peur et l'invaincu désespéra de la victoire. L'univers qui contemplait cette lutte sanglante, connaissait la

---

[1]. Jésus, fils de Sirach, 45, 1.

puissance et l'intrépidité des Russes ; il disait, lisant dans l'avenir : « Tôt ou tard le modeste David triomphera de l'orgueilleux Goliath. » Champs de Borodino ! D'où viennent ces innombrables collines qui jusqu'ici ne vous avaient point couverts? Ne sont-ce point les tombeaux des ennemis morts qui se sont rués pour détruire l'empire russe et ensevelir notre prospérité sous leurs ruines ? Que renferme la profondeur de vos entrailles ? Ne sont-ce point les ossements des impies qui voulurent anéantir la foi de nos pères : *Les ténèbres des ténèbres environnèrent les étrangers et leurs instruments de guerre furent brisés*[1]..

Mais hélas ! dans cette bataille, si glorieuse pour notre armée, que de pertes n'avons-nous pas eu nous-mêmes à déplorer ! Que de soldats expérimentés et vaillants y ont trouvé la mort ! Que de nobles gentilshommes, à la fleur de l'âge, sont tombés comme de tendres roses sous le canon de ce combat sanglant ! Que de chefs habiles et braves ont succombé ou ont été mutilés ! Intrépide Bagration, tes exploits héroïques ont trouvé leur terme dans les champs de Borodino !

Guerriers orthodoxes ! vous tous qui avez sacrifié votre vie pour la foi, le tsar et la patrie, de quelle couronne ceindre votre front? Quels honneurs rendre à vos exploits immortels? Quelle offrande de reconnaissance et de gratitude vous apporter ? Défenseurs de l'Église et de votre pays, vous serez toujours aimés, toujours beaux, toujours illustres dans votre vie, et la mort ne vous séparera point[2].

Ainsi ils sont tombés sous les coups de l'ennemi,

---

1. Livre des Rois.
2. Livre des Rois.

mais comme le sang d'Abel, leur sang a crié vers le Dieu de la force et de la vengeance. Leur zèle ardent, leur valeur n'ont point été couronnés de succès, et le fils de l'impiété s'est emparé de notre capitale; il a porté le fer et le feu dans la demeure du Seigneur, il a profané ses temples; mais ses forces ont été vaincues, son arc brisé, son bouclier broyé. Écrasés par l'ennemi, ils ont commencé cet horrible désastre auquel, lui-même, il devait succomber. Au milieu des flammes qui dévoraient notre cité, saisi d'effroi, déchiré par la fureur, comme Caïn, il a tremblé, il a frémi, honteux. Enfin chassé par le souffle d'en haut, il se décida à la fuite, et ses armées, ses chars, ses équipages s'engloutirent dans des abîmes de neiges. *Quel Dieu est aussi grand que notre Dieu? Tu es le Dieu qui fait les miracles*[1].

Sans doute la patrie a beaucoup perdu dans cette bataille; mais qui pourrait apprécier ce qu'elle y a gagné? Cette cruelle et sanglante mêlée a sauvé l'intégrité de l'empire, préservé la grandeur et la gloire de la nation; elle a rendu le calme et la paix, et l'orgueilleux Pharaon a reconnu que les Russes sont un peuple d'élection, le peuple de Dieu, et que la Russie est un pays protégé par le ciel.

Mais quelque grands que soient nos désastres, consolons-nous, cessons de gémir, essuyons nos larmes! Mais hélas! tendre épouse, où est le père de tes fils chéris? Il n'est pas encore revenu des champs de Borodino; il y est resté et tes enfants sont orphelins. Presse-les, presse-les contre ton cœur, arrose-les de tes larmes. Il est là, et que là repose en paix sa cendre vénérée! Tu es séparée de lui pour toujours, mais son

1. Psaume LXXVI, 14-15.

amour pour toi et pour ses enfants a passé avec lui dans l'éternité. Le père céleste sera le père des orphelins et te consolera toi-même. Le père de la patrie, l'oint du Seigneur, veillera sur vous avec les yeux de son ineffable bonté, il adoucira, par sa grâce, l'amertume de votre douleur. Parents affligés, votre fils a péri sur ce champ d'honneur ; pleurez-le; mais en même temps consolez-vous par cette foi ardente dans laquelle vous l'avez vous-même élevé, et dont vous lui avez donné l'exemple. Il a été tué dans la fleur de la jeunesse, mais il a assez vécu pour la patrie, assez vécu pour son honneur et pour le vôtre. Il n'a pu parvenir à de hautes, à d'éminentes dignités ; mais la couronne des martyrs lui a été préparée dans les cieux. Il n'héritera point de vos richesses, mais il aura l'héritage de Jésus-Christ. La sainte Église ne cessera de prier pour lui et pour tous ses frères d'armes. En récompense de leurs travaux et de leurs peines dans ce monde, elle demandera pour eux au Seigneur, la vie éternelle, des biens impérissables. Qu'il fasse couler pour eux la source des félicités célestes et qu'il les couronne de gloire devant lui. Terre de la patrie, conserve dans ton sein les restes chéris de ceux qui t'ont défendue et sauvée : que pour toi leur cendre ne soit pas un fardeau. Au lieu de la pluie et de la rosée, tu seras arrosée par les larmes reconnaissantes des fils de la Russie. Sois verdoyante et couvre-toi de fleurs, jusqu'au grand jour, au jour lumineux où brillera l'aurore de l'éternité, où le soleil de justice ressuscitera tout ce qui repose dans le tombeau. — *Amen*[1].

---

[1]. Ce sermon fut prononcé au monastère de la Visitation devant les familles des victimes de Borodino ; il excita une profonde émotion et fut souvent interrompu par les larmes de l'auditoire.

Ozerov (Vladimir-Alexandrovitch).
(1770-1816)

Ozerov est l'un des derniers représentants de l'école classique ou, comme disent les critiques russes, pseudo-classique. On pourrait, dans notre littérature, le comparer à Marie-Joseph Chénier, ou à Ducis. Il écrit des tragédies d'après la poétique de Boileau ; il s'inspire, comme beaucoup de ses contemporains, des fantaisies ossianiques. Son *Œdipe à Athènes* fut accueilli avec enthousiasme. Son *Fingal* associa, suivant l'expression d'un critique russe, la splendeur de la poésie du Nord aux splendeurs de la langue russe. Il a eu deux fois les honneurs de la traduction française (traduction en vers par Dalmas, Saint-Pétersbourg, 1818, traduction en prose dans la Collection des chefs-d'œuvre des théâtres étrangers). Mais ce qui excita surtout l'enthousiasme du public russe, ce fut la tragédie de *Dmitri Donskoï*. Jouée en 1807, quelques jours avant Eylau, elle transporta les spectateurs ; tous se plurent à voir Alexandre dans le généreux Dmitri, Napoléon dans l'impie Mamaï. Ce succès se renouvela après la guerre de 1812. Les tragédies d'Ozerov ne se jouent plus guère, mais on les réimprime encore.

Œdipe à Athènes.
(FRAGMENT)

ŒDIPE, ANTIGONE

ŒDIPE

D'un père criminel enfant infortuné,
Seul soutien d'un aveugle, à mourir condamné,
Ma fille ! le malheur me défendra de vivre.

ANTIGONE

Mon père, au nom des dieux, daigne, daigne me suivre.

Marchons vers cette pierre... on y voit alentour.
Des arbres dont l'ombrage abrite ce séjour.

œdipe (*s'asseyant sur la pierre*).

C'est bien... Je veux finir mes jours sur cette pierre.

ANTIGONE

Oh! plus de tels pensers de désespoir, mon père!

ŒDIPE

Brisés par la tempête, as-tu vu, sur les eaux,
Surnager quelquefois des débris de vaisseaux?

ANTIGONE

Oui, mon père... Et pourquoi?

ŒDIPE

Telle est mon existence.

ANTIGONE

Quel trouble agite donc tes vœux sans espérance?

ŒDIPE

Je suis OEdipe, hélas!

ANTIGONE

Jadis, ton cœur plus fort,
Avec plus de courage eût affronté le sort.

ŒDIPE

Le monde désormais, pour moi n'a plus de charmes;
Je suis comme un soldat dépouillé de ses armes.

Les jours ne sont pour moi que des jours ténébreux ;
Mes fils ont oublié ce que j'ai fait pour eux.
Non, je ne verrai plus ni les belles campagnes,
Ni les vallons fleuris, ni les hautes montagnes,
Ni du jeune printemps la riante couleur,
Ni les épis dorés, espoir du laboureur.
Je ne reverrai plus le front de l'homme juste
Que des dieux bienfaisants créa la main auguste ;
Pauvre, proscrit, errant de cités en cités,
Je traîne le fardeau de mes adversités :
Pour moi déserte et morte est toute la nature,
Et mon nom détesté sera plus qu'une injure.
De partout l'on m'exile ainsi que les fléaux.

ANTIGONE

Ici nous trouverons un terme à tous nos maux.

ŒDIPE

Avec quelle insolence et quelle barbarie,
Mes fils ne m'ont-ils pas chassé de ma patrie !

ANTIGONE

Pourquoi vous souvenir des maux qu'ils vous ont faits ?

ŒDIPE

Moi qui les aimais tant !

ANTIGONE

        Mon père, oubliez-les :
Rappeler le passé, c'est rouvrir vos blessures.

ŒDIPE

Ma fille, écoute-moi ; mes craintes sont trop sûres ;
Mon âme de longtemps n'attend des jours meilleurs ;

Pour tes frères bientôt je prévois des malheurs.
Il n'est rien de terrible et rien qui désunisse
Comme l'appât d'un trône, et l'ardent Polynice,
Plus qu'Etéocle encor, naquit ambitieux.

ANTIGONE

Moi ! je suis donc aussi bien coupable à tes yeux !

ŒDIPE

Quoi ! Moi ? te soupçonner ! qui ? toi, mon Antigone,
Dont le bras me soutient, toi si grande et si bonne,
Qui, pour suivre ton père, aimant sa pauvreté,
Fuis les attraits du luxe et de la royauté,
Toi, réduite, en tes jours d'amour et de jeunesse,
A ce seul vêtement que le destin nous laisse !

ANTIGONE

Mon père ! calme-toi ; je ne regrette pas
Des rangs et des honneurs les passagers appâts :
Aux prestiges du luxe, à ceux de la couronne,
A tous ces vains trésors, ta fidèle Antigone
Préfère ce modeste et pauvre vêtement ;
Loin de me déparer, il est mon ornement ;
Loin de verser des pleurs, je suis heureuse et fière
De partager ta sainte et royale misère ;
Ton repos m'est plus doux, plus cher, plus précieux
Que les titres à nous légués par nos aïeux.
Banni par tes sujets, sur la rive étrangère,
Sans ta fille, grands dieux ! que ferais-tu, mon père ?
Où reposer ton front courbé par le malheur ?
Dans quel cœur généreux épancher ta douleur ?
A quel fidèle ami confier tes alarmes ?
A qui dire tout bas le secret de tes larmes ?

L'été, quand le soleil lance ses traits brûlants,
A l'ombre, au moins, sur moi, posent tes cheveux blancs;
L'hiver, lorsque tout dort sur les monts, dans la plaine,
Dans l'épaisseur des bois t'échauffe mon haleine.
Oublions ceux de qui nous fûmes oubliés,
Et soyons à jamais l'un à l'autre liés...
Tes chagrins, tes regrets, verse-les dans mon âme,
Je te consolerai... Je ne suis qu'une femme,
Mais, femme, je saurai te défendre... et jamais
Ne seront plus heureux tes fils dans leur palais...

ŒDIPE

O suave tendresse !... ô douce récompense
De mon amour pour toi !... combien elle compense
Tous les maux dont le ciel a voulu m'accabler !
Aujourd'hui le bonheur voudrait-il me combler ?
Là... reste près de moi... viens, généreuse fille,
Toi la gloire d'Œdipe et de notre famille ;
Les justes dieux prendront le soin de te bénir...
Tu fais tout mon bonheur... les siècles à venir
Rediront tes bienfaits, rediront ta tendresse
Pour Œdipe proscrit... Chacun, avec ivresse,
Avec un saint respect, proclamera ton nom,
Et le père et la fille auront même renom...
Hélas ! de quelle noire et lugubre pensée,
Mon âme, en ce moment, est-elle traversée ?
Hélas ! tous deux, bientôt, séparés par la mort !...
Que feras-tu ?

ANTIGONE

Pourquoi désespérer du sort ?
Par lui tant de douleurs ne sont point condamnées ;
Tu pourras vivre encore un grand nombre d'années.

ŒDIPE

Non, ne te flatte pas... chaque chose a son temps.
L'homme naît pour compter plus ou moins de printemps;
Puis, souffrant, il vieillit, il chancelle, il succombe,
Et du dernier sommeil, il s'endort dans la tombe.
— Mais toi, fille adorée, allège ma douleur ;
La mort nous ouvrira les portes du bonheur !

ANTIGONE

Nous sommes au milieu de campagnes arides,
Et d'ici j'aperçois l'autel des Euménides.

ŒDIPE

Les Euménides !... ciel !... ma fille ! Je les vois,
Je les vois s'élancer furieuses sur moi,
Agitant leurs serpents, leurs prunelles, leurs chaînes,
Après elles traînant les horreurs des géhennes.

ANTIGONE (*à part*).

Quel trouble, quel vertige altère sa raison ?

ŒDIPE

Oh ! mont impitoyable !... O cruel Cythéron !
Où je vécus si grand, si jeune, si prospère,
C'est en te parcourant que j'ai tué mon père ;
Que je devins un monstre, un monstre plus hideux
Que les ours recélés dans tes antres affreux.

ANTIGONE (*tombant à genoux*).

De lui, dieux tout-puissants, éloignez ce délire !

OEDIPE

Cruelles déités !... quel démon vous inspire ?
Vous qui me poursuivez, dites, n'est-ce pas vous
Qui contre Laïus allumiez mon courroux,
Quand sur son noble sein ma main leva le glaive ?
Oui, c'est bien dans ces lieux, c'est ici que s'élève
Le temple où je jurai, sur votre horrible autel,
A Jocaste, ma mère, un amour criminel...
Là, présidait Mégère et non point l'hyménée...
Cette vie !... ah ! pourquoi me l'avez-vous donnée ?
Je n'en ai plus besoin !... Prenez !... Je vous la rends..,
Mes maux sont trop cruels, vos fouets sont déchirants.

ANTIGONE (*tombe sur la pierre*).

Éloigne ces pensers qui causent mon supplice.

OEDIPE (*sans se lever et la repoussant*).

Ah ! ne m'approchez point !... Loin de moi, Polynice !
Fuis, et me trouble pas dans ces moments de deuil.

ANTIGONE

Quoi ! tu ne connais plus ta fille, ton orgueil ! —
Entends au moins sa voix... Et si je te suis chère,
De tes esprits repousse une vaine chimère...
Je suis à tes côtés... Ton fils n'est point ici...
Ils nous ont oubliés et l'univers aussi ;
Je suis seule témoin du deuil qui t'environne...
C'est bien moi... Je suis là... Je suis ton Antigone.

OEDIPE (*revenant à lui*).

Accents délicieux !... Toi seule auprès de moi,
Ma fille... Je ne sais ni comment ni pourquoi...

Et ma mère et mon père et les trois Euménides
M'apparaissaient avec leurs visages livides ;
Je croyais voir aussi, près de mes fils ingrats,
Surgir tous les tourments que je souffre ici-bas...
— Mais viens ; car tu m'as dit qu'ici s'élève un temple
Que sans un saint respect personne ne contemple...
Allons prier tous deux au pied de ces autels,
Seul refuge assuré des malheureux mortels.

(Traduction de Tardif de Mello, *Histoire intellectuelle de l'empire de Russie.*)

Fragment de Dmitri Donskoï [1].

L'AMBASSADEUR TATARE

Vous tous qui m'écoutez, princes de la Russie,
Le redoutable chef des hordes de l'Asie,
L'arbitre souverain de ces âpres climats
Qui pourrait d'un seul mot punir vos attentats,
Mon maître, par ma voix, fait parler sa clémence ;
Il laisse pour un jour, reposer sa vengeance ;
Boïars, il en est temps, recevez ses bienfaits ;
Au nom du grand Mamaï je vous offre la paix.
Sur la Nepriadva [2] ce chef vaillant et sage
Des Tatars indomptés enchaîne le courage.
Cent princes alliés, que dis-je ? Cent héros
Pour défendre sa cause ont suivi ses drapeaux.
Le géant Tcheloubey dont le corps redoutable

---

1. La victoire de Dmitri Donskoï sur les Tartares à Koulikovo est l'un des épisodes les plus importants de l'histoire russe. Par les fragments de la Zadoustchina que nous avons donnés plus haut, on peut juger de l'enthousiasme qu'il inspirait aux contemporains. Comparez page 31.

2. Affluent du Don.

Semble dans la mêlée un mur inexpugnable,
Cet invincible chef, l'âme de nos combats,
Tcheloubey de Mamaï accompagne les pas.
D'un torrent débordé craignez la violence :
Tout l'Orient s'indigne, il se lève, il s'avance :
Désarmez vos soldats, princes prosternez-vous,
De mon maître outragé fléchissez le courroux;
Et par d'humbles tributs sauvant la Moscovie,
Méritez que Mamaï vous accorde la vie.

DMITRI

Insolent envoyé d'un Khan audacieux,
Rabaisse en me parlant ce ton présomptueux.
Et quoi tu n'as pas vu cette nombreuse armée
De fureur, de vengeance et de gloire enflammée ?
Ces immenses déserts tout hérissés de dards ?
Regarde autour de moi ces valeureux boïars;
Quand au delà du Don ils sont prêts à me suivre
Tu parles de clémence et nous promets de vivre !
Outrageante pitié que je devrais punir !
Le ciel décidera qui doit vivre ou mourir.
Sous l'étendard du Christ confondant votre audace
Nous voulons des Tatars exterminer la race.
Nous voulons affranchir de leurs longues fureurs
Ce sol lassé du poids de nos persécuteurs
Vos barbares exploits, vos arrêts sanguinaires
Peuvent-ils de Mamaï nous rendre tributaires?
Le sort qui trop longtemps nous soumet à ses lois
Peut nous faire aujourd'hui reconquérir nos droits,
Grâce à votre avarice aux Russes si funeste,
Nous avons tout perdu : le désespoir nous reste.
L'insatiable Khan nous demande de l'or !
Eh bien ! Nous lui gardons un plus noble trésor;

Le fer des javelots, ce fer notre espérance
Conviendra mieux peut-être à sa haute vaillance ;
Si d'un triomphe aisé son cœur nourrit l'espoir,
Que Mamaï de nos mains vienne le recevoir.

L'AMBASSADEUR

Vois dans quels maux affreux tu plonges ta patrie.

DMITRI

Vois ceux que je réserve aux brigands de l'Asie.

L'AMBASSADEUR

Par le droit du plus fort, vos palais, vos maisons,
Vos troupeaux, vos coursiers et vos riches moissons,
Tous ces biens sont à nous ; à la horde guerrière
Vous devez même, ingrats, le jour qui vous éclaire.

DMITRI

Par le droit du plus fort, on corrige le sort
Nous devrons à ce droit la victoire ou la mort.

L'AMBASSADEUR

Oubliez-vous Baty [1], ses hauts faits, sa puissance ?

DMITRI

Ce nom redouble en nous la soif de la vengeance

L'AMBASSADEUR

Tremblez, princes ! Craignez que le Khan irrité...

DMITRI

Esclave de Mamaï, je t'ai trop écouté.
Sors Tatar et rends grâce au sacré caractère

---

1. Khan Tatare qui envahit la Russie au début du XIIIᵉ siècle.

Qui te sauve aujourd'hui de ma juste colère :
Ton sang pourrait laver l'affront que je reçoi,
Mais le mépris me venge et c'est assez pour moi.
Tu vois tous ces guerriers; ils brûlent de combattre;
Tes menaces, tes cris, rien ne peut les abattre.
Rien ne peut ébranler leur héroïque ardeur ;
Guerre à mort aux Tatars, c'est le cri de l'honneur.
Eh bien ! que tardes-tu ? Retourne vers ton maître ;
Mon maître à moi, c'est Dieu, lui seul peut me soumettre.

L'AMBASSADEUR

Oui, je pars, mais je plains ton peuple malheureux;
Je pars ; mais de ma bouche, apprends homme orgueil-
[leux
Que désormais le Khan, pour toi seul implacable,
Parmi ses ennemis ne verra qu'un coupable ;
Ce coupable, c'est toi... Tu refuses la paix ;
Mamaï t'exaucera, tu ne l'auras jamais;
Ton sceptre est à celui qui vengeant son outrage
De ta tête sanglante ira lui faire hommage.

BRIANSKY (*levant son épée*).

Tatar audacieux...

DMITRI (*l'arrêtant*).

Méprisons sa fureur ;
C'est le digne envoyé d'un vil usurpateur...
Tatar, dis à Mamaï que sa haine m'honore ;
Que demain, quand la nuit fera place à l'aurore
Avec ce fer trempé dans un sang odieux
J'irai signer la paix et venger mes aïeux.

(Traduction de E. Dupré de Saint-Maure, *Anthologie russe*. Paris, 1823.)

Joukovsky (Vasili-Andreevitch).

(1783-1852)

Joukovsky a surtout servi la littérature russe par d'excellentes traductions des poètes anglais et allemands ; il a assoupli la langue poétique, élargi le goût du public et frayé la voie à Pouchkine. Ses ballades contribuèrent à éveiller la vocation du grand poète polonais Mickiewicz. Quelques-unes sont encore aujourd'hui populaires ; l'invasion de la Russie par les Français lui inspira un poème patriotique, le *Chanteur dans les camps des guerriers russes*, dont nous donnons ci-dessous un fragment. Ses compatriotes estiment particulièrement ses traductions de l'*Odyssée*. Ils plaisent à louer le charme de son style et l'harmonie de sa versification.

Svietlana.

(BALLADE)

C'était la fête de Noël.
Le soir de ce jour solennel
Bravant la nuit et la froidure
Des jeunes filles s'amusaient
A dire la bonne aventure ;
Tour à tour ôtaient leur chaussure
Et sous la porte la jetaient [1].
Tantôt elles foulent la neige
Tantôt le vent est consulté [2] ;
Tantôt la jeune troupe assiège
Un coq nourri de grain compté [3] ;

---

1. La direction du soulier indique le village d'où viendra l'époux attendu.
2. La direction du vent fournit la même indication.
3. Chaque jeune fille dépose sur le plancher un tas de grains qui ont été scrupuleusement comptés. Ces tas forment un cercle au milieu duquel on place le coq qui n'a pas mangé de la journée et dont la tête est couverte d'un linge. On ôte ce voile et le coq se met à piquer le grain. On compte ce qui reste. La jeune fille dont le tas renferme le moins de grains sera mariée la première.

Ce jeu fini, la cire ardente [1]
Qu'au fond d'un vase on fait bouillir,
Souvent de leur âme innocente
Trahit le timide désir;
Puis dans le fond d'une onde claire
Un anneau d'or est descendu
Et sur le vase avec mystère [2]
Un mouchoir blanc est étendu;
Ce vase attire les fillettes,
Qui bientôt se groupant autour
Disent gaîment des chansonnettes
Qu'animent des refrains d'amour.

Dérobant sa clarté dans l'ombre,
Tel nous voyons l'astre des nuits
Ainsi le front chargé d'ennuis
Svietlana reste triste et sombre.
« Ton cœur, amie, est agité;
D'où naît cette douleur profonde?
Prends ta part de notre gaîté
Ecoute nos chansons en ronde,
O Svietlana ranime-toi;
Que ta légère voix entonne
Ce chant : Tiens, forgeron, fais-moi
Un anneau d'or, une couronne;
Allons, travaille; il est prochain
Le jour des noces qu'on apprête;

---

1. D'après les diverses formes que prend la cire bouillante dans l'eau fraîche, l'assemblée cherche à connaître les pensées secrètes de la jeune fille.

2. Toutes les filles déposent leur anneau dans un vase plein d'eau et couvert d'un linge. Les chants commencent; après chaque chanson on retire un anneau du vase : d'après le couplet qui vient d'être chanté, on conjecture l'avenir de celle à qui il appartient.

L'anneau brillera sur ma main,
La couronne ceindra ma tête. »

Qui ? moi, chanter ! Le puis-je, hélas !
Quand je succombe à ma tristesse ?
Il est en de lointains climats
L'unique objet de ma tendresse !
Voilà près d'un an qu'il partit :
Chaque jour ma voix le rappelle
De sa main que n'ai-je un écrit
Messager de son cœur fidèle !
Lui seul peut ranimer mes jours,
Lui seul me fait aimer la vie.
Oublierait-il donc nos amours ?
Est-il bien loin de son amie ?
Moi, tout entière à ma douleur,
Je prie et je verse des larmes ;
Mon ange, doux consolateur,
Par pitié, finis mes alarmes.

Interrompant cette oraison,
Tout à coup la troupe empressée
Conduit au haut de la maison
Notre charmante fiancée ;
On chante en chœur de joyeux airs ;
Un linge blanc, une lumière
Un miroir avec deux couverts,
Sont mis dans ce lieu solitaire.
Svietlana calme ton chagrin ;
Cette glace, à présent muette
A minuit, pour toi, du Destin
Sera le fidèle interprète.
Tout doucement il frappera

Celui qui t'attache à la vie
Et dans la chambre il entrera
Pour souper avec son amie.

On sort et devant le miroir
La jeune vierge s'est assise ;
Tour à tour la crainte et l'espoir
Agitent son âme indécise,
Elle se regarde en tremblant
Dans une glace ténébreuse :
Le flambeau dans l'appartement
Répand une clarté douteuse.
Ce sombre aspect trouble le cœur
Obscurcit les yeux de la belle
Qui, dans sa naïve frayeur,
N'ose regarder derrière elle ;
Mais le flambeau jette un rayon
Qui donne une clarté plus vive :
Hôte du foyer, le grillon
Fait entendre sa voix plaintive.

Svietlana, le cœur palpitant,
Des vents écoute le murmure ;
Lors il lui semble qu'elle entend
Un léger bruit dans la serrure
Elle écoute et dans le miroir
Avec effroi regarde encore :
Tout à coup la vierge a cru voir
Quelqu'un qui des yeux la dévore,
La terreur glace tous ses sens ;
Mais une voix douce et légère
Lui fait entendre ces accents :
« Enfin me voici de retour ;

Et pour nous le ciel moins sévère
De l'objet de mon chaste amour
Ne rejette plus la prière.

Viens Svietlana, viens dans mes bras ;
Fais-moi renaître à l'existence ;
Désormais ne nous quittons pas
Trop de regrets cause l'absence ;
Déjà le prêtre nous attend,
L'église de fleurs est ornée,
Et le prêtre entonne le chant
Qui prélude au doux hyménée [1] ;
Viens, tout protège notre amour. »
A ces mots son ami l'entraîne.
Le couple heureux franchit la cour
Et la porte de bois de chêne.
Un traîneau reçoit ces amants
Qu'anime une inquiète joie
Et les coursiers impatients
Rongent leurs freins d'or et de soie.

Bientôt s'élancent les chevaux
Dont rien n'égale la vitesse :
Ils galopent, de leurs naseaux
S'échappe une fumée épaisse ;
Sur le désert silencieux
La lune plane solitaire.
Autour d'elle un cercle brumeux
Pâlit sa timide lumière.
Svietlana voit avec effroi
Se dérouler la plaine immense,

---

1. Il n'est point question d'*hyménée* dans le texte de Joukovsky.

« Ami, dit-elle, parle-moi,
Il est sinistre ton silence. »
Hélas! l'ami reste muet;
Pas un demi-mot de réplique;
Triste, abattu, son œil distrait
Fixe l'astre mélancolique.

A travers des déserts affreux
Le traîneau léger les transporte.
Une église s'offre à leurs yeux;
Les vents en ont ouvert la porte
L'air retentit de chants pieux;
Des vases d'or le feu s'allume,
Et de l'encens religieux
Le temple isolé se parfume.
Un cercueil est devant l'autel.
Portant un cierge funéraire,
Le prêtre d'un ton solennel
Des morts récite la prière.
Svietlana tremble; mais soudain
Le rapide traîneau s'élance.
Toujours en proie à son chagrin.
L'ami garde un profond silence.

Le vent redouble ses fureurs,
La neige en flocons s'amoncelle;
Sur la tête des voyageurs
Le corbeau fait siffler son aile.
Ses cris funèbres et plaintifs
Du ciel annoncent la colère;
Et des trois coursiers attentifs
On voit se dresser la crinière.
Aux sombres bords de l'horizon

Tout à coup brille une lumière,
Dont le faible et pâle rayon
Laisse entrevoir une chaumière.
La vierge à cet aspect nouveau
Sent palpiter son cœur timide ;
Vers la cabane le traîneau
Dirige sa course rapide.

On s'arrête : ô coup imprévu !
L'ami, les coursiers, la voiture
A ses yeux tout a disparu :
Elle est seule dans la nature.
La tourmente agite les airs.
Comment regagner sa retraite ?
Comment au fond de ces déserts,
Braver le choc de la tempête ?
Que devenir ? Dieu tout-puissant !
Elle est craintive, irrésolue ;
Mais la lumière à cet instant
Vient de nouveau frapper sa vue ;
Faisant le signe de la croix
Elle frappe à la porte et prie.
La porte, à sa craintive voix,
Soudain sur ses gonds tourne et crie.

Mais que trouve-t-elle ? un cercueil.
Sinistre et douloureux présage !
Sur cette bière est un linceul,
Qui du mort couvre le visage.
Un cierge éclaire ce réduit.
« Malheureuse ! que vas-tu faire ?
Quel enchantement te conduit
Dans cette lugubre chaumière ? »

Ah ! combien il est effrayant
Pour notre amante désolée
Le pâle et sinistre habitant
De cette demeure isolée.
Svietlana pousse un long soupir
Ses yeux se couvrent de nuages.
Tremblante, elle va se blottir
Au-dessous des saintes images.

Mais déjà le cierge mourant
Tantôt dérobe sa lumière ;
Tantôt de son feu vacillant,
Eclaire encore l'humble chaumière.
Tout est plongé dans le repos.
La nature reste muette,
Le sombre calme des tombeaux
Succède au bruit de la tempête.
Voilà qu'un murmure léger
Interrompt ce profond silence ;
Sur Svietlana vient voltiger
L'oiseau qui plaît à l'innocence ;
Il est éclatant de blancheur.
Ses yeux lancent des étincelles ;
La colombe près de son cœur
Se pose en agitant ses ailes.

O prodige ! sous le linceul
Soudain le cadavre remue ;
Le voile tombe du cercueil,
Aux pieds de la vierge éperdue,
A ses yeux, le mort se fait voir.
Le mort à se lever s'apprête,
Son visage est livide et noir ;

Une couronne est sur sa tête [1],
Un sourd et long gémissement
Entr'ouvre ses lèvres fanées ;
Il s'efforce mais vainement,
D'étendre ses mains décharnées.
Que fait l'amante en cet instant ?
A sa frayeur elle succombe ;
Le péril est vraiment pressant,
Mais elle veille, la colombe.

Bienfait inespéré du sort !
La blanche colombe s'agite
Et sur le sein glacé du mort,
D'un vol léger se précipite.
Le cadavre grince des dents
Et, dans sa fureur impuissante,
Lance des regards menaçants
Sur la jeune fille expirante.
Mais un pouvoir mystérieux
Triomphe de sa vaine rage,
Et pour jamais ferme ses yeux !
Vierge regarde ce visage,
Le cadavre c'est ton amant...
A cette effrayante merveille,
Svietlana pousse un cri perçant ;
Tout à coup elle se réveille.

Où donc est-elle en ce moment,
La jeune et belle fiancée ?

---

[1]. Les morts sont exposés pendant trois jours dans une chambre ardente leur tête est ceinte d'un bandeau mortuaire, orné à l'entour d'images des saints. (Note de Dupré de Saint-Maure.)

Dans ce petit appartement
Où ses compagnes l'ont laissée.
Déjà les premiers feux du jour
Perçaient la gaze transparente;
Déjà le coq d'un cri d'amour
Saluait l'aurore naissante.
Or vers le ciel levant les yeux
Svietlana toujours solitaire,
De son rêve miraculeux
Voudrait pénétrer le mystère.
« Du sort étrange obscurité,
Avenir, secret redoutable,
Parle à mon cœur épouvanté !
Serai-je heureuse ou misérable? »

En proie à ce doute accablant,
Elle est assise à la fenêtre.
Dans l'horizon resplendissant
On voit le soleil reparaître ;
La plaine brille à ses rayons
D'une lumière vaporeuse;
Bientôt on distingue les sons
De la clochette voyageuse[1].
Se précipitant du coteau,
Plus rapide que la tempête,
Tout à coup paraît un traîneau
Qui devant la porte s'arrête,
Un homme du traîneau descend;
Il veut parler à la famille.
Quel est ce voyageur charmant?
Le promis de la jeune fille.

---

1 La clochette suspendue à la *douga* ou arc du traîneau.

Eh bien! crois-tu que d'un malheur
Ce rêve affreux soit le présage?
Vierge dissipe ta frayeur,
Un ciel pur succède à l'orage.
Il t'aime, il est auprès de toi,
Celui dont tu pleurais l'absence.
Ton ami, fidèle à sa foi,
N'a point trompé ton espérance;
Dans ses yeux noirs brille l'amour,
Avec extase il te contemple.
Pour consacrer cet heureux jour,
Vite ouvrez-vous, portes du temple;
Serment d'hymen volez aux cieux...
Dans les gais transports de la table
Chantez en chœur jeunes et vieux :
Vive à jamais ce couple aimable[1].

(Traduction de Dupré de Saint-Maure, *Anthologie russe*, Paris, 1823.)

Le chanteur dans le camp des guerriers russes[2].

LE CHANTEUR

Sur le champ de bataille plane le silence. Des feux brillent parmi des tentes. Amis la lune nous éclaire. Le ciel étend son toit sur nous. Remplissons la coupe à la ronde. Aimons-nous! La main dans la main! Buvons au combat sanglant. Buvons à la mémoire de ceux qui sont tombés. Qui aime à voir le fond des coupes sait chercher vaillamment le combat. O vin tout-puissant, joie des héros!

---

1. Le style de cette traduction semblera sans doute un peu vieilli, Il m'a paru intéressant de montrer par ce spécimen et par quelques autres sous quelle forme nos pères goûtaient la littérature russe.
2. Ecrit en 1812.

LES GUERRIERS

Qui aime à voir le fond des coupes, sait chercher vaillamment le combat. O vin tout-puissant, joie des héros !

LE CHANTEUR

Cette coupe aux enfants des temps anciens, gloire à vous nos aïeux ! Amis, ils ne sont plus les puissants, ils ne sont plus les chefs victorieux. La tempête a emporté leurs maisons, la charrue a détruit leurs tombes; la rouille a dévoré leurs casques et leurs cottes de mailles. Mais l'esprit des pères a ressuscité dans les fils; leur carrière est devant nous; nous y retrouverons leur glorieuse poussière et leurs glorieuses actions [1].

Regardez : superbes et formidables, leurs ombres planent dans le firmament, en bataillons aériens, au-dessus de nos tentes. O Sviatoslav! fléau des temps antiques, voici ton vol d'aigle! « Mourons! il n'y a point de honte pour les morts, [2] » s'écrie-t-il devant ses compagnons. Et toi, terreur des infidèles, Dmitri Donskoï, avec les deux héros qui portent ton nom, tu voles comme la tempête destructrice contre l'armée des étrangers [3].

---

1. Dans ce chant de combat dirigé contre les Français, Joukovsky traduit, sans s'en douter peut-être, les vers bien connus de la *Marseillaise* :

> Nous entrerons dans la carrière
> Quand nos aînés n'y seront plus.
> Nous y trouverons leur poussière
> Et la trace de leurs vertus...

2. Les Russes à la vue de l'armée grecque furent très effrayés de cette multitude et Sviatoslav dit : « Nous n'avons pas où fuir, bon gré mal gré il faut livrer bataille, ne faisons pas honte à la Russie, tombons ici, car en mourant nous ne nous déshonorerons pas et si nous fuyons nous serons déshonorés. Ne fuyons pas mais tenons ferme. » (*Chronique dite de Nestor.*)

3. Sur Dmitri Donskoï, voir plus haut les fragments de la Zadonstchina et de la tragédie d'Ozerov (p. 31 et 280).

Et toi, Pierre, entouré de tes généraux! Entendez ce cri : Poltava! La horde envahissante est la proie des épées et le monde crie : Gloire! Y a-t-il longtemps, ô ravisseur, que tes yeux dévoraient nos villes? Fuis! Cheval et cavalier sont tombés. Ta trace est marquée par des ossements. Fuis et cache ta terreur et ta honte dans les forêts, avec ton Sarmate [1].

Mais quel est ce géant fougueux, ce chevalier du Nord? Amis, sur le camp ennemi qui dort, il a jeté ses yeux terribles. A sa suite, dans les nuages bruyants, jusque dans les hauteurs neigeuses des Alpes, des ombres se sont élancées en poussant des cris terribles. Le Gaulois pâlit. Le Sarmate tremble dans ses camps, devant ces regards courroucés. Malheur! malheur à l'ennemi! C'est notre terrible Souvarov.

Louange à vous, enfants des temps anciens! Louange à vous, enfants de la gloire! Phalange hardie, nous courons sur votre trace au festin sanglant. Daigne votre groupe victorieux planer en avant de nos aigles! Avant-garde de nos combats, qu'il sème la mort parmi les ennemis. Remplissons nos coupes! Sabre en main! Écoute-nous, vengeur éternel! Mort pour mort! Guerre pour guerre! Malheur à qui veut nous détruire!

LES GUERRIERS

Remplissons nos coupes! Sabre en main! Écoute-nous, vengeur éternel! Mort pour mort! Guerre pour guerre! Malheur à qui veut nous détruire!

LE CHANTEUR

Cette coupe à la patrie, mes amis. Pays où nous avons

---

[1]. Les Polonais.

pour la première fois goûté la douceur de l'être, champs, collines natales, lumière chérie du ciel natal, ruisseaux connus, jeux dorés des premières années et leçons des premières années, qui pourrait remplacer vos charmes? O sainte patrie! quel cœur ne frémirait en vous bénissant?

Là est tout : là, la maison chérie de nos parents, là, nos femmes, nos enfants. C'est pour nous qu'ils versent leurs larmes devant le Créateur; nous sommes le rempart de leur vie. Là sont les vierges, charmes de nos jours, et le cercle inestimable de nos amis, et le trône tsarien, et les cendres des tsars, et les cendres saintes de nos aïeux. Pour eux, amis, tout notre sang; marchons contre les forces ennemies; que chez les fils, les tombeaux des ancêtres enflamment l'amour de la patrie.

LES GUERRIERS

Pour eux, amis, tout notre sang; marchons contre les forces ennemies; que chez les fils, les tombeaux des ancêtres enflamment l'amour de la patrie.

LE CHANTEUR

A toi cette coupe, ô tsar russe! Puisse fleurir ton empire! Ton trône sacré est pour nous un autel; devant lui, notre sacrifice c'est la gloire! Nous ne trahirons pas! De nos pères nous avons hérité la fidélité avec le sang. O tsar! C'est ici l'assemblée de tes fils; pour toi nous brûlons d'amour.

LES GUERRIERS

Nous ne trahirons pas! De nos pères nous avons hérité la fidélité avec le sang. O tsar! C'est ici l'assemblée de tes fils; pour toi nous brûlons d'amour.

LE CHANTEUR

Tout guerrier slave est dans nos rangs. Tous, ici, nous obéissons au devoir. Le traître fuit loin de nos bataillons et le lâche leur est étranger.

Cette coupe aux guerriers et à leurs chefs; dans les camps, au champ d'honneur, la vie et la mort, tout est commun. Là, brillent l'amitié sans flatterie, l'énergie, la justice, la simplicité, la franchise des mœurs, l'audace, parure des braves, la constance et l'obéissance. Amis, nous sommes étrangers aux vils liens. Par un chemin droit, nous marchons aux couronnes. Le péril est le gage de notre alliance. Nous ne brûlons que pour la gloire.

Il est des nôtres, celui qui le premier vole à la perte de l'ennemi; celui qui épargne la faiblesse du vaincu, qui venge terriblement son frère. Son regard donne la vie aux bataillons, un signe de sa main puissante les mène au-devant de l'ennemi, au milieu du tumulte des combats; sa fête, c'est le bruit de la bataille; tranquille au milieu des tonnerres, il voit sa dernière heure avec des yeux sans épouvante.

Gloire à toi, notre vaillant chef, héros aux cheveux blancs [1]! Comme un jeune guerrier, il partage avec nous le hâle, la pluie et le travail. Avec son front sillonné de cicatrices, qu'il est beau devant les troupes! Qu'il est calme devant l'ennemi et qu'il est terrible pour lui! Voyez quel miracle : au-dessus de lui un aigle a fendu l'espace céleste. Le puissant chef a incliné sa tête. Hourrah! crient les bataillons.

---

1. Koutousov (Michel-Golenistchev), né en 1745, mort en 1813, avait pris part à presque toutes les campagnes contre la Turquie, la Pologne et Napoléon.

Vole vers nos ancêtres, aigle prophète d'une glorieuse vengeance ! Nous sommes inébranlables, notre chef a parcouru le chemin du péril et de la gloire. Avec lui, marche l'expérience, fille du labeur et des années ; il est vaillant, même avec des cheveux blancs. Il connaît le chemin de la victoire. Ayons confiance en ce héros ! Non mes amis, non, Moscou n'est pas livrée à l'ennemi. Elle a pour murailles tous les Russes ; nous sommes ici, et notre Dieu, c'est la vengeance.

Gloire aux héros ses compagnons ! Ermolov, jeune chevalier [1], tu es le frère des guerriers, la vie des régiments, tu lances les foudres de la terreur. Raevsky [2] gloire à toi. En avant des rangs, c'est lui qui le premier jette sa poitrine contre les épées ennemies, avec ses jeunes fils. Notre Miloradovitch [3] gloire à lui ! Là où il passe avec ses troupes, là on croirait voir passer la main destructrice de la Mort.

A notre Vitgenstein, guerrier héros sauveur de Pétersbourg, gloire. Il est le bouclier de sa patrie, le destructeur des envahisseurs.

Oh ! quel spectacle grandiose quand devant les troupes, appuyé sur son fort bouclier, il observe les légions hostiles, prépare leur perte, et d'un signe de la main disperse leurs rassemblements [4].

---

1. Ermolov (Alexis-Pétrovitch), né en 1772, mort en 1861. Il avait servi en Pologne avec Souvarov, avait pris part à la bataille d'Austerlitz. Il fut, en 1812, chef d'état-major de Barclay de Tolly.

2. Raevsky (Nicolas-Nicolaevitch), né en 1771, mort en 1829. Il commandait le septième corps en 1812 ; il se distingua notamment à Borodino, à Malo-Iaroslavets, à Krasnoé.

3. Miloradovitch (Michel-Andreevitch), né en 1771, mort en 1825, servit en Italie et en Suisse avec Souvarov, combattit à Austerlitz. Pendant la campagne de 1812, il justifia les espérances de Joukovsky. Les Russes le comparent à notre Murat.

4. Vitgenstein (Pierre-Christianovitch), né en 1768, mort en 1843. En 1812, il commandait le corps de la Dvina, chargé de couvrir Pétersbourg.

Gloire à toi orgueil des Slaves, notre hardi Konovnitsyne [1]. Peu lui importent les foules des ennemis, peu lui importent les épées et les flèches. Devant lui, derrière lui gémit la foudre et flamboie la flamme des combats. Lui joyeux contemple le péril avec le calme d'un héros ! Il s'oublie lui-même et ne pense qu'à préparer la perte des ennemis.

Gloire à notre ataman-tourbillon chef des invincibles. Platov [2] ton lasso [3] ensorcelé est la terreur des adversaires. Tu planes comme un aigle sous les nuages, tu hurles comme un loup par les plaines. Tu voles comme la terreur sur le dos des ennemis, tu fais siffler la misère à leurs oreilles. Dès qu'il paraît devant une forêt, la forêt s'anime, les arbres lancent des flèches ; dès qu'il paraît devant un pont, le pont a disparu, devant un village, les villages s'enflamment [4].

Gloire à notre Nestor Benningsen [5] tout ensemble général et homme de conseil. Il ne sommeille pas et il surveille l'ennemi comme l'aigle en son vole surveille les reptiles. Gloire à toi vaillant Vorontsov [6]; jeune

---

1. Konovnitzyne (Pierre-Pétrovitch), né en 1766, mort en 1822, se distingua en 1812 à la défense de Smolensk, aux affaires de Taroutino, Borodino, Malolaroslavets.

2. Platov (Matvieï-Ivanovitch), ataman des Cosaques du Don, né en 1754, mort en 1818. Il s'était signalé dans la guerre contre les Turcs et devint ataman en 1801. En 1812, il couvrit la retraite des Cosaques du Don, se signala à Malolaroslavets et faillit faire Napoléon prisonnier ; il poursuivit la grande armée jusqu'à Kovno et lui enleva une partie de son artillerie.

3. Le lasso que les Cosaques jettent à la tête de l'adversaire et avec lequel ils le font prisonnier. Nos soldats en ont encore fait l'expérience pendant la guerre de Crimée.

4. Joukovsky s'inspire ici du style des chansons populaires.

5. Benningsen (Levin), général russe d'origine allemande (1745-1826). Il s'était distingué notamment à Pultusk et à Eylau. Mal vu de Koutouzov, il ne joua qu'un rôle secondaire dans la guerre patriotique.

6. Michel-Semenovitch Vorontsov (1782-1856), qui fut grièvement blessé à Borodino.

encore, mais mûr par l'esprit. Et toi Tormazov, terreur des ennemis, blanchi dans les combats. Et Baggovout [1] impassible au milieu des épées, au milieu des tonnerres. Gloire à vous, guerrière assemblée, bouclier certain de la patrie.

Amis, cette coupe écumante, en l'honneur des chefs tombés dans le combat. Ils ne viendront plus dans l'assemblée de leurs amis, ils ne paraîtront plus devant les rangs. Leur visage terrible ne sera plus pour l'ennemi le présage de la vengeance et leur cri puissant n'entraînera plus leurs troupes, dans la poussière du combat. Leur épée est oisive, leur bouclier silencieux, leurs guerriers sont désolés; leur coursier orphelin les attend auprès de leur tombeau muet.

Où est notre Koulnev [2], destructeur des ennemis, flamme farouche des combats? Il est tombé, il a incliné sa tête sur son bouclier et serré son épée dans sa droite. Là où le destin lui donna la vie, là la guerre l'a frappé. Où naguère était son berceau est aujourd'hui sa tombe. Sa dernière heure a été paisible. Avec une sainte prière pour une mère adorée, il s'est éteint le héros inoubliable.

Et toi Koutaïsov [3], jeune héros! Où sont tes charmes? Où est ta jeunesse? Hélas! d'âme et de visage il était beau comme la joie. Quand il s'avançait terrible dans son armure, les foudres lançaient la mort; quand il

---

1. Baggovout (Karl-Fedorovitch) 1761-1812) avait pris part aux campagnes de Crimée, de Pologne et de Finlande. Il avait déjà combattu les Français à Eylau et à Friedland. Il devait être tué au combat de Taroutino.

2. Koulnev (Jacob-Pétrovitch) (1763-1812) l'un des lieutenants de Souvarov; il avait été tué au commencement de la campagne. Il périt auprès de Loutsino, où vivait sa mère et où il avait passé son enfance.

3. Koutaïsov (Alexandre-Ivanovitch) (1784-1812). En 1812, il commandait l'artillerie de la première armée. Il fut tué à Borodino; son corps ne fut pas retrouvé.

frappait les cordes de la harpe, les cordes prenaient une âme. O douleur! Son cheval ensanglanté s'enfuit du champ de bataille ; sur lui est un bouclier brisé et le héros ne le monte plus.

Et toi! et toi, Bagration[1], vaines sont les prières des amis, vaines leurs larmes ; il gît dans le cercueil, victime du combat sans merci. Ses bataillons mettent encore en lui leur confiance ; tous pensent : il se lèvera de sa couche ; et les ennemis se murmuraient tout bas : malheur à nous, il va venir! Et lui, pour jamais, il a fermé la paupière, l'arbitre des sanglants combats ; et dans le ciel de la gloire, il s'est élancé vers toi, ô frère Souvarov.

Honneur à vous, amis défunts! Triomphez dans les cieux ! Là est votre fidèle famille, là sont les ombres des chefs qui vous ont précédés.

Cette coupe à la vengeance, amis, formez vos rangs ! Élevez vers le ciel vos mains redoutables. Tomber ou mourir. Voilà notre vœu solennel devant le Dieu des armées. En vain, ô ennemi, de la foule des peuples tu tires des armées, ils fuient tes étendards, ils souhaitent ta chute. Nous n'avons point de trésors dans nos demeures. On n'y trouve que des flèches et des armures. Nous réduirons nos villages en cendres, nos villes en poussière ; de nos faucilles et de nos socs nous forgerons des épées.

---

1. Bagration (Pierre-Ivanovitch) (1765-1812) avait servi en Turquie, en Pologne, en Italie, en Suisse, en Autriche, en Prusse, en Moldavie. Quand Napoléon envahit la Russie, il fut nommé commandant en chef de la seconde armée.

Les Russes fondaient sur lui de grandes espérances. Un jeu de mots populaire disait : *Bog rati on* (il est le Dieu de la guerre). Et l'on ajoutait, en parlant de Napoléon : *Na polie on* (il est par terre). Blessé mortellement à Borodino, Bagration mourut quelques jours après. Dans cette longue énumération, Joukovsky a sciemment négligé le nom de Barclay de Tolly.

Le bandit ! C'est par la ruse qu'il a conduit ses bataillons jusqu'à Moscou. Des hauteurs du Kremlin il nous menaçait d'une paix humiliante. « J'irai triomphant, j'irai et tout m'applaudira, et ils tomberont en la poussière avec leur tsar. » Il est venu... et il a tremblé lui-même. Moscou s'est levée vengeresse, elle a flamboyé sous les yeux des ennemis, elle a fait tomber sur leurs têtes ses murailles destructrices.

Amène donc tes rois esclaves avec leurs troupeaux dans l'empire du froid ; fraye un chemin dans la neige pour aller au-devant de la famine. Et toi, hiver, notre allié, arrive. Le chemin du retour leur est fermé, derrière eux la cendre des villes désertes ; devant, des foules guerrières. Réponds, brigand, qui est le plus fort ? L'esprit rapace ou la vengeance ? Tu es un intrus, nous sommes chez nous ! La providence est avec les justes.

LES GUERRIERS

Réponds, brigand, qui est le plus fort ? L'esprit rapace ou la vengeance. Tu es un intrus, nous sommes chez nous. La providence est avec les justes [1]...

Batiouchkov.

(1787-1855)

Batiouchkov (Constantin-Nicolaevitch), bien que sa vie se soit prolongée jusqu'en 1855, n'appartient pas à l'école romantique.

---

1. Le poète lève ensuite sa coupe en l'honneur de l'amour, en l'honneur des Muses, des poètes qu'elles ont inspirées. Il adresse une invocation au Dieu russe. Le succès de ce poème fut considérable ; on le lut dans les salons, dans les camps, à la cour. L'impératrice Maria-Theodorovna voulut que le poète lui fut présenté et le nomma son lecteur.

Il procède des élégiaques latins, de Pétrarque, de Parny, d'André Chénier. Il avait la prétention d'être le Tibulle russe. Ses œuvres sont peu nombreuses, mais elles sont d'une facture excellente. Il prit part à deux reprises aux campagnes contre la France. La guerre lui valut quelques-unes de ses meilleures inspirations. A dater de 1820, atteint d'une maladie mentale qui ne devait jamais guérir, il cessa d'écrire des vers. Et ce fut grand dommage, car il y a dans son œuvre des choses exquises. A côté de poésies qui perdent hélas! beaucoup dans une traduction, il nous a paru intéressant de citer deux lettres où notre auteur dépeint les impressions d'un jeune homme tout ensemble soldat et poète, jeté soudainement dans Paris par les hasards de la guerre. Il est curieux de comparer les impressions de Batiouchkov avec celles qu'avaient emportées de Paris Von Vizine et Karamzine.

L'ombre d'un ami [1].

Je viens de respirer les brumes d'Albion ;
Comme lames de plomb m'ont apparu ses vagues ;
Derrière le vaisseau soupirait l'Alcyon,
Des nochers j'écoutais les chants joyeux et vagues.

Au tumulte des vents, aux cris des matelots,
Se mêlait monotone un claquement de voiles ;
Sur le pont le pilote, en l'absence d'étoiles,
Dominait par sa voix le tumulte des flots.

Heureux, je jouissais, et dans ma rêverie,
Jetant de tous côtés mon avide regard,
Dans l'ombre de la nuit, à travers le brouillard,
Il me semblait du nord voir l'étoile chérie.

Les songes les plus doux enchantaient mes instants ;
Je me croyais encor sur la terre natale,

1. Cet ami était le colonel Pétine, tué à la bataille de Leipzig en 1813. Après la prise de Paris, Batiouchkov était retourné en Russie par l'Angleterre.

Puis, le coupable oubli, comme une ombre fatale,
Naissait de la tempête et des flots inconstants.

A tant d'illusions succédaient les chimères,
Quand tout à coup je vis paraître, devant moi,
Le plus sincère ami que des larmes amères
Ne purent arracher à l'inflexible loi.

Doux était son aspect; — sur sa noble figure
Nul vestige hideux du feu qui le brûla;
Tel qu'en mai le soleil, elle était jeune et pure,
Et j'étais consolé parce qu'il était là.

« Est-ce toi, cher ami? transporté, m'écriai-je,
« Toi, dont le souvenir me sera toujours cher,
« Héros qui de la mort affrontas le cortège,
« Qui ne craignis jamais ni le feu ni le fer?

« Je te disais : C'est moi, c'est moi qui sur un arbre,
« Pour plume ayant mon sabre, inscrivis tes exploits;
« C'est moi qui viens pleurer sur ton funèbre marbre,
« Avec d'autres amis désolés et sans voix.

« Réponds-moi, je te prie, ombre immortelle et chère;
« Rien à ton souvenir n'est donc plus retracé!
« Nos larmes, ton cercueil, ton convoi funéraire,
« Rien ne te reste plus de ce qui s'est passé!

[tendre;
« Qu'un seul mot de ta bouche, au moins se fasse en-
« Ce seul mot pour mon cœur sera sans lendemain;
« Puisqu'à mon amitié la mort ne peut te rendre,
« Une dernière fois, encor, serre ma main. »

Je m'élançai vers lui; mais, au loin, les nuages
Couvrirent de vapeurs l'azur de l'horizon,
Et je fus réveillé par la voix des orages,
Lorsque j'abandonnais ma terrestre prison.

A la fureur des vents le calme avait fait place,
Mais on voyait briller la lune au haut des cieux;
Du vaisseau sur la mer on distinguait la trace;
Tout dormait... et les flots étaient silencieux.

Mais hélas! le sommeil avait fui ma paupière :
Je veillais! et mon cœur n'était pas endormi :
Au sort inexorable il demandait un frère,
Plus encor! Il voulait son plus fidèle ami.

(Traduction de Tardif de Mello.)

Le Tasse mourant.

Pourquoi cet appareil, cette magnificence?
En flots tumultueux, où court ce peuple immense?
Pour qui ce pur encens, ces suaves odeurs?
Ces lauriers, ces tapis, ces vases pleins de fleurs,
Et ces tissus pourprés, flottant au gré d'Eole,
Du rivage du Tibre aux murs du Capitole?

Noble et sainte cité, reine de l'univers,
Pourquoi ces sons divins qui remplissent les airs?
Ces chants précèdent-ils le char de la victoire?
De quel être illustré proclame-t-on la gloire?
Est-ce un preux chevalier, vainqueur dans un tournoi,
Suivant avec respect l'étendard de la foi?
Pourquoi de Jésus-Christ l'auguste et saint vicaire

Gagne-t-il à pas lents le lieu de la prière.
Une couronne brille en ses pieuses mains,
A qui l'offrira-t-il, descendants des Romains?
Quel front la recevra? Le tien, esprit sublime,
Le tien, chantre immortel de l'antique Solyme.

Et les cris d'allégresse ont atteint le réduit
Où le Tasse descend dans l'éternelle nuit.
Pour le triomphateur déjà la mort s'apprête,
L'ange ailé du trépas a plané sur sa tête.
Et ces honneurs tardifs, ces amis consternés,
Aux pieds du crucifix ces prêtres prosternés,
Rien ne peut le sauver ; le destin veut qu'il meure.
Du Tasse infortuné sonne la dernière heure.
Le poète l'entend d'un front calme et pieux,
Que dis-je? Il la bénit et cygne harmonieux
Sur le seuil du tombeau, maître de son génie,
Il adresse en ces mots ses adieux à la vie :

« Par pitié, laissez-moi jeter quelques regards
Sur la pompeuse Rome et ses nobles remparts;
Je veux leur consacrer un reste de lumière.
Mes amis, que je puisse entr'ouvrir ma paupière.
Contempler le foyer des fils de Romulus,
Champ des beaux souvenirs que je ne verrai plus.
O terre de hauts faits, de héros, de miracles
Qui portes en tous lieux la voix de tes oracles.
Majestueux palais, superbes peupliers,
Bocages toujours verts, antiques oliviers,
Et toi, ciel azuré, dôme des sept collines,
Cendres de nos aïeux, vénérables ruines,
Superbe Panthéon, Tibre, toi dont les eaux
Etanchèrent la soif de cent peuples rivaux,

Objets riants et doux qui récréez ma vue,
Adieu! Du lit de mort le Tasse vous salue.

Au milieu de ma course à mourir condamné,
Je rends au Tout-Puissant le jour qu'il m'a donné.
Mes amis, c'en est fait, le chantre de Solyme
S'incline tristement sur le bord de l'abîme.
Le Capitole en vain me dispute au trépas;
C'est la mort qui triomphe, et déjà de son bras
Détournant les lauriers suspendus sur ma tête,
Elle couvre de deuil la pompe qui s'apprête.

Des perfides humains jouet infortuné
Contre mes premiers ans le sort fut déchaîné,
Sous le ciel amoureux de ma chère Italie
Semblable à l'étranger qui n'a plus de patrie,
Je traînais en tout lieu mon pénible destin,
Sans guide, sans appui, voyageur incertain,
Tel qu'une frêle barque en proie aux noirs orages,
Qui flotte au gré des vents sur des mers sans rivages.

Sorrente, lieu fatal, berceau de ma douleur,
Tu le sais, en naissant j'ai connu le malheur,
Il ne m'a plus quitté : pour lasser ma constance,
Les hommes avec lui furent d'intelligence;
Mon âme était sensible, ouverte à l'amitié
Et tous ceux que j'aimais m'ont trahi sans pitié.

Persécuté, proscrit, errant de ville en ville,
Souvent l'ombre du soir m'a trouvé sans asile,
Ni le toit du berger, ni le palais des rois,
Les déserts ignorés, les antres et les bois,

Rien n'a pu garantir mon innocente vie
Des poisons de la haine et des traits de l'envie [1].

O mes amis, d'où naît le trouble de mon cœur?
D'où vient qu'auprès de vous je frissonne d'horreur?
Ciel que vois-je? Un éclair sillonne les ténèbres,
Et se mêle aux lueurs de ces torches funèbres.
Que me veux-tu Ferrare?... Indignes ennemis
Arrêtez, désormais je brave vos mépris;
J'ai regagné le port dans ce pieux asile;
Je repose à l'abri du laurier de Virgile;
Je touche à ce moment qui finit les douleurs
Et Rome à mon trépas donnera quelques pleurs,

Oui, je meurs sans regret; ma carrière est remplie,
Aux chants mélodieux, à la mâle harmonie
Le divin Apollon forma mes jeunes ans;
Ma muse a pénétré la sombre nuit des temps.
On déchaîna contre elle et l'opprobre et l'outrage.
Aux coups pressés du sort j'opposai mon courage,
Le sort n'a pu le vaincre; et jusque dans les fers
Mon âme resta libre et dompta les revers.

Sur les bords du Jourdain j'égarais mon génie;
Il rêvait dans les bois où fuyait Herminie
Il vous interrogeait, ô torrents de Cédron,
Vieux cèdres du Liban, poétique Sion!

---

1. Batiouchkov avait peut-être lu les stances célèbres de Fontanes à Chateaubriand :

> Le Tasse errant de ville en ville
> Un jour accablé de ses maux,
> S'assit sous le laurier fertile
> Qui sur la tombe de Virgile
> Étend toujours ses verts rameaux.

Il vous ressuscitait, époques belliqueuses.
Chrétiens, il évoquait vos ombres glorieuses.
Au fort de la mêlée il t'a vu fier Argant;
Il t'a vu Godefroi, sage autant que vaillant,
Au milieu des dangers garder un front tranquille.
Et toi bouillant Renaud, Renaud, moderne Achille,
Vainqueur sous les drapeaux de l'Amour et de Mars,
Je t'ai vu de Sion affronter les remparts
Et des fers du Soudan dégageant son enceinte,
Au culte du vrai Dieu rendre la ville sainte.

De nos divins aïeux ô triomphes sacrés,
Murs de Jérusalem par leurs bras délivrés
Héroïques vertus, valeur noble et pieuse
Sur vous, sur les exploits de la croix lumineuse
J'appelle les regards de la postérité
Et nous marchons ensemble à l'Immortalité. »

Il dit, et de ses yeux qu'abandonne la vie
Part un dernier rayon légué par son génie.
Le triomphe et la mort l'occupent tour à tour;
A la Parque il voudrait dérober un seul jour;
Ce désir le soutient, cet espoir le console;
Il cherche encore de l'œil les murs du Capitole
Et pour se soulever fait un pénible effort;
Mais hélas! c'est en vain; attendu par la mort
Sur son lit de douleur il retombe immobile;
Une lente agonie use son corps débile.
Déjà l'astre du jour penché vers l'Occident
Plongeait au sein des mers son disque étincelant;
Et de ses feux pourprés inondant l'étendue,
Du poète expirant charmait encore la vue;
Et bientôt ranimé par la brise du soir,

Chrétien rempli de foi, de ferveur et d'espoir,
Le Tasse vers le ciel tend ses mains suppliantes :

« Ah! dit-il, contemplez ces beautés éclatantes;
Le soleil radieux, même dans son déclin
Du bienheureux séjour nous trace le chemin.
Déjà mon âme touche aux célestes rivages,
A ce port de salut, sans flots et sans naufrage.
Un ange me précède, il m'éclaire et j'entends
De ses ailes d'azur les doux frémissements.
O mes amis, donnez, donnez ce signe auguste
L'image du sauveur, et le soutien du juste;
Aux pieds de cette croix formez pour moi des vœux
Et qu'avec ma prière ils montent vers les cieux.
Retenez vos sanglots; tout passe sur la terre;
Le temps peut triompher de la gloire d'Homère,
Mais dans les régions qu'habite l'Eternel,
Le temps perd son empire et tout est immortel.

Vers ce but désiré sans terreur je m'avance.
Amis ne pleurez point, je meurs plein d'espérance
Et la religion par ses tendres accents
Donne la paix du ciel à mes derniers instants;
O bonheur ineffable! une amante adorée
D'anges, de chérubins, de vierges entourée
Léonore m'attend au portique des cieux.
Léonore... » A ce nom la mort ferme ses yeux;
Et le jour finissait; plus d'apprêts, plus de fête;
L'airain sonne, il a dit le trépas du poète :
La sinistre nouvelle a frappé tous les cœurs.
« Il est mort! il est mort! s'écriait Rome en pleurs;
Changez-vous en cyprès, lauriers de la victoire;
O Tasse encore un jour et nous fêtions ta gloire :

Mais l'aurore naissante éclaire son cercueil ;
Le capitole est mort et Rome est dans le deuil... »

(Traduction de Dupré de Saint-Maure, *Anthologie russe*.)

Épigramme.

— Je suis Sapho, me dit la pédante Céphise :
Soyez Phaon, c'est je crois parler clair.
— J'y consens, mais (Madame, excusez ma franchise).
Connaissez-vous le chemin de la mer ?

(Même traduction.)

Le passage du Rhin.
(1814)

Tandis que nos soldats avancent par les champs
Où ton flot gris, ô Rhin, serpente et se déploie,
    Mon cheval qu'emporte la joie,
Sort des rangs, vole, atteint les bords aux verts penchants
    Et, brûlé par sa soif profonde,
    Se plonge avide dans tes eaux
    Que son poitrail et ses naseaux
    Sillonnent rafraichis par l'onde.

Oh ! bonheur ! C'est le Rhin ! j'y suis ! De toutes parts
Mon œil salue au loin les immenses campagnes,
    Les rocs roulés sur les montagnes,
Les vieux châteaux debout sur les rochers épars ;
    Beau pays où la gloire pose
    Sur des souvenirs précieux !
    Où des Alpes, ces sœurs des cieux
    Tombe le fleuve grandiose.

Témoin des temps passés, Rhin superbe, c'est toi
Qui fis boire tes flots aux légions romaines
  Quand les fières tribus germaines
Pliaient devant César, en subissant sa loi.
   Son glaive fouillant ces contrés
   Brilla, tua, vainquit ici
   Et son noble coursier aussi
   Traversa tes ondes sacrées.

Puis vint un nouvel âge. Au mont Capitolin
Brille la croix. L'amour, l'honneur brûlent les âmes.
  Les chevaliers servent les dames,
Couvrant du bouclier la veuve et l'orphelin ;
   Ici les preux, aux fronts sévères,
   Ont eu leurs passes, leurs tournois :
   J'y crois encore comme autrefois.
   Entendre les luths des trouvères !

Oui, sous l'ombrage épais des chênes, des noyers.
Dans ces hameaux qu'habite une race choisie
  Le souffle de la poésie
Parfume encor les prés, les torrents, les foyers.
   Tout exalte ici, tout inspire !
   Amour sacré du sol natal,
   Mépris de l'or, ce vil métal,
   Mœurs où le bon vieux temps respire.

Tout prête à la pensée un vol audacieux,
Tout l'enflamme ! Elle va dans le brouillard des âges
  Redemander à ces rivages
Jusqu'aux bardes errants dans leur bois spacieux.
   Fiers, libres, ces chantres antiques
   Exhalaient ici leurs accords ;

LITTÉRATURE RUSSE.

Mais hélas ! l'écho de ces bords
Nous tait leurs sauvages cantiques !

Et toi qui les connus, toi, l'ancêtre des eaux,
Tu fis taire comme eux ta vague murmurante
Lorsque la liberté mourante
Te vit, captif, cacher ton front dans les roseaux.
Hier encor, ta rive aimée
Tremblait sous un altier vainqueur
Et tu passais la rage au cœur,
Entre les rangs de son armée.

Hier encor, le long de ces riants vergers,
De ces coteaux sacrés que la vigne décore
En longs festons, hier encore
Le villageois heurtait des hordes d'étrangers,
Qui pleins d'orgueil, les yeux hostiles
Vidaient au fond des verts cristaux
Le vin puissant des grands coteaux
Et foulaient les moissons fertiles.

Mais l'heure du destin a sonné ! Nous voilà !
Nous voilà la portant sur l'aile du tonnerre,
La liberté ? Quittant son aire
Du brasier de Moscou notre aigle s'envola !
Nous venons de la mer de glace
Nous venons des flots du Baïkal,
Nous venons des crêtes d'Oural,
Des terres que le Don enlace.

Nous venons du Caucase et des flots Caspiens,
De la Neva, du Dniper, de la Volga sonore,

Du nord, du couchant, de l'aurore,
Nous accourons, ô Rhin, venger tes citoyens,
   Délivrer la rive fleurie
   Où radieux naquit un jour
   L'ange de paix, l'ange d'amour [1]
   Qui plane sur notre patrie.

Quel spectacle enivrant éblouit les regards !
Là, luisent en roulant les lourds canons de cuivre,
   Dont le cortège se fait suivre
Par les rangs hérissés de fusils, d'étendards,
   Puis l'or, l'argent de l'épaulette,
   Les casques des blancs cuirassiers,
   La flamme rouge des lanciers
   Brillent dans l'eau qui les reflète.

Ici la hache tonne, abattant les grands bois ;
Le feu des gais bivouacs jaillit, fume et pétille ;
   Le vin dans les coupes scintille,
Mille houras vers les cieux montent comme une voix ;
   Ailleurs, le fantassin embrasse
   Avec transport le fantassin,
   Plus loin galope un fol essaim
   Que portent des chevaux de race.

Un cavalier debout sur un tertre, un gazon,
Tout seul, triste et rêveur, appuyé sur sa pique
   Poursuit d'un œil mélancolique
Le fleuve sinueux qui fuit à l'horizon.
   Peut-être est-ce l'onde elle-même
   Du lieu natal qu'il croit revoir,

---

1. L'impératrice Elisabeth, épouse de l'empereur Alexandre, était fille du margrave de Bade.

   Et presse-t-il, sans le vouloir,
   Sur son cœur sa croix de baptême?

Mais voici que déjà se dresse parmi nous
L'autel sans tache auprès de nos sanglants trophées.
   Devant le Dieu des Macchabées
Un prêtre vêtu d'or fléchit les deux genoux.
   Déjà nos bannières flottantes
   Le couvrent d'ombre et de bruit
   Et sur l'autel l'aube qui luit
   Sème ses flammes éclatantes.

Bientôt aux cris de guerre un saint recueillement
Succède parmi ceux qu'attend le saint mystère;
   Les armes s'inclinent à terre,
Chefs et soldats se sont prosternés humblement.
   Notre hymne est au Dieu des victoires;
   La foi brille en nos rangs épais
   Et les encensoirs de la paix
   Fument pour les célestes gloires.

Tout s'ébranle soudain. L'armée à flots pressés
Se meut comme une mer. On entend sur la foule
   Des cris puissants que l'écho roule
Et que jamais le Rhin n'ouït aux temps passés.
   Le pont luit comme une enclume
   Sous le poids d'hommes qui le tord.
   Et l'ennemi sur l'autre bord
   Recule... et se perd dans la brume.

   (Traduction du prince Élim Mestchersky, *Les Poètes russes*, traduits en vers français, Paris, 1845.)

Les Russes dans Paris en 1814.

(Lettre datée de Juvisy, 27 mars 1814.)

Enfin, nous sommes dans Paris. Figure-toi une mer de peuple dans les rues. Les fenêtres, les murs, les toits, les arbres du boulevard, tout, tout est couvert de gens des deux sexes. Tous agitent les mains, la tête; tous sont en convulsion, tous crient : « Vive Alexandre, vivent les Russes! Vive Guillaume, vive l'empereur d'Autriche! Vive Louis! Vive le roi! Vive la paix! » On ne crie pas, on hurle, on beugle : « Montrez-nous le beau, le magnanime Alexandre! — Messieurs, le voilà en habit vert avec le roi de Prusse. — Vous êtes bien obligeant, mon officier. » Et l'interlocuteur qui me tient par mon étrier crie : « Vive Alexandre! A bas le tyran! Ah! qu'ils sont beaux ces Russes! Mais, monsieur, on vous prendrait pour un Français. — C'est beaucoup d'honneur, monsieur, je ne le mérite pas. — Mais c'est que vous n'avez pas d'accent. » Et ensuite : « Vive Alexandre! Vivent les Russes, les héros du Nord! »

L'empereur, au milieu des flots du peuple, s'arrêta dans les Champs-Elysées. Les troupes défilèrent devant lui en fort bon ordre. La foule était dans l'enthousiasme et mon cosaque me dit en secouant la tête : « Mon officier, ils sont devenus fous. — Depuis longtemps, répondis-je en mourant de rire. »

Mais le bruit me fait tourner la tête. Je descendis de cheval; le peuple nous entoura, moi et mon cheval, et se mit à nous regarder, moi et mon cheval. Il y avait dans la foule des gens comme il faut, de belles dames qui me faisaient à l'envi des questions étranges : pourquoi j'avais des cheveux blonds, pourquoi ils étaient longs : « A Paris on les porte plus courts, l'artiste Dulong vous les taillera à la mode. — Mais il est bien comme cela, disaient les femmes. — Regarde, il a une bague. On en porte aussi en Russie. Son uniforme est très simple. C'est le bon genre. Quel cheval long! Un vrai cheval du désert. Attention, messieurs, voilà l'artillerie. Quels canons longs, ils sont plus longs que les nôtres. Ah! bon Dieu, quel Kalmouk! » Et peu après : « Vive le roi! Vive la paix! Mais avouez, mon officier, que Paris est bien beau. — Comme il a les cheveux clairs. — C'est l'effet de la neige, dit un vieillard en haussant les épaules. — Je ne sais, pensai-je, si c'est la neige ou la chaleur, mais vraiment, mes chers amis, vous êtes depuis longtemps brouillés avec le bon sens. »

Il y avait dans la foule des visages terribles, des physionomies affreuses qui rappellent vivement les Marat et les Danton, des gens en haillons, en grands bonnets, en chapeaux, et à côté d'eux de beaux enfants, des femmes charmantes.

Nous retournâmes à gauche à la place Vendôme, où la foule d'heure en heure devenait plus compacte. Sur cette place s'élève le monument de la grande armée. Glorieuse colonne Trajane! Je la vis alors pour la première fois et à quel moment. Le peuple l'entourait de tous côtés et criait sans cesse : « A bas le tyran! » Un hardi compagnon grimpa jusqu'au haut et passa une corde au cou de Napoléon, dont la statue en bronze couronne la colonne. « Passe-la au cou du tyran, criait le peuple. — Pourquoi faites-vous cela? — Il est monté trop haut, me répondait-on. » Mais le premier jour on ne put briser le Napoléon de bronze. Nous mîmes une sentinelle au pied de la colonne. Sur le piédestal, je lus :

Napolio Imp. Aug. monumentum.

. . . .

Vanité des vanités! Vanité, mon ami. De ses mains sont tombées l'épée et la victoire. Et cette même populace qui saluait le vainqueur sur cette même place, cette même populace ondoyante et ingrate, souvent ingrate, jette une corde au cou de *Napolio Imperator Augustus*. Ce même forcené qui criait quelques années auparavant : « Etranglez le roi avec les entrailles du prêtre[1] »; ce même forcené crie aujourd'hui : « Russes, nos sauveurs, donnez-nous les Bourbons. A bas le tyran! Qu'avons-nous besoin de victoires? Du commerce! du commerce! »

O étrange peuple de Paris, digne de pitié et de raillerie! Le bruit me faisait sans cesse tourner la tête. Que sera-ce donc au Palais-Royal? En passant devant le Théâtre-Français, je me dirigeai vers le Palais-Royal, ce centre du bruit, du mouvement, des filles, du luxe, de la misère et de la débauche. Celui qui n'a pas vu le Palais-Royal ne saurait s'en faire une idée. Dans le meilleur restaurant, chez le fameux Véry, nous mangeâmes des huîtres et les arrosâmes de champagne à la santé de notre souverain, de notre bon tsar! Après nous être un peu reposés, nous parcourûmes les magasins et les cafés, les sous-sols, les cabarets, les rôtisseries de marrons, etc... La nuit me trouva au milieu du Palais-Royal.

---

[1]. Allusion aux vers bien connus de Diderot :
  Et ma main ourdirait les entrailles du prêtre
  A défaut de cordon pour étrangler les rois.

Paris, 25 avril 1814.

A D. V. Dachkov.

Maintenant quelques mots sur moi : vous ne me demanderez pas le récit de mon odyssée tout entière, de toutes mes expéditions et de tous mes itinéraires, il nous manquerait, à vous la patience, à moi le papier. Je vous dirai simplement ceci : je suis à Paris. *La messagère indifférente*[1], la *Renommée* vous a depuis longtemps informé de nos victoires véritablement miraculeuses. Tout cela est connu depuis longtemps... C'est déjà de l'antiquité pour vous, habitants du paisible Pétersbourg. Mais le croirez-vous ? Nous qui avons pris part à tous les événements considérables, nous-mêmes jusqu'ici nous avons peine à croire que Paris est à nous, que Louis est sur le trône, que les compatriotes insensés de Montesquieu, de Racine, de Fénelon, de Robespierre, de Couthon, de Danton et de Napoléon, chantent par les rues :

> Vive Henri quatre
> Vive ce roi vaillant !

De tels miracles surpassent toute attente. Et en combien de temps, avec quels singuliers détails, quelle effusion de sang, quelle facilité, quelle légèreté d'esprit, ô Seigneur !

....Je suis dans Paris ; les premiers jours de notre arrivée ont été des jours d'enthousiasme. Errer sur

---

1. En français dans l'original. Allusion aux vers de J.-B. Rousseau sur la *Renommée* :
> La messagère indifférente
> Des vérités et de l'erreur.

les boulevards, déjeuner chez Beauvilliers, visiter le théâtre, admirer l'art extraordinaire d'un Talma, rire à gorge déployée des fantaisies d'un Brunet, rester en extase devant l'*Apollon du Belvédère*, devant les tableaux de Raphaël, bâiller sur la place Louis XII ou sur le Pont-Neuf, flâner dans le majestueux jardin des Tuileries, dans le Jardin des Plantes ou aux environs de la ville, au milieu de la foule innombrable des Parisiens, des prêtresses de Vénus, des vieux royalistes, des républicains, des bonapartistes, voilà maintenant tout ce que nous faisons et nous pouvons le faire ; car nous sommes reposés de corps et d'âme. Nous avons, remarquez-le bien un grand avantage sur les voyageurs antérieurs, nous sommes des voyageurs armés. Je regarde souvent avec satisfaction nos Cosaques passer sans crainte sur le pont d'Austerlitz en admirant sa merveilleuse construction. Je vois avec une satisfaction indicible nos grenadiers russes devant la colonne Trajane [1] ou les grilles des Tuileries, devant l'Arc-de-Triomphe où sont représentés Ulm, Austerlitz, Friedland, Iéna. Avec plus de satisfaction encore je contemple nos guerriers se promenant avec les Invalides sur le vaste esplanade qui avoisine leur hôtel.

Les Français ont payé cher leur gloire, cher ami. Ils doivent être reconnaissants à notre tsar, pour avoir sauvé non seulement Paris, mais la France tout entière, et ils le sont. Cela me réconcilie un peu avec eux. D'ailleurs cette nation ne mérite pas d'estime, particulièrement le peuple français [2].

---

1. La colonne Vendôme.
2. Batiouchkov, comme on le voit, n'est guère plus sympathique aux Français que Von Vizine. Karamzine nous est beaucoup plus favorable.

Je vous vois d'ici, mon ami, secouer la tête. Que le bon Dieu le bénisse ! Que nous importe le peuple français ? Pourquoi Batiouchkov ne me parle-t-il pas de littérature, du Lycée, des illustres savants, des hommes d'esprit, des poètes, en un mot des hommes auxquels moi, habitant des rives de la Néva, je dois d'heureux instants, dont le nom seul éveille dans ma tête mille souvenirs agréables, mille idées ?... Excusez-moi. D'abord au milieu des bruits de la guerre, j'avais complètement oublié qu'il existe une académie de quarante membres, absolument comme j'ai oublié qu'il existe une académie russe. Mais l'autre jour ayant été sur le pont Royal, j'allai chez Didot ; je pris plaisir à contempler son édition de la Fontaine et de Racine et en causant avec son commis, j'appris par hasard que le lendemain à trois heures la seconde classe de l'Institut tiendrait sa séance solennelle.

Je me munis d'un billet et je pénétrai dans le temple de la science...

« Asseyez-vous ici ou restez debout derrière mon tabouret, me dit une belle dame. Ici vous verrez et entendrez tout. » Je restai derrière le tabouret et je contemplai debout avec complaisance la salle et la brillante assemblée.

Les membres entrèrent peu à peu ; un Français, mon voisin, me les désignait : « Voilà Suart, disait-il, voilà Boufflers, voilà Sicard ; ce vieillard avec un ruban rouge c'est M. de Ségur. Voilà Etienne, l'auteur d'une bonne comédie auprès de Picard l'auteur favori du public parisien. » Avec eux étaient des membres des autres classes de l'Institut qui ont le droit de siéger dans les assemblées solennelles. Je ne vis ni Parny ni Fontanes. Chateaubriand à ce qu'il semble n'était pas là. Napoléon n'avait pas consenti à ce qu'il fût reçu de l'Académie...

A la fin nos héros apparurent aux applaudissements du public, aux cris mille fois répétés de : vive Alexandre, le magnanime Alexandre! Vive le roi de Prusse. Vive le général Sacken!

Lacrételle, secrétaire de l'Académie, lut un discours en leur honneur. Je l'entendis avec plaisir. Puis nouveaux applaudissements, nouveaux cris de : Vive l'Empereur.

Les cris s'apaisèrent et M. Villemain, jeune homme de vingt-deux ans lut un compliment en l'honneur de l'empereur. Puis il pria le public de vouloir bien écouter un discours sur *les Avantages et les inconvénients de la critique* couronné par l'Institut. Profond silence. Tout le monde écouta avec la plus grande attention le long discours du jeune professeur, discours fort bien écrit à ce qu'il me semblait. On applaudissait fréquemment les phrases brillantes et surtout ce qui avait rapport aux circonstances présentes.

Après la fin du discours le président embrassa par deux fois le jeune professeur et le proclama vainqueur aux applaudissements du public. L'empereur et le roi de Prusse lui dirent quelques mots aimables; le jeune auteur était au troisième ciel...

Maintenant vous me demanderez ce qui m'a le plus charmé. C'est difficile à dire : d'abord l'*Apollon du Belvédère;* ce n'est pas un marbre, c'est un dieu. Toutes les copies de cette incomparable statue sont faibles. Qui n'a pas vu ce miracle de l'art ne peut s'en faire une idée. Pour en être enthousiaste, il ne faut pas avoir de profondes connaissances en matière d'art, il faut sentir. Chose étrange, j'ai vu de simples soldats qui le contemplaient avec stupéfaction. Telle est la force du génie. Je vais souvent au musée uniquement pour contempler l'*Apollon* et j'en reviens meilleur comme on revient de la conversation d'un sage ou d'une femme aimable et spirituelle. Je ne vous dirai rien des autres curiosités de la ville, ni de la grandiose galerie de tableaux, ni des théâtres, ni de Duchenois, ni de Talma. J'ai peur de vous ennuyer de mes remarques. Mais permettez-moi pourtant, de vous faire l'éloge des femmes. Elles sont la beauté elle-même.

> Devant elles l'amour épuise
> Son carquois d'or
> Tout en elles enchante,
> Leur démarche, leur taille fine,
> Leurs bras à demi nus,
> Leur regard plein de tendresse,
> Les sons enchanteurs de leurs lèvres
> Et leur langage passionné :
> Tout chez elles est ensorcellement.
> Et leur pied, cher ami,
> Est l'œuvre des Grâces,
> Ces compagnes de Cypris !
> Pour ce pied mignon, ô dieux éternels
> Semez les chemins de rose
> Ou de duvet de cygne.
> Phidias lui-même devant lui
> Exulte dans l'enthousiasme.
> Le poète se croit aux cieux,
> Et le travailleur tout en larmes
> En oublie sa prière [1].

Ainsi donc ce qui m'a le plus charmé ce sont les pieds charmants des plus charmantes femmes de l'univers.

---

1. En vers dans l'original.

Krylov (Ivan Andreevitch).

(1768-1844)

Krylov est le La Fontaine de la Russie. La matière des fables appartient à tout le monde et tout le monde se mêle d'en faire. Il n'y a cependant qu'un La Fontaine, il n'y a aussi qu'un Krylov. Mais ce qui fait le charme exquis d'une fable est précisément ce qui s'évapore dans une traduction. C'est surtout le fabuliste qui doit être lu dans l'original. Plus heureux que la plupart de ses confrères russes, Krylov a suscité en français toute une littérature de traductions, d'imitations et de commentaires.

Krylov, choix des fables traduites en vers par F. I. R.(iffé), Saint-Pétersbourg, 1822.

— *Fables russes* imitées en vers français et italiens par divers auteurs ; précédées d'une introduction française de Lemontey, 2 vol. Paris, 1825.

— *Héréau*, fables russes imitées de Krylov (Paris, 1825).

— *Fables* traduites du russe par Hippolyte Monclet (Moscou, 1828).

— *Fables russes* imitées en vers par divers auteurs, publiées par J.-B. Emerling (Saint-Pétersbourg, 1845).

— *Fables* traduites en vers français, par Charles Parfait. Paris, 1867.

En 1857, M. Alfred Bougeault a publié : *Krylov ou le La Fontaine russe*, sa vie et ses fables. En 1869, M. Jean Fleury a fait paraître : *Krylov et ses fables*.

Comme on le voit par cette énumération, Krylov n'est pas précisément un nouveau venu dans notre littérature. Saint-Marc Girardin l'a néanmoins complètement ignoré dans son ouvrage sur *La Fontaine et les Fabulistes* (Paris, 1867).

L'amitié des chiens.

Deux chiens d'humeur assez chagrine
Polkan et Barbos, un beau jour
Mollement couchés dans la cour,
Se chauffaient au soleil, tout près de la cuisine.
Certe, ils auraient mieux fait pour plus d'une raison
De rester sur le seuil à garder la maison :

Mais leur panse étant bien repue
Et le savoir vivre des chiens
Leur défendant, le jour, d'aboyer dans la rue
Ils pouvaient se livrer à de long entretiens.
Sur le service des confrères
Portant leur blâme ou leur pitié
Ils frondaient leurs défauts ou plaignaient leurs misères,
Puis on parla de l'amitié.
Quel sort vraiment digne d'envie
Dit Polkan, lorsque cœur à cœur,
Près d'un ami passant sa vie,
Dans les soins mutuels on met tout son bonheur !
Soit le jour, soit la nuit, complaisamment attendre
L'ami, pour dormir ou manger,
Et, lorsque sa peau court danger,
Comme un rempart vivant de son corps le défendre ;
Les yeux sur ses yeux, échanger
Un regard langoureux et tendre ;
Ne compter comme vrais plaisirs
Que les plaisirs goûtés par l'autre ;
Exaucer tous ses vœux, prévoir tous ses désirs,
Enfin par son bonheur savoir doubler le nôtre,
Voilà vivre, Barbos ! Si le ciel eût permis
Que tous deux, par exemple, on nous vît bons amis,
J'ose affirmer qu'en ces demeures
Nous n'aurions jamais su comment passaient les heures.
— Eh ! mais c'est parler d'or, dit Barbos à son tour,
J'ai souvent eu le cœur malade
De voir que, chiens de même cour,
Nous n'ayons pu passer un jour
Sans nous donner quelque gourmade.
Et pourquoi ? Grâce au maître, ici n'avons-nous pas
Logis vaste pour deux et suffisants repas ?

Vrai, mon cher, je rougis de honte !
Notre amitié pour l'homme est, dès l'antiquité,
Un exemple en tout lieu très justement vanté ;
Mais entre chiens dis-moi combien d'amis on compte,
Lorsque chez les humains on en a tant compté ?
— Eh bien, que, grâce à nous, cette amitié si rare,
Devienne, dit Polkan, l'honneur de ce temps-ci !
   Donne la patte ? — La voici ! »
Et le couple amical, que le bonheur égare,
Se mange de baisers et s'étouffe à moitié ;
  Dans son ivresse, il se compare
Aux plus fameux héros qu'illustra l'amitié.
  « Viens, mon Oreste ! — Viens, Pylade !
Ne soyons plus jaloux, querelleurs ni méchants ! »

Par malheur, au milieu de ces transports touchants,
Un os qu'on jette entre eux interrompt l'accolade...
Adieu la paix ! Sur l'os on court, à corps perdu ;
  Par Pylade Oreste est mordu ;
  On voit voler dans la mêlée
  Les poils arrachés par les dents ;
A grand'peine, un seau d'eau qu'on jette à la volée
  Vient séparer les prétendants.

  Le monde, fécond en surprises,
Dans ses rangs nous fait voir souvent de tels amis,
Caressants, dévoués, l'un à l'autre soumis ;
Des mêmes sentiments leurs âmes sont éprises ;
On croirait voir deux cœurs en un cœur réunis,
Mais qu'on leur jette un os... voilà nos chiens aux prises[1] !

(Traduction de Charles Parfait, Paris, Plon, 1867.)

---

1. Xavier de Maistre et L. Arnault ont fait d'assez heureuses imitations de cette fable.

Le caftan de Trichka.

Trichka voit son caftan aux deux coudes percé,
Mais Trichka pour si peu n'est pas embarrassé :
Il prend ciseaux, aiguille, et, zeste! il vous retranche
    Sur chaque bras un quart de manche,
Adapte les morceaux à l'endroit déchiré,
    Et le caftan est réparé.
    Mais Trichka voit avec surprise
Que le quart de ses bras va souffrir de la bise :
Bah! voilà bien de quoi se mettre en grand souci!
Pourtant autour de lui l'on fait maint commentaire.
« Je ne suis pas un sot, dit Tricka ; Dieu merci!
J'ai remède nouveau pour arranger l'affaire ;
    Attendez, et je vous promets,
Que mes manches seront plus longues que jamais! »

Ce Trichka n'était point un garçon ordinaire ;
    Prenant donc la besogne à cœur,
En rond de son caftan il raccourcit la robe,
    Et rend aux manches leur longueur
A l'aide des morceaux qu'à la jupe il dérobe.
Mon Trichka, tout joyeux, croit son succès complet,
Mais il porte un caftan... qui n'est plus qu'un gilet.

J'ai vu certains messieurs dont tout le temps se passe
A réparer leurs biens que l'usure attaqua ;
Regardez-y de près : leur orgueil se prélasse
    Dans le caftan de mon Trichka[1].

(Traduction de Charles Parfait.)

---

[1]. Krylov s'attaque ici à cette imprévoyance si commune aux races slaves, imprévoyance si générale dans l'économie de la vie domestique russe, et dont le résultat n'eût pas manqué de se faire sentir à notre poète lui-même, si l'empereur Alexandre 1er n'y avait mis bon ordre.

L'oukha de Demiane[1].

« Mon voisin, mon bijou, mange un peu, je t'en prie.
— Voisin, je n'en puis plus ! — Tu veux rire, je crois ;
Une assiettée encor t'irait bien, je parie ;
Vraiment c'est une soupe à s'en lécher les doigts !
— Mais trois fois j'en ai pris ! — Ah ! bon ! voilà qu'il
Il suffit de vouloir ; on n'en a jamais trop.   [compte !
   Fais-toi vivre. Allons, point de honte !
   Va, morbleu ! jusqu'au fond du pot !
   Mais quelle oukha ! comme elle est grasse !
   On dirait qu'on a répandu
   Sur son jus de l'ambre fondu !
Voyons, l'ami du cœur, vas-y de bonne grâce :
De la brème, en veux-tu ? Des tripes, en voilà !
C'est du sterlet, mon cher, ce petit morceau-là.
Plein la cuiller encor, ce n'est pas trop, j'espère.
   Et toi, la bourgeoise, holà !
   Viens aussi presser le compère. »

C'est ainsi qu'à Phocas Demiane offre un régal,
Sans laisser au voisin ni trêve ni relâche.
   Phocas, près de se trouver mal,
   Depuis longtemps sue à la tâche.
   Mais, tout en maudissant le sort,
A tendre encor l'assiette enfin il se décide ;
Puis, forçant son courage à ce suprême effort,
   Il avale... et l'assiette est vide.
« Voilà ! j'aime un ami quand il entend raison !

---

1. L'oukha est une soupe au poisson très populaire en Russie dans toutes les classes.

S'écrie alors Demiane, et la cérémonie,
Chez moi, mon bon chéri, n'est jamais de saison
Mais tends l'assiette encor : l'oukha n'est pas finie. »

Quoique l'oukha d'ailleurs fût son mets favori,
L'infortuné Phocas, de frayeur, jette un cri.
Saisissant à deux mains chapeau, ceinture et canne,
  Il court chez lui, tout ahuri,
Et jamais, depuis lors, il ne revit Demiane.

  Auteur fécond, heureux esprit,
  Toi qui sais tout sache te taire ;
  De temps en temps quelque répit
  A notre oreille est salutaire,
  Si tu voulais trop nous presser
  Plus que l'oukha, tes vers, sa prose
  Pourraient finir par nous lasser [1].

    (Traduction de Charles Parfait.)

L'âne et le paysan.

Un manant, pour l'été, s'avisa d'engager
Un âne qu'il chargea des soins du potager.
Aux merles, aux moineaux, impertinente race,
Il devait, à toute heure, aller donner la chasse.
  Notre âne, disons-le d'abord,
  Était de mœurs irréprochables ;

---

1. Une anecdote assez plaisante se rattache à cette fable. Krylov arriva un soir chez Derjavine, au moment où un littérateur ennuyeux achevait précisément la lecture d'une pièce fort longue qui avait lassé la patience des assistants. Invité à dire quelque chose, le poète récita l'*Oukha de Demiane*. Jamais la fable n'avait été dite plus à propos.

De rapine, de vol ou de délits semblables
On n'eût pu l'accuser sans se mettre en son tort.
Il eût rougi de prendre une feuille à son maître.
  Du reste, vigilant gardien,
Redouté des oiseaux, il surveillait si bien,
Que nul au potager n'osait plus reparaître.
Et pourtant, à jeûner déjà presque réduit,
Le manant de son fonds ne tirait nul produit.
Pour chasser les pillards, mon baudet, dans son zèle,
Sautant, caracolant, n'avait rien ménagé,
Et ses quatre pieds d'âne, en tombant comme grêle,
Dans les pauvres semis avaient tout saccagé.
  Voyant que l'animal le gruge,
  Le maître prend martin-bâton,
Et de coups sur son dos fait pleuvoir un déluge,
« De quoi se mêlait-il? C'est bien fait! dira-t-on.
« Fais ce que tu sais faire, » enseigne un vieux dicton. »

Notre âne avait-il tort? Je ne suis point son juge;
Son compte est bien réglé : qui paya ne doit rien.
Mais le maître, à son tour, aurait compte à nous rendre;
Je lui demanderai si, pour régir un bien,
  C'est un âne que l'on doit prendre.

(Traduction de Charles Parfait.)

Les oies.

  Une longue perche à la main
Un manant conduisait des oisons à la ville;
Mais, s'il faut parler franc, tout le long du chemin
Il traitait son troupeau de façon peu civile.

C'était jour de marché, notre homme était pressé,
Et lorsque l'intérêt se mêle en quelque affaire,
La bête en peut pâtir quand l'homme est tracassé.
Ce rustre avait-il tort? Je suis d'avis contraire;
  Mais j'avouerai que nos oisons
Pour juger autrement avaient bien leurs raisons.
Harcelant les passants qu'ils trouvaient sur leurs voies,
Tous en cris déchirants exhalaient leur douleur :
  « Fut-il jamais plus grand malheur?
  Nous traiter ainsi, nous, des oies!
  Voyez comme un rustre ignorant
  Et nous pourchasse et nous étrille!
  Ne dirait-on pas qu'il nous prend
  Pour des oisons de pacotille!
  Ce drôle a-t-il jamais songé
Qu'à nous porter respect tout homme est obligé,
A nous qui descendons des illustres volailles
Qui du saint Capitole ont sauvé les murailles?
  Rome ordonna (notez ceci!)
  Qu'on leur consacrerait des fêtes!
— Et vous, dit un passant, vaniteux que vous êtes,
Vous voulez pour ce fait qu'on vous honore aussi?
— Oui, jadis nos aïeux... — Je sais, j'ai lu l'histoire;
Mais vous, qu'avez-vous fait qui soit si méritoire!
  — Nos aïeux, dans l'antiquité,
  Nous l'avons dit, ont sauvé Rome!
  — Oui, ce point n'est pas contesté;
  Mais, vous, qu'avez-vous fait, en somme?
— Nous? Nous n'avons rien fait. — Rien donc ne vous
            [est dû!
Laissez là vos aïeux, mes amis, sans reproche,
L'honneur qu'ils méritaient leur fut jadis rendu;
Mais vous, vous n'êtes bons qu'à rôtir à la broche! »

Ma fable est-elle claire, ou dois-je encore chercher
    A l'éclaircir par d'autres voies?
        — Non ; d'aucuns pourraient s'en fâcher ;
    Gardons-nous d'agacer les oies.

(Traduction de Charles Parfait.)

Le quatuor.

Le singe grimacier, l'âne à l'esprit hargneux,
Le bouc à longue corne et l'ours au pied cagneux,
S'assemblent un beau jour et se mettent en tête
De faire un quatuor pour compléter la fête.
Ils ont l'alto, la basse avec deux violons,
La musique à la mode et sur une herbe tendre
Ils ont sous les tilleuls de verdoyants salons
Où la foule ébahie accourt pour les entendre.
L'archet se met en train, chacun fait un effort,
Mais on n'arrive à rien qu'à détonner très fort.
    Le singe tout confus s'écrie :
« Arrêtez, mes amis, attendez, je vous prie !
Comment notre concert peut-il aller ainsi?
Nous sommes mal placés. Toi, l'alto, viens ici ;
La basse vis-à-vis ira prendre sa place ;
Moi qui des violons ai le premier emploi,
Mon second restant là, j'irai me mettre en face,
Et la musique alors ira mieux, croyez-moi !
    Mis en gaîté par la cadence,
    Bois et monts vont entrer en danse ! »

Chacun prit place alors comme il était prescrit,
Et, sans succès encor, le quatuor reprit.
« Cessez, dit le baudet, c'est un sabbat indigne !

Mais j'ai trouvé le vrai moyen,
Et le concert ira très bien,
Lorsque sur un seul rang nous nous mettrons en ligne. »
On obéit à l'âne, et chacun se rangea
Par ordre, en ligne droite, ainsi qu'il l'exigea.
Le concert recommence, et toujours on détonne.
Comment donc en finir ? pour rentrer dans le ton,
Où faudra-t-il s'asseoir ? Comment se tiendra-t-on ?
On discute, l'on crie, et chacun déraisonne.

Au même instant, un rossignol,
Par le bruit attiré, vers eux portait son vol.
Autour de lui chacun s'empresse,
Le suppliant d'agir en qualité d'expert.
« De grâce, disaient-ils, nous savons ton adresse,
Prends un peu sur ton temps pour régler le concert.
Voilà nos instruments et voici la musique ;
Mais dis-nous, à présent, comment il faut s'asseoir ?
— D'être musicien quand l'artiste se pique,
Répond l'arbitre, il doit avoir
Ce que n'a jamais eu votre nature ingrate,
Un goût pur, un profond savoir
Et l'oreille très délicate.
Nul de vous donc, mes beaux amis,
En de tels dons si l'art consiste,
Qu'à gauche, à droite il soit assis,
Ne sera jamais un artiste.

(Traduction de Charles Parfait.)

Griboiedov (Alexandre-Sergievitch).

(1795-1829)

Comme Lermontov, comme Pouchkine, Griboiedov est mort fort jeune encore, victime de la fatalité qui pesait sur les meilleurs génies de la littérature russe au temps de l'empereur Nicolas. Il périt assassiné à Teheran où il remplissait des fonctions diplomatiques. Il a peu écrit, mais il a laissé un chef-d'œuvre : *Le malheur d'avoir de l'esprit*. Interdite par la censure, cette comédie circula longtemps manuscrite; elle ne parut qu'en 1833, et son succès balança celui des plus belles œuvres de Pouchkine. Elle est aujourd'hui aussi classique en Russie que l'est chez nous le *Misanthrope* avec lequel elle offre d'ailleurs plus d'une analogie. C'est une âpre satire de la société Moscovite, au milieu de laquelle Tchatsky se trouve aussi dépareillé qu'Alceste dans celle des grandes coquettes et des petits marquis. Traduit dès 1853 en allemand, dès 1857 en anglais, le chef-d'œuvre de Griboiedov a été mis en français par M. Legrelle (Gand, 1884). Cette traduction est précédée d'une excellente notice sur Griboiedov. Malheureusement, elle n'a été tirée qu'à un très petit nombre d'exemplaires et n'est pas dans le commerce.

ACTE III

SCÈNE XIV

SOPHIE, puis MONSIEUR N...

sophie (*à part*).

Ah! cet homme [1] est toujours pour moi la cause d'un horrible agacement. Il trouve sa joie à dénigrer, à blesser! Il est envieux, fier et méchant!

---

[1]. Tchatsky qui dans les scènes précédentes n'a cessé d'attaquer la société russe.

MONSIEUR N... (*s'approchant*).

Vous êtes toute préoccupée.

SOPHIE

Oui, au sujet de Tchatsky.

MONSIEUR N...

Comment l'avez-vous trouvé depuis son retour?

SOPHIE

Il n'a pas la tête à lui.

MONSIEUR N...

Est-ce qu'il a perdu la tête?

SOPHIE (*après un court silence*).

Ce n'est pas à dire qu'il soit complètement...

MONSIEUR N...

Cependant il y a des signes...?

SOPHIE (*le regardant attentivement*).

Je le crois.

MONSIEUR N...

Est-il possible? A son âge?

SOPHIE

Qu'y faire? (*A part.*) Il est prêt à le croire. Ah! Tchatsky! Vous aimez à costumer tout le monde en fou, vous sera-t-il agréable d'essayer ce costume-là sur vous-même? (*Elle sort.*)

SCÈNE XV

MONSIEUR N..., puis MONSIEUR D...

MONSIEUR N...

Il est fou!... Elle le croit! Eh bien alors! Il faut donc qu'il y ait des raisons... Comment l'aurait-elle inventé? Tu as entendu?

MONSIEUR D...

Quoi?

MONSIEUR N...

A propos de Tchatsky?

MONSIEUR D...

Qu'est-ce?

MONSIEUR N...

Il est devenu fou!

MONSIEUR D...

Sottises!

MONSIEUR N...

Ce n'est pas moi qui l'ai dit, ce sont d'autres qui en parlent.

MONSIEUR D...

Mais toi, tu n'es pas fâché de le redire.

MONSIEUR N...

Je vais me renseigner. Pour sûr quelqu'un sait ce qu'il en est. (*Il sort.*)

SCÈNE XVI

MONSIEUR D..., puis ZAGORIETSKY

MONSIEUR D...

Croyez donc un bavard! Il entend une sottise et aussitôt la répète. Sais-tu quelque chose au sujet de Tchatsky?

ZAGORIETSKY

Eh bien?

MONSIEUR D...

Il est devenu fou!

ZAGORIETSKY

Ah! je sais, je me souviens, j'en ai entendu parler. Comment ne le saurais-je pas? Ç'a été un cas extraordinaire : son oncle, un coquin, l'a enfermé avec les fous. On l'a empoigné, traîné dans la maison jaune[1] et mis aux fers.

MONSIEUR D...

Pardonnez il était ici tout à l'heure dans cette pièce même.

ZAGORIETSKY

Il faut alors qu'on l'ait déchaîné.

MONSIEUR D...

Allons, mon cher ami, avec toi on n'a pas besoin de gazettes. Je vais déployer mes ailes et m'informer auprès de tout le monde. Cependant mystère et secret.

---

1. La maison des aliénés.

SCÈNE XVII

ZAGORIETSKY, ensuite LA JEUNE COMTESSE

ZAGORIETSKY

Quel Tchatsky est ici ?... C'est un nom connu... J'ai été lié je ne sais quand avec un certain Tchatsky. Vous avez entendu parler de lui ?

LA JEUNE COMTESSE

De qui ?

ZAGORIETSKY

De Tchatsky. Il était tout à l'heure ici, dans cette pièce.

LA JEUNE COMTESSE

Je le sais, j'ai causé avec lui.

ZAGORIETSKY

Alors, je vous fais mon compliment ; il est fou...

LA JEUNE COMTESSE

Quoi ?

ZAGORIETSKY

Oui, il est devenu fou !

LA JEUNE COMTESSE

Imaginez-vous ! Je l'avais remarqué moi-même et je l'aurais parié ; ce que vous dites, je me le suis dit.

SCÈNE XVIII

Ah! grand'maman[1]! Voilà des miracles! Voilà du nouveau! Vous n'avez pas entendu parler du malheur qui arrive ici? Ecoutez un peu! Ah! c'est charmant! C'est joli...

LA VIEILLE COMTESSE

Ma chère, mes oreilles sont bouchées; parle un peu plus haut...

LA JEUNE COMTESSE

Je n'ai pas le temps! *Il vous dira toute l'histoire*[2]... Je vais me renseigner. (*Elle sort.*)

SCÈNE XIX

ZAGORIETSKY, LA VIEILLE COMTESSE

LA VIEILLE COMTESSE

Qu'est-ce? qu'est-ce? Il n'y a pas par hasard le feu ici?

ZAGORIETSKY

Non, c'est Tchatsky, qui a produit tout ce tapage. Dans les montagnes il a été blessé au front et sa blessure lui a fait perdre l'entendement.

LA VIEILLE COMTESSE

Quoi? Dans le club des francs-maçons? Il a passé aux musulmans?

---

1. En français dans l'original.
2. En français dans l'original.

ZAGORIETSKY

On ne peut rien lui faire comprendre. (*Il sort.*)

LA VIEILLE COMTESSE

Antoine Antonytch! Ah! lui aussi se sauve, tout le monde a peur, se précipite...

SCÈNE XX

LA VIEILLE COMTESSE, LE PRINCE

LA VIEILLE COMTESSE

Prince! prince! Oh! ce prince, il va au bal et c'est à peine s'il a un souffle! Prince, vous avez entendu?

LE PRINCE

Ah! hum?

LA VIEILLE COMTESSE

Il n'entend absolument rien! Mais peut-être au moins avez-vous vu? Le maître de police est venu ici.

LE PRINCE

Eh! hum?

LA VIEILLE COMTESSE

Qui est-ce prince? Qui a emmené Tchatsky en prison?

LE PRINCE

Hi! hum?

LA VIEILLE COMTESSE

Un coupe-chou pour lui et un havre-sac et puis

simple soldat! Ah! ce n'est pas une plaisanterie! Il a changé de religion!

LE PRINCE

Hu! hum?

LA VIEILLE COMTESSE

Oui, il a passé aux Musulmans! Le voltairien maudit! Qu'est-ce? Ah! vous êtes sourd, mon bonhomme! Tendez donc votre cornet. Oh! la surdité est un grand défaut.

SCÈNE XXI

Les mêmes, plus KHLESTOVA, SOPHIE, MOLTCHALINE, PLATON MIKHAILOVITCH, NATHALIE DMITRIEVNA, LA JEUNE COMTESSE, LA PRINCESSE avec SES FILLES, ZAGORIETSKY, SKALOZOUB, puis FAMOUSOV et beaucoup d'autres.

KHLESTOVA

Il est devenu fou! Est-ce bizarre? Tout à fait à l'improviste! En si peu de temps! Toi, Sophie, tu l'as appris?

PLATON MIKHAÏLOVITCH

Qui l'a raconté le premier?

NATHALIE DMITRIEVNA

Ah! mon cher, tout le monde!

PLATON MIKHAÏLOVITCH

Tout le monde! Alors il faut bien le croire. Pour moi, cependant, la chose est douteuse.

FAMOUSOV (*entrant*)

De qui s'agit-il? De Tchatsky, n'est-ce pas? Qu'y a-t-il de douteux? C'est moi qui le premier ai tout découvert! Il y a longtemps que je m'étonne de ce que personne ne l'enchaîne. Mettez-le un peu sur le sujet des autorités et Dieu sait ce qu'il en dit! Il suffit qu'on s'incline un peu bas, qu'on courbe l'échine en cercle devant quelque grand personnage que ce puisse être, pour qu'il vous appelle un drôle!

KHLESTOVA

Et il est de ceux qui se moquent des autres! A peine avais-je dit je ne sais quoi qu'il s'est mis à rire aux éclats.

MOLTCHALINE

Il m'a déconseillé de servir à Moscou aux archives!

LA JEUNE COMTESSE

Il a daigné m'élever au rang de modiste!

NATHALIE DMITRIEVNA

Et il a donné à mon mari le conseil de vivre à la campagne.

ZAGORIETSKY

Tout prouve qu'il est complètement fou!

LA JEUNE COMTESSE

Je l'ai bien vu à ses yeux!

FAMOUSOV

Il a pris la même route que sa mère, Anna Alexievna. La pauvre défunte a été folle huit fois.

KHLESTOVA

Dans le monde il arrive des aventures merveilleuses ! A son âge tomber dans la folie ! Je parie qu'il buvait trop pour son âge.

LA PRINCESSE

Oh ! c'est sûr !

LA JEUNE COMTESSE

Sans aucun doute.

KHLESTOVA

Il absorbait le champagne à pleins verres.

NATHALIE DMITRIEVNA

A pleines bouteilles, et quelles bouteilles !

ZAGORIETSKY

Non pas ! A pleins tonneaux, et quels tonneaux !

FAMOUSOV

Allons donc ! Le grand mal qu'un homme boive un peu plus qu'il ne faut ! L'instruction, voilà le fléau : la science, voilà la cause pour laquelle, à présent plus que jamais, il pullule autant de gens, d'actions et d'opinions insensées.

KHLESTOVA

Oui, c'est bien assez pour devenir tout de suite fou

que ces pensions, ces écoles, ces lycées, comme on les appelle, et cet enseignement mutuel des grandes cartes [1].

LA PRINCESSE

Non, il y a à Pétersbourg un institut *pédagonique*; c'est, je crois, le nom qu'on lui donne... On y voit s'exercer à l'hérésie et à l'impiété des professeurs! C'est chez eux qu'a été s'instruire notre parent et il en est sorti... bon à entrer tout de suite dans une boutique d'apothicaire en apprentissage! Il fuit les femmes et jusqu'à moi-même! Il ne veut pas entendre parler de carrière! C'est un chimiste, un botaniste, le prince Fedor, mon neveu.

LE COLONEL SKALOZOUB

Je vais vous faire plaisir : le bruit court partout qu'il existe un projet à propos des lycées, des écoles, des gymnases. On n'y enseignera plus que d'après notre méthode : Une!... deux!... Quant aux livres on les gardera pour les grandes occasions.

FAMOUSOV

Serge Sergieitch! Non! Si l'on veut couper le mal à la racine, il faut réunir tous les livres, puis les brûler.

ZAGORIETSKY (*avec douceur*).

Permettez, il y a livres et livres. Mais, entre nous, si j'étais censeur, j'aurais l'œil sur les fables. Oh! les fables me feront mourir! Ce sont des plaisanteries

---

[1]. Il y a ici un jeu de mots intraduisible. Au lieu de Lancaster, fondateur des écoles mutuelles, Khlestova dit *Landkarte*.

éternelles sur les lions, sur les aigles! On a beau dire :
ce ne sont que des animaux ; mais ce sont tout de même
des tsars !

KHLESTOVA

Mes bons amis! Lorsque quelqu'un a perdu la raison, peu importe que ce soit pour avoir trop lu, ou trop bu. J'ai pitié de Tchatsky. Comme chrétiens, nous lui devons notre compassion. Ce n'était pas un sot, et il possédait trois cents âmes...

SCÈNE XXII

Les mêmes, plus TCHATSKY

NATHALIE DMITRIEVNA

Le voici.

LA JEUNE COMTESSE

Chut!

TOUS

Chut! (*Ils s'éloignent de lui, en reculant du côté opposé.*)

KHLESTOVA

Ah! pourvu que dans un accès il n'aille pas se prendre de querelle, et nous attirer quelque méchante affaire.

FAMOUSOV

Seigneur! aie pitié de nous, pêcheurs que nous sommes! (*Avec circonspection.*) Mon bon cher, tu n'es pas dans ton assiette ordinaire. Après le voyage, on a besoin de sommeil. Donne-moi ton pouls. Tu n'es pas bien.

TCHATSKY

Oui, je n'en puis plus... J'endure un million de tourments! Ma poitrine souffre d'avoir été pressée amicalement, mes jambes d'avoir fait des révérences, mes oreilles du bruit des exclamations, et surtout ma tête, des billevesées en tout genre. (*Il s'approche de Sophie.*) J'ai l'âme oppressée ici de je ne sais quel chagrin, je me sens perdu dans la multitude, je ne suis plus moi-même! Non, je ne suis pas content de Moscou!

SOPHIE

Dites ce qui vous met si fort en colère.

TCHATZKY

Je viens de faire dans l'autre préau une rencontre insignifiante. Un petit français de Bordeaux en s'époumonnant avait réuni autour de lui une espèce d'assemblée et racontait qu'avec effroi et non sans larmes il avait fait ses préparatifs de voyage pour venir en Russie chez ces barbares. Il arriva et trouva qu'on le choyait sans trêve. Il ne rencontra ni un son ni un visage russe. C'était comme s'il avait été dans sa patrie avec ses amis, au milieu de sa province. — Par exemple en soirée, il se sent ici comme un petit potentat!... Les mêmes idées chez les dames, les mêmes toilettes. Il était content, mais nous nous ne l'étions pas. Il se tut et alors de tous les côtés ce ne fut qu'un regret, qu'un soupir, qu'un gémissement! « Ah! la France! Il n'y a pas de pays préférable au monde! » déclarèrent deux jeunes princesses, deux sœurs, répétant la leçon qu'on leur a serinée depuis l'enfance! Où se mettre à l'abri des jeunes princesses? J'émis de loin le souhait modeste, — quoi qu'à voix haute — que le Seigneur extirpât cet esprit malsain d'imitation sotte, servile, aveugle, qu'il fît tomber une étincelle chez n'importe quel homme de cœur qui pût, par sa parole et son exemple, nous détourner, comme avec des rênes solides de cette écœurante faiblesse pour tout ce qui vient de l'étranger.

On peut m'appeler vieux croyant si on veut; mais notre cher nord est pour moi cent fois pire depuis qu'il a tout abandonné, tout changé, tout mis à la mode nouvelle, et ses mœurs, et sa langue et sa sainte antiquité jusqu'à son imposant costume pour en prendre un autre taillé sur le modèle des bouffons : une queue par derrière et par devant, je ne sais quelle échancrure bizarre, en dépit du bon sens, sans nul souci des saisons. Les mouvements sont gênés et la figure manque de beauté ; des mentons ridicules, rasés, gris! De même que les vêtements et les cheveux, les esprits sont aussi devenus courts! Ah! si nous sommes nés pour tout emprunter, prenons au moins aux Chinois quelque chose de leur sage ignorance des étrangers! Nous tirerons-nous jamais de la puissance des modes exotiques, de telles façons que nos gens du peuple, si avisés, si bons, ne nous prennent pas, ne fût-ce que d'après la langue, pour des Allemands ou autres?

« Comment mettre en parallèle ce qui vient d'Europe avec ce qui vient de notre nation? Voilà qui est bizarre! Voyons, comment traduire *madame, mademoiselle?* — Peut-être *Soudarynia* se mit à murmurer je ne sais qui... Imaginez-vous, chez tous un grand éclat de rire s'éleva alors à mes dépens! Soudarynia. Ah! ah! ah!

Fort joli ! Soudarynia ! Ah ! ah ! ah ! ah ! C'est affreux ! »
Courroucé et maudissant la vie, je leur préparais une
réponse foudroyante, mais tous me laissèrent là. Vous
savez à présent ce qui m'est arrivé ; le cas n'est pas
nouveau. Moscou, Pétersbourg, la Russie entière sont
faits de la même façon : à peine un habitant de la ville
de Bordeaux a-t-il ouvert la bouche qu'il a le bonheur
de fixer l'intérêt de toutes les jeunes princesses, et à
Pétersbourg comme à Moscou, celui qui n'est pas l'ami
des gens importés de l'étranger, des manies, du langage affecté, celui dans la tête de qui, pour son malheur, se rencontrent cinq ou six idées saines, et qui
prend la liberté de les répandre à haute voix, alors
voyez... (*Il regarde autour de lui ; tout le monde tourne
en valsant avec le plus grand entrain. Les personnes
âgées sont dispersées aux tables de jeu*[1].)

(Traduction de M. Legrelle.)

Rylieev.

(1795-1826)

Si Rylieev avait vécu longtemps, il eût probablement été un des meilleurs poètes du XIXᵉ siècle. Quelques-unes de ses productions avaient été préférées par les contemporains à celles de Pouchkine mais sa carrière fut courte. Après avoir fait la campagne de 1814, il était entré dans l'administration. Imbu d'idées libérales, il prit part à la conjuration de décembre 1825, dirigée contre l'empereur Nicolas. Il expia ses illusions sur l'échafaud. On lit encore aujour-

---

1. Dans *Le malheur d'avoir de l'esprit*, Griboiedov s'est peut-être souvenu du *Misanthrope* de Molière ; il a mis en action dans les scènes où la folie de Tchatsky est colportée de bouche en bouche le fameux couplet de Beaumarchais sur la calomnie. Comparer encore la scène de Regnard (dans *le Retour imprévu*) où Merlin met aux prises Mᵐᵉ Bertrand et Géronte en faisant accroire à chacun que son interlocuteur est devenu fou.

d'hui avec intérêt ses ballades historiques. Dans une pièce écrite en 1823 en l'honneur du grand-duc Alexandre Nicolaevitch, il avait en quelque sorte tracé le programme des réformes du futur tsar libérateur :

« Aime ton peuple, honore la puissance de la loi. Apprends de bonne heure à être un tsar. Ton devoir, c'est d'être le bienfaiteur du peuple, de chercher son amour dans tes œuvres. Donne des institutions éclairées : purifie les mœurs par les sciences, et confirme la foi dans les cœurs.

« Aime la voix de la vérité libre. Sois le protecteur de l'instruction; elle est la véritable amie des gouvernements. Efforce-toi de comprendre l'esprit de ton siècle, de connaître les besoins des pays russes, sois un homme pour l'homme, un citoyen pour tes concitoyens. Sois un Antonin sur le trône, fais régner la sagesse dans les palais, et tu feras plus pour ta gloire que n'ont fait tous les héros et tous les rois. »

Ivan Sousanine.

(BALLADE)

« Où nous conduis-tu ? On n'y voit goutte. — Ainsi criaient les ennemis furieux à Sousanine. — Tu nous embourbes, tu nous noies dans tes amas de neige; mais tu ne nous conduis pas au gîte promis : assurément tu nous a égarés à dessein; mais tu ne réussiras pas à sauver Michel Romanov[1].

« Nous pouvons nous être égarés, le chasse-neige peut se déchaîner; mais votre tsar n'évitera pas la mort que lui réservent les Polonais : conduis-nous; nous te paierons de ta peine, sinon tremble; nous ne te ménagerons point : tu nous as fait lutter toute la nuit contre

---

[1] En 1613 les Polonais occupaient Moscou. Ils comptaient imposer leur domination à la Russie. Mais les Russes élurent pour tsar le boïar Michel Romanov. Les Polonais envoyèrent un détachement pour le tuer; suivant la tradition ce détachement était guidé par un paysan des environs de Kostroma, Ivan Sousanine. Il égara à dessein les Polonais et sauva la vie du premier Romanov. Les Polonais le massacrèrent. Le dévouement de Sousanine est aussi le sujet du célèbre opéra de Glinka : *La vie pour le tsar.*

la tempête. Mais qu'aperçoit-on là-bas dans la vallée derrière les sapins ?

— Un hameau, répond le paysan aux Sarmates. Voilà les granges, les clôtures, et voici le ponceau. Suivez-moi, entrons, cette izba en tout temps est toujours prête à réchauffer l'étranger. Entrez, n'ayez crainte. — Ah! ah! Moscovite, quelle diabolique promenade.

Je n'ai jamais vu nuit si maudite, mes yeux de faucon sont aveuglés par la neige ; mon joupan[1] n'a pas un fil de sec. » Ainsi grommelait en entrant un jeune Sarmate : « Allons, du vin, l'hôte ; nous sommes trempés, glacés... Plus vite... Ne nous oblige pas à recourir au sabre ! »

Une nappe simple est étendue sur la table. On sert de la bière et une cruche de vin, la kacha[2] et le stchi[3] russe sont offerts aux hôtes avec de larges tranches de pain : le vent fait rage contre les fenêtres qu'il secoue, la torche se grésille avec de sinistres craquements.

Minuit est passé depuis longtemps. Saisis d'un lourd sommeil les Sarmates gisent anéantis sur les bancs ; tous dans l'izba enfumée goûtent le repos. Seul le vieux Sousanine veille encore ; agenouillé dans le coin devant les images, il les supplie à demi-voix d'étendre sur le tsar leur sainte protection.

Soudain un cavalier arrive à la porte. Sousanine s'est levé et ouvre sans bruit : « Est-ce toi, mon père? Et moi qui te cherchais. Que viens-tu faire à pareille heure, à minuit passé? La tempête ne s'est pas encore calmée. Quelle inquiétude pour les tiens !

---

1. Sorte de vêtement.
2. Bouillie de gruau.
3. Soupe aux choux.

— Dieu lui-même t'amène à cette maison, mon fils, hâte-toi d'aller trouver le jeune tsar. Dis à Michel de se cacher bien vite; dis-lui que les orgueilleux Polonais dans leur malice songent à le tuer en secret et qu'ils menacent Moscou d'un nouveau désastre.

Dis-lui que Sousasine sauve son tsar par amour pour la patrie et la foi. Dis-lui qu'il n'y a de salut que dans la fuite, que les meurtriers sont ici avec moi... — Mais à quoi songes-tu? Réfléchis mon père, les Polonais te tueront... Que deviendrai-je?

Que deviendra ma jeune sœur, ma pauvre mère? — Le Seigneur vous protégera par sa sainte force; il ne vous laissera pas périr. Il est le protecteur et le soutien de tous les orphelins. Mais adieu, mon fils; le temps est précieux et souviens-toi que je meurs pour le peuple russe. »

Le jeune Sousanine sauta en sanglotant sur son cheval et partit comme une flèche. Cependant, la lune avait achevé son tour. Les sifflements du vent s'étaient tus; la tempête s'était calmée : l'aurore rougissait l'orient; les Sarmates se sont réveillés, les assassins du tsar !

« Sousasine, s'écrient-ils, que fais-tu là à prier? Ce n'est pas le temps de prier, mais de partir. » Et leur foule bruyante quitte le village. Ils pénètrent dans la forêt sombre par un chemin sinueux. Sousanine les conduit...

Voici que le matin s'est levé, et le soleil, à travers les branches, brille dans la forêt. Tantôt il se cache, tantôt il étincelle, tantôt il projette une lueur terne, tantôt il disparaît; chênes et bouleaux se dressent immobiles; sous les pieds craque la neige glacée; par instant on entend le bruit du vol d'un corbeau ou celui du pic qui creuse le tronc du saule.

Les Sarmates marchent à la file silencieux et leur vieux guide les mène toujours plus loin. Déjà le soleil brille tout au haut du ciel, et toujours la forêt devient plus sauvage et plus profonde. Et, tout à coup, le sentier se perd devant eux : pins et sapins laissent tomber jusqu'à terre leurs branches épaisses et mélancoliques; elles forment une muraille impénétrable. En vain, ils tendent une oreille inquiète : tout dans ce désert est mort et sourd. « Où nous as-tu conduit, s'écrie un vieux Polonais? — Là où je devais, répond Sousanine.

Tuez-moi, martyrisez-moi; ici est mon tombeau; mais sachez-le et soyez-en furieux! J'ai sauvé Michel; vous avez cru trouver un traître en moi; il n'y en a pas; il n'y en aura jamais dans la terre russe. Chez elle, tout homme aime la patrie dès l'enfance, nul ne perd son âme par la trahison. »

— Misérable, s'écrient les ennemis furieux, tu mourras sous nos coups. — Je ne crains point votre colère; celui qui a l'âme russe, celui-là sait hardiment et avec joie mourir pour la bonne cause; je ne crains ni les supplices, ni la mort; je mourrai sans trembler pour le tsar et pour la Russie. »

— Meurs donc! crièrent les Sarmates au héros, et les sabres sifflèrent au-dessus du vieillard. Meurs, traître, voici ton heure dernière. » Et le vaillant Sousanine tomba couvert de plaies. La neige pure rougit d'un sang plus pur encore. Il avait sauvé Michel pour la Russie.

Pouchkine (Alexandre-Sergievitch).

(1799-1837)

Pouchkine a été le premier poète, le chef de chœur de l'école romantique. Son rôle dans la littérature russe peut être comparé à celui d'un Byron ou d'un Hugo. Aujourd'hui encore il domine toute cette littérature, il s'élève au-dessus des autres poètes

Quantum lenta solent inter viburna cupressi.

Bien qu'il ait peu vécu, — on connaît sa fin prématurée, — son œuvre est considérable; elle embrasse tous les genres, la poésie lyrique, l'épopée fantastique ou familière (*Rouslan et Loudmila, Onéguine*), le drame, le roman, le récit historique. Après avoir débuté sous l'influence de Parny, Pouchkine continue sa carrière littéraire sous les auspices de Byron. La plupart de ses œuvres ont un caractère cosmopolite. Quelques-unes cependant sont d'un style vraiment russe, d'une inspiration vraiment indigène.

Il n'existe point en français de traduction complète des œuvres de Pouchkine. Un assez grand nombre d'entre elles peuvent être lues dans notre langue :

1. Œuvres choisies, traduites par A. Dupont, Paris, 1847.
2. *La Fille du capitaine*, traduction de Louis Viardot, Paris, 1854.
3. Doubrovsky traduit dans *Choix de nouvelles russes* (Paris, 1853), et par Halpérine Kaminsky (Paris, Flammarion, sans date).
4. L'histoire de Pougatchev, traduite par le prince Augustin Galitzine (Paris, 1858).
5. Poèmes dramatiques, traduits par J. Tourguenev et L. Virdot (Paris, 1862).
6. Eug. Onéguine, traduit par Paul Béesau (Paris, 1868).

Des nouvelles de Pouchkine ont également été traduites dans le volume intitulé : *L'Aube russe*, par Tseytline et Jaubert (Paris, Savine).

Quelques poésies de Pouchkine ont été traduites par Mérimée, qui publia une étude sur lui en 1849 dans la *Revue des Deux-Mondes* (n° du 1ᵉʳ juillet). M. de Vogué lui a consacré un chapitre de son livre sur le *Roman russe* (Paris, 1886).

Les extraits que nous présentons ici ne peuvent donner qu'une idée imparfaite de l'œuvre de Pouchkine. Pour la présenter sous tous ses aspects, il faudrait un volume entier.

Pétersbourg.

Sur le rivage, en face des flots solitaires, il se dressait[1] plein de grandes pensées et regardait au loin. Devant lui, le fleuve roulait ses larges ondes ; une pauvre barque luttait seule contre elles. Sur les rives couvertes de mousses et de fanges s'élevaient par-ci, par-là, de noires izbas, asile du pauvre Finnois ; une forêt impénétrable aux rayons d'un soleil voilé de brumes, murmurait à l'entour.

Et il pensait : « D'ici nous menacerons le Suédois ; ici une ville sera fondée pour le malheur d'un voisin orgueilleux. C'est ici que la nature nous oblige à ouvrir une fenêtre sur l'Europe, à poser un pied solide sur la mer ; ici, sur des flots jusqu'alors inconnus, tous les pavillons viendront nous saluer et nous convierons le vaste monde à nos festins. »

Cent années se sont écoulées et la jeune cité, parure et orgueil du nord, de l'ombre des bois, de la fange des marécages, s'élève triomphante et superbe ; là où naguère le pêcheur finnois, enfant d'une nature marâtre, seul sur les rivages plats, jetait dans des eaux ignorées son filet déchiré, là, maintenant, sur des rivages pleins de vie, se dressent les groupes élégants des palais et des tours ; les navires, en foule, de toutes les parties du monde, se dirigent vers des quais somptueux ; la Néva s'est revêtue de granit, des ponts se sont suspendus sur les eaux ; les îles se sont couvertes de parcs verdoyants, et devant la jeune capitale, Moscou a incliné sa tête, comme devant une nouvelle impératrice, une veuve couronnée.

1. Pierre le Grand.

Je t'aime, création de Pierre, j'aime ton aspect sévère et élégant, j'aime le cours majestueux de la Néva, le granit de ses bords, les grilles forgées de tes enceintes, le crépuscule clair de tes nuits mélancoliques, cette lumière sans lune avec laquelle dans ma chambre je puis écrire ou lire sans lampe, j'aime les grandes masses endormies de tes rues désertes et l'aiguille étincelante de l'Amirauté.

Sans laisser l'obscurité envahir les cieux dorés, une aurore se hâte de remplacer l'autre après avoir laissé une demi-heure à la nuit. J'aime, par tes rudes hivers, ton atmosphère immobile et ton gel, la course des traîneaux, et le long de la large Néva ces visages de vierges plus clairs que les roses. J'aime les mouvements guerriers de tes champs de manœuvre, la beauté uniforme des régiments et des escadrons dans leur démarche ondoyante, les lambeaux de leurs étendards victorieux, les reflets de leurs casques de cuivre, transpercés dans le combat. J'aime, ô capitale guerrière, la fumée et le tonnerre de ta forteresse quand la tsarine du nord donne un fils à la maison impériale ou célèbre une nouvelle victoire sur l'ennemi, ou quand la Néva, brisant ses glaces, les porte vers la mer et frémit de joie à l'approche du printemps.

Brille donc, ô ville de Pierre, et dure inébranlable comme la Russie. Qu'ils se réconcilient avec toi, les éléments vaincus! Que les vagues de la mer finnoise oublient leur haine, leur antique défaite; que leurs vaines fureurs cessent de troubler le sommeil éternel de Pierre!

Le prophète.

Epuisé par la soif spirituelle, je me traînais le long du désert sombre. Un séraphin à six ailes m'apparut sur ma route. De ses doigts légers comme un rêve il toucha mes paupières, et mes paupières s'ouvrirent comme celles d'un aigle effrayé. Il toucha mes oreilles : elles furent remplies de bruit et de voix, et j'entendis le murmure des cieux, le vol aérien des anges, la marche des monstres marins sous les eaux et la croissance de l'herbe sous la terre.

Il s'inclina sur mes lèvres, il arracha ma langue pécheresse, babillarde et menteuse et, d'une main ensanglantée, il mit dans mes lèvres glacées le dard du sage serpent; il ouvrit ma poitrine avec une épée, il en arracha mon cœur tremblant, et il mit dans ma poitrine ouverte un charbon ardent. Je gisais dans le désert comme un cadavre; et la voix du Seigneur cria vers moi :

« Lève-toi, prophète, regarde, écoute, remplis-toi de ma volonté; parcours les terres et les mers et brûle avec ta parole les cœurs des hommes. »

L'éducation d'Oniéguine.

Mon bon ami Oniéguine naquit sur les bords de la Néva, où peut-être naquîtes-vous aussi, où peut-être avez-vous brillé, mon lecteur. Il fut un temps où moi aussi je m'y promenais, mais l'air du Nord ne vaut rien pour moi[1].

---

[1] A la suite de quelques incartades de plume, le poète avait été exilé dans la Russie méridionale.

Après avoir servi avec honneur et distinction, son père s'était endetté; il donnait trois bals par an et finit par se ruiner. Le destin veillait sur Oniéguine : d'abord ce fut *madame* qui s'occupa de lui, puis *monsieur* la remplaça. L'enfant était turbulent, mais aimable; *monsieur l'abbé*, un pauvre diable de Français, pour ne point fatiguer son élève, lui enseignait tout en badinant, ne l'ennuyait point d'une morale austère, réprimandait légèrement ses espiègleries et le menait promener au Jardin d'été.

Quand vint pour Eugène l'âge de la jeunesse tumultueuse, l'âge des espérances et des tendres inquiétudes, on mit *monsieur* de côté. Voilà mon Oniéguine en liberté, les cheveux coupés à la dernière mode, habillé comme un dandy de Londres. Il se lança enfin dans le monde. Il parlait et écrivait parfaitement le français, dansait élégamment la mazurka et saluait avec grâce. Que voulez-vous de plus? Le monde décida que c'était un homme d'esprit et fort aimable.

Nous autres Russes nous avons tous étudié quelque chose, et Dieu sait comment. Avec cette éducation, grâce à Dieu, il n'est pas difficile chez nous de briller dans le monde. Oniéguine, de l'avis de beaucoup de juges tranchants et sévères, était un savant, mais aussi un pédant. Il avait l'heureux talent d'effleurer avec aisance tous les sujets de conversation, de savoir garder le silence dans une discussion en homme qui sait ce dont il s'agit, de provoquer le sourire des dames par un feu d'épigrammes inattendues.

Le latin n'est plus de mode aujourd'hui. Aussi j'avouerai franchement que mon héros n'en savait guère; juste assez pour déchiffrer les épigraphes, raisonner sur Juvénal, mettre *vale* à la fin d'une lettre; il savait même par cœur — non sans faute — deux vers de l'*Enéide*. Il n'avait aucune envie de s'enfouir dans la poussière chronologique des annales de ce monde; mais il gardait en sa mémoire les anecdotes des temps passés, de Romulus jusqu'à nos jours.

Il n'avait point la noble passion de sacrifier sa vie pour les vers; malgré tous nos efforts, il ne savait pas distinguer un iambe d'un chorée. Il méprisait Homère et Théocrite; en revanche, il lisait Adam Smith et se piquait d'être un profond économiste. Il savait raisonner sur la façon dont un état s'enrichit, dont il vit, dire pourquoi il n'a pas besoin d'or quand il a les produits du sol. Son père ne comprenait pas ses théories et ne cessait d'hypothéquer ses terres.

Je n'ai pas le temps d'énumérer tout ce que savait mon Eugène. Mais ce en quoi il était un vrai génie, ce qu'il savait mieux que toutes les sciences, ce qui l'occupait depuis sa tendre jeunesse, c'était la science de la tendre passion qu'Ovide a chantée et pour laquelle il a terminé misérablement une vie brillante et agitée, en Moldavie, dans le fond des steppes, loin de l'Italie...

Comme il connaissait bien les femmes, comme il apprit de bonne heure l'art de feindre, de dissimuler un espoir, de paraître jaloux, de désenchanter, de faire croire, de paraître sombre et mélancolique, superbe et soumis, attentif et indifférent! Comme son silence était languissant, comme son éloquence était ardente, comme il savait écrire avec négligence un billet d'amour, comme il savait s'oublier lui-même pour un seul désir, pour un seul amour, comme son regard était vif et tendre, pudique et hardi; comme il savait parfois faire briller une larme docile!

Comme il savait paraître novice, surprendre l'innocence par son badinage, l'épouvanter par un désespoir à volonté, la divertir par une flatterie agréable, saisir une minute d'attendrissement, vaincre par l'esprit et la passion les préjugés de l'innocence, attendre une caresse involontaire, implorer, arracher un aveu, saisir les premiers battements d'un cœur, traquer l'amour et soudain obtenir le rendez-vous où, dans le tête-à-tête, il donnait à son amie des leçons mystérieuses!

Comme de bonne heure il sut troubler les cœurs des coquettes les plus fameuses. Comme quand il voulait anéantir ses rivaux, il savait inventer de venimeuses médisances! Quels filets il tendait! Et vous bienheureux maris, vous restiez bons amis avec lui. Oui, il recevait les caresses d'un époux rusé, d'un ancien élève de Faublas, d'un vieillard méfiant, d'un splendide Sganarelle, toujours enchanté de lui-même, de son dîner et de sa femme.

(Oniéguine.)

Tatiana.

...Sa sœur s'appelait Tatiana. C'est la première fois que ce nom orne arbitrairement les pages délicates d'un roman. Pourquoi pas? Il est agréable, il est sonore; mais, je le sais, il sent le bon vieux temps et la chambre des servantes...

Ainsi donc, elle s'appelait Tatiana. Elle n'avait pour attirer les yeux ni la beauté de sa sœur, ni sa fraîcheur vermeille. Sauvage, mélancolique, silencieuse, craintive comme une biche des forêts, elle semblait une jeune fille étrangère au sein même de sa famille. Elle ignorait l'art de s'attirer les caresses de son père ou de sa mère; enfant, elle n'aimait point à jouer, à folâtrer au milieu d'une troupe d'enfants. Souvent, pendant toute la journée, elle restait assise seule et silencieuse auprès de la fenêtre.

La rêverie, sa compagne, avait embelli pour elle, dès le berceau, les loisirs de la vie champêtre. Ses doigts délicats ne connaissaient pas l'aiguille. Jamais, penchée sur le métier, elle n'ornait la toile des dessins de la soie. L'enfant qui aime à dominer se prépare, en jouant avec une poupée docile, aux convenances, aux lois du monde et lui répète gravement les leçons de sa mère.

Mais, même à cette époque, Tatiana n'eut jamais de poupée à entretenir des bruits de la ville ou des modes du jour. Elle ignorait les espiègleries de l'enfance ; les récits effrayants pendant les nuits sombres de l'hiver la charmaient bien davantage. Et quand la bonne rassemblait sur la vaste pelouse les jeunes amies d'Olga, Tatiana ne jouait point aux gorielki[1] ; elle s'ennuyait de leurs rires sonores et du bruit de leurs plaisirs frivoles.

Elle aimait à épier sur un balcon le lever de l'aurore à l'heure où le chœur des étoiles quitte le ciel pâlissant, au moment où à l'horizon la terre se colore, où souffle le vent messager du matin, où le jour monte lentement. En hiver, quand l'ombre de la nuit couvre l'hémisphère, quand l'Orient paresseux repose encore indolent sous une lune embrumée, elle se réveillait à son heure habituelle et se levait à la clarté de la lampe.

De bonne heure elle aima les romans ; ils lui tenaient lieu de tout. Elle s'éprit des fictions de Richardson et

---

1. Sorte de jeu.

de Rousseau. Son père était un brave homme attardé dans le dernier siècle ; il ne voyait point de mal dans les livres ; il ne lisait jamais et les considérait comme un simple jouet. Il ne s'inquiéta jamais de savoir quel volume mystérieux reposait jusqu'au matin sous son oreiller. Quant à sa femme, elle était folle elle-même de Richardson...

(Oniéguine.)

L'Antchar.

Au milieu d'un avare et maigre désert sur un sol calciné par la chaleur, l'*antchar* comme une sentinelle terrible se dresse unique dans tout l'univers.

La nature des steppes toujours altérées l'a procréé dans un jour de colère ; elle a imprégné de venin la verdure morte de ses branches et ses racines.

Le venin suinte à travers son écorce, fondu par la chaleur de midi, et vers le soir il se fige en une résine épaisse et transparente.

L'oiseau ne vole point vers l'antchar ; le tigre ne s'en approche point ; seul le noir tourbillon se heurte contre l'arbre de la mort et quand il l'a dépassé, il est déjà empesté.

Si une nuée errante arrose son feuillage somnolent, des branches la pluie coule déjà empoisonnée sur le sable brûlant.

Mais un homme, par un seul regard, envoya vers l'antchar, un autre homme, et celui-ci partit obéissant et revint le lendemain avec le poison.

Il apporta la résine mortelle et une branche avec des feuilles flétries. La sueur sur son front pâle coulait en ruisseaux glacés.

Il l'apporta, chancela et se coucha sur les nattes de la hutte ; et il mourut, pauvre esclave, aux pieds du Seigneur invincible,

Et le tsar fit tremper dans le poison ses flèches obéissantes ; et avec elles il envoya la mort à ses voisins dans les pays étrangers [1].

La Rousalka [2].

Sur les bords d'un lac, au milieu d'une sombre forêt, un ermite essayait de gagner son salut par les plus austères occupations, le jeûne, la prière et le travail. Déjà même il en était venu, le vieillard, à se creuser humblement sa tombe avec une pioche, et la seule grâce qu'il demandait aux saints, c'était d'obtenir pour lui une sainte mort.

Un jour d'été, ce pieux anachorète priait Dieu sur le seuil de sa cellule en ruines ; la forêt prenait insensiblement une teinte plus noire, le brouillard s'élevait en vapeur grise et comme une fumée au-dessus du lac, et la lune rougeâtre roulait doucement au ciel à travers les nuages. — Et l'ermite se prit à considérer, en priant, les eaux du lac qui venaient mourir à ses pieds.

Et voilà qu'involontairement il se sent saisi de peur. Il se frotte les yeux, il ne peut rien comprendre à

---

1. Ce poème a inspiré à Tourguenev une nouvelle intitulée *l'Antchar*. (Voir *Scènes de la Vie Russe*, traduite par M. X. Marmier. Paris, 1858.)

1. *Rousalka*, espèce de nymphes des eaux. On raconte que, sous la forme de femmes enivrantes de beauté et de grâces, elles sortent de l'eau et essaient de séduire les hommes qui les aperçoivent, et que fascinés par leurs regards, se noient et donnent ainsi leur âme à l'esprit malin.

ce qu'il voit, il ne croit plus à lui-même. — Les vagues s'élèvent peu à peu et se mettent à bouillonner; puis elles s'apaisent de nouveau jusqu'à un calme sinistre. Et tout à coup..... légère comme l'ombre de la nuit, blanche comme la première neige des montagne, une femme nue sort de cette surface tranquille et vient en silence s'asseoir sur la rive.

Elle couvre de ses regards le vieil ermite et peigne avec grâce ses humides cheveux ; le saint ermite tremble de frayeur, et pourtant ne peut détourner ses yeux de tant de beautés, de tant de charmes. Elle l'appelle de la main en balançant coquettement sa tête, et puis, comme une étoile qui file, elle se cache et disparaît sous la vague endormie.

Il ne dormit pas toute la nuit, l'austère vieillard ; il ne pria pas toute la journée. Devant lui, par une pensée involontaire, il voyait sans cesse l'ombre merveilleuse de la jeune fille. Et de nouveau la forêt reprit sa teinte noire, la lune reparut rouge à travers les nuages, et, au-dessus de l'eau, la Rousalka revint s'asseoir séduisante et pâle.....

Elle regarde encore l'ermite en balançant sa tête et lui envoie des baisers, la folâtre ! Elle joue avec les vagues, éclate de rire ou pleure comme un enfant. Elle l'appelle, l'ermite, avec de tendres gémissements. Ermite, ermite, dit-elle, viens à moi, viens à moi, à moi !... — Et tout à coup elle disparaît sous les vagues transparentes, et tout rentre en un profond silence.

Le troisième jour, l'ermite sous le charme était assis près des bords enchantés et attendait la jeune fille. Et les ombres descendaient sur la forêt. L'aurore chassa l'obscurité de la nuit, mais nulle part on ne trouva plus l'ermite. — Seulement les petits garçons aperçurent sur l'eau sa barbe grise qui surnageait !...

(Traduction de Julvécourt, *La Balalayka* [1], Paris, Delloye, 1837.)

Le noyé[2].

Ils accoururent dans l'isba, les enfants, et appelèrent leur père à grands cris : « Papa, papa, venez vite, nos filets ont amené un mort ! — Vous radotez, vous radotez, petits démons, grommela le père entre ses dents ; vilains enfants, vous en aurez tantôt du mort !

« Voulez-vous donc avec vos cris faire venir les juges ? Répondez. Quand une fois on est entre leurs mains, il faut plus d'un siècle pour en sortir. — Mais il n'y a rien à faire. Allons, ma femme, donne-moi mon kaftan ; j'irai. — Voyons, où est le mort ? — Le voilà, papa, le voilà. » Et en effet, sur le bord de la rivière, où est étendu le filet humide, un mort est là couché sur le sable.

Il est entièrement défiguré et son corps, affeusement gonflé, est déjà d'un bleu noir. Est-ce de désespoir que ce malheureux a perdu son âme pécheresse ? est-ce un pêcheur surpris par les vagues, ou bien un brave dans la fumée du vin, ou quelque marchand, peu prudent, dépouillé par les voleurs ?

Eh ! qu'est-ce que tout cela fait au paysan ? il n'en a nul souci ; mais il examine de tous côtés si personne ne peut l'apercevoir, et, sans perdre un instant, il

---

1. La balalayka est un instrument de musique populaire.

2. D'après une croyance générale en Russie, celui qui trouve un corps mort doit lui donner la sépulture, sous peine de recevoir toutes les nuits la visite de l'âme du cadavre, condamnée à errer jusqu'à ce qu'on veuille bien recouvrir de terre sa dépouille mortelle.

traîne le noyé par les pieds et le rejette dans l'eau. Et comme le corps inanimé revient sans cesse contre le bord escarpé, il le repousse avec la rame jusqu'à ce qu'il flotte de nouveau avec le courant, et qu'il aille, dans un lieu plus charitable et plus saint chercher un tombeau et une croix !

Longtemps encore le mort apparut sur les vagues, et longtemps encore notre paysan, tout étonné de le voir se remuer comme l'aurait fait un vivant, le suivit des yeux ; enfin il se remit en route pour retourner à l'isba « Venez, mes petits chiens, dit-il à ses enfants, suivez-moi, vous aurez un gâteau. Mais prenez bien garde ; si votre langue babille la moindre parole indiscrète, je vous battrai. »

Et vers le soir, à l'entrée de la nuit, le temps commença à se troubler, et la rivière roula de grosses vagues comme à l'approche de l'orage. Déjà dans la cabane enfumée du paysan la torche achève de brûler et ne jette plus qu'une pâle lueur. Les enfants dorment profondément, la femme sommeille, bercée par de doux songes, et le paysan vient de se coucher sur le poêle. La tempête augmente et mugit plus terrible. Mais écoutez, quelqu'un vient de frapper à la fenêtre.

« Qui est là ? — Laisse-moi entrer, maître ! — Eh bien ! qu'arrive-t-il donc ? Pourquoi, Caïn, viens-tu rôder ainsi la nuit ? Est-ce le diable qui t'amène ici, et veux-tu que j'aille me charger de toi ? Il fait obscur dans notre isba et nous n'avons pas de place. » Et d'une main paresseuse le paysan lève la fenêtre.

La lune roule un instant entre les nuages sombres. Et que voit-il ? devant lui, un homme nu, le regard fixe et inanimé, la barbe dégouttante d'eau, le corps enflé et ouvert avec de noires écrevisses qui rampent et s'attachent à ses entrailles. Il reste immobile et glacé d'effroi, le paysan! son sang est figé de peur, et ses mains s'abaissent malgré lui.

Puis la peur lui rend une sorte de courage ; il ferme brusquement la fenêtre : il a reconnu son convive nu ! « Que tu crèves ! » bégaie-t-il en tremblant... et les idées se confondent en lui à le rendre fou... et il grelotte toute la nuit, et toute la nuit on frappe à la fenêtre et à la porte.

Et savez-vous quelle histoire terrible fut répandue dans le peuple ? On assure que, depuis ce temps, tous les ans, à pareille époque, au jour fixé, le malheureux paysan attend son convive ; que, dès le matin, le temps se couvre ; que, la nuit, la tempête mugit épouvantable, et que le noyé frappe avec acharnement à la porte et à la fenêtre.

(Traduction de Julvécourt. *La Balalaïka*.)

Légende d'Oleg.

Le fameux Oleg[1] se prépare à se venger des insensés Khozars, et pour les punir de leurs audacieux envahissements, il a voué au glaive et au feu leurs villages et leurs villes. Aussi le voilà, le prince, monté sur son fidèle coursier, escorté en grande pompe de tous ses amis, le voilà sur le chemin de Byzance.

Et, tout à coup, d'un bois sombre on voit sortir un

---

1. Oleg fut le second souverain de la Russie après Rurik. Il fut le parent et le tuteur d'Igor, fils de Rurik. D'après les chroniqueurs russes, il fut à la fois un guerrier renommé et un grand politique. Il poussa ses expéditions jusqu'à Constantinople, et l'on prétend même qu'il cloua son bouclier sur l'une des portes de la ville. Le récit qui a donné lieu à cette ballade se trouve dans la chronique dite de Nestor (p. 29 de notre traduction). Il paraît emprunté à une saga scandinave.

vieux devin à la barbe grise, à la démarche vénérable, à l'air inspiré. — Il est voué à Peroun[1] et obéit à ses lois. Il a passé toute sa vie dans les prières et dans la recherche de l'avenir. Il vient à la rencontre d'Oleg, et Oleg fait faire halte devant le sage vieillard.

« Dis-moi, devin, noble favori des dieux! dis-moi ce qui doit m'arriver dans ma vie. Dis-moi si bientôt, à la plus grande joie de mes voisins les ennemis, je serai couvert de la terre de la tombe. Divulgue-moi la vérité tout entière. Ne crains pas de m'offenser. Tu prendras, au contraire, en récompense le cheval qui te plaira parmi mes plus beaux coursiers.

— Les augures ne craignent pas la colère des rois puissants, et les dons magnifiques des princes leur sont inutiles; leur langue prophétique est toujours vraie, toujours libre, toujours d'accord avec la volonté du ciel. L'avenir est caché dans l'obscurité, mais moi, je lis ton destin sur ton front resplendissant.

Souviens-toi aujourd'hui de mes paroles. La gloire est une consolation pour le conquérant et la victoire glorifiera ton nom. Ton bouclier sera suspendu au-dessus des portes de Byzance. Et la mer et la terre te seront soumis, et l'ennemi t'enviera un si merveilleux destin.

Et les rivages trompeurs de la mer bleue, et aux heures de la tempête, et la fronde, et la flèche, et le poignard traître et astucieux, feront tous grâce à tes années de conquérant. Tu ne seras pas blessé au milieu des horreurs d'un affreux combat; car il est donné aux rois puissants un gardien invisible.

Ton coursier ne craint pas les dangers et les

---

1. Dieu du tonnerre.

courses aventureuses. Devinant toujours la moindre volonté de son maître, tantôt il se tient tranquille sous les flèches des ennemis, tantôt il se précipite avec ardeur sur le champ du combat, au milieu de la mêlée. Puis le froid et la faim ne lui font rien; il supporte tout pour te plaire. Et toi pourtant, c'est de lui, c'est de ton coursier que tu recevras la mort. »

Oleg se prend à sourire, mais cependant son front et son regard s'obscurcissent d'une sombre pensée. En silence, d'une main il s'appuie à sa selle et descend morose de son coursier. Il le caresse encore, ce fidèle ami; il le flatte tendrement sur son col, mais c'est d'une main qui lui dit adieu!

« Adieu, mon compagnon, mon fidèle serviteur; le temps est venu de nous séparer; maintenant repose-toi; désormais mon pied ne s'arrêtera plus dans ton étrier doré. — Adieu, sois content, et souviens-toi de moi. — Et vous, mes jeunes amis, emmenez mon beau coursier!

« Couvrez-le d'une housse magnifique de tapis frisé, conduisez-le par la bride dans mes vertes prairies. Baignez-le, nourrissez-le de grains choisis; abreuvez-le de l'eau de la fontaine. » Et les jeunes gens s'éloignent avec le pauvre proscrit; et ils présentent au prince un autre coursier.

. . . .

. . . .

Et voilà que longtemps après, Oleg se réjouit avec ses amis à un festin, au son joyeux des verres qui chantent. Et c'est vraiment bien longtemps après, car les boucles de leurs cheveux sont blanches comme la neige du matin. Ils sont là, assis sur un tertre

21.

de gazon, se rappelant gaîment les temps passés et les combats où ils combattirent ensemble.

« Et où est mon ancien camarade? s'écrie Oleg; où est mon ombrageux coursier? Dites-moi, mes amis, se porte-t-il bien? est-il toujours aussi léger dans sa course? Est-il toujours superbe, coquet et fringant, comme autrefois? — Sur la colline escarpée, lui répondent ses amis, il dort depuis longtemps d'un sommeil qui n'a plus de fin. »

Et le puissant Oleg baisse la tête en soupirant : « Eh bien! ta prédiction, maudit devin, où est-elle donc? Tu es un misérable menteur! Insensé vieillard! j'aurais dû mépriser tes sottes prophéties, et mon coursier m'aurait porté jusqu'aujourd'hui. »

Il voulut voir, Oleg, les os de son coursier!

Et il se fait accompagner de toute sa cour, du jeune Igor et de ses vieux convives. Et ils aperçoivent sur la colline, au bord du Dniéper, les nobles ossements du coursier. Les pluies les lavent, et la poussière les couvre tour à tour, et le vent mugit au-dessus et les disperse.

Le prince pose doucement le pied sur le crâne, et dit : « Dors en paix et seul, mon pauvre ami; ton vieux maître t'a survécu!

« Et ce n'est pas toi qui porteras le coup de sabre qui doit me tuer, qui rougiras l'herbe de mon sang.

« Voilà donc où se cachait ma perte? voilà celui qui devait me donner la mort. — Fou que j'étais d'avoir pu croire! » Et soudain de cette tête morte s'échappe un sifflement, — un serpent de tombeau se glisse et se roule en anneau autour de sa jambe, comme un ruban noir. Et le prince jette un cri; il est perdu, il est mort!

Les coupes couvertes d'écume circulent au festin funéraire d'Oleg. Le prince Igor et Olga sont assis sur un tertre de gazon avec leurs amis, et les vieux guerriers se rappellent tristement les temps passés et les combats où ils combattirent ensemble.

(Traduction de Julvécourt.)

Les frères brigands.

A l'heure où les vautours s'assemblent par essaims sur les vieux cadavres en lambeaux dispersés dans la campagne, de l'autre côté du Volga, autour de grands feux qui brillent dans la nuit de flammes rouge et or, une troupe intrépide est réunie.

Mais quelle diversité de costumes, de figures, de conditions de langage ! Des chaumières, des cellules, des prisons, ces hommes viennent de partout pour le crime. Pour le crime ils sont tous réunis ! Une autorité, des lois, ils n'en n'ont pas. Un seul but les anime et discipline leurs cœurs indomptables et féroces. Le crime ! rien que le crime !

Parmi eux on reconnaît et le déserteur des bords guerriers du Don, et l'Hébreu aux boucles noires, et le farouche enfant des Steppes, et le Kalmouk, le Baskir hideux, et le Finnois aux cheveux roux, le Bohémien, errant partout et fier de sa paresseuse oisiveté.

Le danger, le sang, la débauche et la fourberie, voilà les liens de cette horrible famille. Celui-là est digne de s'allier à eux, qui a passé avec une âme de pierre par toutes les horreurs et les degrés du crime; qui a dépouillé d'une froide main la veuve ou le pauvre orphelin; qui se plaît à voir souffrir un enfant; qui n'a de pitié ni pour l'âge, ni pour le sexe; qui ne fait jamais grâce; auquel enfin le meurtre réjouit l'âme, comme à la jeunesse un rendez-vous d'amour.

Tout est calme par la plaine et le fleuve; la lune réfléchit sur eux sa pâle clarté, et la coupe de vin passe de main en main. Couchés sur la terre humide, quelques-uns s'endorment l'oreille au guet, et les songes menaçants, première punition du ciel, volent et s'appesantissent lourdement sur leurs têtes coupables.

Les autres abrègent par maints récits de leurs exploits l'heure inutile passée dans une triste oisiveté. Mais bientôt un nouveau venu captive leur attention; ils se lèvent tous pour l'écouter, et tous se rapprochent et font cercle autour de lui.

« Nous étions deux. Mon frère et moi, nous grandissions ensemble. Notre enfance fut nourrie par une famille étrangère; ce fut une famille étrangère qui nous donna du pain; aussi pour nous, enfants, la vie n'était pas une joie. De bonne heure nous apprenions à connaître le besoin, à supporter l'amer mépris, et de bonne heure fermenta dans nos cœurs le tourment de l'atroce envie.

« Il ne restait rien aux pauvres orphelins, pas même un champ, une misérable cabane. Nous vivions dans la douleur, au milieu des soucis rongeurs. — Elle nous ennuya, cette destinée! et nous convînmes tous deux d'essayer d'un autre sort. Pour camarade nous prîmes un couteau d'acier et une nuit sombre. Nous oubliâmes et nos joies et nos douleurs; et nous chassâmes de nos cœurs la conscience, qui pouvait les harceler de remords.

« Ah! belle jeunesse, jeunesse intrépide, où es-tu?

Quelle vie dans ton temps nous menions, mon frère et moi, quand nous partagions tous deux ensemble les périls que notre courage méprisait. A peine la lune argentée se montrait au milieu des cieux, comme un phare propice, nous sortions d'un souterrain et nous courions au bois chercher un butin dangereux. Voyez! nous sommes assis sous un arbre et nous attendons. Vient-il à passer sur le chemin un riche juif... un pauvre même!... tout est à nous! nous prenons tout?

« Parfois l'hiver, dans une nuit obscure, nous attelions trois chevaux fringants, et en chantant et en sifflant nous volions comme une flèche sur les profondeurs de la neige. — Oh! alors, qui n'a pas craint notre rencontre? Distinguions-nous dans une auberge de la lumière, — là-bas, bien loin? A l'instant nous étions à la porte, nous frappions; et il ne fallait pas que la maîtresse de la maison refusât de nous ouvrir; nous avions la force, nous étions entrés.

« Quelle folie! tout pour rien; nous buvions, nous mangions, nous courtisions les jolies filles. — Si Dieu ne se lassait pas!

« Mais Dieu se lassa et nous fûmes pris, les braves! Ils ne firent pas longtemps fête, les frères! On nous tendit un piège, on nous attrapa, et des maréchaux ferrants nous enchaînèrent l'un à l'autre; et la garde maudite nous jeta dans une horrible prison.

« J'étais l'aîné de cinq années et je pouvais supporter plus que mon frère; dans les fers, entre d'épaisses murailles, moi je résistai; mais il tomba malade, lui! — Il respirait avec peine; son âme minée par le chagrin était devenue folle; il oubliait tout, et penchant sa tête brûlante sur mon épaule il paraissait mourir; il mourait!

« J'étouffe ici, répétait-il sans cesse... Je veux aller dans la forêt... De l'eau! de l'eau!... Et moi j'avais beau lui donner à boire, il ne souffrait que davantage, et il avait toujours plus soif. Et la sueur coulait à grosses gouttes sur ses joues pâles et amaigries. Son sang bouillonnait, et le feu empoisonné du mal lui troublait l'esprit et l'aveuglait. Il ne voyait plus, il ne reconnaissait plus son frère!

« Et à chaque moment il m'appelait avec désespoir : « Ami, compagnon, disait-il, où es-tu? où t'es-tu donc caché? sur quelle route mystérieuse as-tu sans moi dirigé tes pas?.... Pourquoi donc mon frère m'a-t-il laissé seul, au milieu de cette infecte obscurité? N'est-ce pas lui qui, des paisibles pâturages, m'a conduit dans les vastes forêts, et là, la nuit, puissant et terrible, m'a le premier appris le meurtre?

« Maintenant sans moi il se promène en liberté par la plaine, et balance, avec son horrible sourire, le lourd kisten[1], et il oublie dans son heureuse destinée son malheureux compagnon!

« Puis cette conscience que nous avions tuée, ressuscitait tout à coup et revenait troubler ses esprits. Et devant lui s'agitaient des apparitions qui le montraient du doigt. Le plus souvent il croyait voir la figure d'un vieillard que depuis longtemps nous avions assassiné, et alors sa pensée divaguait à faire peur.

« Pauvre malade! il mettait la main sur ses yeux et me suppliait pour le vieillard. Ah! mon frère, aie pitié de ses larmes! grâce, grâce pour lui! Ne le tue pas, il est si vieux! son cri tremblant est horrible, j'ai

---

1. *Kisten.* C'est une grosse pelote de plomb attachée au poignet par une corde. Les brigands la lancent à la tête avec une dextérité telle qu'ils ne manquent jamais leur coup.

peur, — laisse-le.... Tu vois qu'il n'est pas dangereux, ce vieillard! Son sang est glacé et ne bouillonne pas pour la vengeance. Grâce! et ne ris pas ainsi, frère, des cheveux blancs. Ne le tourmente pas de ton poignard. Peut-être par ses prières il apaisera pour nous la colère de Dieu!

« J'écoutais. La terreur s'emparait de moi, et je ne savais comment faire cesser ses pleurs et éloigner d'inutiles souvenirs. Tantôt, il voyait les morts qui étaient venus des forêts dans sa prison et qui dansaient autour de lui leurs rondes infernales; et tantôt il entendait dans l'ombre leurs affreux chuchotements. Puis c'était la course rapide de leurs pas qui retentissaient sous les voûtes sombres; et ses cheveux se dressaient et il tremblait comme une feuille.

« Enfin, il s'imaginait voir devant lui, sur la place, la foule des spectateurs, et venait la terrible marche jusqu'à la place de l'exécution, et le knout et les horribles bourreaux... Epouvanté il voulait fuir, mais il n'avait pas assez de force, et il tombait sur mon sein anéanti et sans connaissance. Ainsi je passais et les jours et les nuits; je ne pouvais me reposer une minute. Nos éternelles nuits ne connaissaient pas le sommeil.

« Mais la jeunesse prit le dessus. Les forces de mon frère revinrent. Son horrible maladie passa, et avec elle s'évanouirent les souvenirs du meurtre, les apparitions sanglantes et les apprêts des bourreaux. Nous ressuscitâmes! Et plus que jamais, nous ressentîmes en nous le besoin, le tourment de notre première destinée.

« Notre âme se débattait par les bois et humait avec délices la liberté; elle avait soif de l'air des plaines et tout nous pesait à en mourir, tout dans l'obscurité de la prison, le jour à travers les grilles, les pas retentissants des geôliers et le bruit odieux des chaînes, jusqu'au bruissement léger de l'oiseau qui rasait de son aile nos barreaux de fer maudits.

« Un jour dans la rue, attachés l'un a l'autre par la même chaîne, nous recueillions des aumônes pour la prison de la ville. Un regard, un soupir, et nous nous étions compris, et la même pensée, le vieux désir de nos âmes nous unissait plus encore que nos chaînes. La rivière mugissait de côté, insensiblement nous nous approchons d'elle, et des bords escarpés nous nous précipitons ensemble dans les eaux profondes, nous nageons ensemble; nous battons les flots avec nos pieds d'accord, et c'est d'un bruit égal et cadencé que nos fers communs retentissent. Nous distinguons là-bas une petite île sablonneuse; et vite, frère, courage! nous fendons le courant rapide. Nous avons atteint la plage!

« Et sur notre trace on crie : « Attrape! attrape! « Ils s'échapperont! » — Deux gardiens de loin nous suivent à la nage. Mais déjà nous marchons dans l'île. Nos fers, une pierre les a brisés; nos vêtements chargés d'eau, nous nous les sommes arrachés par lambeaux l'un à l'autre. Nous voyons bien qu'on nous poursuit. Mais que nous importe alors! Notre espoir a la hardiesse de la réalité. Nous nous asseyons et attendons tranquillement.

« Un déjà se noie; il avale de l'eau, il enfonce, il revient à la surface, et puis enfin il va au fond comme un plomb. L'autre se croit plus heureux, — le fusil en main, il nage avec audace et bientôt il va toucher terre; mes cris ne l'intimident pas, il avance toujours; alors je suis là. Deux pierres volent droit à son front, sa tête disparaît, et à sa place sur les flots c'est une place de sang. Il se noya.

« Nul n'osa nous poursuivre de nouveau à la nage, et nous eûmes le temps de nous mettre hors d'atteinte et de gagner les bois sauveurs. Mais, hélas! mon pauvre frère! il ne devait pas jouir longtemps de notre vie de liberté. Le chagrin et puis le froid des eaux d'automne l'avaient privé de ses nouvelles forces. Son premier mal vint le reprendre encore, et les méchantes pensées le visitèrent une seconde fois. Trois jours malade, il ne dit rien, et pourtant il ne ferma pas l'œil un seul instant. Le quatrième, il parut plus triste, plus abattu, et avec une douce sollicitude il m'appela et me serra la main. Son regard éteint décelait à ce moment un mal horrible; il semblait qu'un tourment infernal obsédait son âme. Je vis une larme dans ses yeux levés au ciel, sa main trembla, j'entendis un soupir, et puis rien.... Sur mon cœur qui se mourait, il venait de s'endormir pour jamais.

« Trois nuits, je restai sur ce corps froid sans pouvoir m'en séparer. J'attendais encore si le mort ne se relèverait pas, et je pleurais amèrement. A la fin je pris une pioche; sur la fosse de mon frère je m'agenouillai, je récitai une prière indigne, puis j'enterrai son corps avec soin. J'étais seul! — Et seul j'allai à la chasse primitive!...

« Hélas! nos belles années passées, je ne les retrouverai plus. Elles ne sont plus possibles! nos festins, nos plaisirs, nos nuits, nos invasions terribles, la fosse de mon frère a tout pris, et je me traîne çà et là, seul et isolé. Mon esprit cruel est plus cruel encore, il est de pierre; mon cœur n'a plus de pitié, sa pitié est morte avec mon frère. — Seulement toujours j'épargne les rides, j'ai peur de tuer un vieillard, et ma main tremble et n'ose pas se lever sur des cheveux gris sans défense.... Je me souviens encore comme dans cette cruelle prison, malade dans les fers, sans force, sans connaissance, en proie au plus affreux délire, aux plus horribles tourments, mon frère priait pour le vieillard. »

(Traduction de Julvécourt.)

Scène de Boris Godounov.

Le moine PIMÈNE (*écrivant*), le novice GRÉGOIRE (*endormi*).

LE MOINE

Plus qu'un récit... et puis que mon livre se ferme!
De mes humbles travaux, je touche enfin le terme.
Béni soit l'Eternel, dont la sainte faveur
D'un rayon de science illumina mon cœur!
Un autre moine, un jour, du sein de la poussière
Tirera ces récits cachés à la lumière :
Ranimant du passé l'imposant souvenir,
Il transmettra mon œuvre aux siècles à venir.
Qu'il était beau, ce temps des guerriers intrépides!
Comme ses flots roulaient orageux et rapides!
Que de bruit, de valeur, de belliqueux fracas!...
Et tout est retombé dans la nuit du trépas!
De ce siècle géant, de sa gloire passée,
A peine un faible écho revit dans ma pensée.
Le jour va se lever... l'horizon s'éclaircit...
Ma lampe va s'éteindre... allons, plus qu'un récit!

GRÉGOIRE (*réveillé*).

Songe mystérieux qui de terreur m'agite!
Pourquoi me tourmenter, ô vision maudite?
Près de sa lampe assis, le sublime vieillard,
Au sommeil enchanteur dérobant son regard,
Écrit toujours... Bientôt va se lever l'aurore,
Et le moine pieux pourtant écrit encore
Auprès de ce flambeau dont l'éclat pâlissant
Décroît... et va mourir aux feux du jour naissant.
Qui me dira, parmi les annales du monde,
Quel sujet a choisi cette plume féconde?
Dans l'ombre du passé son regard curieux
Plonge-t-il, recherchant les faits de nos aïeux?
Peint-il l'invasion des farouches Tartares,
Ou du terrible Ivan les caprices barbares,
Novgorod l'opulente et ses antiques lois?...
Remontant à Rurik, le premier de nos rois,
Peint-il des anciens jours la splendeur éclipsée?...
Non, jamais son regard n'a trahi sa pensée :
Personne ne lira sur ce front élevé
Le glorieux dessein que son âme a couvé.
Le saint vieillard ressemble au juge incorruptible
Qui voit de la hauteur de son siège, — inflexible,
Armé d'un regard calme et jamais abattu, —
D'un air indifférent le crime et la vertu,
Mais il vient. Taisons-nous.

LE MOINE

Tu t'es réveillé, frère?
Prions Dieu.

GRÉGOIRE

Bénissez votre fils, ô mon père!

LE MOINE

En ce jour, et demain, et dans l'éternité,
Que le Seigneur sur toi répande sa bonté !

GRÉGOIRE

Insensible au sommeil, tu n'as cessé d'écrire...
Tandis que, poursuivi d'un infernal délire,
J'ai fait un songe horrible et d'un sens inconnu.
Dans l'horreur de la nuit, trois fois est revenu
Ce rêve... et j'en frémis quand je te le raconte...
Par un rude escalier sur une tour je monte...
La foule en ricanant sur moi fixe les yeux ;
Puis je tombe... et m'éveille ! — Est-ce un avis des cieux ?

LE MOINE

D'un sang jeune et bouillant voilà l'effervescence.
Du Très-Haut, mon cher fils, implore l'assistance :
La prière et le jeûne, en ce lieu protecteur,
De tes sens révoltés assoupiront l'ardeur.
Moi-même, quand je dors, du temps de mon jeune âge,
Des combats, des festins, je vois souvent l'image ;
J'entends le choc du verre ou l'airain frémissant,
Et je ne goûte pas un repos innocent.

GRÉGOIRE

O bonheur inouï de tes jeunes années !
Qui me les donnera, tes brillantes journées ?
Par de nombreux exploits ton courage affermi
Sous les murs de Kazan repoussa l'ennemi ;
Tu vis du fier Ivan la grandeur somptueuse ;
Les fêtes, les tournois de sa cour fastueuse.

Que ne puis-je m'asseoir à la table des rois?
Que ne puis-je assister aux pompes des tournois ;
Et, signalant mon bras sur les champs du carnage,
Comme toi, par la guerre illustrer mon jeune âge!
Pour moi, jamais de gloire!... A l'ombre de ce mur,
Le ciel m'ensevelit dans un loisir obscur!

LE MOINE

N'accuse pas, mon fils, la sainte Providence
Qui des pièges du monde éloigna ton enfance.
La gloire, les honneurs, tout cet éclat mondain,
Hélas! abusent l'âme en un trompeur lointain.
Livré, dans mon printemps, à de folles tendresses,
Du luxe et de l'amour savourant les ivresses,
J'ai longtemps épuisé la coupe de l'erreur,
Et dans le cloître seul j'ai connu le bonheur.
O mon fils, songe aux tsars, ces maîtres de la terre :
Ici-bas, à leurs lois qui livrerait la guerre ?
Qui les accusera ? qui luttera contre eux ?
Et les rois ont pourtant un juge..... dans les cieux !
Rappelle-toi, mon fils, Ivan dit le Terrible :
Que de fois je le vis, à ses remords sensible,
Rassasié de sang, regorgeant de forfaits,
Dans ces augustes murs venir chercher la paix !
Revêtu d'un cilice et voilant sous la bure
De son front orgueilleux la royale parure.
Que de fois je le vis à l'autel prosterné !...
Brisé de repentir, le bourreau couronné
Vint un jour et nous dit: « Priez pour moi, mes frères!
« Je me sens altéré de grâce, de prières ;
« Et je veux à vos pieds, trop malheureux pécheur,
« Déposer à jamais mon sceptre et ma grandeur ! »
Il disait... et sa voix, par les pleurs amollie,

Nous attendrissait tous ; son âme recueillie
Implorait le pardon : il priait... L'Eternel
Répandait sa lumière en ce cœur criminel.
Qui nous rendra les temps de son fils Théodore ?
Du bonheur, sous ce règne, on entrevit l'aurore.
De ce prince pieux le ciel bénit les jours ;
Un éclatant prodige en termina le cours :
A ce moment suprême où notre âme s'envole,
Son front se couronna d'une sainte auréole.
Anathème sur nous !... Plus de jours de bonheur !...
Ah ! mon fils, nous avons offensé le Seigneur ;
Le Seigneur tonnera sur ce peuple perfide
Qui laisse sur le trône...

GRÉGOIRE

Achève !

LE MOINE

Un régicide !

GRÉGOIRE

Je voulais de Dmitri te demander le sort ;
Je me trompe, ou tu fus le témoin de sa mort.

LE MOINE

Oui, mon enfant, j'ai vu le crime et le supplice.
La tsarine au palais, pour le saint sacrifice,
Un jour m'avait mandé. J'arrive le matin...
La foule accourt... Au loin retentit le tocsin...
Sur son fils expirant la mère fond en larmes...
Tout à coup, au milieu de ce peuple en alarmes,
Je vois le meurtrier qui fuit... C'était Judas ;
On crie : « Ah ! c'est le traître ! » On l'entoure ; mon bras

Le saisit ; on le traîne auprès de sa victime...
« Arrête, misérable, et confesse ton crime !
« Qui te l'a commandé ! » — Déconcerté, surpris,
L'assassin à genoux tombe... et nomme Boris !

GRÉGOIRE

Quel âge avait Dmitri ?

LE MOINE

Mon enfant, douze années
Sur sa tombe ont passé... Cruelles destinées !
Il serait de ton âge et régnerait sur nous :
Dieu ne l'a pas voulu !... Respectons son courroux.
Cet horrible récit termine mon histoire.
Mon flambeau s'est éteint... Je te quitte, Grégoire ;
Qu'une minute avant le retour du soleil,
Sur mes yeux fatigués descende le sommeil !
Mais de l'aube je vois les lueurs argentines :
La cloche se réveille et sonne les matines.
Gloire à Dieu !... Donne-moi mon bâton, ô mon fils ;
Je vais prier pour toi, pour moi, pour mon pays.

GRÉGOIRE (*seul*).

Sous ton sceptre, ô Boris, tout frémit et tout plie ;
Sous toi le Russe courbe une tête avilie ;
Et sous la pourpre et l'or, usurpateur hautain,
Tu peux cacher le sang dont tu souillas ta main.
Tu ne te doutes pas qu'un pauvre solitaire
D'historiques récits pieux dépositaire,
Du fond de sa cellule en ce cloître écarté
Dénonce ton forfait à la postérité.

(*Boris Godounov*, traduction du comte Eugène de Porry, *Les Fleurs
littéraires de la Russie*, Paris, Techener, 1860.)

Aux détracteurs de la Russie[1].

Pourquoi tout ce bruit, orateurs populaires? Pourquoi menacez-vous la Russie d'anathème? Qu'est-ce qui vous agite? Les troubles de la Lithuanie. Halte! C'est une querelle des Slaves entre eux, une vieille querelle de famille, déjà réglée par le destin, une question que vous ne sauriez résoudre[2].

Il y a longtemps déjà que ces peuples luttent; plus d'une fois sous la tempête leur parti ou le nôtre a dû s'incliner. Qui sortira vainqueur de cette lutte inégale? Le Polonais présomptueux ou le Russe fidèle? Les ruisseaux slaves iront-ils se fondre dans la mer russe; ou cette mer se desséchera-t-elle? Voilà la question.

Laissez-nous; vous n'avez pas lu ces tablettes sanglantes; vous ne la comprenez pas, elle vous est étrangère cette haine de famille. Pour vous le Kremlin et Praga[3] sont sans voix. Vous vous laissez charmer sans réfléchir par la vaillance d'une lutte insensée, et vous nous haïssez.

Pourquoi? Répondez? est-ce parce que sous les ruines de Moscou en flammes, nous n'avons pas reconnu la brutale volonté de celui devant qui vous trembliez?

Est-ce parce que nous avons précipité dans l'abîme l'idole qui pesait sur les empires, parce que de notre

---

1. Ce poème a été écrit pendant la révolution polonaise (1830-1831), qui avait, comme on sait, suscité de vives sympathies en Occident. Ces sympathies s'étaient manifestées dans les articles de journaux et les débats des parlements.

2. La querelle de la Russie et de la Pologne qui se disputent la possession de la Lithuanie.

3. Praga, faubourg de Varsovie, célèbre par le sanglant assaut de Souvorov (1794). Il fut encore pris en 1831 par Paskevitch.

sang nous avons acheté la liberté, l'honneur et la paix de l'Europe?

Vous nous menacez en paroles. Essayez en réalité. Croyez-vous que le vieux héros tranquille sur sa couche n'aura pas la force de remettre au canon sa baïonnette d'Ismaïl[1]? La parole du tsar russe est-elle devenue sans force? Est-ce chose nouvelle pour nous de lutter contre l'Europe? Le Russe s'est-il déshabitué de vaincre? Sommes-nous trop peu?

Croyez-vous que de Perm à la Tauride, des froids rochers de la Finlande à la brûlante Colchide, du Kremlin ébranlé jusqu'aux murailles de l'immobile Chine la terre russe ne se lèvera pas hérissée d'acier?

Allons! envoyez-nous, orateurs, vos fils courroucés. Il y a de la place pour eux dans les champs de la Russie parmi des tombeaux qui ne leur sont point étrangers.

Exegi monumentum.

Je me suis élevé un monument que la main humaine n'a point construit. L'herbe ne croîtra pas sur le sentier qui y conduit; il a élevé sa tête superbe plus haut que la colonne d'Alexandre.

Non, je ne mourrai pas tout entier. Grâce à la lyre sacrée, ma poussière survivra et échappera à la corruption; ma gloire durera tant que dans ce monde sublunaire vivra un poète, un seul.

Le bruit de mon nom courra par toute l'immense Russie, et tous les peuples qui vivent chez elle me nommeront; et le descendant orgueilleux des Slaves, et le

---

[1]. Ville de Turquie prise par Souvorov en 1789. Derjavine a consacré une ode à la prise d'Ismaïl.

Finnois, et le Toungouze aujourd'hui sauvage, et le Kalmouk ami des steppes.

Et pendant longtemps je serai cher à mon peuple, parce que ma lyre a suscité de bons sentiments, parce que, dans un siècle brutal, j'ai célébré la liberté, j'ai prêché l'amour pour les déchus.

O ma muse, écoute les ordres de Dieu, ne crains pas l'offense, ne réclame point de couronne, reçois avec la même indifférence l'éloge et la calomnie et ne te dispute point avec les sots.

Lermontov (Michel-Iourievitch).
(1811-1841)

Si Pouchkine n'avait pas existé, Lermontov eût été certainement le premier poète de l'école romantique. Comme Pouchkine il procède de Byron, comme Pouchkine il fait dans ses œuvres une large part à l'orientalisme : Pouchkine s'inspire de la Crimée, Lermontov du Caucase. Tous deux étudient la littérature orale de la Russie et en tirent des œuvres exquises. Le *Petchorine* de Lermontov fait pendant à l'*Onieguine* de Pouchkine. Comme son rival, Lermontov, il périt en duel d'une mort prématurée. Son œuvre est moins considérable que celle de son illustre rival ; elle n'est guère moins populaire.

Les chefs-d'œuvre poétiques de Lermontov ont été traduits en vers par Pelan d'Angers. (Paris, 1866). *Le héros de notre temps*, par J. Chopin, dans le volume intitulé : *Choix de nouvelles russes* (*ibid.*, 1873). Voir encore : *Un héros de notre temps* (librairie Savine).

Le rameau de Palestine[1].

Dis-moi, rameau de Palestine
Où tu grandis, où tu fleuris ?

---

1. Il s'agit d'une branche de palmier rapportée d'un pèlerinage en Palestine. Les pèlerins ont coutume d'en rapporter et on les appelle en russe *palomniki*.

Quel est le vallon, la colline
Dont tu fus l'ornement? — Dis,

Est-ce aux bords du Jourdain limpide,
Que l'aurore te caressait?
Au Liban sur un mont aride
Que le vent des nuits te pressait?

Soupiraient-ils une prière,
Une chanson des anciens temps,
En tressant ta feuille légère
De Solim les pauvres enfants?

Et le palmier vit-il encore?
Comme autrefois, au voyageur
Qu'au désert le soleil dévore
Fait-il un signe protecteur?

Ou triste sans toi, solitaire,
Ainsi que toi s'est-il flétri?
Voit-on une avide poussière
Souiller son feuillage jauni?

Dis-moi qui, d'une main pieuse,
En ces lieux apporta tes fleurs?
Plein d'une angoisse douloureuse,
T'a-t-il souvent brûlé de pleurs?

Ou — front serein — c'était peut-être
Un des vaillants de l'Eternel
Devant les hommes et le Maître
Ainsi que toi digne du ciel?

De Judée ô palme immortelle
Objet d'un soin mystérieux,
De l'image [1] gardien fidèle,
Toujours tu veilles en ces lieux.

Jour mourant, lampe solitaire,
Croix, symbole de notre foi,
Tout est calme, tout est mystère
Autour comme au-dessus de toi.

(Traduction de Pelan d'Angers, *Chefs-d'œuvre de Lermontov*, Paris, A. Le Chevalier, 1866.)

Le poignard.

Mon poignard resplendit en sa monture d'or,
    Sa lame est forte et bien trempée,
Les veines de damas le sillonnent encor
    Et leur empreinte est bien frappée.
Il me vient d'Orient. Ce fut un montagnard
    Qui porta l'arme tutélaire
Esclave dévoué, le fidèle poignard
    Longtemps le servit sans salaire.
En ce temps il perçait plus d'un sein palpitant
    Et plus d'une cotte de mailles
En ce temps il payait tout propos insultant
    Par de mortelles entailles.
Certes en ce temps-là cet habit d'aujourd'hui,
    Cet or, ces parures flatteuses,
Ces reliefs ciselés eussent été pour lui
    Choses étranges et honteuses.

1. L'Image sacrée près de laquelle le rameau de Palestine est suspendu.

Mais au bord du Terek un Kosak l'enleva
　　　　Sur le froid cadavre du maître ;
Après un long duel où le Tcherkes trouva
　　　　Le bras russe bien dur peut-être.
Puis un Arménien, un vil marchand forain.
　　　　Cota, d'un regard apathique,
Le taux commercial de ce fer souverain,
　　　　Et le jeta dans sa boutique.
Et maintenant privé de son fourreau natal
　　　　Qui fut mutilé dans la guerre.
Le pauvre compagnon d'un héros, le métal
　　　　Devant qui tout tremblait naguère,
N'est qu'un hochet doré qui brille inoffensif
　　　　Au mur d'un boudoir de maîtresse ;
Nulle main prévenante et nul œil attentif
　　　　Ne le polit ou le caresse ;
Et personne jamais ne vint avant le jour
　　　　Lire ses légendes arabes
Et, priant à genoux, baiser avec amour
　　　　Les mystérieuses syllabes.

Ainsi, poëte, ainsi dans ce siècle énervé
　　　　Tu manques à ta destinée,
Echangeant contre l'or le bandeau réservé
　　　　A ta tête découronnée.
Jadis tout se courbait sous ta sublime voix ;
　　　　Ta parole retentissante
Exaltait les guerriers, émerveillait les rois,
　　　　Brûlait la foule frémissante
Il la fallait, ainsi que la coupe au festin,
　　　　Que l'encens pur à la prière ;
Comme l'esprit de Dieu sur ce monde incertain
　　　　Elle versait force et lumière.

22.

Dans les jours de triomphe ou les jours de revers
  Sur les nations ébranlées,
Comme un bruit de tocsin les échos de tes vers
  Bondissaient à larges volées.
Mais nous voilà bien vieux ; et chacun s'assoupit
  A ton noble et naïf langage.
Le faux seul est fêté ; ce siècle décrépit
  Farde les plis de son visage.
A quand donc la vengeance, ô prophète incompris ?
  Assez de flétrissure infâme.
Saisis le fer sacré qu'a rouillé le mépris
  Du fourreau d'or tire ta lame !

  (Traduction du prince Elim Mestchersky. *Les poètes russes, traduits en vers français*, Paris, 1845.)

Sur la mort de Pouchkine [1].

Il est mort le poète, esclave de l'honneur [1], il est mort calomnié par la rumeur publique ; avec une balle dans le cœur et la soif de la vengeance, il a incliné sa fière tête. L'âme du poète ne pouvait souffrir l'affront des médisances journalières. Il s'est levé seul, cette fois encore contre l'opinion du monde et le voilà tué ! tué ! A quoi bon maintenant des sanglots, un chœur inutile de louanges et de larmes, un balbutiement piteux de justifications ? L'arrêt du destin s'est accompli.

N'est-ce pas vous qui d'abord avez si longtemps persécuté son talent libre et merveilleux, qui pour vous divertir avez excité un feu à peine caché ?... Eh bien ! réjouissez-vous. Il n'a pu supporter les dernières tor-

---

1. Pouchkine avait été tué en duel par M. de Heeckeren, son beau-frère (10 février 1837). Son adversaire était d'origine étrangère.

tures. Il s'est éteint comme un flambeau, le merveilleux génie. Elle s'est fanée cette couronne triomphale. Son meurtrier l'a frappé de sang-froid, d'un cœur qui battait sans secousse; le pistolet n'a pas tremblé dans sa main. Quoi d'étonnant? Il est venu de loin avec des centaines d'autres vagabonds pourchasser chez nous la fortune et les honneurs. Il a été jeté chez nous par la volonté du destin. Railleur, il méprisait insolemment la fortune et les mœurs d'un peuple étranger. Il ne pouvait épargner notre gloire. Il ne pouvait comprendre en cette minute sanglante sur quoi il levait la main.

Et il a péri, et la tombe l'a pris comme ce chantre inconnu mais aimable, victime d'une jalousie muette, chanté par lui avec une force si merveilleuse, frappé comme lui d'une main impitoyable[1]. Pourquoi, laissant les paisibles tendresses et la simple amitié, est-il entré dans ce monde jaloux, étouffant pour un cœur libre et des passions enflammées? Pourquoi a-t-il cru à des paroles, à des caresses menteuses, lui qui dès ses jeunes années avait compris les hommes?

Ils lui ont ôté sa première couronne et lui ont mis sur la tête une couronne d'épines entrelacée de lauriers. Mais les épines cachées ont cruellement blessé le front glorieux…

Ses derniers moments ont été empoisonnés par les propos perfides d'ignorants insensibles, et il est mort avec une soif profonde de vengeance, avec le secret dépit des espérances trompées.

Ils se sont tus les sons des chants merveilleux; c'est fini, ils ne résonneront plus. Etroite est sombre est la

---

1. Allusion au poème d'Oniéguine, dont le héros meurt aussi tué dans un duel.

retraite du chanteur, un sceau est posé sur ses lèvres.

Et vous, insolents descendants de pères célèbres par leur bassesse renommée, vous dont le talon servile a foulé les débris des familles maltraitées par le jeu de la fortune. Vous, troupe avide de bourreaux, groupés autour de la liberté, du génie et de la gloire, abritez-vous à l'ombre de la loi! Que devant vous la justice et le droit, tout se taise!.. Mais il y a aussi la justice de Dieu, champions du vice, il y a un juge terrible, il vous attend, il est inaccessible au bruit de l'or, il connaît d'avance les pensées et les actes. Alors en vain vous aurez recours à la calomnie, elle ne pourra plus vous servir et tout votre sang noir ne lavera point le sang juste du poète.

Le prophète[1].

Depuis que le juge éternel m'a donné l'omniscience d'un prophète dans les yeux des hommes, je lis des pages de malice et de vice.

J'ai proclamé les purs enseignements de l'amour et de la vérité; sur moi, tous mes proches ont jeté furieux des pierres.

J'ai couvert ma tête de cendres, j'ai fui, pauvre, loin des villes; et maintenant je vis dans le désert comme les oiseaux de la nourriture que Dieu m'envoie.

Là, observant l'ordre du Très-Haut, la créature terrestre s'humilie devant moi, et les étoiles m'obéissent en faisant scintiller joyeusement leurs feux.

Parfois, quand, d'un pas hâtif, je traverse la ville

---

1. Comparez le petit poème de Pouchkine qui porte le même titre, p. 357.

bruyante, les vieillards disent aux enfants avec un sourire de vanité :

« Regardez, voilà un exemple pour vous. Il était orgueilleux, il ne voulait pas vivre avec nous. L'imbécile, il voulait nous faire croire que Dieu parle par ses lèvres.

« Regardez-le, enfants, comme il est sombre, maigre et pâle, regardez comme il est nu et pauvre, comme tout le monde le méprise. »

Berceuse cosaque.

Dors, mon enfant, sois bien sage,
    Baïouchki baïou[1] :
La lune au brillant visage
    Voit dans ton berceau !
Je vais chanter tout de suite
    Un conte fort beau;
Mais ferme tes yeux bien vite !
    Baïouchki baïou.

Au bord du fleuve qui passe
    Le long du chemin,
S'embusque un Tcherkess[2] rapace,
    Le poignard en main.
Mais ton père est un vieux brave
    Au poignet d'airain.
Dors dans ton rêve suave,
    Baïouchki baïou.

1. *Baïouchki baïou*, synonyme de *Fais dodo*. Cette locution veut dire proprement : je te chante des petites chansons.
2. *Les Tcherkess*, tribu pillarde du Caucase.

Un jour tu sauras toi-même
  Presser l'étrier,
Pour affronter le baptême
  Du feu meurtrier.
Moi, je broderai de soie
  Ton harnais guerrier.
Dors, enfant qui fais ma joie,
  Baïouchki baiou.

La bravoure d'un Cosaque,
  L'âme des aïeux
Perceront sous ta casaque
  Au jour des adieux.
J'aurai plus d'orgueil encore
  Que de pleurs aux yeux!
Dors sans craindre cette aurore,
  Baïouchki baiou.

Je languirai de tristesse
  Jusqu'à ton retour,
Et dans ma main prophétesse
  Verrai, chaque jour,
Tous les périls que devine
  Mon ardent amour!
Dors bien contre ma poitrine!
  Baïouchki baiou.

Tu prendras la sainte image
  Qui défend mon toit;
Pour rendre à Dieu ton hommage,
  Mets-la devant toi.
Quand sifflera la mitraille,
  Cher fils, pense à moi!

Dors, héros de la bataille !
Baïouchki baïou.

<small>(Traduction de Paul Viteau, *Mosaïques*, Paris, Librairie des bibliophiles, 1889.)</small>

Mélancolie.

Je regarde avec tristesse notre génération : son avenir est vide ou sombre ; sous le fardeau du savoir et du doute, elle vieillira dans l'inaction. Nous sommes riches depuis le berceau des fautes de nos pères et de leur tardive intelligence, et déjà la vie nous fatigue comme un chemin plat, sans but, comme un festin dans une fête qui nous est étrangère.

Egalement indifférents au bien et du mal, nous nous affaissons sans lutter au commencement de la carrière : devant le danger, nous sommes honteusement lâches, devant le pouvoir nous sommes de vils esclaves. Tel un fruit vide, mûri avant le temps, qui ne réjouit ni notre goût, ni nos yeux, est suspendu parmi les fleurs, étranger orphelin, et le moment de leur épanouissement est celui de sa chute.

Nous avons desséché notre intelligence par une science stérile ; envieux, nous avons dérobé à nos proches et à nos amis les espérances meilleures et les voix généreuses. Nous avons refusé de croire à des passions raillées. Nous avions à peine effleuré la coupe des plaisirs et cependant nous n'avons pas ménagé nos jeunes forces. Redoutant la satiété, nous avons pour toujours extrait le meilleur suc de toute joie.

Les rêves de la poésie, les créations de l'art n'agitent point notre esprit d'un doux enthousiasme. Nous dissimulons avec ardeur dans notre poitrine un reste de sentiment enfoui par notre avarice, trésor inutile. Nous aimons, nous haïssons au hasard ; nous ne sacrifions rien, ni à la haine, ni à l'amour, et dans notre âme règne Dieu sait quel froid mystérieux, tandis que le feu bouillonne dans notre sang. Nous regardons comme ennuyeux les luxueux plaisirs de nos ancêtres, leur consciencieuse et enfantine débauche, et nous marchons vers la tombe sans bonheur, sans gloire, jetant en arrière un regard ironique.

Foule lugubre et bientôt oubliée, nous passerons sur le monde sans bruit, sans laisser de trace, sans léguer aux siècles une pensée féconde, ni un travail commencé par le génie. Et notre poussière, la postérité la flétrira d'un vers méprisant, — avec la sévérité du juge et du citoyen, avec l'ironie amère d'un fils déçu pour un père prodigue.

Le testament d'un blasé.

Hé bien ! va pour la mort ! Le monde ne fera pas une grande perte ; et moi-même je suis blasé et dégoûté de vivre ; je ressemble à un homme qui bâille au bal et qui ne s'en va pas, parce que sa voiture n'est pas encore là.... La voiture est prête... bonsoir !... Je repasse dans ma mémoire tout ce qui m'est arrivé, et cela m'amène involontairement à me demander : Pourquoi suis-je né ? Quel emploi utile a eu ma vie ? Et cependant j'étais destiné à quelque chose de noble et d'élevé... car je sens en moi une force extraordinaire. Mais j'ai manqué à cette mission... J'ai cédé à l'appât de passions vides et ingrates ; de leur fournaise je suis sorti dur et froid comme le fer. Mais j'ai perdu pour toujours la flamme des nobles instincts, la fleur de la vie. Et depuis ce temps, combien de fois déjà n'ai-je pas rempli le rôle de la hache dans les mains du destin ? Instrument du châtiment, je suis tombé sur la tête des victimes désignées, souvent sans colère, toujours sans pitié ! Mon amour n'a fait le bonheur de personne, parce que je n'ai jamais rien sacrifié pour celles que j'aimais ; je n'ai aimé que pour moi, pour ma satisfaction personnelle. J'ai cédé à un étrange besoin du cœur. J'ai vidé avidement la coupe des voluptés et des souffrances, et mes aspirations sont restées insatiables. Tel qu'un homme qui s'endort, épuisé par la faim, il voit en songe les mets les plus savoureux, les vins les plus exquis ; il croit se repaître de ces richesses imaginaires et se sent soulagé.... L'illusion s'évanouit. Il se réveille avec un redoublement de besoin et de désespoir.

Peut-être est-ce mon dernier jour ! et je n'aurai pas laissé sur la terre un seul être qui m'ait bien compris. Les uns me croient plus pervers que je ne suis, les autres meilleurs. Ceux-ci diront : c'était un bon enfant ; ceux-là : c'était un homme abominable.... La vérité est entre ces deux extrêmes... La vie ne vaut pas qu'on la regrette... et cependant on vit par curiosité, dans l'attente de je ne sais quoi. C'est à la fois risible et triste.

(*Un héros de notre temps.* Traduction Chopin, Paris, 1853.)

Borodino.

« Dis-nous, vieillard, ce n'est pas sans lutte que Moscou incendié fut rendue aux Français ? Il y a eu, n'est-ce pas, des combats héroïques, et quels combats, dit-on! Ce n'est pas en vain que la Russie rappelle le jour de Borodino!

— Ah! oui, il y avait des hommes de notre temps; ce n'était pas la génération d'aujourd'hui. C'étaient des héros, pas des gens comme vous. Ils eurent une mauvaise destinée. Peu d'entre eux revinrent du champ de bataille. N'eût-été la volonté du Seigneur, ils n'auraient pas rendu Moscou.

Longtemps silencieux, on avait battu en retraite. On s'en lassait, on attendait le combat, les vieillards murmuraient : « Eh quoi! prendre nos quartiers d'hiver! Est-ce que nos chefs n'osent pas déchirer les uniformes étrangers contre les baïonnettes russes? »

Et voici qu'on trouva une vaste plaine. On pouvait s'y démener tout à son aise. On construisit une redoute. Chez les nôtres, de joie dressent les oreilles. A peine le soleil avait-il éclairé les canons et les cimes bleuâtres des forêts, voilà les Français.

Je bourrai à fond ma cartouche et je pensai : Je vais bien traiter les amis. Attends un peu, frère *monsieur*[1]! Assez finasser, au combat s'il te plaît. Nous allons en masses fondre l'un sur l'autre. Nous allons offrir notre vie pour notre pays.

Pendant deux jours nous échangeâmes des coups de fusil! A quoi bon ces sottises! Nous attendions le troisième jour. Partout on entendait dire : « Il est temps d'en venir à la mitraille. » Et voici que sur le champ de l'affreux carnage tomba l'ombre de la nuit.

Je me couchai sur l'affût d'un canon; on entendit jusqu'à l'aube les cris de victoire des Français. Silencieux était notre bivouac découvert; tel nettoyait son

---

1. *Mousié* dans le texte. C'est le mot par lequel le peuple russe désigne les Français.

shako tout démoli, tel affilait sa baïonnette avec des grognements de colère en mordant sa longue moustache.

Et dès que le ciel s'éclaircit, ce fut un bruit, un mouvement ; les rangs étincelaient derrière les rangs ; notre colonel était un gaillard, un serviteur du tsar, un père pour les soldats. Hélas ! frappé à mort, il dort dans la terre humide.

Il nous avait dit, les yeux étincelants : « Enfants, Moscou n'est-elle pas derrière nous ? Sachons mourir sous Moscou comme mouraient nos frères. » Et nous promîmes de mourir, et nous tînmes notre serment au combat de Borodino.

Ah ! ce fut une journée ! A travers le vol de la fumée, les Français s'ébranlèrent comme des nuages. Tous contre la redoute. Les uhlans avec leurs flammes bigarrées, les dragons avec leurs crinières, tous s'élancèrent devant nous. Tous ils étaient là.

Vous ne verrez point de pareils combats. Les étendards flottaient comme des ombres, le feu éclatait dans la fumée, l'acier résonnait, la mitraille sifflait, la main des guerriers était fatiguée de massacres, et une montagne de cadavres ensanglantés arrêtait le vol des boulets.

Ce jour-là l'ennemi apprit bien ce que c'est que le combat russe, notre combat corps à corps. La terre frémissait comme nos poitrines, les chevaux, les hommes tombaient amoncelés, et les salves de mille canons se confondaient en un long hurlement.

Et la nuit vint. Nous étions tous prêts à recommencer le lendemain un nouveau combat, à tenir jusqu'au bout. Mais les tambours retentirent et les Musulmans [1]

---

1. Depuis leurs luttes contre les Tatares, les Russes appellent volontiers musulmans les peuples étrangers en guerre contre la Russie.

battirent en retraite. Alors nous nous mîmes à compter nos blessures, à compter nos compagnons.

Oui, les hommes étaient de notre temps une race puissante et vaillante. C'étaient des héros, pas des gens comme vous. Ils eurent une mauvaise destinée. Peu d'entre eux revinrent du champ de bataille. N'eût été la volonté du Seigneur, ils n'auraient pas rendu Moscou.

Le rêve.

Sous le soleil du Midi, dans une vallée du Daghestan, la poitrine percée d'une balle, je gisais immobile; la plaie profonde fumait encore et mon sang s'écoulait goutte à goutte.

Je gisais seul sur le sable de la vallée, les flancs des rochers se serraient autour de moi, le soleil brûlait leurs cimes jaunes et me brûlait; et je dormais d'un lourd sommeil.

J'eus un rêve; je voyais, étincelant de lumières, un festin dans mon pays natal; des jeunes femmes couronnées de fleurs causaient joyeusement; elles parlaient de moi.

Une seule ne se mêlait pas aux joyeux propos; elle restait pensive; sa jeune âme était plongée dans un rêve mélancolique. Dieu sait quel rêve !

Elle rêvait à la vallée du Daghestan. Un cadavre bien connu y gisait; dans sa poitrine fumait une plaie noire et le sang coulait en flots toujours plus froids[1].

---

[1]. Dans ce petit poème, Lermontov eut comme la vision de sa mort; il devait périr tué en duel par une balle de pistolet à Piatigorsk, aux pieds des cimes du Caucase.

La prière.

Aux jours de désespoir, où la vie est amère
      Où l'on succombe à la douleur,
Il est une divine, une seule prière
      Qu'alors je répète par cœur.

Il existe une force et sainte et bienfaisante,
      Dans ces accents religieux,
Et puis en eux respire une bonté puissante,
      Un charme tout mystérieux.

Il semble qu'un fardeau se soulève de l'âme
      Le doute au loin s'est envolé;
La foi dans notre cœur fait rayonner sa flamme,
      On pleure et l'on est consolé.

(Traduction de Pelan d'Angers.)

Le démon.

Seul, courbé sous le poids de l'ennui qui l'accable
Le démon au-dessus de la terre coupable
Planait sombre exilé. Dans son amer chagrin,
Il songe aux jours meilleurs où lui, pur chérubin,
Dans les cieux étoilés levant sa tête altière
Il brillait radieux au séjour de lumière;
Où l'errante comète échangeait avec lui
Un salut fraternel, un sourire d'ami;
Où des champs de l'éther fendant la brume immense,
Avide de savoir, il suivait en silence

Ces astres rayonnants, caravanes de feu,
Que dans l'immensité lança la main de Dieu.
Il songe à ces beaux jours où, candide, son âme
Avait foi dans l'amour, sainte et divine flamme.
De la création bienheureux premier-né.
Il ne connaissait pas le doute empoisonné ;
Il ignorait la crainte et l'horrible souffrance
De tortures sans fruit comme sans espérances ;
De longs siècles chargés et d'angoisse et d'ennui
Ne se déroulaient pas funèbres devant lui.

Depuis longtemps errait dans l'espace infini
Sans asile et sans but le superbe banni,
Aux siècles succédaient, monotones, stériles,
D'autres siècles toujours... Sur les mondes dociles
Régnant, sans jouissance il répandait le mal ;
L'obstacle se brisait sous son art infernal...
Et le mal l'ennuya. Le front plein de tristesse,
Un jour l'esprit déchu plana, dans sa jeunesse
Au-dessus des sommets du Caucase orgueilleux;
A ses pieds le Kazbek[1], diamant lumineux,
Couronné par le temps d'une neige éternelle,
Au milieu de l'azur le Kazbek étincelle.
Semblable au noir sillon, repaire du serpent
S'ouvre le Darial[2], ténébreux et béant;
Plus fier que le lion à la crinière ardente
Le Terek fait bondir sa course rugissante ;
Les oiseaux tournoyant dant les plaines de l'air
Et la bête sauvage, hôte que le désert

---

1. Le Kazbek, l'une des plus hautes cimes du Caucase.
2. Gorge du Caucase.

Abrite avec amour dans ses grottes profondes,
Ecoutent le discours murmurant de ses ondes ;
Les nuages dorés, fils du Midi brûlant,
Vers le Septentrion l'accompagnent grondant.
Plongés dans un sommeil tout rempli de mystère,
Les rocs, groupe nombreux, immobiles, sévères,
Courbant leurs fronts penchés sur son gouffre écumeux
Suivent, sombres, rêveurs, ses méandres fougueux ;
A travers les brouillards, sentinelles géantes,
Les hautes tours des forts regardent menaçantes...
Au loin tout resplendit de sauvage grandeur,
Mais le démon jeta, superbe contempteur,
Un regard de mépris sur l'œuvre de son maître,
Son impassible front ne laissa rien paraître.

Pour charmer son ennui, pour courber son dédain
De nouvelles beautés rayonnèrent soudain...
A ses yeux méprisants la brune Georgie
Offrait de ses vallons l'opulente magie,
Vallons délicieux, tapis luxuriants
Où le soleil endort ses rayons souriants...
Sol béni, lieux charmants ! Le ciel dans sa tendresse
A fait tomber sur eux sa plus tendre caresse !
Partout la mauve croît en spirales de fleurs ;
Sur un lit de cailloux aux diverses couleurs
Limpide, harmonieux, le frais ruisseau murmure ;
Le tendre rossignol de sa voix la plus pure
Soupire, pour chanter loin des regards du jour
Les vierges du printemps, sourdes à son amour,
Ces roses qu'au matin la caressante aurore
D'un humide baiser en naissant fit éclore.
Le platane enlacé par le lierre grimpant
Projette autour de lui son ombrage puissant ;

Les défilés profonds où les biches légères
Respirent la fraîcheur, s'étendent solitaires.
Mille joyeuses voix résonnent dans les airs;
Le feuillage frémit en suaves concerts.
La chaleur du Midi berce l'âme rêveuse,
De son souffle embaumé, brise voluptueuse
Humide de rosée, éclatante de fleurs,
La nuit répand au loin l'arome de ses pleurs;
De son front couronné perçant le léger voile
Dans les cieux assoupis étincelle l'étoile.
. . . . ,
Partout le mouvement, la lumière et la vie!
De ce riant tableau l'enivrante splendeur
Ne put rien réveiller dans son avide cœur.
Plein d'une froide envie il dédaigne ou méprise.

(*Le Démon*, traduction de P. Pelan d'Angers. Chefs-d'œuvre poétiques de Lermontov, Paris, A. Le Chevalier, 1866.)

Gogol (Nicolas-Vasiliévitch).
(1809-1852)

Gogol Ianovsky est dans la littérature russe le grand maître, on peut dire le fondateur de l'école réaliste. Originaire de la petite Russie, il possède un *humour*, une imagination qui, jusqu'à lui, avaient fait défaut aux écrivains moscovites. Comme peintre de la société provinciale, il laisse bien loin derrière lui von Vizine et les satiriques du xviii° siècle. Comme peintre de la nature russe, il dépasse les plus merveilleuses descriptions de Pouchkine et de Lermontov. Nul n'a su mieux que lui raconter la splendeur des nuits de l'Ukraine, la majesté des grands fleuves, le charme mélancolique de la steppe. Ses nouvelles sont de véritables petits poèmes et sa prose cadencée a l'harmonie et le nombre des plus beaux vers. Pour la richesse de l'invention, la variété et l'originalité des types qu'il a créés, il peut être comparé aux plus grands maîtres : à Cervantes, à Lesage, à Dickens. Les *Ames mortes* sont une véritable épopée : le *Revisor* est digne d'un Molière. Mérimée, qui s'y connaissait, a fait à Gogol l'honneur de traduire sa comédie. Toutes les œuvres importantes de Gogol ont d'ailleurs passé dans notre langue : ces versions ne donnent en général qu'une pâle idée de l'original. C'est pour nous une véritable bonne fortune de pouvoir reproduire ici quelques fragments interprétés par MM. de Vogué et Ernest Dupuis.

On pourra consulter :

Nouvelles choisies de Gogol, traduites du russe par Viardot (librairie Hachette, plusieurs fois réimprimé);

Taras Boulba, traduit par L. Viardot (Hachette, 1853);

L'Inspecteur en tournée, traduction du *Revisor* dans les œuvres de Mérimée[1], voir le volume intitulé : *Les deux héritages* (Calmann Lévy, 1878); le *Revisor* a également été traduit par M. Challande (librairie Fischbacher);

Les Ames mortes, traduites par Eugène Moreau, Paris, 1858;

Les Ames mortes, traduites par Ernest Charrière, 2 vol. (Paris, Hachette, 1859);

Les Veillées de l'Ukraine (c'est la traduction d'un certain nombre de nouvelles), par Halpérine Kaminsky (Marpon et Flammarion), etc...;

Nicolas Gogol, par Mérimée (*Revue des Deux Mondes*, 1851);

Les Grands Maîtres de la littérature russe au XIXᵉ siècle, par M. Ernest Dupuis (librairie Lecène et Oudin, 1885);

Le Roman russe, par M. M. de Vogué (Paris, Plon, 1886).

La steppe.

Le soleil s'était levé dans un ciel sans nuage et versait sur la steppe sa lumière chaude et vivifiante. Plus on avançait dans la steppe, plus elle devenait sauvage et belle. A cette époque tout l'espace qui se nomme maintenant la nouvelle Russie, de l'Ukraine à la mer Noire était un désert vierge et verdoyant. Jamais la charrue n'avait laissé de trace à travers les flots incommensurables de ses plantes sauvages. Seuls,

---

1. Nous aurions voulu citer quelques pages de Mérimée. Des questions de propriété littéraire ne nous l'ont pas permis. La traduction de Mérimée n'est d'ailleurs pas exempte de contresens.

les chevaux libres qui se cachaient dans ces impénétrables abris y laissaient des sentiers. Toute la surface de la terre semblait un océan de verdure dorée qu'émaillaient mille autres couleurs. Parmi les tiges fines et sèches de la haute herbe croissaient des masses de bleuets aux nuances bleues, rouges et violettes. Le genêt dressait en l'air sa pyramide de fleurs jaunes. Les petits pompons du trèfle blanc parsemaient l'herbage sombre et un épi de blé apporté là, Dieu sait d'où, mûrissait solitaire. Sous l'ombre ténue des brins d'herbe glissaient, en étendant le cou, des perdrix à l'agile corsage. Tout l'air était rempli de mille chants d'oiseaux. Des éperviers planaient immobiles, en fouettant l'air du bout de leurs ailes, et plongeaient dans l'herbe des regards avides. De loin, l'on entendait les cris aigus d'une bande d'oies sauvages qui volaient, comme une épaisse nuée, sur quelque lac perdu dans l'immensité des plaines. La mouette des steppes s'élevait, d'un mouvement cadencé et se baignait voluptueusement dans les flots de l'azur; tantôt on ne la voyait plus que comme un point noir, tantôt elle resplendissait, blanche et brillante, aux rayons du soleil. O mes steppes que vous êtes belles!...

Le soir venu la steppe changeait complètement d'aspect. Toute son étendue bigarrée s'embrasait aux derniers rayons d'un soleil ardent, puis bientôt s'obscurcissait avec rapidité et laissait voir la marche de l'ombre, qui, envahissant la steppe, la couvrait de la nuance uniforme d'un vert obscur. Alors les vapeurs devenaient plus épaisses, chaque fleur, chaque herbe, exhalait son parfum et toute la steppe bouillonnait de vapeurs embaumées. Sur le ciel d'un azur foncé s'étendaient de larges bandes dorées et roses qui semblaient tracées négligemment par un pinceau gigantesque. Çà et là blanchissaient des lambeaux de nuages légers et transparents, tandis qu'une brise, fraîche et caressante comme les ondes de la mer se balançait sur les pointes des herbes, effleurant à peine la joue du voyageur. Tout le concert de la journée s'affaiblissait et faisait place peu à peu à un concert nouveau. Des gerboises à la robe mouchetée sortaient avec précaution de leurs gîtes, se dressaient sur les pattes de derrière, et remplissaient la steppe de leurs sifflements. Le grésillement des grillons redoublait de force, et parfois on entendait le cri du cygne solitaire, qui retentissait comme une cloche argentine dans l'air endormi... Après avoir soupé, les Cosaques se couchaient par terre, laissaient leurs chevaux errer dans l'herbe, les entraves aux pieds. Les étoiles de la nuit les regardaient dormir sur leurs caftans étendus. Ils pouvaient entendre le pétillement, le frôlement, tous les bruits du monde innombrable d'insectes qui fourmillaient dans l'herbe. Tous ces bruits, fondus dans le même silence de la nuit, arrivaient harmonieux à l'oreille. Si quelqu'un d'eux se levait, toute la steppe se montrait à ses yeux diaprés par les étincelles des vers luisants. Quelquefois la sombre obscurité du ciel s'éclairait par l'incendie des joncs secs qui croissent au bord des rivières et des lacs, et une longue rangée de cygnes allant au nord, frappés tout à coup d'une lueur enflammée, semblaient des lambeaux d'étoffe rouge volant à travers les airs.

(*Taras Boulba*, traduction de Louis Viardot. Paris, Hachette, 1853.)

La nuit de mai.

Connaissez-vous la nuit de l'Ukraine? Oh! vous ne connaissez pas la nuit de l'Ukraine! Contemplez-la. Du milieu du ciel, la lune regarde; la voûte incommensurable s'étend et paraît plus profonde encore; elle s'embrase et respire. Sur la terre une lumière argentée; l'air est frais, et pourtant il oppresse, chargé de langueur, charriant des parfums. Nuit divine! Nuit enchanteresse! Immobiles et pensives, les forêts reposent pleines de ténèbres, projetant leurs grandes ombres. Voici des étangs silencieux; leurs eaux sombres et froides sont tristement emprisonnées dans les murailles de verdure des jardins. La petite forêt vierge de merisiers et de prunelles risque timidement ses racines dans le froid de l'eau; par moment ses feuilles murmurent comme dans un frisson de colère, quand un joli petit vent, le vent de nuit se glisse à la dérobée et les caresse. Tout l'horizon dort. Au-dessus là-haut, tout respire, tout est auguste et triomphal. Et dans l'âme comme au ciel s'ouvrent des espaces sans fin; une foule de visions argentées se lèvent avec grâce dans ses profondeurs. Nuit divine! Nuit charmante! Soudain tout s'anime, les forêts, les étangs et les steppes. Le trille majestueux du rossignol d'Ukraine a retenti. Il semble que la lune s'arrête au milieu des nuées pour l'entendre. Sur la colline, le village dort d'un sommeil enchanté. L'amas des chaumières blanches brille d'un éclat plus vif aux rayons de la lune; leurs murailles basses surgissent éblouissantes des ténèbres. Les chants se sont tus. Tout repose chez ces braves gens assoupis. Çà et là pourtant une petite fenêtre scintille. Sur le seuil d'une cabane, une famille attardée achève de souper.

(La Nuit de mai, traduction de M. M. de Vogüé, le Roman russe, Paris, Plon, 1886.)

Madame Korobotchka.

(FRAGMENT DES AMES MORTES)

Les âmes mortes dont il est question dans le poème en prose de Gogol ne sont pas comme on pourrait l'imaginer des âmes flétries ou désespérées, mais tout simplement des serfs décédés. Le chiffre des serfs sur lesquels on payait l'impôt était officiellement fixé tous les dix ans. Tchitchikov est un aventurier qui voyage pour acheter des serfs morts; naturellement on les lui vend à bon marché; il se fait dresser des titres de propriété et sur ces titres il emprunte à la banque. L'épisode qu'on va lire met en présence cet escroc et une petite propriétaire de campagne fort étonnée du singulier trafic que son hôte lui propose et au fond enchantée d'en profiter.

— Vous avez là, petite mère, un bon village, dit Tchitchikov? Combien d'âmes?

— Environ quatre-vingts, mon petit père; malheureusement les temps sont durs; l'année dernière, nous avons eu une telle disette. Dieu nous préserve d'un pareil malheur!

— Cependant vos moujiks ont l'air solide : vos isbas sont bien bâties. A propos, permettez-moi de vous demander votre nom; j'étais si distrait quand je suis arrivé cette nuit [1].

— Korobotchka, secrétairesse de collège [2].

— Je vous remercie bien! Quel est votre nom de baptême et celui de votre père?

---

1. Il s'est égaré et est arrivé au milieu de la nuit et par hasard chez Mme Korobotchka.

2. En Russie, la femme porte le titre de son mari, même défunt. Le secrétaire de collège correspondait au dixième tchine de l'ancienne hiérarchie russe.

— Nastasia Petrovna.

— Nastasia Petrovna ! C'est un joli nom que Nastasia Petrovna. J'ai une tante, une sœur de ma mère qui s'appelle aussi Nastasia Petrovna.

— Et vous, comment vous appelez-vous, demanda la propriétaire ? Vous êtes sans doute assesseur [1] ?

— Non, petite mère, répondit Tchitchikov en souriant, je ne suis point assesseur, je voyage pour mes petites affaires.

— Ah ! tu achètes des produits. Que je suis donc fâchée d'avoir vendu à si bas prix mon miel à des marchands ! Toi, père, tu me l'aurais certainement acheté.

— Justement, je ne l'aurais pas acheté.

— Quoi donc, alors ? Du chanvre ! j'en ai très peu maintenant. Un demi-poud en tout [2].

— Non, petite mère, une autre espèce de marchandise ; dites-moi, est-il mort chez vous des paysans ?

— Oh ! petit père, dix-huit, dit la vieille en soupirant. Et quelle gens, tous des travailleurs ! Depuis il en est né, il est vrai, mais à quoi sont-ils bons ? C'est du fretin. Et quand l'assesseur est venu : il faut, dit-il, payer l'impôt par âme ! Les gens sont morts et il faut payer comme s'ils étaient vivants. La semaine dernière, mon forgeron a brûlé. Et c'était un si habile forgeron et il connaissait admirablement la serrurerie.

— Vous avez donc eu un incendie, petite mère.

— Un incendie, ah ! c'eût été encore pire, Dieu nous a préservé d'un tel mal. Non, il a brûlé de lui-même, mon père. Le feu s'est, Dieu sait comment, mis dans

---

1. Fonctionnaire chargé du recensement.
2. Le poud représente environ 16 kilos.

son corps. Il buvait trop. Une flamme bleuâtre est sortie de son corps ; il s'est calciné tout entier et noirci comme du charbon. Et c'était un si habile forgeron! Et maintenant je n'ai pas un équipage en état, et je n'ai personne pour ferrer mes chevaux!

— Nous sommes tous dans la main de Dieu, petite mère, dit Tchitchikov en soupirant; contre la sagesse divine, il n'y a rien à dire... Cédez-les-moi, Nastasia Pretrovna.

— Qui céder, petit père?

— Eh bien! tous ceux qui sont morts?

— Comment vous les céder?

— Comme ça, tout simplement. Ou si vous aimez mieux, vendez-les-moi, je vous donnerai de l'argent pour eux.

— Comment? Vraiment je ne comprends pas. Est-ce que tu veux déterrer leurs corps?

Tchitchikov vit que la vieille s'emballait et qu'il était indispensable de lui expliquer en quoi consistait l'affaire. Il lui fit comprendre en peu de mots que la vente ne s'effectuerait que sur le papier et que les âmes seraient inscrites comme vivantes.

— Mais qu'en veux-tu faire, demanda la vieille femme en fixant sur lui de grands yeux?

— Ceci me regarde.

— Mais, c'est qu'elles sont mortes ces âmes.

— Qui dit qu'elles sont vivantes? Et qui vous porte préjudice sinon ce fait qu'elles sont mortes? Vous payez pour elles la capitation. Et maintenant je vais vous débarrasser des soucis et du paiement. Comprenez-vous? Non seulement je vous débarrasse, mais je vous donne encore quinze roubles. Eh bien, est-ce clair maintenant?

— En vérité, je ne sais, dit la propriétaire, après un silence. C'est que je n'ai encore jamais vendu de morts.

— Parbleu! voilà qui serait un vrai miracle, si vous en aviez vendu.

— Croyez-vous réellement, qu'on puisse en tirer parti?

— Je ne le pense pas. Pour ce qui est d'en tirer parti, il n'y a point de parti à en tirer. Une seule chose m'embarrasse, c'est que ces âmes sont mortes.

— Allons, la vieille, à ce qu'il semble, a la tête dure, pensa Tchitchikov. Ecoutez, petite mère, et réfléchissez bien. Songez que vous vous ruinez : vous payez pour le mort comme pour le vivant.

— Oh! mon père, ne me parlez pas de cela, répliqua la propriétaire. Il y a trois semaines, j'ai versé plus de cent cinquante roubles, et encore j'ai graissé la patte de l'assesseur.

— Eh bien! vous voyez, petite mère, et maintenant considérez qu'il ne vous faudra plus graisser la patte de l'assesseur, désormais c'est moi qui paierai pour eux, moi et non vous; je prends sur moi toutes les charges. Je passerai même le contrat à mes frais, comprenez-vous?

La vieille devient pensive. Elle voyait que l'affaire avait l'air d'être avantageuse, mais elle était trop nouvelle, trop extraordinaire ; elle commençait à craindre que cet acheteur ne vînt pour l'exploiter; il était arrivé chez elle, Dieu sait d'où, et encore au milieu de la nuit.

— Eh bien! petite mère, tope, cela va-t-il, demanda Tchitchikov.

— En vérité, mon père, il ne m'est encore jamais

arrivé de vendre des défunts. Des vivants, j'en ai cédé; ainsi, il y a deux ans, j'ai vendu à Protopopov deux filles à cent roubles pièce, et il m'en a beaucoup remercié, tant elles sont devenues de fameuses ouvrières; elles font elles-mêmes des serviettes.

— Mais ce n'est pas des vivants qu'il s'agit : Dieu soit avec eux. Ce sont des morts que je demande.

— En vérité, j'ai peur, pour une première affaire, d'avoir à subir quelque perte. Peut-être, mon père, que tu m'exploites; peut-être d'une certaine façon valent-ils plus.

— Ecoutez, petite mère, quelle femme vous faites! qu'est-ce qu'ils peuvent valoir? Réfléchissez; c'est de la poussière. Comprenez-vous, c'est tout simplement de la poussière. Prenez la dernière des choses, par exemple un simple chiffon, ce chiffon a un prix; on l'achètera tout au moins pour fabriquer du papier. Mais des serfs morts, cela n'est bon à rien. Eh bien, dites vous-même à quoi cela est-il bon?

— C'est vrai. Ce n'est bon à rien; mais il n'y a qu'une chose qui m'interloque, c'est que ces âmes sont mortes.

— Ah! quelle tête de chêne, se dit à part lui Tchitchikov.

Il commençait à perdre patience : Va, arrange-toi avec elle! Elle m'a mis en sueur la maudite vieille. Et tirant de sa poche un mouchoir, il se mit à essuyer la sueur qui coulait effectivement de son front. Après l'avoir essuyée, il se décida à tenter d'atteindre le but par quelque autre côté.

— Petite mère, dit-il, ou vous ne voulez pas comprendre mes paroles, ou vous parlez ainsi exprès pour parler tout simplement. Je vous donne de l'argent, quinze roubles en assignation. Comprenez-vous? C'est de l'argent. Vous ne les trouverez pas dans la rue. Voyons, franchement, combien avez-vous vendu votre miel?

— Douze roubles le poud.

— Vous péchez quelque peu, petite mère. Vous ne l'avez pas vendu douze roubles.

— Par Dieu, je l'ai vendu.

— Eh bien, soit! mais pour les gagner, il vous a fallu passer un an avec des inquiétudes, du travail, des jours. Vous avez fait des courses, vous avez tué des abeilles, vous en avez nourri dans une cave pendant tout l'hiver, mais les âmes mortes ne sont pas une affaire de ce monde. Vous n'y avez rien mis du vôtre : c'est par la volonté de Dieu qu'elles ont quitté ce monde en vous apportant du dommage. D'un côté, vous avez reçu pour vos travaux, pour votre peine douze roubles; de l'autre, vous recevrez pour rien, en pur don, non pas douze, mais quinze roubles, et cela non pas en argent, mais en assignats bleus.

Après une si vigoureuse argumentation, Tchitchikov ne doutait presque plus du succès.

— Je suis, répliqua la propriétaire, une pauvre veuve si inexpérimentée : j'aime mieux attendre un peu. Il se présentera peut-être des acheteurs et je saurai les prix.

— Fi! Fi! petite mère, quelle honte! Que dites-vous? Pensez-y vous-même? Qui aura l'idée d'acheter des morts? A quoi cela peut-il servir?

— Peut-être cela est-il bon à quelque chose en agriculture, répliqua la vieille, et elle n'acheva point sa réponse; elle ouvrit la bouche et le regarda presque avec terreur, inquiète de savoir ce qu'il répondrait.

— Des morts en agriculture! A quoi songez-vous? Peut-être pour épouvanter la nuit les oiseaux dans le verger, hein?

— Que la force de la croix soit avec nous! Quelles horreurs tu dis, s'écria la vieille en se signant.

— Alors, que voudriez-vous en faire? Du reste, ossements et tombeaux tout vous restera; la cession ne s'opérera que sur le papier. Eh bien, sommes-nous d'accord? Répondez au moins.

La vieille se mit de nouveau à réfléchir.

— A quoi pensez-vous, Nastasia Petrovna?

— En vérité, je ne sais ce que je dois faire; j'aime mieux vous vendre du chanvre.

— Du chanvre! allons donc! Je vous demande toute autre chose et vous voulez me fourrer du chanvre. Le chanvre, c'est du chanvre. Quand je reviendrai, j'en prendrai du chanvre. Eh bien, Nastasia Petrovna.

— Mon Dieu! une marchandise si étrange, si extraordinaire!

Ici Tchitchikov perdit tout à fait patience, saisit dans sa fureur une chaise, en frappa le plancher et jura par le diable.

Le diable fit à la vieille une peur effroyable.

— Oh! ne le nomme pas! Que Dieu soit avec lui, s'écria-t-elle toute pâle. J'en ai rêvé il y a trois jours du maudit. J'avais eu l'idée de me tirer les cartes après ma prière du soir; Dieu, évidemment, l'envoya pour me punir. Il était si affreux; des cornes plus longues que celles d'un taureau!

— Je m'étonne que vous n'en voyiez pas des dizaines toutes les nuits. C'est par pure charité chrétienne que je voulais... Je vois une pauvre veuve qui se tue, qui est dans le besoin. Eh bien, qu'elle se ruine, qu'elle crève avec tout votre village !

— Ah ! quelles choses affreuses tu prononces, dit la vieille en le regardant avec terreur.

— Eh ! on ne sait comment parler avec vous. Vous êtes vraiment, sauf votre respect, comme un chien de cour couché sur le foin ; il ne le mange pas et n'en donne pas aux autres. J'aurais voulu acheter chez vous divers produits agricoles, car je suis chargé de certains marchés de la Couronne...

Il mentait à vrai dire sans préméditation, sans intention ultérieure ; mais ce mensonge eût un succès inespéré. Les marchés de la Couronne firent un effet sur Nastasia Petrovna : elle prit un ton presque suppliant :

— Eh ! pourquoi te fâches-tu si fort ? Si j'avais su que tu étais si colère, je ne t'aurais pas du tout contredit.

— Il y a bien de quoi se fâcher. L'affaire ne vaut pas un œuf vidé et je me fâcherais pour si peu !

— Eh bien, soit ; je suis prête à te les céder pour quinze assignats ; seulement, père, souviens-toi des marchés ; si tu as besoin de farine, de seigle ou de sarrasin, de gruau, de bétail abattu, je t'en prie ne m'oublie pas.

— Non, petite mère, je ne t'oublierai pas ; et ce disant il essuyait avec sa main la sueur qui coulait en trois ruisseaux sur son visage.

Il demanda à la veuve si elle n'avait point à la ville quelque fondé de pouvoir ou quelque ami à qui elle donnerait procuration pour signer le contrat et tout ce qui s'ensuit.

— Comment donc, j'ai le fils du protopope, du père Cyrille qui sert au palais, dit Korobotchka.

Tchitchikov la pria d'écrire une procuration et pour lui en épargner la peine, il se mit à la rédiger lui-même...

Il posa sur la table son écritoire et souffla un peu, car il se sentait tout en sueur comme si on l'avait trempé dans la rivière.

— Ah! elle m'a tué, la maudite vieille, dit-il après s'être reposé un instant et il ouvrit son écritoire, puis il se mit à l'œuvre, tailla sa plume et commença à écrire.

— Tu as une bien belle malle, mon père, dit-elle après s'être assise auprès de lui. C'est, sans doute, à Moscou que tu l'as achetée.

— A Moscou, continua Tchitchikov tout en continuant d'écrire.

— Je m'en doutais, là il n'y a que de bonne marchandise. Il y a trois ans, ma sœur a rapporté de Moscou des bottes fourrées pour les enfants, quel cuir excellent! Il n'est pas encore usé aujourd'hui. Ah! mon Dieu, comme tu as du papier timbré, continua-t-elle en regardant dans l'écritoire. — En effet, il y en avait une belle provision. — Si tu pouvais m'en donner une feuille, on en manque ici; quand il s'agit de présenter une pétition, on ne sait sur quoi l'écrire.

Tchitchikov lui expliqua que son papier n'était pas pour les pétitions, mais pour les contrats. Cependant, désirant lui être agréable, il lui donna une feuille d'un rouble. Après avoir écrit la procuration, il la lui fit signer et lui demanda une petite liste de ses moujiks. Il apparut que la veuve ne tenait ni livres, ni listes, mais qu'elle savait par cœur presque tous les noms. Il les lui fit dicter. Quelques paysans l'étonnèrent par leurs noms et plus encore par leurs sobriquets. Il fut particulièrement frappé d'un certain *Pierre fais*

pas attention à l'auge. Un autre avait pour surnom *brique à vache*, un autre s'appelait tout simplement Ivan la Roue. . . . .
. . . .

— Mais, qu'est-ce donc, petit père, pourquoi tant vous hâter, dit la vieille en voyant Tchitchikov prendre en main sa casquette? La britchka n'est pas encore attelée.

— On l'attelle, petite mère, on l'attelle; mes gens sont expéditifs.

— Alors, n'est-ce pas, vous ne m'oublierez pas pour les marchés.

— Je n'oublierai pas, dit Tchitchikov sortant dans l'antichambre.

— A propos, vous ne m'achetez pas de saindoux, demanda la propriétaire qui l'avait suivi.

— Pourquoi non? J'en achèterai, mais plus tard.

— J'en aurai à Noël.

— Nous achèterons, nous achèterons tout et aussi du saindoux.

— Peut-être aurez-vous besoin de plumes, j'en aurai à la Saint-Philippe.

— Bien! bien! dit Tchitchikov.

— Tu vois, mon père, ta britchka n'est pas encore prête, dit l'hôtesse quand ils sortirent sur le perron.

— Elle va l'être. Dites-moi seulement le chemin pour gagner la grande route.

— Comment faire, dit la dame? Ce n'est pas facile à expliquer, il y a beaucoup de détours. Je te donnerai plutôt une fillette pour te conduire. Tu as bien pour elle une place sur le siège?

— Certainement.

— Eh bien! je vais te la donner; elle connaît bien la

route ; seulement fais attention à ne pas me l'emmener ;
déjà des marchands m'ont emmené une servante.

Tchitchikov lui assura qu'il ne l'emmènerait pas et
Mme Korobotchka rassurée se mit à examiner tout ce
qui se passait dans la cour ; elle fixa les yeux sur la
femme de charge qui emportait de la dépense une
écuelle de bois pleine de miel, sur un paysan qui venait d'apparaître à la porte, et peu à peu elle s'absorba
tout entière dans les détails de la vie domestique.

— Ah! voici la britchka, voici la britchka, s'écria
Tchitchikov en voyant à la fin arriver sa voiture. Où
donc animal, étais-tu fourré? Tu n'es donc pas encore
dégrisé depuis hier?

Sélifane ne répondit rien.

— Adieu, petite mère. Où est donc la fillette?

— Eh! Pélagie, dit la propriétaire à une gamine d'environ onze ans, en robe de toile domestique, avec des
pieds nus, que, de loin, on aurait pris pour des bottes,
tant ils étaient enduits de boue fraîche, montre la
route à Monsieur.

Selifane aida la fillette à monter sur le siège ; elle
mit d'abord un pied sur le marchepied du monsieur,
qu'elle souilla de boue, puis elle s'élança jusqu'au
siège du cocher et s'assit à côté de lui. Tchitchikov
monta ensuite sur le marchepied et fit pencher la britchka du côté droit, car il était assez obèse, puis il
s'assit et dit : Bien! adieu petite mère. Les chevaux
partirent.

(*Les Ames mortes*, chant III.)

Le Dnieper.

Merveilleux est le Dnieper, par un temps tranquille, quand il roule d'un cours libre et reposé ses pleines eaux, à travers les forêts et les montagnes. Pas la moindre secousse, pas le moindre fracas. Tu regardes et tu ne sais pas si la largeur majestueuse marche ou ne marche pas; c'est vaguement l'aspect d'une nappe de verre coulé. On dirait qu'une route de glace bleue, sans mesure dans la largeur, sans fin dans la longueur, décrit ses sinuosités dans la verte étendue. Quel charme alors pour le soleil brûlant de tourner au-dessus ses regards en tous sens et d'enfoncer ses rayons dans la fraîcheur des flots vitreux, et pour les arbres du rivage de se réfléchir avec netteté dans ce miroir. Oh! les vert-chevelus! Ils se groupent en foule avec les fleurs des champs dans le voisinage de l'eau et après s'être inclinés, ils y regardent et ne peuvent pas se rassasier de regarder. Ils ne peuvent pas admirer assez leur image claire, et ils lui sourient et ils la saluent en agitant leurs branches. Au milieu du Dnieper, ils n'osent pas jeter un regard; personne excepté le soleil et le ciel bleu ne regarde là. Quelque rare oiseau peut voler jusqu'au milieu du Dnieper. Oh! le géant qu'il est! Il n'y a pas un fleuve qui l'égale au monde! Merveilleux encore est le Dnieper par une chaude nuit d'été, quand tout s'endort, et l'homme et la bête et l'oiseau. Dieu seul fait planer majestueusement son regard sur le ciel et la terre, et secoue avec solennité sa chasuble, et de l'habit sacerdotal s'éparpillent toutes les étoiles. Les étoiles s'allument, éclairant le monde, et toutes au même instant reparaissent dans le Dnieper.

Toutes il les tient, le Dnieper, en son giron sombre ; pas une ne s'échappera de lui, à moins qu'elle ne s'efface du ciel. La noire forêt ponctuée de corbeaux dormants, et les montagnes, déchirées de temps immémorial, s'efforcent en s'éclairant de le couvrir de leur grande ombre. En vain ! il n'y a rien au monde qui puisse couvrir le Dnieper. Toujours bleu, il marche dans son cours reposé, et par la nuit et par le jour. On le voit d'aussi loin que peut voir le regard humain. En se couchant voluptueusement et en se blottissant contre la rive par suite du froid nocturne, il laisse après elle une traînée d'argent; elle trace un éclair comme une lame de sabre de Damas, et lui, le bleu, s'est endormi de nouveau. Alors aussi il est merveilleux, le Dnieper et il n'y a pas de fleuve au monde qui l'égale.

Mais quand les nuages noirs s'avancent par montagnes dans le ciel, la sombre forêt oscille jusqu'à la base. Les chênes craquent et la foudre se brisant en zigzag à travers la nue éclaire tout d'un coup le monde entier. Terrible alors est le Dnieper. Les colonnes d'eau tonnent en se heurtant contre la montagne, puis, avec éclats et gémissements, se retirent et pleuvent, et fondent en larmes au loin. — Ainsi se consume une vieille mère Cosaque quand elle fait les préparatifs de départ pour son fils qui s'en va à l'armée. Tout fringant, en vrai garnement, lui s'avance sur le cheval noir, le poing sur la hanche, le bonnet gaillardement incliné, et elle, pleurant à haute voix, court après lui, le saisit par l'étrier, cherche à prendre la bride, et se tord les bras et fond en larmes brûlantes. — Par taches noires émergent sinistrement du milieu des vagues en lutte les bases des arbres carbonisés et les rochers sur la rive élevée ; et à la rive se heurtent en se levant et en s'abaissant les bateaux amarrés. Qui des Cosaques oserait monter dans son canot au moment où le vieux Dnieper est en courroux? Apparemment celui-là ne sait pas qu'il avale les hommes comme des mouches.

(Traduction de M. Ernest Dupuis, *Les grands maîtres de la littérature russe au xixe siècle*, Lecère et Oudin, 1885.)

Le reviseur[1].

ACTE PREMIER

SCÈNE PREMIÈRE

UNE CHAMBRE CHEZ LE PRÉFET

LE PRÉFET DE POLICE ; LE CURATEUR DES ÉTABLISSEMENTS DE BIENFAISANCE ; L'INSPECTEUR DES ÉCOLES ; LE JUGE ; LE CHEF DE LA POLICE ; LE MÉDECIN ; DEUX INSPECTEURS DE QUARTIER.

LE PRÉFET

Je vous ai convoqués, messieurs, pour vous communiquer une désagréable nouvelle; un reviseur arrive chez nous.

AMMOS FEDOROVITCH

Comment un reviseur?

ARTEMII PHILIPPOVITCH

Comment un reviseur?

---

1. En russe *revisor*, autrement dit inspecteur en tournée.

LE PRÉFET

Un reviseur de Pétersbourg, incognito et encore avec une mission secrète.

AMMOS FEDOROVITCH

En voilà une histoire!

ARTEMII PHILIPPOVITCH

Nous n'avions pas de souci. En voilà!

LOUKA LOUKITCH

Seigneur Dieu! et encore avec une mission secrète!

LE PRÉFET

Je l'ai en quelque sorte pressenti; toute cette nuit, j'ai rêvé de je ne sais quels rats extraordinaires; vraiment, je n'en avais jamais vu de pareils; ils étaient noirs, et d'une taille! Ils sont venus, ils ont flairé et sont partis. Je vous lirai la lettre que j'ai reçue d'André Ivanovitch Tchmykov; vous le connaissez bien, Artemii Philippovitch : voilà ce qu'il écrit : « Cher ami, compère et bienfaiteur (*il marmotte à demi-voix et parcourt vivement le texte des yeux*),..... et t'informer. » Ah! voici : « Je me hâte entre autres de t'informer qu'il est arrivé un fonctionnaire chargé d'inspecter tout le gouvernement et particulièrement notre district. J'ai appris cela de gens très sûrs. Il se présente comme un simple particulier. Je sais que, comme tout le monde, tu as tes petits péchés; tu es un homme sage et tu n'aimes point à lâcher ce qui vient dans ta main[1]..., je te con-

---

[1]. Comparez plus haut, p 203 et 233, les allusions à la vénalité des fonctionnaires. Elles reviennent constamment dans la littérature russe. Le Revisor excita de grandes colères parmi les intéressés, et pour qu'il pût être représenté, il fallut l'intervention personnelle de l'empereur Nicolas.

seille donc de prendre tes précautions, car il peut arriver à toute heure, s'il n'est déjà pas arrivé et s'il ne vit pas quelque part incognito... Hier... » Ah! voici maintenant des affaires de famille : « Ma sœur Anna Cyrillovna est arrivée chez nous avec son mari; Ivan Cyrillovitch a beaucoup engraissé et joue tout le temps du violon, etc..., etc... »

AMMOS FEDOROVITCH

Oui, une circonstance extraordinaire, vraiment extraordinaire. Ça tombe bien!

LOUKA LOUKITCH

Et pourquoi, Antoine Antonovitch, pourquoi cela? Pourquoi chez nous un reviseur?

LE PRÉFET (*soupirant*).

Pourquoi? évidemment la destinée. Jusqu'ici, grâce à Dieu, ils allaient dans d'autres villes, le tour de la nôtre est venue.

AMMOS FEDOROVITCH

Je pense, Antoine Antonovitch, qu'il y a ici une cause délicate et plutôt politique. Voici ce que c'est. La Russie..., oui la Russie veut faire la guerre, et le ministre, vous comprenez, a envoyé un fonctionnaire pour voir s'il n'y a point quelque trahison.

LE PRÉFET

A quoi pensez-vous? En voilà un homme avisé. De la trahison dans une ville de district. Est-ce donc un district frontière? On pourrait voyager pendant trois ans sans arriver à aucun État.

AMMOS FEDOROVITCH

Non, je vous dirai... Vous ne... Ce n'est pas cela... L'autorité a des vues délicates : peu importe qu'elle soit loin ; elle a l'œil partout.

LE PRÉFET

Qu'elle ait ou qu'elle n'ait pas l'œil, Messieurs, je vous ai prévenus ; j'ai pris quelques mesures en ce qui me concerne, je vous engage à en faire autant. Vous en particulier Artemii Philippovitch. Evidemment, le fonctionnaire en mission voudra avant tout visiter les établissements de bienfaisance qui vous sont confiés ; faites donc en sorte que tout ait l'air convenable. Que les bonnets soient propres et que les malades ne ressemblent pas à des forgerons, comme ils le font habituellement.

ARTEMII PHILIPPOVITCH

Oh ! ça, ce n'est rien. On peut évidemment leur faire mettre des bonnets propres.

LE PRÉFET

Oui. Il faut aussi, au-dessus de chaque lit, écrire en latin ou en quelque autre langue le nom de la maladie, — ceci est votre affaire, Christian Ivanovitch, — quand la maladie a commencé, quel jour, quel quantième. Il serait bon que les malades ne fumassent pas de ce tabac si fort qui vous prend à la gorge quand on entre. Il serait mieux encore qu'il y en eût moins de malades : on attribue leur grand nombre à une mauvaise surveillance ou à l'ignorance du médecin.

ARTEMII PHILIPPOVITCH

Oh! en ce qui concerne le traitement, Christian Ivanovitch et moi nous avons pris nos mesures : plus il est voisin de la nature, meilleur il est. Nous n'employons pas de médicaments chers. L'homme est un être simple ; s'il meurt, il meurt; s'il guérit, il guérit. D'ailleurs, il serait difficile à Christian Ivanovitch de s'expliquer avec les malades ; il ne sait pas un mot de russe.

CHRISTIAN IVANOVITCH (*émet un son inintelligible*).

LE PRÉFET

Quant à vous, Ammos Fedorovitch, je vous engagerais à faire attention à la chancellerie. Dans le vestibule où viennent habituellement les solliciteurs, le gardien élève des oies domestiques et des oisons qui vous frétillent dans les jambes. Certainement l'élève de la volaille est une bonne chose et je ne vois pas pourquoi un gardien ne s'en occuperait pas; mais vous savez dans un pareil endroit, c'est inconvenant : je voulais déjà vous le faire remarquer, j'ai oublié.

AMMOS FEDOROVITCH

Eh bien, aujourd'hui même, je les enverrai tous à la cuisine. Voulez-vous venir dîner avec nous?

LE PRÉFET

Voici en outre qui est fort mal : dans le bureau lui-même, on fait sécher toute espèce de loques, et sur l'armoire aux papiers est un fouet de chasse. Je sais que vous aimez la chasse, mais il vaut mieux le reprendre pour un temps, et quand le revisor aura passé vous pourrez le pendre de nouveau. Et votre assesseur..., c'est sans doute un homme capable, mais il exhale un parfum. On dirait qu'il sort d'une distillerie d'eau-de-vie. Ce n'est pas bien non plus ; je voulais vous en parler, mais j'ai été distrait, je ne sais plus par quoi. Il y a moyen de remédier à cette infirmité, si, comme il l'affirme, c'est chez lui une odeur naturelle. On peut lui conseiller de manger de l'ail, de l'oignon ou quelque chose d'analogue. Christian Ivanovitch peut prescrire un médicament.

CHRISTIAN IVANOVITCH
(émet le même son que précédemment).

AMMOS FEDOROVITCH

Non, il n'est plus possible de chasser cela ; il raconte que, dans son enfance, sa nourrice s'est blessée et depuis ce temps-là il sent un peu l'eau-de-vie.

LE PRÉFET

Je ne vous l'ai fait remarquer qu'en passant. En ce qui concerne les dispositions internes et ce que, dans sa lettre, André Ivanovitch appelle des peccadilles, je n'ai rien à dire. A quoi bon ? Il n'y a pas un homme qui n'aie derrière lui quelques péchés. C'est Dieu qui l'a voulu ainsi et les Voltairiens auront beau parler contre cela.

AMMOS FEDOROVITCH

Qu'est-ce que vous voulez dire, Antoine Antonovitch, avec vos peccadilles ? Il y a peccadilles et peccadilles. Je dis à tout le monde ouvertement que je prends d e bonnes mains? Mais quelles bonnes mains? Des petits chiens de chasse. C'est une toute autre affaire.

LE PRÉFET

Que ce soient des petits chiens ou autre chose, ce sont toujours des bonnes mains.

AMMOS FEDOROVITCH

Non, non, Antoine Fedorovitch. Mais si, par exemple, un personnage a une pelisse de cinquante roubles et si un châle pour sa femme...

LE PRÉFET

Qu'importe que vous receviez comme bonnes mains des petits chiens? Mais ce qu'il y a de grave, c'est que vous ne croyiez pas en Dieu; vous n'allez jamais à l'église; moi, du moins, j'ai une foi ferme et je vais à l'église tous les dimanche. Et vous, oh! je vous connais : quand vous commencez à parler de la création du monde, les cheveux se dressent sur la tête.

AMMOS FEDOROVITCH

Je suis arrivé tout seul à mes idées, par ma propre intelligence.

LE PRÉFET

Eh bien, dans certains cas, il est pire d'avoir beaucoup d'intelligence, que de n'en avoir pas du tout. D'ailleurs, je n'ai fait que mentionner le tribunal du district; à vrai dire, c'est bien rare qu'on aille y regarder. C'est un endroit enviable. Dieu lui-même le protège. Mais vous, Louka Loukitch, comme inspecteur des établissements scolaires, je vous engage à vous occuper particulièrement des instituteurs. Ce sont certainement des gens instruits, ils ont étudié dans divers collèges, mais ils ont d'étranges manières, naturellement inséparables de la carrière scientifique. L'un d'entre eux par exemple, celui qui a une grosse figure, — je ne me rappelle pas son nom — ne peut pas s'empêcher quand il monte en chaire de faire une grimace... comme ça (*il fait la grimace*), puis ensuite, par-dessous la cravate, il se passe la main dans la barbe. S'il fait cette mine à un élève, ce n'est encore rien; peut-être est-ce même nécessaire; je n'en puis pas juger; mais jugez vous-même, s'il la fait à un visiteur. Cela peut être très mauvais; monsieur le reviseur ou tout autre peut la prendre pour son compte.

LOUKA LOUKITCH

Vraiment, que puis-je faire avec lui? Je le lui ai déjà dit plusieurs fois, ces jours-ci encore, quand notre maréchal est entré dans la classe, il a fait un museau comme je n'en avais jamais vu. Il l'a certainement fait à bonne intention : et moi j'ai reçu un blâme de ce qu'on inculquait des idées libres-penseuses à la jeunesse.

LE PRÉFET

Il faut encore que je vous fasse une remarque à propos du professeur d'histoire. C'est une tête savante, il a une masse de diplômes; mais, il enseigne avec tant de feu, qu'il s'oublie parfois. Je l'ai entendu une fois; tant qu'il s'agissait des Assyriens et des Babyloniens, ça marchait bien, mais quand il est arrivé à Alexandre le Grand, je ne saurais vous dire en quel état cela l'a mis. Je croyais qu'il y avait le feu, ma parole. Il a sauté hors de sa chaire et de toutes ses forces il a frappé le plancher avec sa chaise. Sans doute Alexandre le Grand est un héros; mais pourquoi briser une chaise? C'est une perte pour l'Etat.

LOUKA LOUKITCH

Oui il est ardent, je lui ai déjà fait plusieurs fois l'observation... Il répond : « Comme vous voudrez; je n'épargnerai pas ma vie pour la science. »

LE PRÉFET

Oui, c'est la loi inexplicable du destin, il faut être homme d'esprit ou ivrogne, ou faire des grimaces à vous obliger d'emporter les saintes images[1].

LOUKA LOUKITCH

Le ciel me préserve de servir au département de l'instruction. On a peur de tout le monde; tout le monde s'en mêle, chacun veut montrer qu'il est un homme d'esprit.

LE PRÉFET

Tout cela n'est rien, mais ce maudit incognito! Tout à coup il apparaîtra. « Ah! vous voilà mes petits pigeons. Et qui, dira-t-il, est ici juge? — Liapkine-Triapkine! — Qu'on amène Liapkine-Triapkine. — Et qui est le curateur des établissements de bienfaisance? — Zemlianika. — Qu'on m'amène ici Zemlianika! » Voilà ce qui est terrible.

1. Les saintes images qui figurent dans tous les appartements et devant lesquelles on ne doit pas commettre d'actions indécentes.

SCÈNE III

Les mêmes ; BOBTCHINSKY et DOBTCHINSKY
(*ils entrent tout essoufflés*).

BOBTCHINSKY

Quelle aventure extraordinaire !

DOBTCHINSKY

Quelle nouvelle inattendue !

TOUS

Quoi ? qu'est-ce ?

DOBTCHINSKY

Une chose tout à fait imprévue. Nous entrons à l'hôtel.

BOBTCHINSKY (*interrompant*).

Nous entrons avec Pierre Ivanovitch à l'hôtel.

DOBTCHINSKY (*l'interrompant*).

Permettez, Pierre Ivanovitch, c'est moi qui raconterai.

BOBTCHINSKY

Non, permettez ; c'est moi, permettez, permettez, vous n'avez pas un style...

DOBTCHINSKY

Et vous, vous vous embrouillerez et vous ne rappellerez pas tout.

BOBTCHINSKY

Je me rappellerai, bon Dieu, je me rappellerai, ne m'empêchez pas... Laissez-moi raconter, ne m'empêchez pas. Messieurs de grâce, ne permettez pas à Pierre Ivanovitch de m'interrompre.

LE PRÉFET

Eh bien, pour l'amour de Dieu, de quoi s'agit-il? Mon cœur ne tient pas en place. Asseyez-vous, messieurs, prenez des sièges... Pierre Ivanovitch, voici une chaise. (*Tous s'assoient en cercle, autour des deux Pierre Ivanovitch.*) Eh bien! qu'est-ce?

BOBTCHINSKY

Permettez! Permettez! procédons par ordre. Aussitôt que j'eus eu l'honneur de prendre congé de vous, au moment où vous daigniez être dans l'inquiétude par suite de la lettre que vous aviez reçue... oui... aussitôt j'ai couru... ne m'interrompez pas, s'il vous plaît, Pierre Ivanovitch... je sais tout, tout, tout... Ainsi donc, comme vous voyez, je courus chez Korobkine. Et n'ayant pas trouvé Korobkine à la maison, je suis allé chez Rastakovsky et n'ayant pas rencontré Rastakovsky, je suis allé chez Ivan Kouzmitch, pour lui apprendre la nouvelle que vous aviez reçue, et en sortant de là, j'ai rencontré Pierre Ivanovitch.

DOBTCHINSKY (*interrompant*).

Près de la boutique du pâtissier.

BOBTCHINSKY

Près de la boutique du pâtissier. J'ai donc rencontré

Pierre Ivanovitch et je lui ai dit : « Avez-vous entendu la nouvelle qu'a reçue Antoine Antonovitch par une lettre digne de foi? » Or Pierre Ivanovitch avait déjà entendu parler de cela par votre femme de chambre, Avdotia, qui je ne sais pour quelle raison, avait été envoyée chez Philippe Antonovitch Potchetchouev.

DOBTCHINSKY (*interrompant*).

Chercher un baril à mettre du cognac.

BOBTCHINSKY (*le repoussant*).

Chercher un baril à mettre du cognac. Or donc, nous allâmes avec Pierre Ivanovitch chez Potchethouev. Voyons, Pierre Ivanovitch, n'interrompez donc pas! Nous allons chez Potchetchouev et en route Pierre Ivanovitch dit : « Allons, dit-il, au restaurant. J'ai dans l'estomac... je n'ai rien mangé depuis ce matin. J'ai des tiraillements d'estomac. » Oui, Pierre Ivanovitch avait dans l'estomac... « Le restaurant, dit-il, a précisément reçu du saumon frais, nous allons le déguster. » A peine étions-nous dans le restaurant, voilà tout à coup qu'un jeune homme...

DOBTCHINSKY (*interrompant*).

D'extérieur assez bien, vêtu d'une façon particulière... Il se met à marcher comme ça par la pièce... sur son visage une certaine décision... une physionomie, une démarche et ici (*tournant la main autour de son front*) beaucoup, beaucoup de tout. J'eus comme un pressentiment et je dis à Pierre Ivanovitch : « Il y a ici quelque chose d'extraordinaire. » Oui. Et Pierre Ivanovitch fait un signe du doigt et on appelle le restaurateur Blaise... Sa femme lui a donné un fils il y a trois mois, un superbe garçon ; il sera comme son père restaurateur. Donc, ayant appelé Blaise, Pierre Ivanovitch lui demande tout bas : « Qui est ce jeune homme? » Et Blaise répond : « C'est, dit-il... » Eh! ne m'interrompez pas, Pierre Ivanovitch, de grâce ne m'interrompez pas; vous ne saurez pas raconter pour Dieu, vous ne saurez pas. Vous avez une dent dans la bouche qui vous fait siffler. « C'est, répondit-il, un jeune homme, un fonctionnaire qui vient de Pétersbourg, il s'appelle, dit-il, Ivan Ivanovitch Khlestakov; il va, dit-il, dans le gouvernement de Saratov, il se conduit de façon très singulière; voilà deux semaines qu'il vit ici; il ne sort pas de l'hôtel, il prend tout à crédit et il ne veut pas payer un kopek. » Dès qu'il me dit cela, cela me donna à penser. Eh! Eh! dis-je à Pierre Ivanovitch.

DOBTCHINSKY

Non, Pierre Ivanovitch, c'est moi qui ai dit : Eh! Eh!

BOBTCHINSKY

C'est vous qui l'avez dit d'abord et c'est moi qui l'ai dit ensuite. Donc nous avons dit, Pierre Ivanovitch et moi : Eh! Que peut-il bien faire ici, quand il a pour destination le gouvernement de Saratov? Eh bien! c'est lui ce fonctionnaire.

LE PRÉFET

Quel fonctionnaire? Qui?

BOBTCHINSKY

Le fonctionnaire sur le compte duquel vous avez reçu une note, le réviseur.

LE PRÉFET (*effrayé*).

Que dites-vous? Que le bon Dieu soit avec vous! Ce n'est pas lui.

DOBTCHINSKY

C'est lui! Il ne paye pas sa note, il ne s'en va pas. Comment ne serait-ce pas lui? Son passeport est pour Saratov.

BOBTCHINSKY

C'est lui, pour Dieu, c'est lui. Il est si observateur; il examinait tout. Il a vu que Pierre Ivanovitch et moi nous mangions du saumon... parce que Pierre Ivanovitch à cause de son estomac... alors il a regardé nos assiettes. J'ai été pénétré de terreur.

LE PRÉFET

Seigneur, aie pitié de nous pécheurs! Et où demeure-t-il?

DOBTCHINSKY

Au numéro cinq, sous l'escalier.

BOBTCHINSKY

Cette même chambre où, l'an dernier, une querelle éclata entre des officiers de passage.

LE PRÉFET

Et il y a longtemps qu'il est ici?

DOBTCHINSKY

Déjà deux semaines. Il est arrivé le jour de Saint-Basile Egyptien.

LE PRÉFET

Deux semaines! (*A part.*) Petits pères, ô mes patrons, protégez-moi, saints patrons. Et c'est cette semaine qu'on a fouetté la femme du sous-officier! Et les prisonniers qui n'ont pas reçu leurs rations! Et les cabarets dans les rues, et les ordures! Quelle honte! Quelle misère!

ARTEMII PHILIPPOVITCH

Eh bien! Antoine Antonovitch allons-nous à l'hôtel?

AMMOS FEDOROVITCH

Non! non! Il faut d'abord laisser aller le maire, le clergé, les marchands....

LE PRÉFET

Non non, laissez-moi aller moi-même. J'ai passé par de rudes épreuves dans la vie, on s'est entendu avec moi et on m'a remercié. Cette fois encore Dieu nous tirera de là. (*A Bobtchinsky.*) Vous dites que c'est un jeune homme.

BOBTCHINSKY

Jeune de vingt-trois ou vingt-quatre ans au plus.

LE PRÉFET

Tant mieux. Un jeune homme se laisse pénétrer plus facilement. C'est terrible quand on a affaire à un vieux diable; mais un jeune homme, c'est tout en surface; vous, Messieurs, préparez-vous, chacun pour ce qui vous concerne et moi j'irai seul avec Pierre Ivanovitch, en simple particulier, en me promenant, comme pour voir

si les voyageurs n'ont pas de sujets de plaintes. Eh!
Svistounov.

SVISTOUNOV

Qu'y a-t-il pour votre service?

LE PRÉFET

Va-t'en tout de suite chercher l'inspecteur du quartier... Non, j'ai besoin de toi... Dis à quelqu'un de m'envoyer le plus vite possible l'inspecteur du quartier, et reviens ici.

ARTEMII PHILIPPOVITCH

Allons-nous-en, allons-nous-en, Ammos Fedorovitch!
Il peut vraiment nous arriver quelque malheur.

AMMOS FEDOROVITCH

Eh! qu'avez-vous à craindre? J'ai mis des bonnets blancs aux malades, tout est en règle.

ARTEMII PHILIPPOVITCH

Il s'agit bien de bonnets. Il a été prescrit de donner aux malades de la soupe d'avoine et tous les corridors infectent le chou à emporter le nez.

AMMOS FEDOROVITCH

Oh! moi je suis tranquille. Qui s'aviserait d'aller visiter le tribunal du district? Et celui qui mettrait le nez dans quelque papier serait bien avancé. Voilà déjà quinze ans que je siège au tribunal et pour ce qui est de regarder un mémoire... Salomon lui-même ne saurait décider qui a tort ou raison. (*Ils sortent.*)

Koltsov.

(1809-1842)

Alexis Vasiliévitch Koltsov est peut-être parmi les poètes russes celui qui s'est le mieux inspiré de la Muse populaire. C'est vraiment le poète de l'école naturaliste. Il avait été élevé parmi les paysans du gouvernement de Voronèje, où son père exerçait le commerce du bétail. Son talent original et précoce avait attiré l'attention du monde littéraire et de l'empereur Nicolas quand il fut brusquement enlevé par la mort. On réimprime sans cesse ses œuvres qui constituent, comme autrefois chez nous les chansons de Béranger, l'un des livres les plus populaires de la Russie. Elles doivent en partie leur charme à la légèreté du rythme calqué sur celui des chants populaires, à l'harmonie de la phrase poétique. Ce sont là malheureusement des mérites dont il reste bien peu de chose dans une traduction.

La forêt.

Qui fait murmurer ainsi la forêt de sapins ? Quelles rêveries dorment en elle ? Est-il vrai que son froid empire recèle une pensée vivante ?

Vite un cheval! Sur lui comme un faucon agile je parcourrai la forêt tout entière.

Partout un profond sommeil, le murmure du vent, une beauté sauvage qui dort lugubrement.

Autrefois l'élément forestier s'était élancé pour couvrir toute la terre. Mais il a été plongé dans un sommeil fatal, et il n'a plus qu'un seul mouvement.

Par moments, dans l'ombre déserte de la nuit, les ombres vivantes des siècles passés sortent de ses profondeurs, et jettent la terreur sur les hommes.

Elles disparaissent ces ombres avec le lever du jour; elles ne laissent point de traces; mais sur les cimes plane le brouillard et sous les voûtes mélancoliques gît une nuit sans aurore.

Quel est donc ce mystère qui, dans le bois sauvage, nous entraîne d'un attrait si étrange, plonge notre âme dans l'oubli, fait naître en elle de nouvelles pensées?

Est-ce donc que chez nous l'esprit de la vie éternelle vit si inconscient, et qu'il ne peut comprendre sa grandeur que sur les confins de la mort?

L'aventurier.

Quoi! moi, le gars aventureux, hiverner tout l'hiver derrière le poêle?

Moi, labourer les champs; moi, faucher l'herbe, chauffer le four, battre l'avoine!

Pour moi, le champ n'est pas un ami, la faux est une marâtre; pour moi, les bonnes gens ne sont pas des voisins.

Que faut-il pour un aventurier comme moi? La nuit, un bon cheval, un poignard d'acier et les forêts sombres.

Je sellerai mon cheval, j'aiguiserai mon poignard, je serrerai mon vêtement à ma taille, je m'envolerai dans les forêts.

Là je vivrai libre comme l'air et aux alentours on m'appellera le vaillant.

Ah! ceux que je rencontrerai à pied ou à cheval, il faudra bien que devant l'intrépide aventurier ils ôtent leur bonnet.

Je dépouillerai le marchand, je tuerai le paysan imbécile pour un gros de fer.

Mais ne sera-ce pas un péché auprès de Dieu, de faire violence aux gens pour les dépouiller?

Dans l'église le pope Ivan raconte aux villageois que le brigand paye de son âme le sang qu'il a versé.

Il vaut mieux être soldat et, pour la loi du tsar, pour les chrétiens baptisés risquer sa tête.

Le faucheur.

Je ne comprends pas, je ne puis imaginer. Et pourquoi ne puis-je pas comprendre? Dans un jour malheureux, à une heure déplorable, je suis venu au monde sans chemise.

J'ai l'épaule plus large que mon aïeul, j'ai la haute poitrine de ma mère. Sur mon visage brille le sang de mon père...

Quand je travaille, tout est contre moi. Ah! dans un jour malheureux, à une heure déplorable, je suis venu au monde sans chemise.

L'automne dernier, j'ai longtemps fait la cour à Grouniouchka, la fille au staroste. Et lui, le vieux raifort, il a fait l'entêté.

A qui pourrait-il donner Grouniouchka, je ne comprends pas, je ne puis l'imaginer? Est-ce que je la recherche parce que son père passe pour riche?

Et quand même sa maison serait comme une coupe pleine, c'est sa fille que je veux; c'est pour elle que je me désole.

Un visage blanc, une aurore vermeille, des joues pleines, des yeux sombres ont fait perdre la tête au jeune homme.

Ah! hier, tu pleurais tant après moi! C'est hier que le vieux a nettement refusé. Oh! comment s'habituer à cette misère?

Je m'achèterai une faux neuve, je la battrai bien, je l'aiguiserai, et adieu, bonsoir, le village natal.

Ne pleure pas, Grouniouchka, avec la faux aiguisée, je ne me couperai pas. Adieu le village ! Adieu le staroste !

Dans les pays lointains s'en ira le jeune gars. Là-bas vers le Don, sur la rive en aval s'élèvent de bons petits villages. La steppe profonde tout autour s'étend au loin et au large, et l'herbe la recouvre.

Ah ! ma steppe, ma steppe familière, au large, ma steppe tu t'es déroulée, tu t'es allongée vers la mer Noire.

Je ne suis pas venu seul te trouver. Je suis venu en compagnie, avec ma faux aiguë. Depuis longtemps je voulais avec elle errer dans l'herbe des steppes, en long et en large.

Hardi mon épaule ! en avant mon bras ! Souffle-moi au visage, vent du midi. Rafraîchis, agite la steppe immense : siffle ô ma faux et brille en cercle ! Gémis, herbe fauchée, et vous, fleurs, inclinez vos têtes à terre.

Ainsi que l'herbe, vous vous desséchez, comme moi, jeune gars, je me dessèche pour Groucha.

Je râtellerai les javelles, j'amasserai les meules. Et le Cosaque me donnera quelque argent. Je coudrai ma bourse, je la mettrai de côté, je retournerai au village, tout droit chez le staroste. Je ne l'ai point désarmé par ma pauvreté ; je le désarmerai par ma bourse d'or.

Bielinsky (Vissarion-Grigorievitch).
(1811-1848)

Bielinsky a été le véritable créateur de la critique littéraire en Russie. Ce que Sainte-Beuve fut en France pour l'école romantique, il le fut pour l'école naturaliste qui venait de débuter si brillamment. Il fit apprécier à ses compatriotes les œuvres de Gogol, de Pouchkine et de Tourguenev. « Nul plus que lui n'excellait, a dit Tourguenev, à donner le diagnostic d'une réputation littéraire. » Ce n'était pas un cosmopolite, mais un Russe pur sang « qui étouffait hors de son pays, comme le poisson hors de l'eau ». A Paris, voyant pour la première fois la place de la Concorde, il continuait tranquillement une conversation sur le *Taras Boulba* de Gogol. Comme Pouchkine, comme Lermontov, comme Griboïédov il est mort jeune, sans avoir achevé son œuvre. Tourguenev qui lui a survécu de longues années a voulu être enterré auprès de lui. Aucun hommage plus glorieux ne pouvait être rendu à sa mémoire.

L'école naturelle.

Notre littérature a été le fruit d'une pensée consciente, elle est apparue comme une innovation, elle a commencé par l'imitation. Mais elle ne s'en est pas tenue là et elle s'est sans cesse efforcée de devenir originale, nationale ; de rhétorique elle s'est efforcée de devenir *naturelle*. Cette tendance a été couronnée de succès remarquables et constants, elle constitue le sens et l'âme de notre histoire littéraire. Nous déclarons sans hésiter qu'elle n'a donné chez aucun écrivain des résultats aussi brillants que chez Gogol. Il a fallu pour y atteindre appliquer uniquement l'art à la réalité en laissant de côté tout idéal. Il a fallu consacrer toute son attention aux foules, aux masses, représenter des gens du commun et non pas seulement des exceptions agréables qui tentent les poètes à les idéaliser et qui portent une empreinte étrangère. C'est là un grand service rendu par Gogol; mais ce service les gens de la vieille école lui en font un grand crime commis contre les lois de l'art. Il a complètement renversé les idées qu'on avait sur l'art lui-même. Aux œuvres de chacun des poètes russes, on peut, fût-ce en forçant un peu, appliquer l'antique définition de la poésie : « la nature idéalisée ». Mais on ne peut l'appliquer aux œuvres de Gogol. Il faut leur appliquer une autre définition de l'art et dire que c'est la reproduction de la réalité dans toute son exactitude. Il ne s'agit ici que de types et l'idéal est compris ici non comme un embellissement, c'est-à-dire un mensonge, mais comme l'ensemble des relations que l'auteur établit entre les types créés par lui, conformément à la pensée qu'il veut développer dans son œuvre.

L'art de notre temps a chassé la théorie. Les vieilles théories ont perdu tout leur crédit; même ceux qui ont été élevés par elles ne les suivent pas, mais s'attachent à un mélange singulier des idées anciennes et nouvelles. Ainsi par exemple, quelques-uns rejetant l'antique théorie française au nom du romantisme ont les premiers donné l'exemple scandaleux d'introduire dans le roman des gens des classes inférieures, des Vorovatine et des Nojovy[1]. Ensuite ils se sont justifiés en introduisant avec ces personnages immoraux des êtres moraux sous le nom de Pravdolioubov, Blagotvorov, etc.[2]. Dans le premier cas on voyait l'influence des nouvelles idées, dans le second des an-

---

1. *Vorovatine*, filou; *Nojovy*, qui joue du couteau.
2. *Pravdolioubov*, ami de la vérité; *Blagotvorov*, bienfaiteur.

ciennes ; car d'après la recette des anciennes poétiques il fallait pour quelques sots introduire au moins un homme raisonnable et pour quelques misérables au moins un homme vertueux. Mais dans les deux cas ces éclectiques oubliaient complètement le principal, c'est-à-dire l'art, et ne devinaient pas que leurs types vertueux ou vicieux n'étaient ni des hommes, ni des caractères, mais tout simplement des incarnations rhétoriques de vertus ou de vices abstraits. Ceci explique mieux que tout pourquoi dans leur théorie la règle vaut mieux que la réalité ; la réalité est inaccessible à leur intelligence. D'ailleurs le talent, même le génie n'échappe pas toujours à l'influence de la théorie. Gogol appartient au petit nombre d'écrivains qui se sont complètement dérobés à l'influence de toute théorie. Il sait comprendre l'art et l'admirer dans les productions des autres poètes ; néanmoins il a suivi sa voie, obéissant à l'instinct profond et fidèlement artistique dont la nature l'a doué ; les succès des autres ne l'ont pas entraîné à l'imitation. Sans doute ceci ne lui a pas donné l'originalité, mais lui a donné la possibilité de conserver et d'exprimer pleinement cette originalité qui était le bien propre de sa personnalité, et par suite, comme le talent, un don de la nature. Beaucoup l'ont considéré comme un étranger, un intrus dans la littérature russe. Au contraire il en était un produit nécessaire, imposé par tout le développement intérieur de cette littérature.

L'influence de Gogol sur la littérature russe fut immense. Non seulement tous les jeunes talents se jetèrent dans la voie qu'il leur avait indiquée, mais aussi quelques écrivains déjà célèbres quittèrent leur voie antérieure pour celle de Gogol. Ainsi se forma l'école que ses adversaires crurent humilier en lui donnant le nom de *naturelle*. Après les *Ames mortes* Gogol n'écrivit plus rien. Sur la scène littéraire il n'y a plus maintenant que son école. Tous les reproches, toutes les accusations que l'on dirigeait naguère contre lui, on les dirige maintenant contre l'école naturelle, et si on l'attaque encore aujourd'hui, c'est à propos de cette école. Or de quoi l'accuse-t-on ? Les griefs sont peu nombreux et ils sont toujours les mêmes. D'abord on lui a reproché de toujours attaquer les fonctionnaires. Dans les descriptions qu'elle trace de la vie de cette caste, les uns de bonne foi, les autres avec malice, ont vu des caricatures malveillantes. Depuis quelque temps ces accusations se sont tues. Maintenant on reproche aux écrivains de l'école naturelle d'aimer les gens de condition modeste, de prendre pour héros de leurs récits des paysans, des portiers, de décrire des taudis, refuges de gueux, d'affamés et le plus souvent de toute espèce d'immoralité.

Pour faire honte à la nouvelle école, ses détracteurs rappellent avec emphase les beaux temps de la littérature russe, attestent les noms de Karamzine et de Dmitriev qui avaient choisi pour leurs œuvres des sujets nobles et élevés et citent par exemple la chanson sentimentale, produit d'un art aujourd'hui oublié :

Parmi toutes les fleurs, c'est la rose que j'aime.

Nous leur rappellerons que la première nouvelle russe remarquable fut écrite par Karamzine et que son héroïne était une paysanne trompée par un petit maître, *La pauvre Lise*. Mais chez Karamzine, diront-ils, tout est propre et convenable, et la paysanne moscovite ne le cède pas à la dame la mieux élevée. Nous arrivons à la cause du conflit; le coupable, ici comme vous voyez, c'est l'ancienne poétique. Elle permet de peindre même des paysans, mais à condition qu'ils soient revêtus de costumes de théâtre, qu'ils expriment des sentiments et des idées étrangers à leur être, à leur situation, à leur éducation, et le fassent dans une langue que personne ne parle, surtout les paysans, une langue littéraire et archaïque. Autrement dit, l'ancienne poétique vous permet de représenter tout ce que vous voulez, seulement elle prescrit d'orner l'objet représenté de telle manière que personne ne reconnaisse ce que vous avez voulu représenter.

L'école naturaliste obéit à un principe tout opposé; pour elle, le tout n'est pas de peindre ces types aussi ressemblants que possible à leurs originaux; mais c'est là la condition première sans laquelle il ne peut y avoir rien de bon dans une œuvre. Condition difficile que le talent seul peut réaliser. Comment donc après cela l'antique poétique ne serait-elle pas aimée et honorée des écrivains qui naguère savaient sans talent s'élever sur la scène de la poésie? Comment l'école naturelle ne leur paraîtrait-elle pas leur plus terrible ennemi, cette école qui a créé une manière d'écrire dont ils sont incapables? Ceci ne se rapporte qu'à ceux qui ont introduit dans cette question une affaire d'amour-propre; mais on en trouvera beaucoup qui par conviction sincère n'aiment pas le naturel dans l'art et qui sont encore sous l'influence de l'ancienne poétique. Ils se plaignent avec une amertume particulière que l'art ait perdu son ancien caractère. « Autrefois, disent-ils, la poésie instruisait, divertissait, faisait oublier au lecteur les misères et les peines de la vie; elle ne lui présentait que des tableaux agréables et riants. Les anciens poètes offraient aussi des peintures de la pauvreté, mais d'une pauvreté propre, bien lavée qui s'exprimait avec discrétion et noblesse ; à la fin du récit apparaissait toujours quelque jeune dame ou jeune demoiselle, fille de parents nobles et riches ou quelque jeune homme bienfaisant et au nom de ce bienfaiteur ou de cette bienfaitrice on voyait l'aisance s'établir là où régnaient d'abord la misère et la pauvreté, et des larmes de reconnaissance arrosaient la main bienfaisante et le lecteur portait involontairement son mouchoir de baptiste à ses yeux et se sentait devenir meilleur et plus sensible.

« Et maintenant voyez ce qu'on décrit : Des paysans en *laptis*[1] et en *sermiaga*[2], qui souvent sentent l'eau-de-vie, une vieille femme, une espèce de centaure ; à ses vêtements on ne saurait reconnaître son sexe ; des taudis, refuge de la misère, du désespoir, de la débauche, auxquels on arrive par des cours fangeuses où l'on enfonce jusqu'au genou, quelque ivrogne, sous-diacre ou précepteur échappé du séminaire, chassé du service ; voilà ce qu'on dépeint d'après nature, dans la nudité de l'effroyable réalité, à donner des cauchemars aux lecteurs. »

Ainsi parlent, ou peu s'en faut, les intrépides partisans de l'ancienne poétique. En réalité, de quoi se plaignent-ils ? De ce que la poésie a cessé de mentir impudemment, de ce que les contes d'enfants se sont changés en récits pas toujours agréables, de ce que la poésie a cessé d'être un hochet, bon pour jouer ou pour s'en-

---

[1]. Chaussures en écorce de tilleul.
[2]. Caftan de drap grossier.

dormir. Etranges gens ! heureuses gens ! Ils ont réussi à rester enfants toute leur vie et même dans leur vieillesse à rester adolescents et ils demandent que les autres leur ressemblent. Lisez vos vieux contes, personne ne vous en empêche, mais laissez aux autres des occupations dignes de leur âge. A vous le mensonge, à nous la vérité ; partageons sans nous quereller... A vous votre lot, à nous le nôtre. Mais il y a une autre raison qui s'oppose à ce partage, l'égoïsme qui se considère comme une vertu. Figurez-vous un homme à son aise, riche peut-être. Il vient de faire un dîner fin et délicat (il a un excellent cuisinier) il est assis dans son voltaire, avec une tasse de café, devant une cheminée flambante, il a chaud, il est confortablement ; un sentiment de bien-être le met en joie, et voici qu'il prend un livre ; il en tourne paresseusement les feuillets... Ses sourcils se froncent, le sourire disparaît de ses lèvres vermeilles, il est ému, agité, irrité. Et il y a de quoi ; le livre lui dit que tous les gens en ce monde ne vivent pas aussi bien que lui, qu'il y a des taudis où sous les haillons tremble de froid toute une famille, qui peut-être connaissait naguère l'aisance ; qu'il y a en ce monde des gens destinés par leur naissance, par le sort à la misère ; que, si leur dernier kopek est pour l'alcool, ce n'est pas toujours par oisiveté ou paresse, mais par désespoir. Et notre satisfait n'est point à son aise, il a comme un remords de son confort. A qui la faute ? A ce mauvais livre ! « Un livre doit vous distraire ; je sais bien parbleu qu'il y a dans la vie beaucoup de côtés pénibles et sombres et si je lis, c'est précisément pour l'oublier. »

Quelle fantaisie d'inonder la littérature de moujiks ! s'écrient certains aristocrates. A leurs yeux, l'écrivain est un artisan qui doit travailler sur commande. Il ne leur entre pas dans la tête que pour le choix du sujet de ses œuvres, l'écrivain ne peut être conduit ni par une volonté qui lui est étrangère, ni même par son propre caprice ; l'art a ses lois en dehors desquelles on ne peut bien écrire. L'art veut avant tout que l'écrivain reste fidèle à sa propre nature, à son talent, à sa fantaisie. Comment expliquer que tel aime à présenter des sujets joyeux, tel des sujets sombres, sinon par la nature, le caractère et le talent du poète ? Chacun s'intéresse à ce qu'il connaît le mieux, et ce qu'on connaît le mieux on le représente le mieux. Voilà l'excuse légale du poète auquel on reproche le choix de ses sujets ; elle ne semble insuffisante qu'aux lecteurs qui n'ont aucune idée de l'art et qui le confondent brutalement avec le métier.

La nature est le modèle éternel de l'art ; et le plus grand, le plus intéressant objet de la nature, c'est l'homme. Est-ce que le moujik n'est pas un homme ? Mais que peut-il y avoir d'intéressant dans un homme grossier, non civilisé ? — Quoi ? mais son âme, son intelligence, son cœur, ses penchants, en un mot, tout ce qui se rencontre aussi chez l'homme cultivé. Sans doute celui-ci est plus intéressant que l'autre ; mais est-ce que le botaniste s'intéresse seulement aux plantes de jardin améliorées par la culture et méprise leurs prototypes champêtres et sauvages ? Est-ce que pour l'anatomiste et le physiologiste l'organisme de l'Australien sauvage n'est pas aussi intéressant que celui de l'Européen civilisé ? En vertu de quel principe l'art doit-il à ce point de vue différer de la science ? Vous dites que l'homme cultivé est au-dessus de celui qui ne l'est pas. On ne peut pas vous contester ce point ; mais il y a des restrictions à faire. Sans doute, l'homme du monde le plus vide est incomparablement au-dessus du moujik, mais à quel point de vue? Seulement au point de vue mondain, et cela n'empêche pas tel ou tel paysan de lui être supérieur, par exemple, au point de vue du caractère, de l'intelligence, du sentiment. L'éducation ne fait que développer les forces morales de l'homme, mais elle ne les donne pas ; c'est la nature qui les donne à l'homme. Et dans cette distribution des dons précieux, elle opère au hasard sans choisir les conditions. Si des classes cultivées de la société il sort plus d'hommes remarquables, c'est parce qu'elles ont plus de moyens de se développer et nullement parce que la nature a été pour les classes inférieures plus avare de ces dons...

Nous admettons complètement que l'art doit avant tout être l'art, mais nous pensons que l'idée d'un art absolument pur, abstrait, vivant dans sa propre sphère et n'ayant rien de commun avec les autres côtés de la vie, est une conception fausse, une rêverie. Sans doute la vie a beaucoup de côtés, et chacun a son caractère indépendant ; mais tous ces côtés se rattachent les uns aux autres et il n'y a point entre eux de limite caractérisée. Vous aurez beau éparpiller la vie, elle est toujours une et intégrale. On dit : pour la science il faut de l'intelligence et du jugement, pour la création de la fantaisie, et on croit avoir tranché la question d'une manière absolue et définitive. Et pour l'art est-ce qu'il ne faut pas de l'intelligence et du jugement? Et le savant peut-il se passer d'imagination? Non! La vérité est que dans l'art c'est la fantaisie qui joue le rôle actif et principal, et que dans la science c'est l'intelligence et la raison. Il y a certainement des œuvres poétiques où l'on ne voit rien qu'une éclatante fantaisie ; mais ce n'est en aucune façon la règle des productions artistiques.

Ivan Tourguenev.
(1818-1883)

Ivan Sergievitch Tourguenev a longtemps été considéré en Occident comme le plus grand maître de la littérature russe. Depuis quelques années la gloire de Tolstoï a balancé ou même obscurci la sienne. Tolstoï évidemment est un génie plus fécond, plus large, plus créateur : Tourguenev, en revanche, est un artiste plus achevé. Comme Karamzine il descendait d'une famille tartare depuis longtemps russifiée. Elevé dans le gouvernement d'Orel au cœur de la vieille Russie, il avait à souffrir les caprices fantasques d'une mère à peu près aussi brutale que la Matrena Petrovna du major Danilov (voir plus haut p. 124) ou la Prostakova de von Vizine ; il avait été témoin des misères du servage, il s'était promis d'y porter remède, d'en supprimer la cause. Après avoir débuté par des poésies qu'il jugeait plus tard sévèrement il trouva sa voie véritable en écrivant les *Mémoires d'un chasseur*. C'était une série de scènes de la vie provinciale écrites dans un esprit moins âpre que les *Nouvelles* ou les *Ames mortes* de Gogol et qui révélaient tout un monde de types dédaignés ou de paysage méconnus. La sensation fut profonde en Russie et en Europe. Désormais toutes les œuvres de Tourguenev s'imposèrent à l'attention du public lettré.

Toutes, ou presque toutes furent traduites en français au lendemain même de leur apparition. Tourguenev était venu s'établir en France : fort recherché dans les salons, lié avec les Flaubert et les Taine, il était en quelque sorte naturalisé chez nous ; sa mort fut pour nous comme un deuil national.

M. de Vogüé lui a consacré l'une des études les plus émues du *Roman russe* (Paris, 1886).

Les romans et nouvelles de Tourguenev ont paru au fur et à mesure de leur apparition dans la *Revue des Deux-Mondes*, dans la *Nouvelle Revue*, dans le *Temps* et dans la *Revue Bleue*. Elles ont été publiées en volumes à la librairie Hachette, à la librairie Hetzel, à la librairie Charpentier, à la librairie Flammarion, etc. Les trop courts fragments que nous donnons ici sont tout à fait insuffisants à donner une idée de la variété de son talent. Nous ne pouvons que renvoyer le lecteur à des traductions qu'il est très facile de se procurer.

En dehors de l'étude de MM. de Vogüé, on pourra encore consulter une intéressante notice sur les trois Tourguenèv dans *la Société russe*, par un Russe (Paris, Dreyfous, 1877), et le pénétrant essai de M. Dupuy dans les *Grands maîtres de la littérature russe* (Paris, Lecène et Oudin).

La campagne russe.

Connaissez-vous le bonheur de sortir au printemps avec l'aurore, si ce n'est à pied, ou bien à cheval, ou encore en voiture ?...

Vous voici déjà sur votre perron. Sur un ciel gris sombre, çà et là brillent les étoiles ; un moite courant d'air passe onduleux, et pour ainsi dire en légère houle ; on entend les vagues et discrets murmures de la nuit ; les arbres silencieux paraissent enveloppés et chargés de ténèbres. On dispose le tapis pelucheux sur la télègue ; on met à ses pieds la boîte à thé et le samovar. Les deux chevaux de volée se courbent, secouent la tête, agitent la queue et la crinière, piétinent avec élégance ; un couple d'oies blanches, à peine éveillées, traversent silencieusement la route. Dans le jardin, au pied même de la palissade qui le sépare de la cour, dort bien paisiblement le garde de nuit ; il n'est pas un son qui, dans l'air refroidi, ne reste comme suspendu et prolongé.

Vous prenez place ; les chevaux sont partis avec un ensemble parfait ; vous roulez, roulez à grand bruit, vous avez dépassé l'église, vous descendez la montée, vous prenez à droite... Vous voici sur la digue ; à peine s'élèvent quelques vapeurs blanchâtres de la surface de l'étang. Vous éprouvez un petit saisissement de froid, vous remontez sur votre figure le collet de votre manteau ; vous passez à un état de légère somnolence. Les chevaux piaffent bruyamment ; le cocher siffle.

Mais voilà que vous avez franchi quatre verstes... L'extrémité de l'horizon rougit ; les corneilles s'éveillent sur les bouleaux et vont lourdement, voletant d'une branche sur l'autre ; les moineaux babillent autour des meules fortement ombrées. L'air s'éclaircit, la route est plus distincte, le ciel s'imprègne de clarté, les nuées blanchissent, les champs verdoient. Dans les cabanes, les loutchines [1] brûlent d'une lueur rougeâtre ; dans les cours charretières se font entendre des voix somnolentes.

Cependant l'aurore s'avance ; déjà des zones dorées s'étendent comme pour indiquer les rives de l'orient ; dans tous les ravins s'enroulent des vapeurs ; les alouettes chantent à plein gosier ; le vent qui suit l'aube, accompagne l'aurore et précède le jour, a soufflé et le disque enflammé du soleil s'élève sensiblement. La lumière dore tous les sommets, puis les versants, puis pénètre dans les vallées : c'est un déluge de clartés ; le cœur bondit en vous comme l'oiseau dans la feuillée : vous sentez fraîcheur, joie, bien-être !... Tout est devenu visible à l'entour ; le village au delà du bois ; là-bas, bien plus loin, un autre que domine une église blanche ; là-haut une boulaie sur les monts, et à côté de vous un marais vers lequel vous vous dirigez.

En avant ! chevaux, en avant ! au grand galop, en avant ! Il reste à franchir trois verstes à peine.

Le soleil s'élève rapidement ; le ciel est pur, la mati-

---

1. Torches de copeaux résineux.

née sera magnifique. Le troupeau d'un village, dans son long et lent défilé, vous a fait perdre quelques minutes. Vous gravissiez une montée, vous voici tout en haut... Quelle vue ! la rivière vous découvre dix verstes de ses gracieux méandres et bleuit à travers le brouillard ; au delà s'étendent de vertes prairies où la rosée a versé tout son écrin ; au delà des prés est un rideau de monticules à pentes douces ; au loin, une volée de vanneaux babillards tournoient en l'air au-dessus du marécage. A travers le fluide éclat répandu dans le ciel, le lointain ressort nettement, ce n'est pas comme en été. Que la poitrine respire librement ! que les membres ont de souplesse ! que l'homme sent en lui se déployer de force, lorsqu'il est ainsi enveloppé de la fraîche haleine du printemps !...

Et une matinée d'été, en juillet ! Il n'y a que les amateurs de chasse qui sachent apprécier le plaisir d'errer à l'aurore dans les taillis. La trace de vos pieds laisse une empreinte sur l'herbe blanche de rosée. Vous écartez l'humide feuillée, vous êtes à l'instant saisi par la chaude senteur qui s'y est concentrée immobile dans le cours de la nuit ; l'air est tout imprégné de la fraîche amertume de l'absinthe, des douces exhalaisons du blé noir et du trèfle. Au loin, semblable à de hauts remparts, s'élève une chaîne qui brille de teintes rosées au soleil ; il fait encore frais, et déjà vous sentez l'approche de la chaleur ; la tête est presque saisie de vertige par suite de l'exubérance des senteurs....

Vous gagnez les premiers massifs d'une fraîche coudraie, et, à travers des herbes longues et enlaçantes, vous descendez jusqu'au fond du ravin. En effet, sous un escarpement pittoresque est à demi cachée une source au-dessus de laquelle quelques jeunes chênes contrefaits, mais très verts, penchent avidement l'extrémité de leurs branches inférieures. De grosses bulles argentines s'élèvent du fond de la source à la surface de la fontaine, s'y livrent un combat où toutes périssent dans une lutte qui n'a point de cesse, sans que ce trouble empêche d'apercevoir un fond tapissé d'une mousse veloutée, que n'atteignent pas les rigueurs de l'hiver. Vous vous jetez contre terre ; vous vous êtes désaltéré, mais un sentiment de douce langueur s'empare de vos sens. Vous êtes plongé dans l'ombre, vous respirez une fraîcheur aromatique ; vous êtes bien sous cet abri, tout près duquel vous voyez les arbustes griller et jaunir.

Mais qu'est-ce ? que se passe-t-il ? Le vent accourt et bondit soudain, l'air a frémi : ne se prépare-t-il pas un orage ? Vous sortez du ravin... Quelles sont donc ces zones qui sont formées à l'horizon ? Est-ce la chaleur qui s'épaissit ? Est-ce un nuage qui s'avance ? Une grande lueur phosphorescente m'a répondu : c'est un ouragan qui se forme. Le soleil brille encore de toute sa clarté ; on peut continuer à chasser.

Cependant le nuage s'agrandit toujours..... Il est multiple, c'est une armée, une horde qui a des ailes, une avant-garde ; la partie la plus avancée se suspend en voûte. Gazons, buissons, plaines, monticules, tout s'est couvert en un moment d'un voile d'obscurité. Vite, vite, il me semble apercevoir un hangar à foin... leste, gagnons cet abri..... Ouf ! m'y voici... Quelle averse aussitôt ! C'est le ciel qui se fond en eau ; et quels éclairs vifs et précipités ! en quelques parties du chaume l'eau s'est fait jour, tombant sur le foin parfumé. L'orage est dissipé, vous sortez de votre agreste asile d'un moment... Grand Dieu ! comme tout brille joyeusement autour de vous ! que l'air est frais et onctueux ! comme son haleine respire en les confondant les salubres senteurs du genièvre, du champignon, de l'aubépine et du fraisier !

Le soir approche. Le couchant figure un incendie, l'incendie de tout un quart du firmament. Voilà le soleil posé sur l'horizon. L'air dont vous êtes environné est d'une transparence cristalline ; dans le lointain rampe une moelleuse vapeur d'un ton chaud ; avec la rosée tombe un reflet vermeil sur ces plaines qui tout récemment étaient inondées d'or liquide, des arbres, des bocages, de hautes meules de foin s'élancent des ombres prolongées.... Le soleil va rentrer ses derniers rayons ; l'étoile du soir s'est allumée, elle scintille vivement dans l'océan igné du couchant... Le couchant pâlit ; au-dessus tout est bleu ; les ombres des objets saillants s'effacent ; l'air se voile de ténèbres naissantes. Il est temps de se remettre en route pour regagner la maison, ou pour atteindre soit un village, soit une chaumière isolée où vous puissiez passer la nuit. Le fusil sur l'épaule, vous marchez d'un bon pas, fussiez-vous fatigué... La nuit s'avance si rapidement que déjà, à vingt pas devant vous, vous ne distinguez plus rien avec certitude ; votre propre chien, à cette distance, vous fait l'effet d'un cheval trottinant quarante pas plus loin.

Au-dessus d'un taillis dessiné en noir, une petite partie du ciel blanchit en s'éclaircissant peu à peu... Que serait-ce ? de la fumée, un commencement d'incendie ? Non, c'est la lune qui va s'élever sur l'horizon. Et là-bas, à droite, déjà un village est signalé par quelques lumières..... Vous voyez enfin devant vous votre chaumière. A travers la vitre, vous apercevez la table couverte d'une nappe blanche ; sur cette table brille une chandelle allumée, et le souper...

(*Mémoires d'un Seigneur russe*, Paris, Hachette.)

La Forêt.

Vous faites atteler la *begovaïa drochka*[1], et vous allez au bois chasser la gélinote.

Il est agréable de rouler dans un sentier étroit, entre deux murailles de hauts seigles. Les épis vous battent sans violence les aisselles et le visage, les bleuets s'accrochent à vos pieds, les cailles font entendre à chaque instant leur étrange cri parlé, et votre cheval chemine au petit trot. Voici le bois ; le bois, c'est l'ombre et le calme. Les hauts trembles grelottent à leurs cimes, tandis que les longues branches pendantes des bouleaux bougent à peine ; le chêne vigoureux se dresse fier et sévère à côté de l'élégant tilleul. Vous roulez dans les circuits d'un sentier gazonneux, tout tigré d'ombre et de lumière. De grosses mouches jaunes pendent immobiles dans l'air doré, et tout à coup disparaissent d'un coup d'aile ; les moucherons tourbillonnent avec ordre et en colonne, lumineux dans l'ombre, bruns au soleil ; les oiseaux gazouillent en paix.

Prêtez l'oreille : la voix métallique de la fauvette interprète mélodieusement la jovialité insouciante et babillarde qui est son naturel, et sa légèreté s'accorde bien avec le parfum du muguet. Loin, très loin dans la forêt, là où le fourré est épais et sourd, un calme indéfinissable descend dans l'âme, et tout ce qui vous

1. Bancelle sur quatre roues.

environne est doux et paisible. Le vent pourtant s'est élevé, et les cimes se sont toutes penchées les unes sur les autres comme les vagues sur l'abîme des mers ; sous la couche de feuilles mortes de l'automne dernier, saillissent çà et là des herbes d'autant plus hautes qu'il leur a été plus difficile de se faire jour : à part sont les groupes de champignons, qui ont l'air de délibérer en famille sous l'abri de leurs grands chapeaux. Un lièvre part et s'élance, et mon chien court après lui... mais pendant qu'il aboie et tâche de l'atteindre, je reste à mes réflexions, et l'animal poursuivi en profite pour s'échapper.

Et que cette même forêt est belle encore, à la fin de l'automne, lors du passage des bécasses ! La bécassine ne s'arrête jamais dans l'épaisseur du fourré, c'est à la lisière du bois qu'il faut l'aller chercher. Il n'y a pas de vent, mais il n'y a pas non plus de soleil, de clarté, d'ombre, de mouvement ni de bruit ; dans l'atmosphère moelleuse est répandu le parfum particulier de l'automne, qui rappelle la senteur du vin ; une vapeur déliée s'élève au-dessus des champs qu'on aperçoit dans le lointain. A travers le grillage des branches dépouillées, apparaît le blanc mat d'un ciel immobile ; çà et là sur les tilleuls pendent sans consistance les dernières feuilles dorées par les gelées blanches du matin. Le sol humecté est devenu élastique sous le pied ; les hautes herbes desséchées ne font pas un mouvement, et de longs fils d'une finesse extrême couvrent les pâles gazons d'un filet brillant.

La poitrine respire tranquillement, mais l'âme n'est pas sans trouble. Vous longez la lisière du bois en paraissant regarder attentivement votre chien, mais vos images favorites, les personnes aimées, les unes déjà mortes, les autres encore vivantes, vous reviennent en mémoire ; des impressions depuis longtemps endormies se réveillent à l'improviste, votre imagination voltige ou se berce comme l'oiseau, et mille objets ont surgi devant vous. Votre cœur tantôt bat plein d'émoi et s'élance avec passion dans l'avenir rêvé, tantôt recule et se laisse tomber dans l'abîme de souvenirs plus ou moins riants, plus ou moins importuns. Et cette rêverie, cet état mélancolique de l'âme a de la douceur, même quand il vient s'y mêler de l'amertume.

Et un jour d'automne clair, un peu froid, ouvert par une piquante gelée blanche, quand le bouleau, arbre vraiment féerique, se dessine élégamment avec ses teintes d'or sur un ciel d'un bleu tendre, quand le soleil est trop bas, trop oblique désormais pour réchauffer, et brille cependant plus vivement qu'en été, qu'un petit bois de tremble resplendit d'outre en outre et semble se réjouir de se trouver tout nu, que la gelée blanchit encore au fond des vallées et qu'un vent frais agite doucement et chasse devant lui les feuilles enroulées tombées des arbres, quand sur la rivière ondulent gaiement des vagues bleues, portant à la surface les oies et les canards dispersés, que, dans le lointain, le moulin bat à coups mesurés, et qu'au-dessus, à peine distincts sur le fond de l'air imprégné de lumière, tourbillonnent rapidement les pigeons de toutes couleurs, dites, n'est-ce pas aussi une belle journée?

Ils ont bien aussi leurs beautés les jours d'été brumeux, quoique les chasseurs les goûtent fort peu. En de pareils jours, nul moyen de chasser; l'oiseau part de dessous vos pieds et disparaît à l'instant dans les blanches ténèbres du brouillard immobile. Mais comme tout est paisible et ineffablement calme à l'entour!

Tout est réveillé dans le ciel et tout se tait. Vous passez près d'un arbre, il n'a pas un frêle rameau qui remue; il est au repos dans sa force. A travers une subtile vapeur répandue avec égalité dans l'air, une longue zone noire se présente à vos yeux; vous la prenez pour une forêt peu distante du lieu où vous êtes, vous approchez.... la forêt se change en une haute ligne d'absinthe qui en croissant d'elle-même a formé la haie d'une limite. Brouillard au-dessus, brouillard autour de vous, brouillard partout.

Voilà que le vent s'élève insensiblement ; un coin du ciel, d'un bleu pâle, ressort peu à peu à travers la brume, qui, en cet endroit, se raréfie et prend l'apparence d'une légère vapeur ; là un rayon de soleil, jaune comme l'or, pénètre tout à coup, et, s'abattant en torrent prolongé, vient frapper la campagne, puis va se perdre dans le bois ; et de nouveau tout s'est couvert pour se découvrir encore et de la même manière sur un autre point ; lutte du clair et du sombre, du sec et de l'humide, qui dure parfois des heures.... Mais que le jour devient invinciblement beau, brillant et magnifique lorsque la lumière a enfin triomphé, lorsque les derniers flots du brouillard échauffé se confondent, s'enroulent, s'étendent et s'aplatissent vers la terre pressée de les absorber, ou se raréfient pour s'élever au-dessus de l'atmosphère, attirés par le soleil vainqueur !

(*Mémoires d'un Seigneur russe*, traduction Charrière, Paris, Hachette.)

Deux types de paysans. Khor et Kalinytch.

Khor et Kalinytch ne se ressemblaient en aucune sorte : Khor était un homme positif et pratique, une tête administrative, ne donnant rien qu'au raisonnement; Kalinytch, au contraire, tout entier à l'idéal, était un romantique, un exalté, un homme de poétique rêverie. Khor comprenait la réalité; il s'était établi dans la vie; il avait pourvu à l'avenir comme au présent; il s'était mis dans de bons rapports avec son seigneur et avec les autres puissances ; Kalinytch était chaussé d'écorce et ne tenait à rien, en souriant à tout. Khor avait créé et mis au monde une nombreuse famille, soumise à sa personne et unie sous son autorité ; Kalinytch avait eu autrefois une femme qu'il craignait, et n'avait jamais eu d'enfants. Khor avait dès longtemps pénétré son seigneur d'outre en outre ; Kalinytch avait une pieuse vénération, une espèce d'idolâtrie pour M. Poloutykine. Khor aimait et protégeait Kalinytch comme un être faible et digne d'affection, Kalinytch aimait Khor à force d'estime et de respect. Khor parlait peu, raillait quand il voulait ne rien dire, et méditait tout en dedans de lui; Kalinytch parlait avec feu et entrain, il était doué de vertus que reconnaissait volontiers Khor lui-même : par exemple, il conjurait les coups de sang, les visions et la rage ; il chassait les vers et les chenilles ; les abeilles se donnaient à lui, et généralement il avait *la main heureuse*. J'ai vu Khor le prier de se charger d'introduire dans l'écurie un cheval qu'il venait d'acheter, et le charmeur se rendre avec une consciencieuse gravité à la prière du vieux sceptique. Kalinytch se tenait plus rapproché de la nature, Khor, des hommes et de l'état social. Kalinytch, étranger à la fatigue de raisonner, se berçait dans ses idées et croyait à tout aveuglément ; Khor s'élevait parfois jusqu'à ces points de vue où la vie semble une ironie plus ou moins révoltante ; il avait beaucoup vu, étudié beaucoup d'hommes et de choses, et j'ai recueilli de sa bouche bien des faits que j'ignorais.

C'est en causant avec Khor que, pour la première fois, j'entendis le naïf et spirituel langage du paysan russe. Ses idées et ses notions étaient vraiment étendues, très étendues, surtout si l'on songe que le brave homme ne savait pas lire. Kalinytch savait lire, et Khor disait de lui : « L'alphabet et les abeilles se sont donnés d'eux-mêmes à ce drôle-là, qui les retient ma foi bien... »

Au reste, malgré toute son intelligence, Khor avait dans la tête bon nombre de préventions et de préjugés; par exemple, il méprisait les femmes du plus profond de son âme; et, à ses heures, il ne tarissait pas en saillies sur leur compte. Sa femme, vieille et acariâtre, était postée sur la loge du gros poêle, qu'elle ne quittait guère; de là, elle grondait sans cesse et sans merci du matin au soir ; les fils ne faisaient aucune attention à elle, mais elle tenait ses brus dans la crainte du bon Dieu. Il n'y a rien de surprenant si, en Russie, on a si fidèle mémoire de la chanson qui fait dire à une belle-mère : « Quel fils es-tu pour moi ? quel chef de famille seras-tu, toi qui as une jeune femme et ne la bats jamais ?... [1] »

Une fois, je m'avisai d'intercéder pour les brus, j'essayai d'apitoyer le vieillard ; il me répondit tranquillement : « Eh ! bârine, tu as bien de la bonté de reste ! les femmes, ça crie et ça pleure, ça a besoin de se prendre aux cheveux ; si un homme met la main là dedans, il ne la retire pas nette, et il a versé de l'huile sur la flamme. » Quelquefois la vieille descendait de

---

[1]. Comparez plus loin la scène d'Ostrovsky (*l'Orage*).

son fort, appelait le chien qu'elle avait entendu remuer derrière la porte, et, sans que personne pût dire pourquoi, assénait de grands coups de fourgon sur le dos de la bête ; ou bien elle allait s'établir sous le toit du large perron, et de là elle aboyait à tout venant, selon l'expression de Khor, une bonne petite heure, comme si elle avait eu à remplir un vœu ou un devoir, à s'acquitter d'un exercice, sans que nul y prît autrement garde. Au reste, elle craignait son mari, et dès qu'il avait parlé elle regrimpait prestement sur le poêle.

(*Mémoires d'un Seigneur russe*, traduction Charrière, Paris, Hachette.)

La nature (rêve).

J'entrai dans une immense salle souterraine à hautes voûtes, toute la salle était remplie par une lueur égale, qui semblait venir de dessous terre.

Au beau milieu était assise une femme à l'aspect grandiose, vêtue d'une ample robe couleur verte. La tête appuyée sur sa main, elle semblait plongée dans une profonde rêverie.

Je compris aussitôt que cette femme était la nature et, comme un froid subit, une crainte révérencieuse entra dans mon âme.

Je m'approchai de la femme assise et, l'ayant respectueusement saluée :

« O notre mère commune, m'écriai-je, à quoi penses-tu ? Est-ce aux destinées futures de l'humanité ? Est-ce aux conditions nécessaires pour qu'elle atteigne toute la perfection et tout le bonheur possibles ? ».

La femme tourna lentement sur moi ses yeux sombres, perçants et terribles ; ses lèvres s'entr'ouvrirent, et j'entendis une voix retentissante, comme le choc du fer contre le fer.

« Je pense au moyen de donner une plus grande force aux muscles des pattes de la puce, pour qu'il lui soit plus aisé d'éviter les poursuites de ses ennemis. L'équilibre entre l'attaque et la défense est rompu ; il faut le rétablir.

— Comment ! balbutiai-je, voilà à quoi tu penses ? Mais nous, les hommes, ne sommes-nous pas tes enfants préférés ? »

Elle fronça à peine son sourcil.

« Tous les animaux sont mes enfants, dit-elle. Je prends un égal souci de tous, et tous je les extermine également.

— Mais... le bien... la raison... la justice, murmurai-je de nouveau.

— Ce sont des paroles humaines, reprit la voix de fer. Je ne connais ni le bien ni le mal. Votre raison n'est pas ma loi, et qu'est-ce que la justice ? Je t'ai donné la vie, je te l'ôterai et je la donnerai à d'autres, à des vers de terre ou à des hommes, indifféremment. Quant à toi, en attendant, défends-toi, et ne viens plus m'importuner. »

Je voulais répliquer ; mais la terre, tout autour de moi, mugit sourdement et tressaillit...

Et je me réveillai.

(*Poèmes en prose*, traduction Tourguenev, Hetzel, 1885.)

La vieille (rêve).

Je marchais seul dans une vaste plaine. Et tout à coup il me sembla entendre derrière moi des pas légers et furtifs. Quelqu'un suivait ma trace avec précaution.

Je me retournai et je vis une petite vieille toute ratatinée, tout enveloppée dans des haillons gris. Seul, le visage se distinguait à travers ces haillons : un visage sombre, ridé, édenté, au nez pointu.

Je m'approchai d'elle ; elle s'arrêta.

« Qui es-tu ? que veux-tu ? tu es une mendiante ? tu attends une aumône ? »

La vieille ne répondit pas. Je me penchai vers elle et j'aperçus que ses yeux étaient recouverts d'une de ces membranes blanchâtres qu'on voit à certains oiseaux et qui les préservent de la trop vive lumière du soleil.

Seulement, chez la vieille, cette membrane ne bougeait pas, ne découvrait pas les pupilles : d'où je conclus qu'elle était aveugle.

« Tu veux une aumône ? répétai-je. Pourquoi me suis-tu ? »

La vieille ne répondit rien cette fois encore, et ne fit que se recroqueviller davantage.

Je me détournai d'elle et je continuai mon chemin.

Et voilà que j'entends de nouveau derrière moi ces pas légers, cadencés et furtifs.

« Encore cette femme ? pensai-je. Qu'a-t-elle à s'attacher ainsi à mes pas ? »

Mais aussitôt j'ajoutai mentalement :

« Il est probable qu'étant aveugle, elle a perdu son chemin, et qu'elle suit mes pas d'après l'ouïe pour arriver derrière moi dans quelque lieu habité. Oui, oui, c'est cela ! »

Mais une inquiétude étrange s'empara peu à peu de mon esprit. Il me sembla qu'en réalité la vieille ne me suivait pas, mais qu'elle me dirigeait, qu'elle me poussait, tantôt à droite, tantôt à gauche et que je lui obéissais involontairement.

Je continue pourtant à marcher, et voilà que tout à coup, sur mon chemin, quelque chose noircit, s'élargit, comme un grand trou dans la terre. C'est la tombe ! Cette idée me traversa comme un éclair : voilà où elle me pousse !

Je me retourne brusquement. La vieille est là, devant moi, et elle voit ! Elle me regarde avec de grands yeux, méchants et menaçants, avec des yeux d'oiseau de proie. Je me penche sur son visage, sur ses yeux... De nouveau la même membrane terne, le même visage aveugle et obtus.

« Ah ! pensai-je, cette vieille, c'est ma destinée, cette destinée à laquelle aucun homme ne peut échapper !... Mais non, mais non, quelle lâcheté ! il faut au moins essayer... »

Et je me jetai dans une autre direction.

Je marche vite... Mais j'entends de nouveau derrière moi des pas légers... près... tout près... et devant moi, sur la route, se creuse de nouveau le trou noir.

Je change encore de direction... Et toujours le même frôlement furtif derrière moi, devant moi la même tache terrible...

Et j'ai beau faire des crochets comme un lièvre devant les chiens... Toujours, toujours la même chose !

« Attends, me dis-je. Je vais te tromper, je n'irai nulle part ! »

Et je m'assieds par terre.

La vieille est derrière moi, à deux pas ; je ne l'entends pas, mais je sens qu'elle est là.

Et tout à coup, que vois-je ? Cette tache qui noircissait devant moi, la voilà qui glisse, qui rampe, qui s'avance et s'approche de moi !...

Grands dieux ! Je me retourne, je regarde. La vieille fixe sur moi ses deux yeux, et un méchant sourire tord sa bouche édentée :

« Tu n'échapperas pas ! »

(*Poèmes en prose*, traduction Tourguenev, Paris, Hetzel.)

L'homme et la mort.

La mort est comme un pêcheur qui a pris un poisson dans son filet et qui le laisse pour quelque temps dans l'eau ; le poisson nage encore, mais le filet l'enveloppe et le pêcheur le tirera quand il voudra.

(*A la veille*.)

Tolstoï (Léon-Nicolaevitch).

(Né en 1828)

Tout a été dit sur Tolstoï. La critique a épuisé sur ses œuvres toutes les formes de l'admiration ; il a dans notre pays mieux que des admirateurs, il a des disciples. Sa gloire de romancier semble pâlir depuis quelque temps devant son œuvre de réformateur moraliste et chrétien. Dans un livre comme celui-ci nous n'avons à tenir compte, grâce à Dieu, que des productions vraiment littéraires. *La Guerre et la Paix* est sans contredit l'une des plus puissantes épopées qui soient sorties d'un cerveau humain [1], *Anna Karenine* l'un des romans qui ont le mieux exprimé les angoisses et les misères de la passion illégitime ; les *Cosaques* présentent des tableaux exquis de cette vie caucasienne dont la description a

---

1. *La guerre et la paix* a paru pour la première fois de 1865 à 1869. Nous avons mis quelque temps à découvrir que c'était une des grandes œuvres du siècle. Aujourd'hui on tombe dans l'excès contraire et les traducteurs se disputent les moindres opuscules de Tolstoï.

porté bonheur à tant d'écrivains russes depuis Lermontov ; les *Souvenirs d'enfance et de jeunesse* rivalisent par instant avec certaines pages des *Confessions*. C'est à ces livres vraiment achevés que nous avons cru devoir emprunter les fragments qui caractérisent le mieux le génie de leur auteur. Le lecteur désireux de connaître à fond l'ensemble de l'œuvre de Tolstoï n'a que l'embarras du choix. Tout ou presque tout a passé dans notre langue ; la mode s'en est mêlée et on est allé rechercher pour les traduire des pages de jeunesse, des écrits mystiques qui n'ajoutent certainement rien à la gloire de leur auteur.

Les principaux ouvrages de Tolstoï en dehors de ceux dont on donne ici des extraits et qui appartiennent à la maison Hachette figurent au Catalogue des librairies Savine, Perrin, Charpentier, Flammarion, Hetzel, Lemerre, etc. Quelques-uns d'entre eux ont même été l'objet de deux traductions différentes. Une liste complète nous entraînerait beaucoup trop loin.

À lire sur Tolstoï deux études, l'une de M. de Vogüé dans le *Roman russe* (Paris, Plon, 1886), l'autre de M. E. Dupuy dans les *Grands Maîtres de la littérature russe* (Paris, Oudin, 1885).

Gricha l'innocent.

C'était un homme d'une cinquantaine d'années avec un grand visage pâle, marqué de petite vérole, de longs cheveux gris, et quelques poils de barbe rougeâtres. Il était tellement grand qu'il dut, à la lettre, se plier en deux pour passer la porte. Son costume était en loques et d'une forme indéfinissable. Cela tenait le milieu entre un cafetan et une soutane. Il avait à la main un énorme bâton avec lequel il frappa le plancher de toute sa force, entra, puis il fronça les sourcils, ouvrit une bouche démesurée et poussa un éclat de rire effroyable. Il était borgne, et son œil blanc, toujours en mouvement, achevait de le rendre hideux... Il avait la voix rude et enrouée, les mouvements précipités et saccadés ; ses discours étaient décousus et dépourvus de sens (il ne se servait jamais de pronoms) ; avec tout cela, le ton était si touchant, sa vilaine figure jaune prenait par moments une expression si profondément triste, qu'on éprouvait, malgré soi, en l'écoutant, un mélange de pitié, de frayeur et de mélancolie.

C'était Gricha l'innocent, le voyageur perpétuel.

D'où était-il ? Qui étaient ses parents ? Pourquoi avait-il adopté cette vie errante ? Personne n'en savait rien. Tout ce que je puis dire, c'est qu'on le connaissait dans le pays depuis plus de trente ans et qu'on l'avait toujours vu à l'état d'innocent. Il allait invariablement nu-pieds, hiver comme été, fréquentait les couvents, distribuait de menus objets de piété aux gens qu'il prenait en gré et prononçait des paroles énigmatiques où certaines personnes voyaient des prophéties. Jamais il n'avait été que « l'Innocent ». Il venait de temps en temps chez ma grand'mère. Selon les uns, ses parents étaient riches, et il était à plaindre et intéressant. Selon les autres, Gricha était un simple moujik et un fainéant... Un peu avant de souper, Gricha entra dans le salon. Depuis l'instant où il avait mis le pied chez nous, il n'avait pas cessé de pousser des soupirs et de pleurer. Pour ceux qui lui croyaient le don de prévoir l'avenir, c'était signe qu'un malheur menaçait notre maison. Il fit ses adieux et déclara qu'il partirait le lendemain matin. Je fis signe à Volodia de me suivre et je sortis.

« Quoi ?

— Si vous voulez voir les chaînes de Gricha, montons vite aux chambres des domestiques. Gricha couche dans la seconde. On peut très bien s'asseoir dans la décharge et nous verrons tout.

— Bonne idée ! Attends-moi là, je vais chercher les filles. »

Les filles vinrent en courant et nous montâmes.

Après nous être disputés à qui n'entrerait pas le premier dans la chambre, nous nous assîmes et nous attendîmes. Nous n'étions pas très rassurés dans notre noir réduit. Nous nous pressions l'un contre l'autre sans rien dire. Gricha nous suivit de très près ; il marchait sans bruit, tenant d'une main son bâton, de l'autre une chandelle dans un chandelier de cuivre. Nous retenions notre souffle.

« Seigneur Jésus-Christ! Sainte Vierge ! Au Père, au Fils, au saint Esprit!... »

Il s'interrompit pour respirer et recommença avec des intonations variées et les abréviations usitées seulement par les personnes qui répètent souvent ces mots.

Tout en priant, il posa son bâton dans un coin, examina son lit et commença à se déshabiller. Il défit sa vieille ceinture noire, ôta lentement sa souquenille de nankin, la plia soigneusement et la posa sur le dos d'une chaise. Son visage avait perdu l'expression inquiète et idiote qui lui était habituelle. Au contraire, il était calme, pensif et même majestueux. Ses mouvements étaient lents et réfléchis.

Quand il fut déshabillé, il s'assit doucement sur son lit, qu'il couvrit de signes de croix et arrangea ses chaînes sous sa chemise, non sans effort ; on vit l'effort à la contraction de ses traits. Il contempla un instant d'un air soucieux les trous de sa chemise, se leva en recommençant à prier, prit la chandelle, qu'il éleva à la hauteur de l'armoire aux images, se signa et renversa son flambeau la tête en bas. La chandelle crépita et s'éteignit. La lune, alors presque pleine, donnait dans la fenêtre de la chambre. Ses rayons pâles et argentés éclairaient d'un côté la longue figure blanche de l'innocent, dont l'autre côté paraissait tout noir et dont l'ombre mêlée aux ombres du châssis de la fenêtre, tombait sur le plancher, grimpait le long de la muraille et jusque sur le plafond.

Gricha se taisait. Debout devant les images, ses mains énormes, jointes sur sa poitrine, sa tête inclinée en avant, il respirait péniblement. Il se mit ensuite à genoux avec difficulté et pria.

Il récita d'abord tout bas des prières connues, en appuyant seulement sur certains mots, puis il recommença les mêmes prières tout haut, et en s'animant. Enfin il se mit à improviser. Il essayait de s'exprimer en slavon et on sentait que cela lui donnait de la peine. C'était incohérent, mais touchant. Il pria pour tous ses bienfaiteurs (il appelait ainsi les gens qui le recevaient chez eux), entre autres pour maman et pour nous ; il pria pour lui-même et demanda à Dieu de lui pardonner ses grands péchés ; il se mit à répéter : « Mon Dieu, pardonne à mes ennemis ! » se releva en gémissant, se jeta tout de son long à terre, en répétant toujours les mêmes paroles et se releva de nouveau malgré le poids des chaînes qui faisaient un bruit sec et métallique en frappant le plancher.

Gricha demeura encore longtemps dans une sorte d'extase, continuant à improviser des prières. Tantôt il répétait plusieurs fois : « Seigneur, aie pitié de nous, » mais chaque avec plus de force et avec une intonation différente ; tantôt il disait « Pardonne-moi, Seigneur, enseigne-moi ce qu'il faut faire, Seigneur. » Et l'on aurait dit à son accent, qu'il s'attendait à recevoir sur-le-champ une réponse ; tantôt on n'entendait que des sanglots plaintifs... Il se releva sur les genoux, joignit ses mains sur sa poitrine et se tut...

De profonds soupirs s'échappaient de sa poitrine. Son œil bon, dont la lune éclairait la prunelle trouble, était plein de larmes. « Oui, que ta volonté soit faite, » cria-t-il tout d'un coup, avec une expression impossible à rendre, et, se laissant tomber le front contre terre, il sanglota comme un enfant.

Il s'est passé bien des choses depuis, bien des souvenirs ont perdu pour moi leur importance et sont devenus des visions confuses ; Gricha le voyageur, a terminé depuis longtemps son dernier voyage ; mais jamais l'impression qu'il a produite sur moi ne s'effacera, jamais je n'oublierai les sentiments qu'il a éveillés dans mon âme.

O Gricha ! ô grand chrétien ! ta foi était si ardente que tu sentais le voisinage de Dieu ; ton amour était si grand que les paroles coulaient d'elles-mêmes de tes lèvres, tu ne demandais pas à la raison de les contrôler... Et avec quelle magnificence tu louais la grandeur du Tout-Puissant lorsque, ne trouvant pas de mots, tu te jetais à terre en pleurant !...

(*Souvenirs*, traduction d'Arvède Barine, Paris, Hachette.)

Les Français à Moscou.

On vint annoncer à Murat que la voie était libre. Les Français franchirent les portes, établirent leur bivouac sur la place du Sénat et les soldats jetèrent par les fenêtres de ce bâtiment des chaises dont ils se servirent pour allumer leurs feux. Les détachements se suivaient à la file et traversaient le Kremlin pour aller occuper les maisons vides et abandonnées, où ils s'établissaient comme dans un camp.

Avec leurs uniformes usés, leurs figures affamées et épuisées, réduites au tiers de leur premier effectif, les troupes ennemies firent néanmoins leur entrée dans Moscou en bon ordre. Mais lorsqu'elles s'éparpillèrent dans les maisons désertes, elles cessèrent d'exister comme armée et le soldat disparut pour faire place au maraudeur. Ce maraudeur, en quittant Moscou cinq semaines plus tard, emportait une foule d'objets qu'il croyait indispensables ou précieux. Il n'avait plus pour but la conquête, mais la conservation de ce qu'il avait pillé. Semblables au singe qui, après avoir plongé son bras dans l'étroit goulot d'un vase pour y saisir une poignée de noisettes, s'obstine à ne pas ouvrir la main de crainte de les laisser échapper et court ainsi le risque de la vie, les Français avaient d'autant plus de chances de périr en opérant leur retraite, qu'ils traînaient après eux un immense butin; et, comme le singe, ils ne voulaient pas l'abandonner. Dix minutes après leur installation, on ne distinguait plus les officiers des soldats. Derrière les fenêtres de toutes les maisons, on voyait passer des hommes guêtrés, en uniforme, examinant les chambres d'un air satisfait, et furetant dans les caves et dans les glacières dont ils enlevaient les provisions. Ils déclouaient les planches qui fermaient les remises et les écuries et, retroussant les manches jusqu'au coude, allumaient les fourneaux, faisaient leur cuisine, amusaient les uns, effrayaient les autres et cherchaient à apprivoiser les femmes et les enfants. Il y avait de ces gens-là partout, dans les boutiques, comme dans les rues, mais de véritables soldats il n'en était plus question.

En vain des ordres réitérés étaient envoyés aux différents chefs de corps, leur enjoignant de défendre aux soldats de courir dans la ville, d'user de violence envers les habitants et de marauder; en vain l'ordre avait été donné de faire chaque jour un appel général. En dépit de toutes ces mesures, ces hommes, qui hier formaient l'armée, se répandaient partout dans cette ville déserte, à la recherche des riches approvisionnements et des jouissances matérielles qu'elle leur offrait encore et y disparaissaient comme l'eau qui s'infiltre dans le sable. Les soldats de cavalerie qui entraient dans une maison de marchands, abandonnée avec tout ce qu'elle contenait, avaient beau y trouver des écuries plus spacieuses qu'il ne leur était nécessaire, ils ne s'emparaient pas moins de la maison voisine qui leur semblait plus commode; certains même accaparaient plusieurs maisons à la fois et se hâtaient d'écrire sur la porte, avec un morceau de craie, par qui elles étaient occupées et les hommes des différentes armes finissaient par se quereler et s'injurier. Avant même d'être installés, ils couraient examiner la ville et sur ouï-dire, se portaient là où ils croyaient trouver des objets de valeur. Leurs chefs, après avoir vainement cherché à les arrêter, se laissaient à leur tour entraîner à commettre les mêmes déprédations. Les généraux eux-mêmes se rassemblaient en foule dans les ateliers des carrossiers pour y choisir, ceux-ci une voiture, ceux-là une calèche. Les quelques habitants qui n'avaient pu fuir offraient aux officiers supérieurs de les loger dans l'espoir d'éviter par là le pillage.

Les richesses abondaient, on n'en voyait pas la fin, et les Français se figuraient que dans les quartiers qu'ils n'avaient pas explorés ils en découvriraient encore de plus grandes. Aussi, l'envahissement d'une ville opulente par une armée épuisée eut pour conséquence la destruction de cette armée même et la destruction de la ville, et le pillage et l'incendie en furent le résultat fatal.

Les Français attribuent l'incendie de Moscou au patriotisme féroce de Rostoptchine, les Russes à la sauvagerie des Français ; mais en réalité on ne saurait rendre responsables ni Rostoptchine ni les Français, et les conditions dans lesquelles la ville se trouvait en furent seules la cause. Moscou a brûlé comme aurait pu brûler n'importe quelle ville construite en bois, abstraction faite du mauvais état des pompes, qu'elles y fussent restées ou non, comme n'importe quel village, fabrique ou maison qui auraient été abandonnés par leurs propriétaires et envahis par les premiers venus. S'il est vrai de dire que Moscou fut brûlé par ses habitants, il est incontestable aussi qu'il le fut, non par ceux qui y étaient restés, mais par le fait de ceux qui l'avaient quitté. Moscou ne fut pas respecté par l'ennemi comme Berlin et Vienne, parce que ses habitants ne reçurent pas les Français avec le pain et le sel en leur offrant les clefs de la ville, mais préférèrent l'abandonner à son malheureux sort.

... L'incendie s'était rapidement étendu pendant la nuit. Moscou brûlait sur plusieurs points à la fois. Le Gostinnoï Dvor [1], la Povarskaïa, les barques sur la rivière, les chantiers de bois du pont de Dorogomilov étaient en flammes. Pierre se dirigeait par l'Arbatskaïa vers l'église Saint-Nicolas : c'était l'endroit où depuis longtemps il s'était promis d'accomplir le grand acte qu'il méditait [2]. La plupart des maisons avaient leurs

---

1. Le bazar.
2. L'assassinat de Napoléon.

fenêtres et leurs portes fermées et clouées. Les rues et les ruelles étaient désertes. L'air était imprégné d'une odeur de brûlé et de fumée. De temps en temps on rencontrait quelques Russes inquiets et effarés et des Français à tournure soldatesque qui marchaient au milieu de la chaussée. Les uns et les autres regardaient Pierre avec curiosité ; sa carrure et sa haute taille, l'expression souffrante et concentrée de sa figure les intriguaient.

... Plus il avançait, plus la fumée devenait épaisse ; il commençait à sentir la chaleur de l'incendie dont les langues de feu s'élançaient au-dessus des maisons voisines. Les rues se remplissaient d'une foule agitée. Pierre commençait à comprendre qu'il se passait autour de lui quelque chose d'extraordinaire, mais il ne se rendait pas compte du véritable état des choses. Tout en suivant le chemin battu à travers une grande place déserte qui touchait d'un côté à la Povarskaïa et longeait de l'autre les jardins d'un riche propriétaire, il entendit tout à coup à ses côtés le cri désespéré d'une femme ; il s'arrêta, comme s'il sortait d'un songe et leva la tête.

A quelques pas de lui, tout le mobilier d'une maison, des édredons, des samovars, des caisses de toutes sortes s'entassaient en désordre sur l'herbe desséchée et poudreuse ; accroupie à côté des caisses, une jeune femme maigre avec de longues dents proéminentes, enveloppée dans un manteau noir et la tête couverte d'un mauvais bonnet se lamentait en pleurant à chaudes larmes. Deux petites filles de dix à douze ans pâles et terrifiées comme elle, vêtues de misérables jupons et de manteaux à l'avenant, regardaient leur mère avec stupeur, tandis qu'un petit garçon de sept ans, coiffé d'une casquette beaucoup trop grande pour lui, pleurait dans les bras de la vieille bonne. Une fille de service apparemment, nu-pieds et malpropre, assise sur une des chaises, avait défait sa tresse d'un blond sale et en arrachait par poignées les cheveux roussis. Un homme aux larges épaules, avec des favoris arrondis, des mèches de cheveux soigneusement lissés sur les tempes et un petit uniforme de fonctionnaire civil, s'occupait d'un air impassible à chercher des vêtements au milieu de ce fouillis.

En le voyant passer près d'elle, la femme se précipita aux genoux de Pierre.

« Oh! mon père! Oh! fidèle chrétien orthodoxe, sauvez-moi, aidez-moi! disait-elle à travers ses sanglots, ma fille, ma dernière petite fille a été brûlée!... Oh! mon Dieu! est-ce pour cela que je t'ai chérie, que je t'ai?...

— Assez, assez, Marie Nicolaïevna, lui dit son mari d'un ton calme; il semblait tenir à se justifier devant l'étranger. Notre sœur l'aura sans doute emportée, c'est sûr.

— Monstre! cœur de pierre! s'écria la femme avec colère en cessant de pleurer! Tu n'as même pas un cœur pour ton enfant! Un autre l'aurait retiré des flammes. Ce n'est pas un homme! ce n'est pas un père! De grâce continua-t-elle en se tournant vers Pierre, écoutez-moi : le feu a passé chez nous de la maison voisine! cette fille que voilà s'est écriée : Ça brûle! on a couru pour emporter tout ce qu'on pouvait, on est parti avec ce qu'on avait sur le dos, il n'y a que ce que vous voyez de sauvé, cette image et notre lit de noces, tout le reste a péri... Tout à coup, je m'aperçois que Katia n'est plus là!... Oh! mon enfant, mon enfant qui a été brûlée.

— Mais où donc est-elle restée? demanda Pierre, et l'expression sympathique de sa figure fit comprendre à la femme qu'elle avait trouvé en lui aide et secours.

— Oh! mon Dieu, mon Dieu, reprit la mère, sois mon bienfaiteur... Aniska, va, petite misérable, montre lui le chemin, dit-elle, en ouvrant sa grande bouche et en montrant ses longues dents.

— Viens, viens, je ferai mon possible, dit Pierre en se hâtant.

La petite domestique sortit de derrière la caisse, arrangea ses cheveux, soupira et prit par le sentier.

Pierre, tout prêt à l'action, se sentit réveillé comme après une longue léthargie, il releva la tête, ses yeux brillaient et il suivit à grands pas la jeune fille qui le conduisait à la Povarskaïa. Les maisons se dérobaient derrière un nuage de fumée noire que perçaient de temps en temps des gerbes de feu. Une foule énorme se pressait autour de l'incendie. Un général français se tenait au milieu de la rue et parlait à ceux qui l'entouraient. Pierre, guidé par la petite domestique s'en approcha, mais les soldats l'arrêtèrent.

« On ne passe pas! »

— Ici, petit oncle, s'écria la fillette; nous traverserons la ruelle, venez! »

Pierre se retourna en faisant de grandes enjambées pour la rejoindre; elle prit à gauche, dépassa trois maisons, et entra par la porte cochère de la quatrième.

« C'est ici, là, tout près. »

Traversant la cour, elle ouvrit une petite porte, et s'arrêtant sur le seuil, elle lui indiqua une maisonnette qui était tout en flammes. Une muraille s'était déjà effondrée, l'autre brûlait encore, et le feu s'élançait par toutes les ouvertures, par les fenêtres, par le toit. Pierre s'arrêta involontairement, suffoqué par la chaleur.

— Laquelle de ces maisons est la vôtre?

— Celle-là, celle-là! hurla l'enfant. C'est là que nous demeurions!... Et tu es brûlée, notre trésor adoré, Katia, ma demoiselle bien-aimée, recommença à crier Aniska, se croyant obligée à la vue de l'incendie de faire preuve de ses sentiments.

Pierre se rapprocha du brasier, mais la chaleur le repoussa, il fit quelques pas en arrière et se trouva en face d'une maison plus grande dont le toit flambait d'un seul côté. Quelques Français s'agitaient à l'entour. Il ne devina pas tout d'abord ce qu'ils faisaient là; néanmoins apercevant l'un d'eux qui frappait un paysan du plat de son sabre, pour lui arracher une pelisse de renard, il comprit qu'ils pillaient, mais cette pensée ne fit que traverser son esprit. Le craquement des murailles et des plafonds qui s'écroulaient, le sifflement des flammes, les cris de la foule, les noirs tourbillons de fumée traversés par des pluies d'étincelles et des gerbes de feu qui semblaient lécher les murs, la sensation d'asphyxie et de chaleur, la rapidité des mouvements qu'il était obligé de faire, tout provoqua chez Pierre la surexcitation que font éprouver habituellement ces désastres. L'effet fut sur lui si violent qu'il se sentit aussitôt délivré des pensées dont il était obsédé. Jeune, résolu et alerte, il fit le tour de la petite maison qui brûlait; au moment d'y entrer, il fut arrêté par des cris suivis d'un craquement et de la chute de quelque chose de lourd qui tomba avec bruit à ses pieds. Il leva les yeux et vit des Français qui venaient de jeter par la fenêtre une commode remplie d'objets en métal! Leurs camarades qui se tenaient dans la cour s'en approchèrent aussitôt.

— Eh bien, qu'est-ce qu'il veut celui-là? s'écria l'un d'eux avec colère.

— Il a y un enfant dans cette maison, dit Pierre. N'avez-vous pas vu un enfant?

— Va te promener, crièrent plusieurs voix, et l'un des soldats craignant que Pierre ne lui enlevât sa part de l'argenterie et des bronzes qui étaient dans la commode, s'avança d'un air menaçant.

— Un enfant, s'écria un Français de l'étage supérieur... J'ai entendu piailler dans le jardin. C'est peut-être son moutard, à ce bonhomme. Faut être humain voyez-vous...

— Où est-il? où est-il? demandait Pierre.

— Par ici, par ici, répondit le Français en lui indiquant le jardin derrière la maison... Attendez, je vais descendre.

En effet, une seconde plus tard un Français, en bras de chemise, sauta par la fenêtre du rez-de-chaussée, donna à Pierre une tape sur l'épaule et courut avec lui au jardin.

« Dépêchez-vous, vous autres, cria-t-il à ses camarades, il commence à faire chaud!... » et s'élançant sur l'allée sablée, il tira Pierre par la manche et lui montra un paquet posé sur un banc.

C'était une petite fille de trois ans, en robe de percale rose.

« Voilà votre moutard... une petite fille, tant mieux... Au revoir, mon gros... Faut-être humain, nous sommes tous mortels, voyez-vous... » Et le Français rejoignit ses compagnons.

Lorsque Pierre, après plusieurs détours à travers

cours et ruelles, déboucha avec son fardeau, au coin de la Povarskaïa et du jardin Grouzinsky, il ne s'y reconnut plus, tant il y avait de monde et d'objets empilés sur cette place jusqu'alors déserte... Dans ce moment ses yeux se portèrent involontairement sur une famille arménienne ou géorgienne composée d'un vieillard du plus beau type oriental, de haute taille et richement habillé, d'une vieille matrone de même origine et d'une toute jeune femme dont les sourcils arqués fins et noirs comme une aile de corbeau; le teint d'une couleur mate et les traits réguliers et impassibles, faisaient ressortir l'admirable beauté. Assises sur de grands ballots, derrière la vieille, au milieu d'un tas d'objets appartenant à chacun d'eux, enveloppée d'un riche manteau de satin, un mouchoir de soie violette sur la tête, elle ressemblait avec ses grands yeux fendus en amandes, et ses longs cils baissés vers la terre, à une plante délicate des pays chauds jetée sur la neige; on sentait qu'elle se savait belle et qu'elle craignait pour sa beauté.

(*La guerre et la paix*, traduite par une Russe, Paris, Hachette.)

Le suicide d'Anna Karénine.

Anna suivit la foule en arrivant à la station, cherchant à éviter le grossier contact de ce monde bruyant et s'attardant sur le quai pour se demander ce qu'elle allait faire. Tout lui paraissait maintenant d'une exécution difficile; poussée, heurtée, curieusement observée, elle ne savait où se réfugier. Enfin, elle eut l'idée d'arrêter un employé pour lui demander si le cocher du comte Vronsky n'était pas à la station avec un message.

Au même moment Anna vit s'approcher vers elle son envoyé; le cocher Michel, en beau cafetan neuf, portant un billet avec importance et fier d'avoir rempli sa mission.

Anna brisa le cachet et son cœur se serra en lisant :

« Je regrette que votre billet ne m'ait pas trouvé à Moscou. Je rentrerai à dix heures.

« VRONSKY. »

— C'est cela, je m'y attendais, dit-elle avec un sourire sardonique.

— Tu peux t'en retourner à la maison, fit-elle en s'adressant au jeune cocher; elle prononça ces mots lentement et doucement; son cœur battait à rompre et l'empêchait de parler. « Non, je ne te permettrai plus de me faire ainsi souffrir, pensa-t-elle, s'adressant avec menace à celui qui la torturait, et elle continua à longer le quai. « Où fuir, mon Dieu ? » se dit-elle en se voyant examinée par des personnes que sa toilette et sa beauté intriguaient. Le chef de gare lui demanda si elle n'attendait pas le train, un petit marchand de kvas ne la quittait pas des yeux. Arrivée à l'extrémité du quai elle s'arrêta; des dames et des enfants y causaient en riant avec un monsieur à lunettes qu'elles étaient probablement venues chercher; elles aussi se turent et se retournèrent pour laisser passer Anna. Celle-ci hâta le pas; un convoi de marchandises approchait qui ébranla le quai; elle se crut de nouveau dans un train en marche. Soudain elle se souvint de l'homme écrasé le jour où pour la première fois elle avait rencontré Vronsky à Moscou et elle comprit ce qui lui restait à faire. Légèrement et rapidement elle descendit les marches, qui, de la pompe, placée à l'extrémité du quai, allaient jusqu'aux rails, et marcha au-devant du train. Elle examina froidement la grande roue de la locomotive, les chaînes, les essieux, cherchant à mesurer de l'œil la distance qui séparait les roues de devant du premier wagon des roues de derrière.

— « Là, se dit-elle, regardant l'ombre projetée par le wagon sur le sable mêlé de charbon qui recrouvrait les traverses, là au milieu, il sera puni et je serai délivrée de tous et de moi-même. »

Son petit sac rouge, qu'elle eut quelque peine à détacher de son bras lui fit manquer le moment de se jeter sous le premier wagon, elle attendit le second. Un sentiment semblable à celui qu'elle éprouvait jadis avant de faire le plongeon dans la rivière s'empara d'elle, et elle fit un signe de croix. Ce geste familier réveilla dans son âme une foule de souvenirs de jeunesse et d'enfance; la vie avec ses joies fugitives brilla un moment devant elle; mais elle ne quitta pas des yeux le wagon, et lorsque le milieu, entre les deux roues apparut, elle rejeta son sac, rentra sa tête dans ses épaules et, les mains en avant, se jeta sur les genoux sous le wagon comme prête à se relever. Elle eut le temps d'avoir peur. « Où suis-je? pourquoi? » pensa-t-elle faisant effort pour se rejeter en arrière; mais une masse énorme, inflexible, la frappa sur la tête, et l'entraîna par le dos. « Seigneur, pardonne-moi ! » murmura-t-elle en sentant l'inutilité de la lutte. Un petit moujik, marmottant dans sa barbe, se pencha du marchepied du wagon sur la voie. Et la lumière qui pour l'infortunée avait éclairé le livre de la vie avec ses tourments, ses trahisons et ses douleurs, déchirant les ténèbres, brilla d'un éclat plus vif, vacilla et s'éteignit pour toujours.

(*Anna Karénine*, Paris, Hachette, 1886.)

Dostoevsky (Fedor-Mikhailovitch).

(1818-1881)

Dostoevsky a sa place marquée à côté de Gogol, de Tourguenev, de Tolstoï, des grands maîtres du roman russe, mais il ne ressemble à aucun d'entre eux. Il est avant tout le peintre des misérables, de ceux qu'il appelle les humiliés et les offensés. Sa vie n'a été qu'une longue misère. Compromis en 1849 dans une société secrète, reconnu coupable d'attaques contre l'Eglise et l'Etat, il a connu les horreurs du bagne sibérien qu'il a si puissamment décrites dans les *Mémoires de la maison des morts*. Comme Edgar Poe, il a été sujet à des hallucinations morbides ; des attaques d'épilepsie ont fréquemment ébranlé sa santé physique et morale. L'un des traits caractéristiques de son œuvre c'est la religion de la souffrance humaine. Il est surtout connu en France depuis l'éloquente étude que M. de Vogüé lui a consacré dans la *Revue des Deux-Mondes* et qui a été reproduite dans le volume sur le *Roman russe*. Un grand nombre de ses œuvres ont été traduites (librairies Plon, Havard, Marpon et Flammarion). Nous recommandons particulièrement les traductions de M. Derély, l'un des rares traducteurs, a dit justement M. de Vogüé « dont l'œuvre ne soit pas une mystification ».

L'aigle captif.

Nous eûmes pendant quelque temps au bagne un aigle ; il était de l'espèce des grands aigles des steppes. Je ne sais qui l'avait rapporté blessé, épuisé. Tous les galériens l'entouraient; il ne pouvait voler, son aile droite pendait à terre, une de ses pattes était disloquée. Je me rappelle avec quelle fureur il promenait ses regards autour de lui, examinant la foule des curieux, comme il ouvrait son bec recourbé, prêt à vendre chèrement sa vie. Quand ils eurent fini de le regarder et se dispersèrent, il s'en alla clopin-clopant sur une seule patte, s'aidant de son aile saine, jusqu'au bout du bagne; là il s'enfonça dans un coin, se serrant contre les pieux. Il vécut là pendant trois mois et pendant ce temps-là, il ne sortit pas une fois de son coin. Au commencement on venait souvent le voir, on excitait un chien contre lui. L'animal s'élançait contre l'aigle avec fureur, mais il avait visiblement peur de l'approcher, ce qui divertissait fort les prisonniers. « Quelle bête féroce, disaient-ils, il se fait respecter. »

Plus tard le chien se mit à l'attaquer plus vigoureusement; sa peur se passa, et quand on le lançait sur l'aigle, il réussissait à le saisir par l'aile malade. L'aigle se défendait de toutes ses forces avec le bec et les ongles; puis, superbe et sauvage comme un roi blessé, il s'enfonçait dans son coin et contemplait les curieux qui étaient venus pour le regarder. A la fin il cessa de les divertir; on le laissa de côté, on l'oublia. Cependant chaque jour il y avait auprès de lui des morceaux de viande fraîche et de l'eau dans un tesson. Quelqu'un s'occupait de lui. Au commencement il ne voulait pas manger et il ne mangea pas pendant quelques jours; à la fin il consentit à prendre sa nourriture, mais jamais des mains ou devant des spectateurs. Il m'arriva plus d'une fois de l'observer de loin. Quand il ne voyait personne et se croyait seul, il se décidait parfois à sortir un peu de son coin; il se traînait le long des pieux, à douze pas environ de sa place, puis il revenait, puis il repartait, absolument comme une personne qui prend de l'exercice. Dès qu'il me voyait, de toutes ses forces boitant et sautillant, il s'en retournait à son coin et la tête en arrière, le bec ouvert, le plumage hérissé, il s'apprêtait au combat. Aucune caresse ne pouvait le désarmer. Il ne songeait qu'à mordre et à battre, refusait la viande de mes mains et tout le temps que j'étais devant lui, il me regardait fièrement dans les yeux d'un regard mauvais et pénétrant[1].

Solitaire et haineux il attendait la mort, ne se fiant à personne et ne se réconciliant avec personne. Enfin un jour les détenus se souvenant de lui comme par hasard, après un oubli de deux mois pendant lesquels nul ne s'était inquiété de l'oiseau, il sembla que tous se fussent donné le mot pour le prendre subitement en pitié. On décida qu'il fallait libérer l'aigle. S'il doit crever que ce soit en liberté opinèrent quelques-uns.

— Connu, ajoutèrent d'autres; un oiseau libre, sauvage, on ne l'accoutumera pas à la prison.

— Ça veut dire qu'il n'est pas comme nous, hasarda quelqu'un.

— Voyez le farceur! lui c'est un oiseau, et nous, nous sommes des hommes.

— L'aigle, camarades, c'est le tsar des forêts, commença Skouratov, le beau parleur ; mais cette fois personne ne l'écouta. Après le dîner, quand les tambours battirent l'appel de corvée, on s'empara de l'aigle, on lui maintint le bec parce qu'il se défendait bravement ; on l'emporta hors de la palissade. Nous arrivâmes au glacis; les douze hommes qui composaient l'escouade attendaient avec curiosité pour voir où irait l'oiseau. Chose étrange, tous semblaient heureux, d'on ne sait quoi, comme s'ils allaient recevoir eux-mêmes une part de liberté.

— Eh! la canaille! on veut lui faire du bien et il mord comme un enragé, s'écria celui qui tenait la méchante bête en lui jetant presque des regards attendris.

1. A partir d'ici, j'emprunte la traduction de M. de Vogüé. (*Le Roman Russe*, p. 234.)

— Lâche-le, Mitka !

— Oui c'est un diable qui n'est pas fait pour vivre dans une boîte, donne-lui la liberté, la bonne petite liberté.

On lança l'aigle du haut du glacis dans la steppe. C'était à la fin de l'automne par une après-midi froide et obscure. Le vent sifflait sur la steppe nue et gémissante dans les grandes herbes, jaunies, desséchées. L'aigle s'enfuit en droite ligne battant de l'aile malade, et comme pressé d'arriver là où nos regards ne le suivraient plus. Les forçats guettaient curieusement sa tête qui pointait entre les herbes.

— Voyez le coquin ! fit pensivement l'un d'eux.

— Il ne s'est pas retourné, dit un autre. Pas une seule fois il n'a regardé en arrière, frères. Il ne pense qu'à fuir pour lui.

— Tiens, dit un troisième, crois-tu qu'il allait revenir te remercier ?

— Connu la liberté ! Il a reçu la liberté.

— Comme qui dirait l'indépendance.

— On ne le voit déjà plus, frères.

— Que fait-on là à flâner ? Marche ! crièrent les soldats de l'escorte. Et tous se mirent silencieusement au travail.

(Mémoires de la maison des morts.)

Le vieux croyant.

C'était un petit vieux tout blanc, tout chétif, d'une soixantaine d'années. Il m'avait vivement frappé dès notre première rencontre. Il ne ressemblait en rien aux autres détenus ; il y avait dans son regard quelque chose de si calme, de si reposé ! Je me souviens d'avoir contemplé avec un plaisir particulier ses yeux clairs, lumineux, cernés de petites rides. Je m'entretenais souvent avec lui ; rarement dans ma vie j'ai rencontré une aussi bonne créature, une âme aussi droite. Il expiait en Sibérie un crime irrémissible. A la suite de quelques conversions, d'un mouvement de retour à l'orthodoxie qui s'était produit parmi les vieux croyants de Starodoub, le gouvernement, désireux d'encourager ses bonnes dispositions, avait fait bâtir une église orthodoxe. Le vieillard, d'accord avec d'autres fanatiques avait résolu de « résister pour la foi », comme il disait. Ces gens avaient mis le feu à l'église. Les instigateurs du crime furent condamnés aux travaux forcés, lui tout le premier. C'était un marchand très aisé, à la tête d'un commerce florissant ; il laissait à la maison une femme et des enfants ; mais il partit pour l'exil avec fermeté. Dans son aveuglement, il considérait sa peine comme un « témoignage pour la foi ». Après quelque temps de vie commune avec lui, on se posait involontairement cette question : Comment cet homme paisible, doux comme un enfant, avait-il pu se révolter ? Souvent je discutais avec lui sur les choses de « la foi ». Il ne cédait rien de ses convictions, mais son argumentation ne trahissait jamais la moindre haine, le moindre ressentiment. J'ai eu beau l'étudier, je n'ai jamais pu discerner en lui le plus léger indice d'orgueil ou de fanfaronnade.

Le vieillard était l'objet d'un respect universel au bagne, et il n'en tirait aucune vanité. Les détenus l'appelaient « notre petit oncle » et ne le molestaient jamais. Il comprit là quel ascendant il avait dû exercer sur ses coreligionnaires. Malgré la fermeté apparente avec laquelle il supportait son sort, on devinait au fond de son âme un chagrin secret inguérissable, qu'il s'efforçait de dérober à tous les yeux. Nous couchions nous deux dans le même dortoir. Une nuit, comme j'étais éveillé à quatre heures du matin, j'entendis un sanglot étouffé, timide ; le vieillard était assis sur le poêle et lisait une prière dans son eucologe manuscrit. Il pleurait et je l'entendais murmurer de temps en temps : « Seigneur, ne m'abandonne pas ! Seigneur, fortifie-moi ! Mes petits enfants, mes chers petits, nous ne nous reverrons donc jamais ! » Je ne puis dire quelle tristesse je ressentis.

(*Mémoires de la maison des morts*, traduction de M. de Vogüé, *Le Roman Russe*. Paris, Plon.)

La confession de l'assassin.

Raskolnikov pauvre étudiant a commis un double assassinat. Il a tué une prêteuse sur gages à laquelle il avait parfois emprunté de l'argent, et une autre femme, Nathalie, qui est, pour son malheur, entrée dans la pièce au moment du crime. Après avoir longtemps caché son forfait il se décide à le confesser à une jeune voisine, Sonia, pour laquelle il s'est pris d'une tendre compassion. Elle a parlé devant lui de l'assassinat dont on cherche en vain l'auteur et il a promis de lui révéler cet auteur inconnu. Il se rend chez elle et il lui fait le récit de cet assassinat et des circonstances qui l'ont accompagné.

.... Raskolnikov cacha son visage dans ses mains et baissa la tête. Soudain, il pâlit, se leva, et après avoir regardé Sonia, il alla machinalement s'asseoir sur son lit sans proférer un mot.

L'impression de Raskolnikov était alors exactement celle qu'il avait éprouvée quand, debout derrière la vieille, il avait détaché la hache du nœud coulant, et s'était dit : « Il n'y a plus un instant à perdre ! »

— Qu'avez-vous? demanda Sonia interdite.

Il ne put répondre, il avait compté s'expliquer dans des conditions tout autres, et lui-même ne comprenait pas ce qui se passait maintenant en lui. Elle s'approcha tout doucement de Raskolnikov, s'assit sur le lit à côté de lui et attendit sans le quitter des yeux. Son cœur battait à se rompre. La situation devenait insupportable : il tourna vers la jeune fille son visage d'une pâleur mortelle ; ses lèvres se tordirent dans un effort pour parler. L'épouvante s'empara de Sonia....

— Oh! que vous souffrez, fit d'une voix émue la jeune fille en jetant les yeux sur lui.

— Ce n'est rien !... Voici de quoi il s'agit, Sonia; — durant deux secondes un pâle sourire se montra sur ses lèvres. Te rappelles-tu ce que je voulais te dire hier? Je t'ai dit, en te quittant, que peut-être je te faisais mes adieux pour toujours, mais que si je venais aujourd'hui, je t'apprendrais... qui a tué Elisabeth. Eh bien! voilà pourquoi je suis venu.

— En effet, c'est bien ce que vous m'avez dit hier, fit-elle d'une voix mal assurée. Comment donc savez-vous cela? ajouta-t-elle vivement.

Sonia respirait avec effort. Son visage devenait de plus en plus pâle.

— Je le sais.

— Où l'a-t-on trouvé, demanda-t-elle timidement après une minute de silence ?

— Non, on ne l'a pas trouvé.

Pendant une minute encore elle resta silencieuse.

— Alors comment savez-vous cela? questionna-t-elle ensuite d'une voix presque inintelligible.

Il se tourna vers la jeune fille et la regarda avec

une fixité singulière, tandis qu'un faible sourire flottait sur ses lèvres.

— Devine, dit-il.

Sonia se sentit comme prise de convulsions.

— Mais vous me... Pourquoi donc m'effrayez-vous ainsi ? demanda-t-elle avec un sourire d'enfant.

— Puisque je sais cela, c'est donc que je suis fort lié avec lui, reprit Raskolnikov dont le regard restait toujours attaché sur elle, comme s'il n'eût pas eu la force de détourner les yeux. Cette Elisabeth... il ne voulait pas l'assassiner... Il l'a tuée sans préméditation... Il voulait tuer la vieille... quand celle-ci serait seule... et il est allé chez elle... Mais, sur ces entrefaites, Elisabeth est entrée... Il était là et il l'a tuée.

Un silence lugubre suivit ces paroles.

Durant une minute, tous deux continuèrent à se regarder l'un l'autre.

— Ainsi tu ne peux pas deviner, demanda-t-il brusquement avec la sensation d'un homme qui se jetterait du haut d'un clocher.

— Non, balbutia Sonia d'une voix à peine distincte.

— Cherche bien.

Au moment où il prononçait ces mots, Raskolnikov éprouva de nouveau au fond de lui-même cette impression de froid glacial qui lui était si connue : il regardait Sonia et venait soudain de retrouver sur son visage l'expression qu'offrait celui d'Elisabeth, quand la malheureuse femme reculait devant le meurtrier s'avançant vers elle, la hache levée. A cette heure suprême, Elisabeth avait projeté le bras en avant, comme font les petits enfants lorsqu'ils commencent à avoir peur et que, prêts à pleurer, ils fixent d'un regard effaré et immobile l'objet qui les épouvante. De même le visage de Sonia exprimait une terreur indicible ; elle aussi étendit le bras en avant, repoussa légèrement Raskolnikov en lui touchant la poitrine de la main et s'écarta un peu de lui, sans cesser de le regarder fixement. Son effroi se communiqua au jeune homme qui lui-même se mit à la considérer d'un air effaré.

— As-tu deviné? murmura-t-il enfin.

— Seigneur ! s'écria Sonia.

Puis elle tomba sans forces sur le lit et son visage s'enfonça dans l'oreiller. Mais un instant après, elle se releva par un mouvement rapide, s'approcha de lui et le saisissant par les deux mains que ses petits doigts serrèrent comme des tenailles, elle attacha sur lui un long regard. Ne s'était-elle pas trompée ? Elle l'espérait encore ; mais elle n'eut pas plus tôt jeté les yeux sur le visage de Raskolnikov, que le soupçon dont son âme avait été traversée se changea en certitude.

— Assez Sonia, assez ! Epargne-moi, supplia-t-il d'une voix plaintive.

. . . .
. . . .

Raskolnikov la regarda douloureusement.

— J'ai voulu devenir un Napoléon, voilà pourquoi j'ai tué. Eh bien ! tu t'expliques la chose maintenant. Ma mère, comme tu sais, est presque sans ressources. Le hasard a permis que ma mère reçût de l'éducation et elle est condamnée au métier d'institutrice. Toutes leurs espérances reposaient exclusivement sur moi. Je suis entré à l'Université, mais faute de moyens d'existence, j'ai dû interrompre mes études. Supposons même que je les aie continuées : en mettant les choses au mieux, j'aurais pu dans dix ou quinze ans être nommé professeur de gymnase, ou obtenir une place d'employé avec mille roubles de traitement... (Il avait l'air de réciter une leçon.) Mais d'ici là les soucis et les chagrins auraient ruiné la santé de ma mère et de ma sœur... Se priver de tout, laisser sa mère dans le besoin, souffrir le déshonneur de sa sœur — est-ce une vie? Et tout cela pour arriver à quoi? Après avoir enterré les miens j'aurais pu fonder une nouvelle famille, quitte à laisser en mourant ma femme et mes enfants sans une bouchée de pain! Eh bien, eh bien, je me suis dit qu'avec l'argent de ma vieille je cesserais d'être à la charge de ma mère, je pourrais entrer à l'Université et ensuite assurer mes débuts dans la vie... Eh bien, voilà tout... Naturellement j'ai eu tort de tuer la vieille, allons, assez!

— Non répondit naïvement Sonia d'une voix timide, mais parle, parle... Je comprendrai, je comprendrai tout!

— Tu comprendras? Allons, c'est bien, nous verrons!

Pendant quelque temps Raskolnikov recueillit ses idées.

— Le fait est que je me suis un jour posé cette question : Si Napoléon, par exemple, avait été à ma place, s'il n'avait eu pour commencer sa carrière ni Toulon, ni l'Egypte, ni le passage du Mont-Blanc, mais qu'au lieu de tous ces brillants exploits il se fût trouvé en face d'un meurtre à commettre pour assurer son avenir, aurait-il répugné à l'idée d'assassiner une vieille femme et de lui voler trois mille roubles? Se serait-il dit qu'une telle action était dépourvue de prestige et trop... criminelle! Je me suis longtemps creusé la tête sur cette question et n'ai pu m'empêcher d'éprouver un sentiment de honte quand à la fin j'ai reconnu que non seulement il n'aurait pas hésité, mais qu'il n'aurait même pas compris la possibilité d'une hésitation. Toute autre issue lui étant fermée, il n'aurait pas fait le raffiné, et serait allé de l'avant sans le moindre scrupule. Dès lors, moi non plus, je n'avais pas à hésiter, j'étais couvert par l'autorité de Napoléon !... Tu trouves cela risible ? Tu as raison, Sonia.

La jeune fille ne se sentait aucune envie de rire.

— Dites-moi plutôt franchement, sans exemples, fit-elle d'une voix plus timide encore et à peine distincte.

... Ses yeux brillaient d'un éclat fiévreux. Le délire s'était presque emparé de lui, un sourire inquiet errait sur ses lèvres. Sous son animation factice perçait une extrême lassitude. Sonia comprit combien il souffrait. Elle aussi commençait à perdre la tête. « Quel langage étrange ! Présenter de pareilles explications comme plausibles ! » Elle n'en revenait pas et se tordait les mains dans de son désespoir.

— Non, Sonia, ce n'est pas cela ! poursuivit-il en relevant tout à coup la tête ; ses idées avaient pris soudain une nouvelle tournure et il semblait y avoir puisé un regain de vivacité : — Ce n'est pas cela ! Figure-toi plutôt que je suis rempli d'amour-propre, envieux, méchant, vindicatif, et de plus enclin à la folie. Je t'ai dit tout à l'heure que j'avais dû quitter l'Université. Eh bien, peut-être aurais-je pu y rester. Ma mère aurait payé mes inscriptions, et j'aurais gagné par mon travail de quoi m'habiller et me nourrir, j'y serais arrivé. J'avais des leçons rétribuées à cinquante kopeks. Mais j'étais exaspéré et je n'ai pas voulu. Oui j'étais exaspéré, c'est le mot ! Alors je me suis renfermé chez moi comme l'araignée dans son coin. Tu connais mon taudis, tu y es venue. Sais-tu, Sonia, que l'âme étouffe dans les chambres basses et étroites ? Oh ! que je haïssais ce taudis ! Et pourtant je ne voulais pas en sortir. J'y restais des journées entières, toujours couché, ne voulant pas travailler, ne me souciant pas même de manger. « Si Nastenka m'apporte quelque chose, je mangerai, me disais-je, sinon je me passerai de dîner. » J'étais trop irrité pour rien demander. J'avais renoncé à l'étude et vendu tous mes livres ; il y a un pouce de poussière sur mes notes et sur mes cahiers. Le soir, je n'avais pas de lumière : pour avoir de quoi acheter de la bougie il aurait fallu travailler et je ne le voulais pas ; j'aimais mieux rêvasser couché sur mon divan. Inutile de dire quelles étaient mes songeries. Alors j'ai commencé à penser... Non ce n'est pas cela ! je ne raconte pas encore les choses comme elles sont ! Vois-tu ? je me demandais toujours : puisque tu sais que les autres sont bêtes, pourquoi ne cherches-tu pas à être plus intelligent qu'eux ? Ensuite j'ai reconnu, Sonia, que si l'on attendait un moment où tout le monde sera intelligent, on devra s'armer d'une trop grande patience. Plus tard encore, je me suis convaincu que ce moment même n'arriverait jamais, que les hommes ne changeraient pas et qu'on perdait son temps en essayant de les modifier ! Oui, c'est ainsi ! c'est leur loi... Je sais maintenant, Sonia, que le maître chez eux est celui qui possède une intelligence puissante. Qui ose beaucoup a raison à leurs yeux. Qui les brave et les méprise s'impose à leur respect. C'est ce qui s'est toujours vu et se verra toujours ! Il faudrait être aveugle pour ne pas s'en apercevoir... Alors je me suis convaincu que le pouvoir n'est donné qu'à celui qui ose se baisser pour le prendre. Tout est là ; il suffit d'oser. Du jour où cette vérité m'est apparue, claire comme le soleil, j'ai voulu oser et j'ai tué... j'ai voulu seulement faire acte d'audace, Sonia, tel a été le mobile de mon action...

Que de luttes intérieures j'ai subies! Que tous ces rêves m'étaient insupportables et que j'aurais voulu m'en débarrasser à jamais! Crois-tu que je sois allé là comme un étourdi, un écervelé? Loin de là, je n'ai agi qu'après mûres réflexions et c'est ce qui m'a perdu! Penses-tu que je me sois fait illusion! Quand je m'interrogeais sur le point de savoir si j'avais droit à la puissance, je sentais parfaitement que mon droit était nul par cela même que je le mettais en question. Lorsque je me demandais si une créature humaine était une vermine, je me rendais très bien compte qu'elle n'en était pas une pour moi, mais pour l'audacieux qui ne se serait pas demandé cela et aurait suivi son chemin sans se tourmenter l'esprit à ce sujet... Enfin le seul fait de me poser ce problème : Napoléon aurait-il tué cette vieille? suffisait pour me prouver que je n'étais pas un Napoléon...

Finalement j'ai renoncé à chercher des justifications subtiles : j'ai voulu tuer sans casuistique, tuer pour moi, pour moi seul! Même dans une pareille affaire j'ai dédaigné de ruser avec ma conscience. Si j'ai tué, ce n'est ni pour soulager l'infortune de ma mère, ni pour consacrer au bien de l'humanité la puissance et la richesse que, dans ma pensée, ce meurtre devait m'aider à conquérir. Non, non, tout cela était loin de mon esprit. Dans ce moment-là, sans doute, je ne m'inquiétais pas de savoir si je ferais du bien à quelqu'un ou si je serais toute ma vie un parasite social!... Et l'argent n'a pas été pour moi le principal motif de l'assassinat, une autre raison m'y a surtout déterminé... Je vois cela maintenant... Comprends-moi : si c'était à refaire, peut-être ne recommencerais-je pas. Mais alors il me tardait de savoir si j'étais une vermine comme les autres ou un homme dans la vraie acception du mot, si j'avais ou non en moi la force de franchir l'obstacle, si j'étais une créature tremblante ou si j'avais le droit.

— Le droit de tuer? s'écria Sonia stupéfaite.

— Eh, Sonia! fit-il avec irritation.

Une réponse lui vint aux lèvres, mais il s'abstint dédaigneusement de la formuler. — Ne m'interromps pas, Sonia! Je voulais seulement te prouver une chose; le diable m'a conduit chez la vieille, et ensuite il m'a fait comprendre que je n'avais pas le droit d'y aller, attendu que je suis une vermine ni plus ni moins que les autres! Le diable s'est moqué de moi, voilà qu'à présent je suis venu chez toi! Si je n'étais pas une vermine est-ce que je t'aurais fait cette visite? Ecoute : Quand je me suis rendu chez la vieille, je ne voulais faire qu'une expérience. Sache cela !

— Et vous avez tué! vous avez tué!

— Mais, voyons, comment ai-je tué? Est-ce ainsi qu'on tue? S'y prend-on comme je m'y suis pris, quand on va assassiner quelqu'un? Je te raconterai un jour les détails. Est-ce ainsi que j'ai tué la vieille? Non, c'est moi que j'ai tué, que j'ai perdu sans retour! Quant à la vieille, elle a été tuée par le diable et non par moi... Assez, assez, Sonia, assez! laisse-moi, s'écria-t-il tout à coup d'une voix déchirante, — laisse-moi!

Raskolnikov s'accouda sur ses genoux et pressa convulsivement sa tête dans ses mains.

— Quelle souffrance! gémit Sonia.

— Eh bien! que faire maintenant? dis-le-moi demanda-t-il en relevant soudain la tête.

Ses traits étaient affreusement décomposés.

— Que faire ! s'écria la jeune fille ; elle s'élança vers lui et ses yeux, jusqu'alors pleins de larmes, s'allumèrent tout à coup. Lève-toi (ce disant, elle saisit Raskolnikov par l'épaule ; il se souleva un peu et regarda Sonia d'un air surpris). Va tout de suite, à l'instant même, au prochain carrefour, prosterne-toi et baise la terre que tu as souillée, ensuite incline-toi de chaque côté en disant tout haut à tout le monde : « J'ai tué ! » Alors, Dieu te rendra la vie. Iras-tu ? Iras-tu ? lui demanda-t-elle toute tremblante, tandis qu'elle lui serrait les mains avec une force décuplée et fixait sur lui des yeux enflammés.

Cette subite exaltation de la jeune fille plongea Raskolnikov dans une stupeur profonde.

— Tu veux donc que j'aille aux galères, Sonia ? Il faut que je me dénonce, n'est-ce pas ? fit-il d'un air sombre.

— Il faut que tu acceptes l'expiation et que par elle tu te rachètes.

(*Le Crime et le Châtiment*. Traduction V. Derely, Plon, éditeur.)

Stchedrine (Michel Eugraphovitch Saltykov).

(1826-1889)

Stchedrine, ou Chtchedrine est le pseudonyme littéraire de Michel Saltykov. Le caractère de ses œuvres est essentiellement satirique : aussi sont-elles assez difficiles à comprendre en dehors de la Russie. Quelques-unes d'entre elles ont été cependant traduites en français (librairie Savine), mais elles n'ont point assuré à leur auteur une popularité égale à celles des Tourguenev ou des Tolstoï. Elles ont quelques affinités avec celles du poète Nekrasov ; elles valurent à leur auteur d'être exilé en province. Cet exil contribua à développer son talent : on estime particulièrement en Russie ses esquisses de la vie provinciale. Elles continuent la tradition de Gogol, et certaines pages peuvent être comparées aux meilleures des *Ames mortes*. Pour en saisir le sel il faut être au courant d'une foule de détails familiers aux compatriotes de l'auteur, mais qui échappent en général au lecteur étranger.

Une ville de province.

Elle s'appelle Sryvny. Elle s'élève sur la rive haute et abrupte d'une rivière navigable ; elle est en long et en large coupée par des collines, des ravins et des fondrières.

Du rivage sur la rive opposée, la vue est si attrayante que même le général Zoubatov, homme assez peu disposé pour les beautés de la nature a daigné y faire attention ; et après avoir contemplé du balcon du quartier général les environs, il a proféré : « Digne d'attention. »

C'est surtout au printemps que Sryvny est bien. A cette époque le fleuve déborde comme une mer, il noie les prairies et les saules drus qui croissent sur les berges et même les vieux bois de sapins ; on croirait voir une île qui émerge de l'eau avec ses cimes vertes. Cette énorme masse d'eau offre un aspect sévère et inhospitalier ; dans sa marche rapide et terrible, elle prend toutes les nuances, depuis le brun sombre et l'acier clair jusqu'à la turquoise claire en passant par endroits à l'émeraude et au rubis transparent ; dans l'air des nuages flottent, chassés par les vents du printemps ; tantôt ils s'arrêtent, tantôt ils se poursuivent et prennent les formes les plus capricieuses, les plus dentelées. Tableau sévère et monotone, mais qui frappe le spectateur par la grandeur même de sa simplicité.

Par un beau soleil de printemps toute la contrée se dessine avec tant de relief que jusqu'à vingt verstes de distance elle apparaît avec tous ses détails, tous ses contours. De loin on aperçoit deux ou trois villages avec leurs églises blanches et les groupes noirs de leurs isbas ; plus près s'allongent les champs noirs, par endroit couverts encore de taches blanches de neige ; sur leur lisière verdissent déjà les jeunes herbages de la prairie. Plus loin percent les saules flexibles ; à travers leurs plantations épaisses et entrelacées brille d'une lueur d'acier un vieux lit de la rivière, parfois aussi un ravin qui, sec et désolé en été, se trouve plein d'eau jusqu'aux bords au printemps. Sur un de ses bords s'allonge en bande étroite un petit bois bas et maigre ; sur l'autre s'étend une haie sans fin qui est déjà écroulée par endroit et qui défend mal la prairie voisine de l'invasion du bétail ; plus loin un petit marécage tout couvert de laîches qui ondulent et dont les flots gris affectent désagréablement la vue ; sur ce marécage tourbillonnent en troupeaux innombrables des bécasses et d'autres petits oiseaux. Plus loin, au dernier plan, le paysage est encadré par la lisière bleue de la forêt, cette forêt sans issue, qui d'après la croyance des indigènes s'étend jusqu'à l'Océan glacial. Et tout cela est inondé des rayons brûlants du soleil printanier ; tout cela est frais, virginal, triomphant, plein de la force du renouveau...

Le chemin de halage est parsemé de bourlaks[1] et de leurs maigres chevaux. Le spectateur indifférent se sent pénétré d'un sentiment pénible à l'aspect des bourlaks, en entendant les cris gutturaux et mélancoliques avec

1. Haleurs.

lesquels ils s'excitent les uns les autres, ou excitent leurs chevaux. C'est comme un cri émis avec souffrance, un cri arraché, produit d'un effort vigoureux et presque furieux ; on dirait un soupir sorti de la poitrine d'un homme profondément, mortellement offensé, qui ne trouve pas en ce moment le moyen de se venger de l'offense et qui se contente de soupirer ; mais dans ce soupir on soupçonne une tragédie à venir[1].

C'est surtout sur le port que se développe l'activité commerciale et industrielle de la ville. Il ne faut pas imaginer que ce soit un port bien organisé avec des magasins, un quai, des rampes pavées ; non, c'est tout simplement un port « naturel ». Pendant la plus grande partie de la période de navigation on ne peut s'y aventurer à cause de la boue ; la pente de la berge est impossible : de vieux auvents à moitié ruinés y tiennent lieu de dépôts pour les marchandises.

Des monceaux de sacs de blé et de graines de lin, de nattes et de tille préparés pour l'expédition attendent en désordre sur la rive l'heure du chargement. Ce désordre et le mouvement fébrile qui en est inséparable donne au port cette originalité qu'il n'aurait certainement pas si le chargement s'opérait d'une façon systématique. On entend sans cesse le parler et le bruit de la foule ; toute l'atmosphère est remplie d'une rumeur aimable, d'une sorte de bruit de fête qui prend par moments les tons les plus sympathiques. Parfois, vous arrive une parole un peu énergique, mais elle n'a point une allure offensante, bien plutôt bon enfant, il ne vous reste qu'à hausser les épaules et à penser : « En voilà une invention ! C'est tout simplement

---

1. Sur les bourlaks voir plus loin les beaux vers de Nekrasov.

absurde, mais c'est drôle. » Avec cette parole énergique vous entendez un rire bon enfant, cordial, puis une pointe si fine, si juste, que votre visage sera bien obligé de se dérider...

En somme toute la physionomie de Sryvny permet de conclure que c'est une ville riche et industrieuse. En effet, comparée à d'autres villes de district elle est vraiment bien construite. La grande place et la grande rue sont entièrement bordées de maisons ou d'entrepôts en pierre, de nombreux magasins d'étoffes et de nouveautés attestent qu'une grande partie de la population est assez riche pour avoir des besoins de luxe. Néanmoins les hôtels en pierre des marchands n'ont pas l'air hospitalier. Il y a quelque chose de lugubre dans le bruit des chaînes qui ferment les lourdes portes ouvertes seulement pour laisser passer les télègues lourdement chargées de lourdes marchandises, puis ensuite fermées de nouveau pour longtemps. Elles sont aussi toujours fermées, les fenêtres percées dans d'épaisses murailles ; le passant n'y aperçoit point la tête de quelque jolie fille de marchand, il n'a pas l'oreille égayée par le rire jeune et bruyant des enfants, ce rire de la vie éternellement triomphante, éternellement recommencée ; des vitres verdâtres et couvertes d'une épaisse poussière cachent même aux regards l'intérieur des pièces. On dirait que derrière ces lourdes portes, ces murs épais commence un monde tout différent du nôtre, un monde froid et sans passions, dans lequel ne bat aucun cœur, ne résonne aucune corde vivante.

C'est surtout le soir que ce manque absolu de vie prend un caractère lugubre et même pénible. A peine le crépuscule est-il descendu sur la terre que tout mouvement disparaît absolument des rues, et il se produit un silence profond, mort, à peine parfois interrompu par l'aboiement d'un chien déchaîné. Pas une fenêtre où se montre une lumière engageante, pas une rue où le sol résonne sous le pied d'un passant attardé : les lueurs douteuses et tremblantes des lampes allumées devant les images percent seules la brume et la rendent encore plus sombre et plus impénétrable.

(Esquisses provinciales.)

Ivan Alexievitch Gontcharov.
(1814-1891)

Moins populaire en Occident que les Tourguenev et les Tolstoï, Gontcharov occupe un peu au-dessous d'eux une place fort honorable dans la littérature russe. Ses œuvres les plus remarquables sont une *Histoire ordinaire*, *Oblomov*, le *Précipice* et un récit de voyage, *la Frégate Pallas*. Gontcharov est surtout célèbre pour avoir créé le type d'Oblomov, c'est-à-dire du gentilhomme campagnard uniquement absorbé par les soucis et les jouissances de la vie matérielle, incapable d'en imaginer une autre. Il avait, dit un critique russe, vécu de cette vie dans sa jeunesse, il avait connu ce profond silence, ces jalousies fermées, ces physionomies endormies de gens qui vous disent en bâillant : « Nous n'avons rien à faire, nous ne nous hâtons pas, nous vivons, nous mangeons du pain et nous végétons comme ça. »

Les œuvres principales de Gontcharov ont été traduites en français : *Oblomov*, par Charles Deulin (Librairie académique). Deulin ne savait pas le russe et s'est contenté de mettre en langage littéraire le mot à mot littéral de quelques Russes complaisants; *Le Précipice* par Ch. Gothy et par Achkinasi sous ce titre *La Faute de la Grand'mère* (Paris, 1885). — *Une Histoire ordinaire* n'a pas été, que je sache, traduite en français. La critique russe s'est plue à établir entre ce roman et l'*Horace* de George Sand des rapprochements qu'il serait intéressant de vérifier.

Le ciel des tropiques.

On ne peut décrire le ciel des tropiques et ses merveilles : on ne peut mesurer ces sensations extraordinaires auxquelles on s'abandonne avec un frisson d'humilité, comme à un sentiment d'amour. Comment caractériser cet air subtil, qui, comme une vague chaude, vous baigne, vous caresse, vous dorlotte ; cet éclat du ciel dans son indescriptible et fantastique parure, ces couleurs au milieu desquelles se noie le soleil du soir ? L'Océan dans l'or ou l'or dans l'Océan, une flamme de pourpre, un incendie, pur, clair, transparent, sans trêve et sans fin, sans fumée, sans le moindre détail rappelant la terre.

Sur ce fond infini d'or enflammé gisent des mondes entiers, de villes fantastiques, de tours, de palais, de monstres, d'animaux, tous en nuages. Regardez : la masse d'une forteresse colossale s'ébranle lentement, sans bruit ; un bastion est tombé, un autre s'écroule, une haute tour s'affaisse écrasant ses fondements, puis maintenant tout se confond doucement en forme de montagnes, d'îles, avec des forêts et des coupoles.

L'imagination n'a pas eu le temps de se pénétrer de ce tableau et déjà il fond, il s'évanouit et à sa place arrive, Dieu sait d'où, un navire. Il flotte suspendu sur l'abîme aérien ; d'un énorme char se forme un buste de femme gigantesque ; ses épaules sont encore intactes ; ses flancs sont déjà effacés et voici une tête de dromadaire ; elle est envahie et absorbée par une légion de soldats qui s'élancent sur elle en rangs pressés.

L'œil stupéfait cherche de tous côtés pour découvrir la main qui en se jouant crée ces apparitions aériennes.

Lentement, doucement, paresseusement ces formes délicates et transparentes glissent dans l'or de l'atmosphère ; elles planent comme les rêves sur l'âme assoupie, se combinent en des images captivantes, puis se dissolvent pour se réunir dans un jeu fantastique.

Que les peintres trouvent sur leurs palettes ces nuances, qu'ils essayent de nommer ces nuances dont le soleil à son déclin pare le ciel ! Regardez : une bande violette a couvert le ciel et s'est fondue dans la pourpre ; au bout d'un instant se produit une nuance de jaspe vert sombre ; c'est elle à son tour qui envahit le ciel. Et les châteaux, les tours, les forêts, roses, jaunes, flamboient dans les derniers rayons du soleil qui se précipite vers son déclin comme un temple illuminé. Vous restez immobile, silencieux, stupéfait devant le prisme que le soleil laisse derrière lui ; la chaleur de son dernier rayon ébranle les nerfs visuels, mais vous êtes plongé dans la brume d'une poétique rêverie ; vous ne détournez pas vos yeux, vous ne voulez pas vous dérober à cette extase, à cette mollesse, à cet abandon. Et quand vous revenez à vous : Ah ! dites-vous en soupirant, si la nature était partout et toujours ainsi, aussi brûlante, aussi majestueuse, aussi profondément calme ! Si la vie était ainsi ! Les tempêtes, les passions furieuses ne sont pas l'état normal de la nature et de la vie, elles ne sont qu'un moment passager ; le désordre et le mal, c'est le labeur créateur, le dur travail qui doit produire le calme et le bonheur dans le laboratoire de la nature.

Le soleil n'a pas encore achevé de flamboyer ; vous n'avez point terminé votre méditation..... regardez en arrière : à l'occident tout est encore or et pourpre, à l'orient étincellent et scintillent déjà des milliers d'yeux ; étoile sur étoile, et parmi elles brille modeste et harmonieuse la Croix du Sud. Puis l'obscurité vous enveloppe comme un bonnet, îles, tours, monstres, tout a disparu. Les étoiles rayonnent à leur tour avec force, avec audace, comme si elles avaient hâte de profiter du temps qui s'écoule entre le coucher du soleil et le lever de la lune ; il en vient, il en vient toujours, le ciel en est transpercé. Cette même main invisible, qui traçait des tableaux aériens, allume rapidement des feux dans tous les coins du firmament ; la fête nocturne étincelle. De nouvelles forces, de nouvelles rêveries, un nouveau charme s'élèvent dans notre esprit. De nouveau, comme hier, elle cherche le sens de ces feux, elle lit avidement ces caractères enflammés, elle se plonge dans leurs mystères.

Mais voici la lune ; elle n'est pas terne, pâle, mélancolique, nébuleuse comme chez nous, mais pure, transparente comme le cristal, elle vous inonde superbement de ses lueurs blanches. Sa lumière pénétrante a jailli sur la mer et sur le ciel ; elle a effacé le scintillement présomptueux des étoiles, elle s'est établie, reine douce et majestueuse, pour régner jusqu'au matin. Et l'océan, le croyez-vous endormi? Non, il bouillonne, il étincelle plus que les étoiles. Sous le navire s'étend une nappe de flamme, autour de lui roulent bruyamment des ruisseaux d'or, d'argent, de charbons ardents. Vous êtes aveuglé, envahi par des rêves doux et créateurs, vous fixez sur le ciel votre regard immobile ; là brillent inondés tantôt d'or, tantôt de sang, tantôt d'émeraude, Canope, le flambeau lumineux du navire Argo et les deux grandes étoiles du Centaure. Mais ce qui charme surtout la vue, c'est l'éclat insoutenable des quatre étoiles de la Croix du Sud ; elles brillent modestement et semblent de leur côté vous contempler avec fixité et intelligence. En voyant la Croix du Sud pour la première, la seconde ou la troisième fois, vous vous demandez : Qu'a-t-elle de particulier ? Vous la contemplez longtemps et finalement, quand viendra le soir, c'est elle que votre regard cherchera la première, et quand vous aurez contemplé toutes les étoiles qui apparaissent, vous vous tournerez de nouveau vers elle, et souvent et longuement vous charmerez votre vue de sa contemplation.

Après le jour brûlant arrive une nuit douce et longue avec des scintillements dans le ciel, des ruisseaux de feu sous les pieds, un frisson voluptueux dans l'atmosphère. Regardez toutes ces merveilles, ces mondes, ces feux, et aveuglé, anéanti par la majesté du spectacle, riche et heureux de vos rêves extraordinaires, vous restez immobile comme une statue en murmurant : « Non, ni les cartes, ni les Anglais, ni les Américains, ni mes professeurs, ne m'avaient dit ceci ; seul, un instinct poétique et subtil m'en avait parlé ; encore enfant il m'attirait vers ces contrées d'un attrait mystérieux. »

(*Voyage de la frégate* Pallas.)

Pisemsky (Alexis Feofilaktovitch).
(1820-1881)

Pisemsky occupe dans la littérature russe une place honorable à côté des grands maîtres. Ce qui manque surtout à son œuvre, c'est l'idéal ; il se plaît à peindre la réalité dans toute sa laideur ; il met le plus volontiers en scène des personnages grossiers ou répugnants ; quelques-uns de ses romans pourraient avoir frayé la voie à notre naturalisme contemporain. Ils sont en général inspirés par un esprit étroit et réactionnaire. Il a écrit aussi des drames qui, sauf *Une amère destinée*, ont eu moins de succès.

qué ses romans. Ceux-ci sont particulièrement intéressants à consulter comme peinture de la classe moyenne. Ils font pendant aux drames d'Ostrovsky dont ils rappellent la langue pittoresque et familière Ils ont été pour la plupart traduits en français par M. Derely (librairie Plon).

Un homme de loi.

Le même jour, l'homme de loi, Grégoire Martinitch Grokhov, était assis devant son bureau dans son malpropre et obscur cabinet, des fenêtres duquel on n'apercevait qu'un sale mur de pierre, non crépi, qui s'élevait presque jusqu'au ciel. En bas, dans la rue, on entendait le bruit des charrettes, les cris et les injures que les rouliers échangeaient entre eux. — Grokhov logeait dans un des péréouloks[1] situés entre les rues Varvarka et Ilinka.

Extérieurement, cet homme ressemblait un peu à un éléphant; il avait les yeux injectés de sang, les lèvres épaisses et enflammées, le teint rougeâtre. Jadis simple greffier du Sénat, à présent il roulait carrosse et passait pour avoir une grande fortune, bien qu'il s'en défendît de son mieux. Quand on le voyait acheter parfois à la Bourse pour cent ou cent cinquante mille roubles de valeurs et qu'on lui demandait : « C'est pour vous que vous achetez, Grégoire Martinitch? — Non, répondait-il de mauvaise humeur, c'est une commission dont on m'a chargé! » Nonobstant son titre d'avocat, Grokhov plaidait rarement, surtout devant les nouveaux tribunaux. Néanmoins, à en croire le bruit public, les marchands lui confiaient des affaires importantes qu'il

---

1. Péréoulok, rue transversale, perpendiculaire à une rue principale qui s'appelle *Oulitsa*.

arrangeait le plus souvent lui-même par la seule force de son caractère. Voici comment il procédait : était-il chargé d'une affaire ? il commençait par aller trouver sa partie adverse pour lui faire peur. Si l'adversaire se montrait insensible à ses menaces, Grokhov appliquait alors vis-à-vis de son client ce système d'intimidation et l'amenait à une transaction. C'est ainsi qu'il terminait les différends à l'amiable en recevant de l'argent des deux côtés. Liquider des faillites, gérer des biens de mineurs, suivre des affaires de divorce, quand les parties en cause étaient des gens assez riches pour en valoir la peine, telles étaient aussi les occupations de notre avocat. Dans une existence si bien remplie, Grokhov avait une faiblesse : étant célibataire, il lui arrivait quelquefois de se livrer à la boisson. Alors il plantait là ses affaires, dépensait le diable sait combien d'argent, et compromettait jusqu'à un certain point sa robuste santé, sans compter qu'il en avait pour quinze jours à vivre dans des transes folles.

Au moment où nous présentons Grokhov à nos lecteurs, il venait précisément de tirer une de ces bordées. N'avait-il pas fait de tapage quelque part ? N'avait-il pas blessé ou tué quelqu'un ? Il n'aurait pu en répondre, et, à cette pensée, une sueur froide inondait tout son corps. Mais la porte de son cabinet s'ouvrit pour livrer passage à son secrétaire. Ce dernier, vêtu d'un paletot râpé, avait les cheveux en désordre et le visage bouffi : lui aussi s'était, selon toute apparence, enivré la veille.

— Mme Oloukhov demande à vous voir, dit-il d'une voix très enrouée.

Grokhov fit un effort pour se rappeler qui était cette dame Oloukhov et quelle pouvait être son affaire. Phénomène étrange : le souvenir ne faisait défaut à Grégoire Martinitch qu'en ce qui concernait les événements accomplis depuis vingt-quatre heures ; mais, pour tout le reste, l'avocat avait conservé une mémoire très nette. Il se leva donc, alla prendre aussitôt dans une armoire un dossier sur la couverture duquel on lisait : *Affaire Oloukhov*, et le plaça sur son bureau. Puis, ayant ouvert sa caisse, il en tira un gros paquet portant cette inscription : *Argent de Mme Oloukhov*, qu'il déposa à côté du dossier.

Après quoi, il arrangea tant bien que mal sa chevelure devant une glace, grignota quelques grains de café brûlé dont il avait eu la précaution de se munir, pour corriger un peu l'odeur d'eau-de-vie qu'exhalait sa bouche ; ensuite se rasseyant sur sa chaise de bois, il ordonna à son secrétaire de faire entrer la visiteuse.

(*Les Faiseurs*, traduction de M. Derely, Paris, Plon.)

Alexandre Ostrovsky.
(1824-1886)

Alexandre Nicolaevitch Ostrovsky est le véritable créateur du drame moderne en Russie. Il s'est particulièrement attaché à dépeindre la classe des marchands et surtout celle des marchands moscovites. Il a jeté sur la scène toute une série de types inconnus avant lui. Attaché pendant quelque temps au tribunal de Commerce de Moscou il avait eu l'occasion de les étudier à fond. La société russe s'est reconnue dans ses œuvres ; elles sont aussi populaires chez les compatriotes de l'auteur que le sont chez nous les comédies des Dumas ou des Sardou. En dehors de ses drames bourgeois il a écrit des chroniques dramatiques en vers qui ne sont pas sans mérite, mais qui ont obtenu moins de succès.

La langue d'Ostrovsky est particulièrement difficile : son dialogue est émaillé d'idiotismes essentiellement moscovites qui, même pour les Russes, ont parfois besoin de commentaires. La plus grande partie de son œuvre est encore inconnue en France.

M. Durand Gréville a publié à la librairie Plon les *Chefs-d'œuvre dramatiques d'Ostrovsky*. Ce volume comprend trois pièces : *Chacun à sa place*, *l'Orage*, *Fleur de neige* et est précédé d'une étude sur la vie et les œuvres de l'auteur. M. Legrelle a également traduit l'*Orage*. Cet opuscule distribué aux amis de l'auteur n'a pas été mis dans le commerce.

La belle-mère.

L'ORAGE, ACTE II

SCÈNE III

MADAME KABANOVA, mère de Kabanov; KABANOV; CATHERINE, sa femme.

MADAME KABANOVA

Tu te rappelles bien tout ce que je t'ai dit ? Prends garde de rien oublier...

KABANOV

Je n'oublierai rien, ma mère.

MADAME KABANOVA

Allons, à présent tout est prêt. Les chevaux sont amenés ; tu n'as plus qu'à faire tes adieux et que Dieu te conduise.

KABANOV

Oui, mère, il est temps de partir.

MADAME KABANOVA

Eh bien ?

KABANOV

Qu'est-ce que vous désirez ?

MADAME KABANOVA

Tu restes là planté ? Ne connais-tu pas la coutume russe ? Prescris à ta femme la vie qu'elle devra mener en ton absence.

KABANOV

Mais elle le sait bien, je pense !

MADAME KABANOVA

Vas-tu te remettre à raisonner ? Allons, allons, donne tes ordres ! Que j'entende ce que tu vas lui ordonner ; et quand tu reviendras, tu lui demanderas si elle t'a obéi en tout.

KABANOV (*se posant en face de sa femme*).

Obéis à ma mère, Catia.

MADAME KABANOVA

Dis-lui de ne pas être grossière avec sa belle-mère.

KABANOV

Ne sois pas grossière.

MADAME KABANOVA

De respecter sa belle-mère comme sa propre mère.

KABANOV

Catia, respecte ma mère comme ta propre mère.

MADAME KABANOVA

De ne pas rester tout le temps les bras croisés comme un grande dame.

KABANOV

Travaille à n'importe quoi, pendant que je ne serai pas là.

MADAME KABANOVA

De ne pas être toujours fourrée à la fenêtre.

KABANOV

Mais, ma bonne mère, est-ce qu'elle a jamais?.....

MADAME KABANOVA

Allons! allons!

KABANOV

Ne regarde pas par la fenêtre.....

MADAME KABANOVA

Bien! Maintenant, causez ensemble, si vous avez à causer. (*Elle sort.*)

SCÈNE IV

KABANOV et CATHERINE.

KABANOV

Catia! (*Un silence.*) Tu es fâchée contre moi?

CATHERINE (*après un court silence*).

Non.

KABANOV

Mais alors, qu'as-tu? Voyons, pardonne-moi.

CATHERINE

Que Dieu te pardonne ! (*Se cachant le visage dans ses mains.*) Elle m'a offensée.

KABANOV

Si tu prends la moindre chose à cœur comme ça, tu seras bientôt poitrinaire. Pourquoi fais-tu attention à ce qu'elle dit ? Il faut bien qu'elle occupe sa langue. Mais laisse-la parler et écoute sans entendre. Allons, adieu, Catia !

CATHERINE (*se précipitant vers lui*).

Ticha [1], ne pars pas ! Au nom du ciel, ne pars pas ! Mon ami, je t'en supplie !

KABANOV

Ça ne se peut pas, Catia ! Quand ma mère m'envoie, comment ne pas partir ?

CATHERINE

Alors emmène-moi avec toi, emmène-moi !

KABANOV (*se dégageant*).

Mais ça ne se peut pas !

CATHERINE

Pourquoi donc, Ticha, ça ne se peut-il pas ?

KABANOV

De voyager avec toi ? Ça serait gai ! Vous tous ici,

1. Diminutif de Tikhon.

vous me harassez ; je ne rêve qu'à m'enfuir et tu viens encore te coller à moi ?

CATHERINE

Tu ne m'aimes donc plus ?

KABANOV

Mais si, je t'aime toujours ! Seulement pour sortir d'un pareil esclavage, on quitterait une plus jolie femme que toi. Rends-toi un peu compte : après tout, je suis un homme, et vivre comme je vis ici, ça décide à tout, fuir même sa femme. Et à présent que je suis sûr, pendant quinze jours de ne recevoir aucun orage et de ne plus avoir les fers aux pieds, j'irais m'inquiéter de ma femme ?

CATHERINE

Comment pourrai-je t'aimer si tu me dis des paroles semblables ?

KABANOV

Des paroles ? Comment des paroles ? Qu'est-ce que tu veux donc que je te dise ? Je ne comprends pas de quoi tu as peur. Tu n'es pas seule ; tu restes avec ma mère.

CATHERINE

Ne me parle pas de ta mère, ne me déchire pas le cœur ! Ah ! malheureuse, malheureuse que je suis ! (*Elle pleure.*) Où me cacher, pauvre petite ? A qui demander secours ? Bon Dieu, bon Dieu, je suis perdue...

KABANOV

Je ne te comprends pas du tout, Catherine ! Il y a

des moments où l'on ne peut pas tirer de toi une caresse, pas même une parole et d'autres fois c'est toi qui viens la première...

CATHERINE

Ticha, si tu me laisses toute seule, il arrivera un malheur, il arrivera un malheur.

KABANOV

Mais, puisqu'il n'y a pas moyen, que veux-tu que j'y fasse ?.....

SCÈNE V

Les mêmes; KABANOVA; VARVARA; GLACHA.

MADAME KABANOVA

Tikhon, il faut partir. Que Dieu te conduise. (*Elle s'assied.*) Asseyez-vous tous [1]. (*Tous s'assoient, un silence.*) Allons, adieu ! (*Elle se lève, tous l'imitent.*)

KABANOV (*s'approchant de sa mère*).

Adieu, chère mère.

MADAME KABANOVA (*montrant le plancher*).

A mes pieds ! à mes pieds. (*Kabanov fait une génuflexion, salue jusqu'à terre, puis se relève pour embrasser sa mère.*) Fais tes adieux à ta femme.

---

1. Suivant l'ancienne coutume, quand un Russe part pour un voyage, tous ceux qui sont dans la maison doivent s'asseoir et se recueillir pendant quelques instants. Le fils salue ses parents en se prosternant devant eux et la femme salue de même son mari.

KABANOV

Adieu, Catia. (*Catherine se jette à son cou.*)

MADAME KABANOVA

Qu'est-ce que c'est, effrontée, tu te pends à son cou? Ce n'est pas à ton bon ami que tu dis adieu. C'est à ton mari, à ton maître ! Ne connais-tu pas la loi ? Prosterne-toi ! (*Catherine se prosterne.*)

KABANOV

Adieu, petite sœur ! Adieu, Glacha ! Adieu, ma bonne mère !

MADAME KABANOVA

Adieu, je ne te reconduis pas, point de larmes inutiles. (*Ils sortent.*)

SCÈNE VI

MADAME KABANOVA (*seule*).

Ce que c'est que la jeunesse ! Vrai, ils sont risibles ! Si ce n'étaient pas les miens, j'en rirais tout mon soûl. Ils ne connaissent rien, pas même les usages ! Ils ne savent pas même se dire adieu pour un voyage ! Quand les anciens sont là, passe encore ! La maison se maintient dans l'ordre, tant qu'ils sont vivants. Et ces niais veulent vivre à leur guise ! Mais quand ils essayent, tout va de travers et ils prêtent à rire aux honnêtes gens ; sans doute quelques-uns les plaignent, mais la plupart se moquent d'eux. A dire vrai, il n'y a pas moyen de ne pas se moquer ; ils invitent des hôtes et ils ne savent pas les placer ; et plus d'une fois ils oublient même quelqu'un de leurs parents ! C'est tout bonnement risible. Avec ça, les anciennes coutumes s'en vont... Quand j'entre chez les autres, c'est malgré moi, et j'ai tout de suite envie d'en sortir en crachant de dégoût. Qu'est-ce qui arrivera, quand nous, les vieux, nous serons morts ? Comment le monde marchera-t-il ? Vrai, je n'en sais rien. Une consolation, au moins, c'est que je ne serai plus là pour le voir. (*Entrent Catherine et Varvara.*)

SCÈNE VII

MADAME KABANOVA, CATHERINE, VARVARA.

MADAME KABANOVA

Toi qui te vantais d'aimer tellement ton mari, je le vois à présent ton amour ! Une autre, une bonne femme en reconduisant son mari, se serait couchée sur le seuil et se serait lamentée [1], pendant une heure et demie au moins ; mais toi, ça t'est bien égal.

CATHERINE

A quoi cela servirait-il ? Et puis, je ne sais pas me lamenter. Pourquoi me donner en spectacle aux gens ?

MADAME KABANOVA

Ça n'est pas si difficile de se lamenter ! Si tu avais aimé ton mari, tu aurais bien appris ! Puisque tu ne sais pas te lamenter comme il faut, tu aurais dû au moins faire semblant ; en tout cas cela aurait été plus

---

1. D'après l'ancienne coutume, la femme dont le mari part en voyage doit se coucher sur le seuil de la porte et se lamenter. La longueur de sa lamentation est la preuve de son affection conjugale.

décent ; mais je vois bien que tout se passe en paroles chez toi ! A présent, je vais dire mes prières. Qu'on ne me dérange pas.

(*L'orage*, traduction de M. Durand Gréville. Paris, Plon.)

Chacun à sa place.

Vikhorev gentilhomme ruiné veut épouser, pour refaire sa fortune, Avdotia, fille du marchand Rousakov. Pour forcer le consentement du père il a enlevé Avdotia. Rousakov a deviné les intentions de Vikhorev et il a prévenu sa fille qu'il ne lui donnerait pas de dot. Vikhorev ignore cette résolution. La scène se passe dans un relai de poste.

AVDOTIA

Je vous aime... Devant Dieu qui me voit, je vous aime... Mon ami, faites de moi ce que vous voudrez, mais laissez-moi retourner chez mon père.

VIKHOREV

Allons donc, tais-toi ! C'est une chose impossible, il n'y a plus à en parler... On ne donnera donc pas ces chevaux ! C'est inouï... Qu'as-tu à pleurer comme ça ? Dis.

AVDOTIA

Je vois bien, monsieur Victor, que vous n'avez aucune pitié pour moi.

VIKHOREV

Pitié ! A propos de quoi ? Tout cela ce sont des bêtises et des niaiseries.

AVDOTIA

Et mon père ?

VIKHOREV

Eh bien, il se fâchera, puis il se défâchera! La belle affaire! Tiens, raconte-moi plutôt comment tu t'y es prise pour le décider. Voilà qui est intéressant. Lui qui venait grogner contre moi comme un ours.

AVDOTIA

Je ne sais pas même comment j'ai trouvé ce courage; — je lui ai dit franchement que je vous aimais, mais je ne sais plus du tout comment je le lui ai dit... Il a commencé par me gronder, mais me gronder si fort... si fort... Moi j'ai fondu en larmes. Mon cœur battait, battait et mes yeux se sont mis à voir trouble... puis, je ne me rappelle plus rien ; j'étais debout et je suis tombée... Je ne me rappelle plus comment je suis revenue à moi ; mais j'ai vu mon père assis à côté de moi, il pleurait... « Allons, m'a-t-il dit, fais comme tu voudras. »

VIKHOREV

Bon! Il a dit oui, c'est tout ce que nous voulions; il ne fallait rien de plus pour notre bonheur. Ah! comme nous nous donnerons du bon temps, tu verras!

AVDOTIA

Il a encore ajouté un petit mot, rien du tout, ce n'est pas la peine d'y penser.

VIKHOREV

Un petit mot! Quel petit mot?

AVDOTIA

Il m'a dit : « Avdotia, il ne t'aime pas, il te trompe,

il n'en veut qu'à ton argent. S'il te veut, qu'il te prenne sans dot! » Et moi je me suis dit : « L'argent à quoi bon ? Que le bon Dieu les bénisse avec leur argent ! Ce n'est pas l'argent qui fait le bonheur ! » Naturellement il me donnera un petit trousseau... Ce qu'il me faut. Mais de l'argent pourquoi faire ? Comme dit le proverbe : on ne vit pas avec l'argent, mais avec les bonnes gens.

VIKHOREV

Mais c'était pour rire, n'est-ce pas ? Il en donnera de l'argent ?

AVDOTIA

Ah ça, je ne sais pas, quand il a dit une chose, c'est pour tout de bon. Et à présent surtout qu'il est en colère parce que je lui ai désobéi, bien sûr il ne donnera rien.

VIRKHOREV (à part).

Hum ! mauvaise affaire ! (*Il se prend la tête à deux mains.*) Ah ! ah !

AVDOTIA

Voyez-vous, monsieur Victor, je me suis dit : « Il vaut mieux vivre pauvre avec celui qu'on aime, que riche avec celui qu'on déteste. »

VIKHOREV

Avec celui qu'on aime... Mais comment vivre sans le sou ?

AVDOTIA

Mais vous avez votre bien?

VIKHOREV

Mon bien? Allons donc, quelle bêtise!... Voyons, dis-moi, parle franchement : donnera-t-il de l'argent, oui ou non?

AVDOTIA

Non...

VIKHOREV

Eh bien, alors qu'est-ce que tu fais ici?

AVDOTIA

Mais, monsieur Victor, ce n'est pas ma faute.

VIKHOREV (*se promenant de long en large*).

Oui, c'est ça, on se prend de passion pour épouser un noble, voilà tout et pour devenir une grande dame.

AVDOTIA

Oh! monsieur Victor, qu'est-ce que vous me dites là?

VIKHOREV

Vous épouser sans dot! Voyons vous pouviez bien penser... vous n'êtes pas une petite fille!... L'amour, elles n'ont que ça en tête; c'est ridicule. Vous vous imaginez toutes que vous faites perdre la tête aux gens et qu'on vous prend rien que pour votre figure!

AVDOTIA (*cachant son visage dans ses mains*).

Ah! pauvrette que je suis!... Malheureuse, mon Dieu! pourquoi suis-je née?

VIKHOREV

C'est pourtant assez clair, qu'un homme a besoin d'argent quand il se décide à épouser une fille de marchand ! Si j'avais eu envie d'être amoureux, j'aurais trouvé vingt fois mieux à Moscou ! Mais non, la première niaise venue s'imagine qu'on va être amoureux d'elle à en perdre l'esprit.

AVDOTIA

Qu'avez-vous fait de moi ? Où me cacherai-je à présent ? Comment oserai-je reparaître à la maison ?

VIKHOREV

C'est ça qui m'est égal, il ne fallait pas venir...

AVDOTIA

Mais c'est vous qui m'avez mise de force en voiture !

VIKHOREV

Demande à ton père cent mille roubles, et je t'épouse. Tu seras une grande dame.

AVDOTIA

Que ma langue se dessèche si je lui demande un seul kopek. (*Elle s'avance vers lui.*) Cela ne vous portera pas bonheur, monsieur Victor, d'avoir traité ainsi une pauvre fille... Ma vie tout entière est perdue par vous. Il me serait moins dur de me coucher vivante dans la fosse que de rentrer chez mon père, car il s'écartera de moi ; je l'ai couvert de honte, mon pauvre vieux père. Toute la ville va me montrer au doigt.

VIKHOREV

Ah ! bah ! Ce n'est pas la première fois que j'entends ça.

AVDOTIA

Dieu vous punira pour ce que vous avez fait ! Moi, je ne vous désire pas de mal. Trouvez une femme riche qui vous aime comme je vous aimais : vivez heureux avec elle ! Et moi, pauvre fille, j'enfermerai ma vie entre quatre murs, en maudissant l'existence. Adieu ! (*Elle pleure.*) Adieu, je retourne chez mon père...

(Traduction de M. Durand Gréville.)

Khomiakov (Alexis-Stepanovitch).
(1802-1860)

Khomiakov est avant tout un poète mystique et panslaviste. Il croit à la mission divine de la Russie qui est de réunir tous les Slaves et de les ramener à la religion orthodoxe. C'est un rêveur, et certaines de ses rêveries ont peu de chances de se réaliser, mais il les a exprimées dans une langue harmonieuse et fière. Supérieur dans le genre lyrique, il a échoué dans le drame. Il a laissé un certain nombre d'écrits polémiques et théologiques.

L'idée panslaviste.

Ne t'enorgueillis pas devant Belgrade, Prague, ô reine des pays tchèques. Ne t'enorgueillis pas devant Prague, Moscou aux coupoles dorées.

Souvenons-nous que nous sommes frères, enfants d'une mère unique. Aux frères les embrassements fraternels ! La poitrine contre la poitrine, la main dans la main !

Qu'il ne s'enorgueillisse pas de la force de son bras, celui qui a tenu bon pendant le combat ; qu'il ne soit pas honteux celui qui dans une longue lutte a succombé sous la rigueur du destin.

Le temps de l'épreuve est dur ; mais celui qui est tombé se relève, il y a beaucoup de pitié chez Dieu ; sans borne est son amour.

La brume funèbre se dissipera : attendu depuis longtemps, le beau jour luira enfin ; les frères seront réunis. Tous seront grands, tous libres. Contre l'ennemi marcheront leurs rangs victorieux, tous pleins d'une pensée noble, forts d'une foi unique.

Les aigles slaves.

Tu as établi bien haut ton nid, aigle des Slaves du Nord ; tu as étendu largement tes ailes, tu t'es élevé bien loin dans les cieux.

Vole! mais dans la mer azurée de lumière où ta poitrine respire la force et brûle de l'ivresse de la liberté, n'oublie pas tes jeunes frères !

Vers les plaines du Midi, vers le lointain Occident, regarde ! Ils sont nombreux là où murmure le Danube, là où les Alpes cachent leurs sommets dans les nuages, dans les fentes des rochers, sous l'ombre des Karpathes, dans les forêts profondes du Balkan, dans les filets des perfides Teutons. Ils attendent, les frères enchaînés, le moment où ils entendront ton appel, le moment où tes larges ailes s'étendront sur leur faible tête.

Oh ! souviens-toi d'eux, aigle du Nord. Envoie-leur ton salut retentissant ! Que dans la nuit de l'esclavage, la lumière brillante de la liberté vienne les consoler. Nourris-les de la force spirituelle, nourris-les de l'espérance des jours meilleurs! Ces cœurs glacés où coule ton sang, réchauffe-les de ton brûlant amour. Leur heure viendra; leurs ailes seront plus fortes ; leurs jeunes ongles croîtront. Les aigles crieront et les chaînes que la violence leur impose, ils les briseront avec un bec de fer.

Kiev.

Devant moi se dresse le vieux Kiev sur le Dnieper ; le Dnieper sous la montagne fait étinceler ses flots d'argent.

Gloire à toi, Kiev séculaire, berceau de la gloire russe. Gloire à notre rapide Dnieper, fleuve baptismal de la Russie.

Les cantiques résonnaient avec douceur; la cloche du soir tintait sous les cieux :

« D'où êtes-vous venus, pèlerins, pour adorer ?

— Moi, des pays où coule lentement le Don, ornement des steppes ; moi, de ceux où roule l'immense Eniseï.

« Mon pays, c'est le rivage tiède de l'Euxin ; le mien, c'est le rivage de ces contrées lointaines où des glaces continues enchaînent l'Océan.

« La contrée sauvage et terrible de l'Altaï aux neiges éternelles, voilà mon pays natal ; ma patrie, c'est l'antique Pskov.

« Moi, je viens du froid Ladoga ; et moi des flots bleus de la Neva ; moi des rives qu'arrose la Dvina ; moi de Moscou notre mère. »

Gloire à toi, Dnieper ! Gloire à tes eaux grises ! Gloire

à toi, Kiev, cité merveilleuse. L'ombre silencieuse de tes cryptes est plus belle que les palais tsariens.

Nous le savons ; dans les siècles passés, dans la nuit antique, dans l'obscurité profonde, sur toi brilla pour la Russie l'orient de la lumière éternelle.

Et maintenant des pays lointains, des steppes qu'on ignore, des fleuves profonds du Nord, foule d'enfants en prières.

Nous voici autour de ton sanctuaire, tous avec amour assemblés. Frères, où sont les fils de la Volynie ? Galitch, où sont tes enfants [1] ?

Malheur ! malheur ! ils ont été brûlés sur les bûchers sauvages des Polonais, ils ont été attirés, débauchés par les festins tumultueux des Polonais.

L'épée et la ruse, la perfidie et la flamme nous les ont enlevés ; ils suivent un étendard étranger, ils obéissent à la voix d'autrui.

Réveille-toi, Kiev, appelle tes enfants déchus. Douce est la voix d'un père, la voix de la prière et de l'amour.

Dès que les enfants enlevés entendront ton appel, ils briseront les chaines de la malice, ils oublieront le drapeau étranger.

De nouveau, comme au temps jadis, ils viendront se consoler dans ton sein sacré, dans ton asile paternel, et autour de l'étendard de la patrie, ils accourront en foule vers la vie de l'esprit, vers l'esprit de la vie, régénérés par toi.

Vision.

Minuit sans étoiles respirait la fraîcheur ; l'Elbe roulait sous mes fenêtres ses ondes tumultueuses ; je son-

---

[1]. Provinces primitivement russes qui firent partie de la république polonaise.

geais à Prague avec une joie mélancolique, je rêvais de Prague perdu dans le sommeil.

Il me semblait que je volais ; l'aigle aux ailes grises depuis longtemps, longtemps se serait lassé dans son vol ; mais moi entraîné par une force invisible je volais plus haut, toujours plus haut !

Et du haut du ciel, je vis un tableau magnifique : tout l'Occident rayonnant dans sa parure éclatante ; la Morava, l'Elbe et la Save lointaine, le Danube aux ondes tumultueuses et bleues.

Et je voyais Prague, et Prague étincelait. Un temple à coupole d'or[1] se dressait sur les hauteurs de Petrzin[2] ; une prière slave résonnait mêlée à des chants connus des siècles passés.

Et dans le costume sacré de saint Cyrille, l'évêque montait à Petrzin et la foule roulait sur ses traces et l'air était plein de la fumée des encensoirs.

Et le clergé chantait gloire au ciel et appelait la bénédiction du Seigneur sur les pays occidentaux, sur l'Elbe, la Morava et la Save, sur le Danube aux ondes tumultueuses et bleues.

Tioutchev (Fédor-Ivanovitch).
(1803-1873)

Tioutchev est, comme Khomiakov, le poète du panslavisme. Ivan Tourguenev le considérait comme le plus remarquable des successeurs de Pouchkine. « Il n'a pas, disait-il, la grâce captivante, mais un peu monotone de Fet, la passion énergique, souvent sèche et dure de Nekrasov, le pittoresque régulier et parfois

---

1. C'est-à-dire une église orthodoxe.
2. Colline qui domine Prague, sur la rive gauche de la Vltava (Moldau).

assez froid de Maïkov ; mais il est le seul qui porte le sceau de cette grande époque à laquelle il appartient et dont est si vigoureusement empreinte l'œuvre de Pouchkine. »

Les fêtes de Constantinople[1].

Les drapeaux flottent sur le Bosphore ; le canon des fêtes résonne, le ciel est clair, la mer étincelle et Constantinople est en fête.

Ce n'est pas sans raison qu'elle est en fête ; sur ses rivages enchanteurs festine joyeusement le débonnaire padichah.

Il traite magnifiquement les chers amis de l'Occident ; et pour eux, il mettrait en gage tout son empire.

Du très docte lointain de leur terre franghistane[2] ils sont tous venus ici pour se divertir aux frais du prophète.

Tonnerre des canons et musique ! Ici dévale toute l'Europe. Ici toutes les puissances du monde viennent fêter leur carnaval.

Au bruit des cris fanatiques, la tumultueuse orgie de l'Occident même dans les harems les plus cachés a ouvert les portes toutes grandes.

Ah ! dans ce cadre magnifique — des montagnes merveilleuses et deux mers — comme il se divertit aux frais de l'Islam le congrès des princes chrétiens.

Leurs salamalecs n'ont point de fin, le frère embrasse le frère. Oh ! de quelle charmante lumière elles brillent les étoiles de l'Occident !

1. Ecrit en 1870, au moment où le sultan recevait à Constantinople l'impératrice Eugénie, l'empereur François-Joseph et donnait des fêtes somptueuses en leur honneur.
2. Le pays des Francs, l'Occident chrétien.

Et plus brillante et plus charmante que toutes, ici brille une étoile, la fée couronnée, la fille de Rome, la femme de l'empereur[1].

Du glorieux théâtre de toutes les élégances et de toutes les intrigues, comme une seconde Cléopâtre dans l'assemblée des hôtes couronnés,

Elle est apparue en Orient, pour les charmer tous, non pour les affliger, et tout s'est incliné devant elle. Voici que le soleil s'est levé de l'Occident.

Seulement là-bas, où errent des ombres, par les vallées, par les montagnes, où ne peuvent arriver ni ces cris, ni ce vacarme,

Seulement là-bas où errent des ombres, là dans la nuit, par des blessures fraîches avec le sang s'écoulent lentement les millions des chrétiens.

Les pauvres.

Envoie, Seigneur, ton soulagement à celui qui, par les chaleurs ardentes de l'été, pauvre mendiant, erre devant le parc sur le pavé brûlant.

Celui qui regarde à travers la grille l'ombre des arbres, l'herbe des vallons, la fraîcheur inaccessible pour lui des lumineuses et luxuriantes prairies.

Ce n'est pas pour lui que les arbres arrondissent le dôme de leur ombre, ce n'est pas pour lui que le jet d'eau lance en l'air son nuage brumeux.

La grotte d'azur, comme en un brouillard, attire en vain ses yeux; la poussière humide du jet d'eau ne rafraîchira point sa tête.

---

1. L'impératrice Eugénie.

Envoie, Seigneur, ton soulagement à celui qui par le sentier de la vie, comme un pauvre mendiant, erre devant le parc sur le pavé brûlant.

Nekrasov (Nicolas-Alexievitch).
(1822-1878)

Nekrasov comme poète est un artiste moins achevé que Pouchkine ou que Lermontov. Ses vers sont peut-être allés plus profondément au cœur du peuple russe. Comme Dostoevsky il est le chantre des misérables, « des humiliés et des offensés ». Ses œuvres ont parfois un caractère révolutionnaire. M. de Vogué les a comparées, non sans raison, aux *Châtiments* de Victor Hugo ou aux *Pamphlets* de Vallès. Elles ne sont pas toujours exemptes de déclamation. Nekrasov avait eu une enfance malheureuse ; son père était un brutal, sa mère était morte de chagrin et de consomption. Sa jeunesse fut aussi triste que son enfance. Ces circonstances expliquent l'amertume de son œuvre. On pourra en juger par les courts extraits que nous donnons ici et mieux encore par une étude de M. de Vogué qui figure en tête du volume : *Poésies populaires* de Nekrasov traduites par E. Halpérine Kaminsky et Ch. Morice (Paris, librairie académique).

En 1858, M. Delaveau a publié dans la *Revue des Deux-Mondes* une étude sur Nekrasov (n° du 15 décembre).

La guerre.

Quand je songe aux horreurs de la guerre, à chaque nouvelle victime des combats, j'ai pitié non de l'ami, non de la femme, non du héros lui-même.

Hélas ! la femme se consolera. Le meilleur ami oubliera son ami. Mais il y a quelque part une âme qui se souviendra jusqu'à la tombe.

Au milieu de toutes nos hypocrisies, de toutes nos bassesses, de notre prose, je n'ai vu qu'une fois au monde des larmes saintes, des larmes sincères. C'étaient des larmes de pauvres mères.

Ah! elles n'oublient pas les enfants tombés sur la plaine sanglante. Tel le saule pleureur ne redresse jamais ses branches inclinées.

Le pays natal.

Les voici de nouveau, les lieux bien connus où la vie de mes pères, stérile et vide, s'écoula au milieu des festins, des vanités insensées, de la fangeuse débauche et de la mesquine tyrannie, où l'essaim des serfs écrasés et tremblants portait envie à la condition des derniers chiens du seigneur, où Dieu a voulu que je visse la lumière, où j'ai appris à souffrir et à haïr; mais j'ai lâchement dissimulé la haine dans mon âme, quand je suis devenu seigneur à mon tour. C'est là que de mon âme prématurément dépravée s'est envolée sitôt la paix bénie, là que le feu perfide de désirs, d'inquiétudes précoces embrasa mon cœur. Les souvenirs des jours de la jeunesse qu'on appelle d'un nom pompeux, des souvenirs charmants ou divins, ces souvenirs qui ont rempli ma poitrine d'animosité et de spleen, ils m'apparaissent dans toute leur beauté.

Voici le sombre, sombre jardin! Et là-bas, dans l'allée lointaine, quel est le visage maladif et triste qui apparaît à travers les branches? Je sais pourquoi tu pleures, ma mère! Qui désola ta vie, oh! je le sais, je le sais moi. Livrée pour la vie à un brutal ignorant, tu ne t'es pas abandonnée à d'impossibles espérances. Tu t'épouvantais à l'idée de te révolter contre le destin; tu subis ta destinée avec le silence de l'esclave, mais, je le sais, ton âme n'était pas sans passions. Elle était fière, opiniâtre et belle. Et tout ce que tu eus la force de supporter, ton dernier soupir l'a-t-il pardonné à ton bourreau ?

Et toi qui partageas avec la silencieuse martyre la douleur et la honte de sa triste destinée, toi aussi, tu n'es plus, sœur de mon âme. Chassée par la honte d'une maison livrée aux serves-maîtresses et aux valets de chiens, tu confias ta destinée à celui que tu ne connaissais pas et que tu n'aimais point. Tu recommenças en ce monde la triste destinée de ta mère et tu te couchas dans le tombeau avec un sourire si froid, si sévère que ton bourreau frémit et s'oublia jusqu'à pleurer.

La voilà, la vieille maison grise ; maintenant elle est vide et sourde, ni femmes, ni chiens, ni bouffons, ni serviteurs. Et jadis... Mais, — je m'en souviens, — je ne sais quoi pesait sur tous : petits et grands avaient le cœur oppressé d'angoisse, je me réfugiais chez ma niania[1]. Ah ! niania, que de fois j'ai pleuré sur ma mère dans les heures lourdes à mon cœur. A son seul nom, je tombais en attendrissement, je faisais, — y a-t-il si longtemps ? — mes dévotions à sa mémoire.

De sa bonté déraisonnable et funeste, bien des traits revenaient à mon souvenir ; ma poitrine se gonflait de nouveau de hiane et de fiel. Non, de ma jeunesse révoltée et farouche, il n'est pas resté à mon âme un seul souvenir consolant. Tout ce qui, dès mes jeunes années, affligea ma vie d'une malédiction inéluctable, j'en retrouve le principe au pays natal.

Et je regarde avec dégoût autour de moi, et je vois avec joie qu'on a détruit le bois sombre qui offrait sa fraîcheur et son abri contre les accablantes chaleurs de

---

1. Bonne.

l'été, que le champ est brûlé, que le troupeau sommeille indolent, la tête basse, au-dessus d'un ruisseau desséché, qu'elle se penche déjetée, vide et sombre la maison où naguère répondait au bruit des coupes et aux chants de joie la plainte sourde éternelle des souffrances étouffées, où, seul, celui qui écrasait tous les autres respirait, agissait et vivait librement.

Le village oublié.

A l'intendant Blaise la vieille Nenila a demandé du bois pour réparer son izba. Il a répondu : « Il n'y a point de bois, et n'en attends pas ; il n'y en aura point. — Le seigneur viendra, il jugera entre nous, il verra lui-même que l'izba est en mauvais état et il me fera donner du bois. » Ainsi pense la vieille.

Un voisin, usurier rapace a pris aux paysans un joli lopin de terre et se l'est annexé par des procédés de fripon : « Le seigneur viendra, il amènera les arpenteurs, pensent les paysans ; le seigneur dira un mot et on nous rendra notre terre. »

Un laboureur libre aime Natacha. Mais l'intendant, un Allemand sentimental, contrarie la jeune fille. — « Attendons, Ignacha, le seigneur viendra, dit Natacha. » — Petits, grands, dès qu'un incident se produit : « Le seigneur viendra », répètent-t-ils en chœur.

Nenila est morte : sur la terre annexée par le voisin fripon, la terre rend au centuple ; les bambins d'autrefois sont maintenant tout barbus ; le laboureur libre a été fait soldat et Natacha elle-même ne rêve plus mariage. Le seigneur n'est pas encore venu. Le seigneur ne vient pas.

A la fin, un jour, au milieu de la route, apparut un équipage à six chevaux; sur le haut carrosse, un cercueil est couché; derrière le cercueil marche le nouveau seigneur. On chanta l'office pour l'ancien maître : le nouveau essuya ses larmes, s'assit dans sa voiture, — et partit pour Pétersbourg.

Méditation devant le perron d'honneur.

Voici le perron d'honneur. Aux jours solennels, prise d'une crise servile, toute la ville, avec je ne sais quelle crainte, se précipite devant la porte fatale. Après avoir écrit leur nom et leur profession, les visiteurs rentrent chez eux profondément satisfaits d'eux-mêmes. On dirait qu'ils n'ont pas d'autre carrière. Aux jours ordinaires, ce somptueux perron est assiégé par de pauvres gens, des faiseurs de projets, des quémandeurs de places, un vieillard décrépit, une veuve. De ce perron chaque matin s'élancent les courriers avec leurs messages. Au retour tel sollicitcur chante *tra la la* et tel autre pleure. Une fois, j'ai vu venir ici des paysans, des Russes de la campagne. Ils avaient fait une prière devant l'église et se tenaient à l'écart, laissant tomber sur leur poitrine leurs têtes blondes. Le suisse apparut. « Laisse-nous entrer, dirent-ils avec une expression d'espérance et de douleur. » Il regarda les hôtes. Ils n'étaient pas beaux à voir. Des visages et des mains hâlés, un pauvre armiak sur les épaules, une besace sur leurs épaules courbées, une croix au cou, du sang à leurs pieds, chaussés de laptis[1] tressés de leurs mains. On voyait qu'ils avaient longtemps marché, venus de quel-

---

1. Voir la note plus haut.

que lointain gouvernement. Quelqu'un cria au suisse : « Chassez-les, notre maître n'aime pas les loqueteux ! »

Et la porte résonna ! Après quelque attente les pèlerins dénouèrent leurs bourses, mais le suisse ne les laissa pas entrer et refusa leur maigre obole. Et ils s'en allèrent brûlés du soleil en disant : « Que Dieu le juge », et ils agitaient désespérément les bras et tant que je pus les voir ils marchaient la tête nue.

Et le maître de cette somptueuse demeure était encore plongé dans un profond sommeil. Toi qui mets le bonheur de ta vie dans l'ivresse d'une flatterie impudente, dans la galanterie, la table et le jeu, éveille-toi ! Il y a d'autres joies. Rappelle-les. Ils mettent en toi leur salut. — Mais les heureux sont sourds pour le bien. — Tu ne crains pas les foudres du ciel ; celles de la terre, tu les tiens dans ta main, et ces pauvres inconnus emportent avec eux une tristesse infinie.

Que t'importent ces offensés qui crient, que t'importe ce peuple misérable ? Ta vie s'écoule dans une fête éternelle qui ne te permet pas de revenir à toi. Et pourquoi ? Le bonheur du peuple n'est pour toi qu'un amusement de gratte-papier. Tu vivras sans lui avec gloire, et avec gloire tu mourras. Plus calme qu'une idylle arcadienne s'écouleront tes derniers jours : sous le ciel enchanteur de la Sicile, à l'ombre des bosquets parfumés, contemplant comment le soleil de pourpre se couche dans la mer d'azur et la dore de ses feux, bercé par la chanson caressante de la vague méditerranéenne, tu t'endormiras comme un enfant, entouré des soins d'une famille aimante et aimée (qui d'ailleurs attend ta mort avec impatience). On rapportera chez nous ta dépouille pour lui faire de solennelles funérailles. Et tu descendras dans la tombe... héros maudit tout bas par la patrie, exalté tout haut par des louanges retentissantes.

D'ailleurs, à quoi bon vouloir troubler un tel personnage pour de petites gens ? Ne vaut-il pas mieux faire passer sur eux notre colère?... Il est moins dangereux, il est même plus gai de chercher quelque part une consolation. Ce n'est pas un mal que le paysan souffre. Ainsi l'a voulu la Providence qui nous conduit... et d'ailleurs il y est habitué. Au delà de la barrière, dans quelque misérable cabaret, ils boiront les misérables jusqu'à leur dernier rouble, puis ils iront mendiant sur le chemin et gémissant

O terre natale! nomme-moi une commune, — ce coin je ne l'ai jamais vu, — où celui qui t'ensemence et te garde, où le paysan russe ne gémisse point. Il gémit par les champs, par les routes, il gémit dans les prisons, dans les bagnes, dans les mines, rivé à la chaîne, il gémit dans la grange, sous les meules, sous la télègue où il passe la nuit dans la steppe. Il gémit dans sa pauvre maisonnette; il voit sans joie le soleil; il gémit dans la moindre villasse au soleil des tribunaux et des chancelleries. Va sur le Volga; quel est ce gémissement qui résonne sur le grand fleuve russe[1]? Ce sont les haleurs qui vont tirant leur corde. O Volga! Volga! Par les printemps pluvieux tu n'inondes pas autant nos plaines que notre terre est inondée de la grande misère populaire. Là où est le peuple il y a des gémissements. Eh, mon ami, que signifie ce gémissement sans fin? Te réveilleras-tu dans ta force, ou bien, soumis à la loi du sort, as-tu déjà accompli tout ce que tu pouvais faire et après avoir osé une chanson semblable à un

---

1. Comparez le passage de Stchedrine, p. 500.

gémissement, ton âme s'est-elle rendormie pour toujours[1]?

La berceuse du fonctionnaire[2].
(PARODIE DE LERMONTOV)

Dors, espiègle, pendant que tu ne peux encore nuire. Dodo, dodo! La lune terne aux reflets de cuivre regarde dans ton berceau. Je ne te raconterai pas des contes; je te chanterai la vérité, et toi dors les yeux fermés. Dodo! l'enfant, dodo!

Un bruit joyeux pour tous s'est répandu par le gouvernement. Ton père est mis en jugement. Les preuves s'entassent contre lui. Mais ton père est un fameux larron, il connaît bien son rôle. Dors, espiègle pendant que tu es honnête. Dodo! l'enfant, dodo!

Tu grandiras et bientôt tu connaîtras ce monde chrétien. Tu achèteras un frac vert foncé et tu prendras une plume. Tu diras : j'ai de bonnes intentions, je suis pour le bien. Dors! je ne suis pas inquiet de ton avenir. Dodo! l'enfant, dodo!

Tu auras l'aspect d'un fonctionnaire et l'âme d'un drôle. Je partirai pour t'accompagner; je te ferai des signes de la main. En un jour tu apprendras à plier l'échine avec élégance. Dors, espiègle, tant que tu es innocent. Dodo! l'enfant, dodo!

Doux et modeste comme un agneau, mais la tête dure, tu te faufileras en rampant dans quelque bonne place, et tu n'y perdras pas ton temps. Dors, tandis que tu ne peux voler. Dodo! l'enfant, dodo!

---

1. Cette pièce était écrite en 1858, trois ans avant l'émancipation des paysans.
2. Voir plus haut la *Berceuse cosaque*, p. 393.

Tu achèteras une maison à beaucoup d'étages, tu atteindras un haut grade, et tout à coup tu deviendras un haut fonctionnaire, un gentilhomme russe. Tu vivras bien et tu finiras ta vie en paix et avec gloire. Dors, mon beau petit fonctionnaire. Dodo ! l'enfant, dodo !

Apollon Maïkov.
(1821)

Apollon-Nicolaevitch Maïkov appartient à une famille dont beaucoup de membres se sont illustrés dans les arts et dans les sciences. Le nom d'Apollon qu'il reçut à sa naissance semble avoir influé sur sa destinée. Il a été avant tout un poète antique, on peut ajouter cosmopolite. Il s'est volontiers inspiré de la Grèce et de Rome ; il n'a point négligé le moyen âge russe et occidental. C'est un poète idéaliste. Ses vers sont d'une forme exquise. Il a donné d'excellentes traductions de grands classiques ou des anciens chants russes ; on estime particulièrement sa version du Récit d'Igor (voir plus haut, p. 21). Ce texte difficile avait déjà tenté Pouchkine.

L'Orient et la Russie.
(1877)

Voici encore l'Orient en flammes. Voici de nouveau du sang, des gémissements, des champs brûlés, des violences, des morts, des malédictions. De nouveau des femmes et des enfants errants dans les montagnes et tendant vers leurs frères des bras qui les implorent au nom du Christ !

L'Europe, cette fois, fait attention à leurs prières. Mais leurs regards se dirigent vers la lointaine Russie. Là est le tsar oint du Seigneur, là le chef de l'Orient. C'est de ce côté que Byzance s'est tournée avant de mourir.

Et la Russie le sait, et la Russie a accepté son devoir. Il a été pour elle ce que le phare est pour le navigateur. La grande pensée a crû et s'est développée avec elle dans la pensée des tsars, dans les espérances du peuple.

Déjà Nicolas a été près du but; mais Dieu a encore ajourné le moment. Est-il arrivé aujourd'hui? Ce que le puissant esprit du père n'a pu accomplir, le cœur du fils ne serait-il pas destiné à l'accomplir?

Doute.

Qu'on dise : La poésie est un rêve, le délire insignifiant d'un cœur enfiévré; son monde est un monde vide et menteur et la beauté n'est qu'une pauvre invention ! Que pour les navigateurs lointains il n'y ait plus de dangereuses sirènes, plus de dryades dans les forêts épaisses, plus de naïades à cheveux dorés dans les ruisseaux cristallins. Que Jupiter ne fasse point jaillir de ses mains les coups de la foudre; qu'à l'heure de la nuit, Hélios ne descende point dans le palais empourpré de Thétis !

Soit ! Mais à midi le murmure des feuilles est si plein de mystères, le murmure du ruisseau est si harmonieux, le mugissement de la mer est si plein de pensée, elle reçoit avec tant d'amour le soleil dans ses profondeurs, l'aspect de la lune est si mystérieux que le cœur entend partout une langue occulte. Et malgré vous, à ces phénomènes vous prêtez les beautés de la vie, et à ces aimables erreurs vous croyez — sans y croire.

Les pensées secrètes.

Il y a des pensées secrètes dans la profondeur de l'âme : le poète dès le premier moment de leur naissance sent en elle la semence d'une création à venir. On dirait qu'elles dorment et mûrissent dans un profond sommeil, qu'elles attendent un coup d'œil, un signe, un éclair pour s'arracher à l'obscurité. Parfois l'homme s'approche d'elles, à la dérobée, en secret ; il s'arrête, il se plaît à contempler leur sommeil mystérieux comme une mère inquiète et silencieuse se penche sur ses enfants endormis dans la chambre discrète.

La source de la montagne.

D'où viens-tu, source de la montagne, d'où tires-tu tes eaux murmurantes ? Qui vous a fait jaillir du sombre abîme, pures larmes de la terre ? Est-ce le soleil qui, en brûlant les hautes cimes, a fondu leur écorce glacée ? Est-ce du cœur de la terre que vient la source écumante après s'être frayé un chemin mystérieux ?

Peu importe d'où tu viens. Mais dans tes flots étincelants la naïade aime à sommeiller ou à se baigner à la dérobée. Les pasteurs de la vallée se plaisent à jouer du cor auprès de tes eaux, les jeunes filles à plonger leurs cruches sonores dans ta fraîcheur. Et tu es comme la source, ô vers du poète. D'où viens-tu ? et pourquoi ? Qui t'a appelé à la lumière ? Que cherches-tu au milieu d'elle ? Pour tous c'est un secret ; mais tous aiment à écouter ton harmonie, à goûter ton rythme, ton murmure mélodieux, à puiser en toi quelque jouissance.

Polonsky.

(1820)

Polonsky (Jacob-Petrovitch) est né la même année, presque le même jour qu'Apollon Maïkov. Il a débuté en 1844 par un volume de vers intitulé les *Gammes*. Depuis cette époque il n'a guère cessé de publier des poésies, des nouvelles, des études critiques. Quelques-unes de ses œuvres lyriques ont été mises en musique et sont aussi populaires en Russie que chez nous le *Lac* ou la *Fiancée du Timbalier*. D'autres figurent dans toutes les anthologies : « Il n'y a point, dit un critique russe, un enfant qui ne les sache par cœur. Ce sont des perles de notre poésie : elles ne seront jamais oubliées et elles suffisent à établir la gloire d'un poète et à perpétuer sa mémoire dans la postérité [1]. »

Le soleil et la lune.

Une nuit, la lune laissa tomber ses rayons sur le berceau d'un enfant : « Pourquoi la lune brille-t-elle ainsi ? » me demanda-t-il d'une voix timide ?

Le soleil s'est fatigué de travailler tout le jour et le Seigneur lui a dit : « Va te coucher et en même temps tout le monde ira dormir. »

Et le soleil dit à sa sœur : « Ma sœur, lune dorée, allume ton flambeau et pendant la nuit va visiter la terre.

« Ceux qui prient le bon Dieu, ceux qui pleurent, ceux qui empêchent les autres de dormir, prends-en bonne note et le matin viens et fais-le-moi connaître. »

Le soleil dort et la lune circule pour faire observer la

---

1. Skabitchevsky, *Histoire de la littérature russe*, de 1848 à 1890. (Saint-Pétersbourg, 1891.)

paix sur la terre. Demain matin de bonne heure la sœur cadette ira frapper chez le grand frère.

« Pan! pan! pan! On ouvre la porte : Soleil, lève-toi ; déjà les oiseaux volent; depuis longtemps les coqs ont chanté ; on sonne les matines. »

Le soleil se lève, le soleil demande : « Qu'y a-t-il, ma colombe, ma sœur? Pourquoi le bon Dieu t'envoie-t-il ; pourquoi es-tu si pâle? Qu'as-tu donc? »

Et la lune commencera son récit, elle dira ce qu'elle a fait, et si la nuit a été tranquille, alors le soleil se lèvera joyeux.

Sinon il se lèvera dans le brouillard. Le vent soufflera, la nuit tombera. La bonne ne sortira pas l'enfant dans le jardin.

Une nuit de Crimée.

Te rappelles-tu le scintillement de la lune? Les bords de la mer sous le rocher, le frémissement des feuilles ensoleillées, et la chanson des cigales derrière la haie du parc?

Dans la demi-obscurité d'un parc montueux, nous allions; le laurier embaumait, la grotte s'enfonçait noire derrière la vigne, et le bassin sous la cascade débordait bruyamment.

Te rappelles-tu la fraîcheur de l'air, le parfum des roses, le murmure des ruisseaux, tout l'enchantement de la nature et ce baiser inattendu qui, malgré nous, joignit nos deux lèvres ?

Cette musique de la nature, cette musique de l'âme, plus tard dans des années mauvaises, après la tempête et les traverses, je l'entendais encore dans le silence.

Je l'écoutais et mon cœur se réchauffait à la chaleur

qui souffle du midi, j'avais la foi plus facile, les chants plus aisés; j'écoutais et cette musique en tout je voulais l'entendre.

Le matin.

En haut vers les cimes escarpées des monts inaccessibles, le brouillard monte du fond des vallées en fleur.

Il s'élève comme une fumée vers les cieux sa patrie; il y va faire des nuages dorés, dispersés et flottants.

La lumière de l'aurore frissonne sur l'azur des vagues; à l'Orient le soleil fait éclater ses feux.

Et voici le matin brillant, le jeune matin. Qu'est devenu le ciel sombre de la nuit?

Plus un nuage sur son azur. Chez l'homme plus une pensée pour le pain quotidien.

Oh! pour répondre à la nature, souris, génie humain condamné aux misères de toute éternité!

Souris à la nature! Crois à ses présages. Il n'est pas de fin pour tes aspirations, il en est une pour ta souffrance.

Fet.
(1820)

Fet est le pseudonyme littéraire de M. Athanase Atanasievitch Schenchine. On lui doit d'excellentes traductions des classiques latins et des poètes anglais et allemands. Comme poète original, il appartient à l'école de l'art pur : « Il a, dit un critique russe, fait de l'absence d'idée, l'idéal même de la poésie. » La plupart de ses poésies sont des idylles, au sens propre du mot, c'est-à-dire de petits tableaux. La couleur en est exquise, le coloris délicat; ce sont en général de petits tableaux fort courts, des morceaux d'anthologie. Quelques-uns peuvent être comparés aux pièces les plus achevées de l'anthologie grecque. Ce sont là des mérites dont malheureusement il reste peu de chose dans une traduction.

Le bouleau.

Un bouleau mélancolique se dresse devant ma fenêtre ; par un caprice du gel il a été dépouillé.

Comme des grappes de raisin pendent les extrémités de ses branches. Il est charmant aux yeux, ce deuil du bouleau.

J'aime à observer sur lui les jeux de l'aurore et je suis désolé si les oiseaux troublent, en les agitant, l'harmonie des branches.

Salut.

Je suis venu à toi pour te saluer, pour te dire que le soleil s'est levé, qu'il fait frissonner dans les rameaux sa lumière ardente, te dire que le bois s'est éveillé, s'est éveillé tout entier jusqu'aux moindres branches, tressaille sous le vol des oiseaux, et languit altéré par la soif printanière ; te dire que je reviens avec la même passion qu'hier; que mon âme est toute à toi et toute au bonheur; te dire que tout mon être respire la joie ; je ne sais pas encore ce que je vais chanter, mais je suis plein de chansons.

Le premier muguet.

O premier muguet ! Tu sors de la neige pour demander un rayon de soleil. Quelle virginale mignardise dans ta pureté embaumée !

Comme il est éclatant le premier rayon printanier !

Quels rêves il fait naître! Et comme tu nous enchantes, présent du printemps enflammé!

Ainsi une vierge exhale un premier soupir. Pourquoi? Elle ne le sait pas elle-même. Et ce soupir timide exhale le trop-plein de sa jeune vie.

A Tourguenev.

L'hiver a passé; la tempête de neige s'est calmée. Depuis longtemps pour toi, amant du midi[1], nous préparons le veau gras. Dans la neige, dans la poussière aveuglante, nous n'avons pas oublié en toi notre ami ; nous attendions le poète pour l'embrasser.

Tu es nôtre. En vain, visiteur matinal, tu éveilles les gardes du Vatican, tu franchis la grille, et les antiques t'ont souri, et les mosaïques entendent, pendant de longues heures, le bruit de tes pas précipités.

Tu es nôtre. Etranger et silencieux se dresse devant toi l'olivier ou le parasol du jeune pin; sans cesse le prisme de tes rêves t'emporte sous l'ombre du bouleau, vers les ruisseaux de la terre natale.

Là tout te salue en ami; le sillon noir court derrière la charrue, la steppe étale son velours vert et, sentant devant lui plus d'espace, avec plus d'ardeur, plus de douceur et plus de fougue chante le rossignol printanier.

---

1. On sait que Tourguenev a passé la plus grande partie de sa vie à l'étranger.

Plestcheev.

(1825)

Alexis Nicolaevitch Plestcheev, appartient à la même école que Nekrasov. Sa vie a été particulièrement pénible ; à l'âge de vingt-quatre ans impliqué, comme Dostoevsky, dans le procès dit de Petrachevsky, il fut condamné à mort ; gracié par le souverain, il fut incorporé comme simple soldat dans un régiment. Il ne put rentrer dans la vie civile qu'en 1857 ; établi à Moscou, puis à Pétersbourg, il prit une part importante à la rédaction des *Annales patriotiques* et du *Messager du Nord*. Sa poésie respire une mélancolie profonde, une ardente sympathie pour les misérables.

En avant.

En avant, sans doute et sans crainte, pour un vaillant exploit, mes amis. Déjà dans les cieux j'ai vu l'aurore de la sainte rédemption.

Hardiment ! Donnons-nous l'un à l'autre la main et marchons hardiment en avant ! Puisse sous l'étendard de la science notre alliance grandir et se fortifier.

Avec le verbe de la vérité nous châtierons les prêtres du péché et du mensonge ; nous réveillerons les endormis, nous mènerons nos troupes au combat.

Ne nous faisons pas d'idole ni sur la terre, ni dans les cieux ; pour tous les dons et les biens du monde ne tombons pas devant elle dans la poussière.

Aux pauvres et aux riches nous prêcherons la doctrine de l'amour. Pour elle nous subirons la persécution, et nous pardonnerons à nos ennemis acharnés.

Heureux qui, dans un combat sanglant, dans de cruels soucis a épuisé sa vie, qui n'a point, comme le serviteur indolent et rusé, enseveli son talent dans la terre.

Que la sainte vérité soit l'étoile qui nous guide : croyez-moi, ce n'est pas en vain qu'une noble voix retentira dans le monde.

Ecoutez, frères, les paroles de votre frère, pendant que nous sommes dans la fleur de la jeunesse. En avant ! en avant, sans esprit de retour, quelles que soient les menaces du sort.

La muse au poète.

....Ta poitrine est déjà creusée par la souffrance de la mélancolie, mais la route que tu vas parcourir est longue encore. Je te dirai ce qui t'attend dans ta patrie ; ton peuple te lancera des pierres parce que d'un verbe puissant tu auras flétri les péchés, les vanités misérables de ces âmes serviles. Parce que tu auras annoncé l'heure terrible de la vengeance à celui qui s'est embourbé dans la fange et dans l'oisiveté, à celui dont le cœur n'a point été ému par le gémissement des frères persécutés, à celui qui n'a connu d'autre loi que la loi de ses pères ; mais ne te laisse pas épouvanter ! Sache que je suis avec toi et les pierres voleront au-dessus de ta tête superbe.

Si l'on te jette dans les fers, ne faiblis pas : crois toujours ; je t'ouvrirai moi-même la porte immonde de la prison. Et tu marcheras de nouveau, lévite élu de la muse, et ta voix ne résonnera pas en vain dans le monde.

La semence de l'amour tombera au fond des cœurs et le temps viendra où elle donnera des fruits splendides. L'homme n'a plus longtemps à attendre ; il n'a plus longtemps à lutter et à souffrir. Le monde va ressusciter à la vie : regarde, déjà la lumière de la vérité fait briller ses dernières lueurs derrière les nuages... Va donc, plein de foi. Et sur mon sein tu te reposeras bientôt de tes angoisses et de tes tortures.

La patrie russe.

Nature misérable de mon pays natal, tu es chère à mon âme mélancolique. Naguère, aux jours de mon printemps éphémère, m'attiraient les rivages lointains des pays étrangers.

Une fantaisie ardente dessinait devant moi des tableaux étincelants. Je voyais un ciel d'azur transparent, des cimes dentelées de montagnes colossales.

Inondés de l'or du soleil méridional, les myrtes, les platanes, les oliviers semblaient m'appeler sous l'ombre de leurs larges feuillages, les roses m'adressaient une invitation silencieuse.

C'était le temps où mon âme au milieu des séductions modernes ne pensait pas encore au but de la vie et, frivole, ne lui demandait que des jouissances.

Mais bientôt ce temps s'est enfui sans retour ; la douleur à l'improviste m'a visité. Bien des choses auxquelles mon âme était étrangère lui sont devenus soudain chéries et sacrées.

Alors, j'ai renoncé à mon rêve secret d'un pays lointain et enchanté, et dans mon pays natal j'ai vu des beautés invisibles pour l'œil frivole.

Champs déchirés par la charrue, épis d'or des guérets, majesté silencieuse des larges steppes, larges fleuves épandant vos ondes au printemps, forêts aux murmures mystérieux,

Paix sainte des pauvres hameaux, où le travailleur, accablé par la misère, demandait au ciel l'aurore d'un jour nouveau, d'un jour meilleur, du grand jour de la liberté,

Je vous ai compris alors et à mon cœur est devenu si cher le chant de mon pays natal, qu'il exprima une mélancolie profonde, ou les joies d'une ivresse effrénée.

O ma patrie ! rien chez toi ne captive l'œil étranger ; mais il t'aime pour ta beauté rude celui qui jadis s'élançait vers l'espace et la liberté et dont l'esprit était étouffé par les fers qu'il portait !

TABLE DES MATIÈRES

Avant-propos . . . .

PREMIÈRE PARTIE
DES ORIGINES A PIERRE LE GRAND

Le Métropolitain Hilarion (xie siècle).	1
Éloge de saint Vladimir.	2
Chronique dite de Nester (xiie siècle)	4
Comment la princesse Olga vengea son mari Igor, tué par les Drevlianes.	5
Le puits merveilleux de Bielgorod.	8
Vladimir Monomaque (1053-1125)	10
Instruction de Vladimir Monomaque	10
L'Hégoumène Daniel (xiie siècle).	14
Prologue	14
La lumière céleste; comment elle descend sur le Saint-Sépulcre. Rencontre de Daniel et du prince Baudoin .	16
Épilogue.	20
Le dit de la Bataille d'Igor (époque incertaine).	21
Combat des Russes contre les Polovtses	23
Plainte de la princesse Iaroslavna sur le désastre de son époux Igor.	25
La fuite du prince Igor prisonnier des Polovtses	26
Daniel le Prisonnier (xiie ou xiiie siècle).	28
Supplique de Daniel le prisonnier	28
La Zadonstchina (xive siècle).	31
La victoire de Koulikovo.	34
Le Domostroï (xve et xvie siècle).	37
Les devoirs du chef de famille	38
Comment les serviteurs doivent faire les commissions .	40
Comment il faut soigner les malades.	41
Le prince André Kourbsky (1528-1588).	42
La prise de Kazan par Ivan le Terrible.	43
Lettre à Ivan le Terrible.	47
Ivan le Terrible (1530-1584)	51
Réponse à la lettre du prince André Kourbsky.	51

Grégoire Kotochikine (xviie siècle) 57
   La civilité des festins au xviie siècle 57
Georges Krijanitch (xviie siècle). 59
   La destinée des Slaves 60
   Les Allemands et les Slaves.. 63
   La Russie et les Slaves. 64

DEUXIÈME PARTIE
LE DIX-HUITIÈME SIÈCLE

Le prince Antioche Kantemir (1708-1744) 67
   A mon esprit contre les ennemis de la science 67
   Le petit maître 74
Basile Trediakovsky (1703-1769). 76
   Ode sur la reddition de Dantzig. 77
   Le poète bâtonné. 82
Lomonosov (1711-1765). 86
   Le matin 86
   Le soir 88
   La langue russe. 90
   Epigramme contre Soumarokov. 91
   Début d'un poème sur Pierre le Grand. 91
   Ode sur l'anniversaire de l'avènement de l'Impératrice Elisabeth 92
   Ode à l'Impératrice Elisabeth 95
Alexandre Soumarokov (1718-1777). 100
   Le poète et le censeur 100
   Considérations sur la comédie larmoyante 102
   Scène de la tragédie de Dmitri. 105
   Plaidoyer en faveur de la langue russe. 107
   Fable. 108
   Epigrammes. 109
   Epitaphe d'un concussionnaire. 109
   Les avantages de la science 109
Catherine II (1729-1796) 110
   La Dévote. 110
   La Superstitieuse 114
   Le petit maître 117
   Extrait du journal de ma cousine. 122
Le major Danilov (xviiie siècle) 124
   L'éducation à la campagne. 124
   Une révolte de paysans 126

TABLE DES MATIÈRES

Le prince Stcherbatov (1733-1790).	128
Défense de la noblesse russe.	128
Discours sur la condition des serfs	130
Même sujet (discours du député Michel Tochkovitch).	131
Adrien Gribovsky (xviii° siècle).	132
Les audiences et la vie intime de Catherine II	133
Khemnitzer (1744-1784)	136
Le métaphysicien	137
Le lion et les animaux	139
Von Vizine (1745-1792).	139
L'éducation à l'Université de Moscou.	140
Le Brigadier et son fils	141
Le Mineur.	147
Les Français jugés par Von Vizine	163
Conversation chez la princesse Khaldina	169
Grammaire universelle de la Cour	171
Alexandre Radistchev (1749-1802)	172
Le rhapsode.	173
Le servage	178
Derjavine (1743-1816).	181
L'Education de Derjavine.	181
Felitsa.	184
La vision du Mourza.	190
Le Grand	195
Quatrain	198
Ode à Dieu	198
Vasili Kapnist (1743-1823)	202
La chicane	203
Sur la modération.	217
Le papillon	218
Nicolas Novikov (1744-1818).	219
Lettre à l'auteur anonyme de la comédie intitulée *O Temps*.	220
Lettre d'un gentilhomme de province à son fils	224
Lettre d'une mère à son fils	228
Lettre d'un oncle à son neveu	230
La condition des paysans	233
Le Métropolitain Platon (1737-1812)	235
Sermon pour le couronnement de l'Empereur Alexandre II.	236
Ivan Dmitriev (1760-1837).	241
Epigramme.	242
Le pigeon bleu.	242
L'opinion d'autrui.	243

TROISIÈME PARTIE
LE DIX-NEUVIÈME SIÈCLE

Karamzine (1766-1826). 249
  Un paysage aux environs de Moscou. 250
  Lettres d'un voyageur russe. 252
  Paris. 254
  Sur le tragédie française. 256
  Introduction à l'histoire de Russie. 257
  Siège et prise de Kiev par les Tatares 262

Augustin Vinogradsky (1766-1819). 268
  Sermon pour l'anniversaire de la bataille de Borodino . 269

Ozerov (1770-1816). 273
  Œdipe à Athènes. 273
  Fragments de Dmitri Donskoï 280

Joukovsky (1743-1852). 284
  Svietlana 284
  Le chanteur dans le camp des guerriers russes. . 294

Batiouchkov (1787-1855). 303
  L'ombre d'un ami. 304
  Le Tasse mourant. 306
  Epigramme 312
  Le passage du Rhin 312
  Les Russes dans Paris. 317

Krylov (1768-1844). 325
  L'amitié des chiens 325
  Le caftan de Trichka. 328
  L'oukha de Demiane. 329
  L'âne et le paysan. 330
  Les oies. 331
  Le quatuor 333

Griboiedov (1795-1829). 335
  Le malheur d'avoir de l'esprit. 335

Rylieev (1795-1826). 349
  Ivan Sousanine 350

Pouchkine (1799-1837). 354
  Petersbourg. 355
  Le prophète. 357
  L'éducation d'Onieguine. 357
  Tatiana 360
  L'antchar 362
  La Rousalka. 363

TABLE DES MATIÈRES

Le noyé	365
Légende d'Oleg	367
Les frères brigands	371
Scène de Boris Godounov	378
Aux détracteurs de la Russie	384
Exegi monumentum	385
Lermontov (1814-1841)	386
Le rameau de Palestine	386
Le poignard	388
Sur la mort de Pouchkine	390
Le prophète	392
Berceuse cosaque	393
Mélancolie	395
Le testament d'un blasé	396
Borodino	397
Le rêve	400
La prière	401
Le démon	401
Gogol (1809-1852)	404
La Steppe	405
La nuit de mai	408
Madame Korobotchka	409
Le Dnieper	420
Le Reviseur	422
Koltsov (1809-1842)	438
La forêt	438
L'aventurier	439
Le faucheur	440
Bielinsky (1811-1848)	442
L'école naturelle	442
Ivan Tourguenev (1818-1883)	451
La campagne russe	452
La Forêt	457
Deux types de paysans	460
La nature	463
La vieille	464
L'homme et la mort	467
Léon Tolstoï (1828)	467
Gricha l'Innocent	468
Les Français à Moscou	472
Le suicide d'Anna Karénine	481
Dostoevsky	484
L'aigle captif	484
Le vieux croyant	487
La confession de l'assassin	489

Stchedrine (1826-1889)	498
Une ville de province	499
Gontcharov (1814-1891)	503
Le ciel des tropiques	504
Pisemsky	507
Un homme de loi	508
A. Ostrovsky (1824-1886)	510
La belle-mère	511
Chacun à sa place	519
Khomiakov (1802-1866)	524
L'idée panslaviste	524
Les aigles slaves	525
Kiev	526
Vision	527
Tioutchev (1803-1873)	528
Les fêtes de Constantinople	529
Les pauvres	530
Nekrasov (1822-1878)	531
La guerre	531
Le pays natal	532
Le village oublié	534
Méditation devant le perron d'honneur	535
La berceuse du fonctionnaire	538
Apollon Maïkov (1821)	539
L'Orient et la Russie	539
Doute	540
Les pensées secrètes	541
La source de la montagne	541
Polonsky (1820)	542
Le soleil et la lune	542
Une nuit de Crimée	543
Le matin	544
Fet (1820)	545
Le bouleau	545
Salut	545
Le premier muguet	545
A Tourguenev	546
Plestcheev (1825)	547
En avant	547
La muse au poète	548
La patrie russe	549

ÉVREUX, IMPRIMERIE DE CHARLES HÉRISSEY

www.ingramcontent.com/pod-product-compliance
Lightning Source LLC
Chambersburg PA
CBHW070407230426
43665CB00012B/1285